제목 | 삼봉
그림 | 이지혜

경영학의 이해

8판

서성무 · 이지우 · 이호택 공저

經文社

제8판을 내면서

일곱 번째 판을 내놓은 지 4년이 지났다. 그동안 많은 변화가 있었지만 한 순간에 온 세상을 위기로 몰고 간 코로나 팬데믹이 가장 먼저 떠오른다. 크게 확대된 비대면 근무환경은 디지털 기술의 눈부신 발전과 힘을 합쳐 일의 속성, 구성원 간 협력, 부서 간 시너지, 고객과의 관계 등 경영 전반에 걸쳐 많은 변화를 초래했으며, 교과서에 그런 내용을 어떻게 담아내야 할지 고민하지 않을 수 없었다.

지난번 개정에서 언급했던 경영지식의 확산과 손쉬운 접근은 더 속도가 붙은 것 같다. 이런 상황에서 경영학 교과서의 역할과 형태를 규정하고 경영학 지식을 배울 수 있는 최선의 방법을 찾는 것은 저자들에게 주어진 가장 큰 숙제이다. 독자들이 흥미를 잃지 않고 내용을 자기 것으로 만들 수 있는 교과서이어야 한다는 신념은 초판부터 이어져왔다. 이번 판에서도 그런 노력이 경영학 공부에 관한 독자들의 관심과 성취를 이끄는데 도움이 되었으면 좋겠다.

이번 8판에서 바뀐 내용을 요약하면 다음과 같다.
먼저 경영 현장의 최근 동향을 소개할 수 있도록 각 장의 〈시작이야기〉나 〈사례읽기〉의 내용을 교체하였다. 그러나 그 장에서 다루는 내용을 이해하는데 다른 어떤 사례보다 더 도움이 된다고 판단한 경우는 지난 판의 내용을 그대로 포함하였다.

그리고 용어를 설명하면서 한자를 영어와 함께 표기하였다. 현재 우리말 어휘의 약 70%가 한자어라는 사실을 감안할 때 한자의 병기(併記)는 주요 개념을 이해하는데 도움될 것으로 판단했다. 이와 함께 이 책을 통해 공부하는 한자문화권 외국인 학생들에게 조금이라도 도움이 되었으면 하는 바람도 있다.

4장 '경영환경과 적응노력'에서는 구체적 환경을 과업환경으로 바꿔 사용하면서 내부과업 환경과 외부과업 환경으로 나누어 좀 더 상세하게 설명하였다. 그리고 조직의 환경적응 노력에 혁신을 추가하여 경영환경의 빠른 변화에 대한 조직의 적극적 대응을 강조하였다. '계획과 전략'을 다룬 5장에서는 전략경영을 과정별로 풀어서 설명하였다, 전략적 계획수립과정의 단계별로 풀어야 할 과제와 그것의 해결에 도움이 되는 모델들을 재구성하여 설명하였으며, 사업영역 결정과 관련해 다각화모델을 추가하였다. 9장 '마케팅관리'에서는 마케팅 환경분석을 포함하여 마케팅 전략수립과정을 보완하였으며, 서비스의 특징은 10장 '생산·운영관리'로 옮겨 서비스 품질 관리와 함께 다루었다. 11장 '재무관리'에서는 자본예산편성 과정을 추가하여 설명하였으며, 13장 '국제경영'에서는 국제경영활동을 더 구체적으로 나누어 설명하고, 해외시장의 사회문화적 환경 이해에 도움이 될 수 있도록 홉스테드의 연구결과를 포함하였다.

이번 판을 만들면서도 책의 완성도를 위해 아낌없이 수고해주신 경문사의 편집부 선생님들께 감사드린다. 코로나 확산으로 인한 어려움에도 독자들에게 환영받는 교과서를 만들고 지키기 위해 애쓰신 한헌주 경문사 사장님께도 사의를 표한다. 이번에도 아름다운 작품을 표지로 사용할 수 있게 허락해주신 서양화가 이지혜 님께도 감사드린다.

끝으로 부족한 책을 교재로 사용해주신 교강사님들과 독자들께 갖는 고마움은 글로 다 표현할 수 없다. 머리 숙여 인사드리며 부족함에 대한 질책과 지도를 요청드린다.

2022년 8월

서성무·이지우·이호택 올림

차 례

03_ 경영자와 경영윤리

04_ 경영환경과 적응노력

05_ 계획과 전략

07_ 리더십과 대인관계관리

08_ 동기유발과 의사소통

09_ 마케팅관리

10_ 생산·운영관리

11_ 재무관리

13_ 국제경영

경영학의 이해

Understanding Business Management

01 CHAPTER

경영과 경영학

경영자를 꿈꾸는 사람이라면 경영이 무엇이며 경영학은 무엇을 연구하는지, 또 왜 공부해야 하는지를 스스로 질문해 보고 대답할 수 있어야 할 것이다. 이 장은 경영학 전반에 관한 조망을 통해 학습의욕을 북돋는 데 그 목적이 있다.
이 장을 공부한 후 다음 사항에 대해 자신의 견해를 정리할 수 있어야 한다.

Understanding Business Management

- 경영이란 무엇인가?
- 경영성과의 두 측면
- 조직업무의 구분
- 경영학의 세부과목
- 경영학을 공부할 필요성

시작이야기 Frederick W. Taylor와 과학적 경영

미국은 1864년 남북전쟁이 북부 상공업 중심지역의 승리로 끝나면서 정치·사회적 변화와 기술혁신을 계기로 유래없는 경제 호황기를 맞았다. 전보와 같은 통신수단과 대륙횡단 철로의 확장, 유전과 금광의 발견 등 통신, 운송, 섬유, 철강, 기계, 화학 등 산업 전 분야에서 발명이 연이어지고 기업규모도 급속도로 대형화되어 가고 있었다. 세계적인 갑부 Andrew Carnegie와 John D. Rockefeller가 철강산업과 석유산업에서 기반을 다지고 발명왕 Thomas Edison이 특허를 쏟아내기 시작하던 때가 바로 이 시기였다. 이처럼 기술변화가 급속하게 진행되는 시기에는 기술자들이 경영에 미치는 역할이 클 수밖에 없다. 경영학의 시조로 칭송받은 Taylor도 바로 기술자 출신이었다.

Frederick Winslow Taylor(1856~1915)는 대를 이어 변호사가 되기를 원하는 부모의 희망에도 불구하고 Harvard대학 입학허가를 포기한 채 필라델피아에 있는 기계공장에 취직을 하였다. 견습기간을 마친 1878년에는 Midvale Steel로 직장을 옮겨 서른여섯 살이 될 때까지 12년간 근무하게 되는데 일선 노동에서부터 사무직, 기계설비 반장을 거쳐 불과 6년 만에 엔지니어로서는 최고의 지위에 오르는 실력을 과시하였다. 이 기간 중에 공학지식을 보충하기 위해 통신대학의 학사과정을 2년 반 만에 마치는 학구열을 보여주기도 하였다.

Taylor는 자신의 현장경험을 통해 근로자들은 능력의 3분의 1 정도밖에 발휘하지 않는다고 믿었다. 근로자의 이와 같은 근무태만(soldiering)은 두 가지 유형으로 나눌 수 있는데 첫째는 사람이면 누구나 다 편해지고 싶어하는 성향 때문에 나타나는 자연적 태만(natural soldiering)이고, 둘째는 제도의 결함이나 인간관계 때문에 발생하는 조직적인 태만(systematic soldiering)이라고 보았다. Taylor는 또 자연적인 태만은 경영자가 의욕을 불어넣는다든지 강제적으로 더 일을 시킴으로써 해결할 수 있는 문제인 데 반해 조직적 태만의 원인은 더 복잡해서 해결책을 쉽게 찾을 수가 없다고 판단하였다.

그 당시 근로자들은 임시직이 대부분이었기 때문에 가능하면 적당히 일을 해서 근무시간만 때우려는 유혹을 크게 느낄 수밖에 없는 상황이었다. 너무 열심히 일하면 일거리가 금방 떨어져 또 다시 일거리를 찾아 나서야 될 위험도 있다고 믿었다. 비합리적인 경영제도도 문제였다. 성과급제도는 그 기준이 주먹구구식으로 결정되었다. 심지어 열심히 일을 해서 수당을 많이 받게 되면 경영자가 임금 요율을 내려버림으로써 근로자들이 일정수준 이상의 소득을 올리지 못하게 하는 사례도 빈번하였다. 일을 잘하는 근로자는 동료들의 눈총도 인식해야 했기 때문에 최선을 다하지 않고 적당한 수준에서 작업속도를 조절해야 했다. 또 개인이 터득한 작업요령도 혼자만 알고 동료들에게 가르쳐 주지 않음으로써 회사 전체가 성과를 높일 수 있는 기회를 상실하고 있었다.

이와 같은 조직적 태만에 대해서 Taylor는 그

책임이 전적으로 경영자에게 있으며 작업설계를 합리적으로 하고 적절한 보상제도를 마련함으로써 문제를 해결할 수 있다고 믿었다. 먼저 근로자들이 달성해야 할 작업량을 합리적으로 결정하기 위해 근로자들의 동작 하나하나를 분석하고 시간을 측정하여 작업시간과 휴식시간에 관한 기준을 마련해 나갔다. 가장 효율적인 동작이나 작업도구, 작업절차를 찾고 보상방법도 개선해 나갔다. 현상을 면밀하게 분석하여 문제점을 발견한 후 논리적인 해결책을 제시하고 사후에 검증하는 절차를 거치는 과학적 연구방법을 경영에 적용시켰다. 이러한 노력이 결실을 맺으면서 경영학이 탄생하게 되었다.

(자료 : Wren, Daniel A.(1994), *The Evolution of Management Thought*, John Wiley & Sons, Inc.)

경영이란?

경영학 공부를 시작하면서 먼저 경영이 무엇인지부터 정의해 보자. 경영을 '경영자가 하는 일', '다른 사람을 통해서 성과를 내려는 활동', '의도적으로 체계화하는 것'과 같이 간단한 의미로 사용하는 경우에서부터 '조직의 성과에 책임을 져야 할 사람이 업무를 계획하고 조직을 짜고 지휘와 통제를 반복하는 과정'처럼 책임자가 수행하는 보편적인 기능을 중심으로 자세히 설명하는 경우까지 경영에 대한 정의는 다양하다. 이 책에서는 여러 정의들을 종합 보완하여 경영(經營; management)을 '조직을 이끄는 책임자가 조직의 존재 목적을 성취하는 과정에서 다른 사람들의 협조를 얻으며 생산성을 높이기 위해 계획, 조직, 지휘, 통제 기능을 반복하는 과정'으로 정의한다. 〈그림 1-1〉을 보며 좀 더 자세히 알아보자.

첫째, 경영은 조직의 책임자가 조직의 존재 목적을 이루기 위해 벌이는 활동이다. 사람들이 나름대로의 살아가는 목적을 갖고 성취에 따라 행복을 느끼듯이 조직도 추구하는 존재 목적을 갖고 있다. 영리기업의 경우에는 이윤창출을 통한 기업 가치의 극대화가, 비영리조직에게는 사회적 가치 창출을 통한 사회 공헌이 그 예가 될 수 있다. 조직의 목적이 구체적으로 어떤 것이든 경영자는 목적 달성을 위해 노력하고 성과에 책임을 져야 한다. 그 결과 성과가 높으면 유능한 경영자로 평가받는다.

둘째, 경영에는 다른 사람들의 협조가 필수적이다. 여기서 다른 사람들이란 조직 내부 구성원뿐 아니라 고객, 협력업체, 금융기관, 압력단체처럼 조직의 성과에 직간접적으로 영향을 미치는 이해관계자 집단을 포함한다. 영화제작사의 예를 들면 감독, 배우, 연출자, 작가, 투자자 등 제작과 관계되는 사람뿐 아니라 상영관, 평론가, 연예담당 언론기자, 영화 애호가들과 같은 외부로부터의 호의적인 반응이 있어야 목적 달성이 가능하다.

셋째, 경영은 투입한 자원보다 더 큰 가치를 갖는 결과가 만들어지도록 노력하는, 즉 생산성을 높이려는 활동이다. 같은 양의 인적·물적·지적 자원과 시간을 투입해도 경영을 어떻게 하느냐에 따라 성과가 달라진다. 감독 한 사람이 바뀌면서 성적이 크게 달라지는 스포츠 팀처럼 우수한 경영자는 같은 조건에서도 더 높은 성과를 올릴 수 있다. 주택 건설회사 사업소장이라면 약속한 기일과 예산을 초과

그림 1-1 경영과정

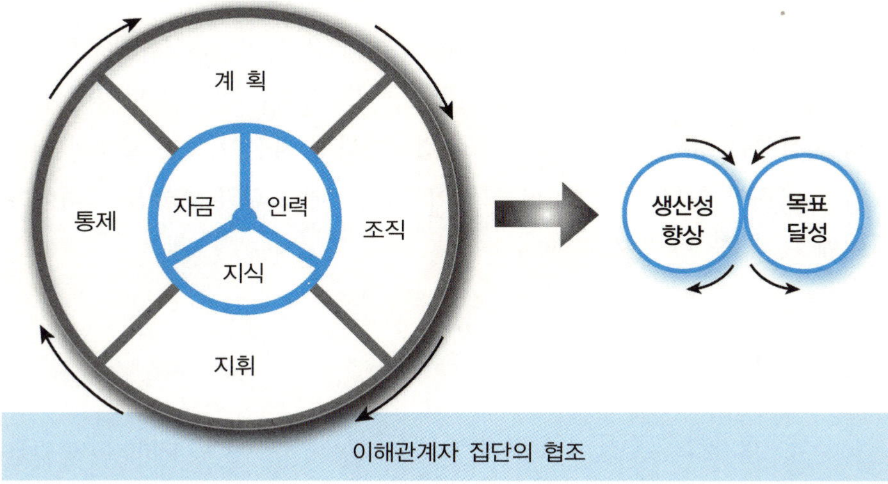

하지 않으면서 고객의 기대를 뛰어넘는 집을 완공할 때 생산성이 높은 경영을 하였다고 한다.

넷째, 경영은 계획, 조직, 지휘, 통제 기능이 반복되는 과정이다. 계획(計劃; planning)은 목적 달성을 위한 수단과 방법을 결정하며, 조직(組織; organizing)은 일과 구성원들을 적절히 배열하여 짜임새를 갖추는 과정을 뜻한다. 또 지휘(指揮; leading)를 통해 구성원들이 열정을 갖고 조직 목표 달성을 위해 노력하도록 이끌어야 하며, 과업 진행 상황을 평가하고 필요한 시정 조치를 취하는 통제(統制; controlling)도 적절히 이루어져야 한다. 이 네 가지 기능은 상호보완 관계를 이루며 생산성 향상을 돕는다.

성과의 두 측면

앞에서 경영은 생산성(生産性; productivity)을 높여 목표를 달성하는 과정이라고 설명하였다. '사람 좋다'는 소리를 들어도 정해진 목표를 달성하지 못하면 경영을 잘하는 것이 아니다. 그러므로 경영자라면 자신이 하는 일에서 최대한의 성과를 올려야 한다. 그런데 성과를 이야기할 때 효과와 효율을 고려해야 하는데 이에 대해 좀 더 알아보자.

효과와 효율

모든 평가가 그렇듯이 경영자가 거둔 업무 성과(成果; performance)를 누구나 납득할 수 있게 설명하는 것은 쉬운 일이 아니다. 우선 평가기준을 어떻게 설정할 것인가가 문제이다. 연간매출액이나 이익처럼 수치로 제시할 수 있는 것만 포함시켜야 된다고 할 수도 있고, 직원들의 고용보장을 위한 노력이나 환경보호, 불우이웃돕기처럼 그 가치를 돈으로 정확하게 평가하기 힘든 내용까지도 감안해야 한다는 의견도 가능하다. 또 평가기간도 고려해야 한다. 왜냐하면 단기적인 관점에서는 성과를 인정할 수 있다 하더라도 장기적으로는 오히려 해가 되는 목표달성도 있을 수 있기 때문이다. 예를 들어, 사후 서비스 능력은 고려하지 않은 채 판매에만 집착해서 목표를 초과달성하는 것은 장기적인 관점에서는 오히려 해가 될 수도 있다. 사후 서비스에 대한 고객의 불만으로 기업 이미지가 나빠져 매출이 줄어들 수 있기 때문이다.

성과를 수치로 표시하기 힘든 비영리조직의 경우에 평가는 더 힘들어진다. 대학 총장이나 교회 목사의 업적을 단순히 졸업생 숫자나 주일 헌금액수로 평가하는 것에 대해 많은 사람들이 동의하지 않을 것이다. 조직의 설립목적에 비추어 볼 때 이러한 수치는 아주 작은 의미를 가질 것이기 때문이다. 정치 지도자들에 대한 판단이 국민들 사이에 자주 엇갈리는 것도 객관적인 평가기준을 마련하기 힘들기 때문이다.

이처럼 경영성과를 측정하기가 힘들다는 사실을 염두에 두면서 효과와 효율이라는 개념에 대해서 알아보자. 우선 효과(效果 ; effectiveness)란 의도한 목적(目

그림 1-2 효과적·효율적 경영

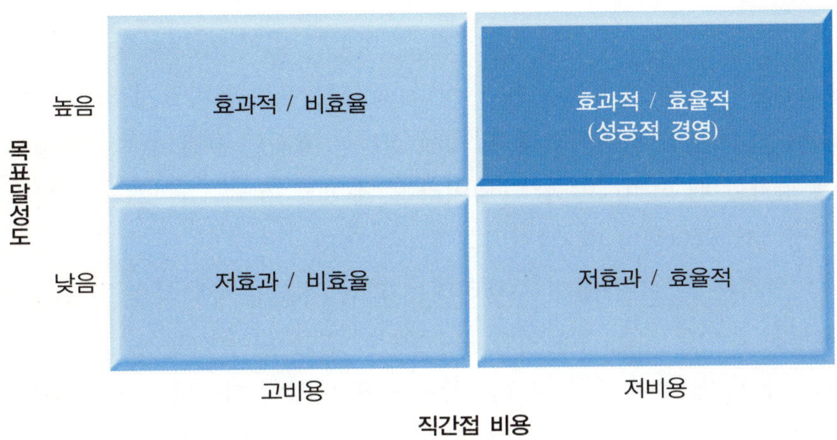

的; ends)에 비추어 본 성과이다. 예를 들면 생산부서에서 생산 수량이나 품질 면에서 객관적으로 측정할 수 있는 목표를 초과달성했다면 높은 효과가 있었다고 말한다. 즉, 목표의 완수 정도에 무게를 둔 것이 효과이다.

효율(效率 ; efficiency)은 활동 때문에 발생한 직간접 비용에 비중을 둔 개념이다. 즉, 효율은 수단(手段; means)이 얼마나 경제적으로 활용되었는가의 측면에서 평가하는 것이다. 그래서 성과를 위해 지불한 비용이 상대적으로 높았다면 효율적이지 못한 경영이 된다. 예로서 생산목표는 달성해도 인건비가 너무 들었거나 안전사고가 많이 발생했다면 생산부장의 경영성과는 결코 효율적이었다고 볼 수 없는 것이다. 또 사장이 이익목표를 달성하기 위해 종업원을 대량해고하고 사회적으로 비난받을 일을 많이 했다면 효율성에 있어서는 좋은 점수를 받지 못할 것이다. 비효율적인 경영은 설사 단기적으로는 가능하다 해도 오래 지속될 수는 없을 것이다. 결국 바람직한 것은 위의 〈그림 1-2〉에서 보는 것처럼 효과적이면서도 효율적인 경영을 이루어내는 것이다.

‘올바른 일을 하는 것’과 ‘일을 올바르게 하는 것’

20세기 후반까지 경영자들에게 큰 영향을 미친 P. Drucker(1909~2005)는 ‘올바른 일을 하는 것(doing the right thing)’과 ‘일을 올바르게 하는 것(doing things right)’의 차이를 강조하였다. 앞에서 설명한 효과와 효율이 목표달성 여부와 과정을 평가할 때 고려해야 할 개념이라면 ‘올바른 일’과 ‘올바르게 하기’는 목표설정 과정에서 확인해야 할 사항이라 볼 수 있다.

‘올바른 일’이란 현재 수행하려는 과업 목표의 타당성을 한 단계 더 높은 차원에서 확인해 보는 질문이다. 즉, ‘왜 이 일을 해야 하는가?’, ‘이보다 더 중요한 일은 없는가?’, ‘이 과업 목표는 상위 목표 달성에 기여하는가?’에 대한 확인을 하는 것이다. 이에 비해 ‘일을 올바르게 하기’는 주어진 목표를 위해 최선의 수단과 방법으로 노력하고 있는지를 묻는 것이다. 즉, 목표를 이루기 위해 더 좋은 방법은 없는가를 따져보는 것이다.

Drucker는 경영자들이 목표를 너무 근시안적으로 보는 나머지 결과적으로 조직의 궁극적 목적 달성에 도움이 되지 못하는 일을 열심히 하는 경우가 많다고 지적하였다. 주어진 과제가 비교적 명백한 실무자들과는 달리 지위가 높은 경영자일수록 총괄적인 업무를 맡게 되어 역점을 두고 해야 할 일이 무엇인지, 즉 방향을 설정하는 것이 어려워진다. 무엇인가 가시적인 성과를 만들어내어야 한다는 강박관념에서 과업의 타당성은 따지지 않은 채 구체적인 목표에만 집착할 경우 장기적인 관점에서 크게 도움이 되지 못하는 일에 매달릴 수도 있게 된다.

대학생들 중에서도 비슷한 실수를 저지르고 있는 사례를 쉽게 볼 수 있다. 자신의 적성이나 장래 상황 변화는 제대로 고려하지 않은 채 지금 당장 인기 있는 어떤 자격증을 목표로 밤낮으로 노력하고 있는 학생의 예를 생각해 보자. 자격증을 얻은 후 들어간 직장이 자신이 원하는 것과 거리가 먼 것으로 확인될 경우 그때까지의 노력은 ‘옳은 일’이었다고는 보기 힘들 것이다. 더구나 자격증을 준비하느라 쉬운 과목만 수강하고 창의력 개발이나 리더십 훈련처럼 대학 시절에 꼭 연마해야 할 자질을 키우는 노력을 소홀히 하였다면 더욱 그러하다. 대조적으로 대학생활을 긴 안목에서 바라보고 덕목을 골고루 갖추려 노력하는 사람, 즉 대학생활에서 ‘올바른 목표’를 세우고 노력한 사람은 설사 처음에는 주목을 받지 못하더라도 ‘마지막에 크게 웃는 사람’이 될 것이다. 60점짜리밖에 되지 못하는 목표에 열심인 것보다 조금 더디더라도 올바른 목표를 찾으려는 자세가 더 바람직할 것이다.

사례읽기 1-1 CEO 직접 평가하는 SK IET '전략/ESG위원회'

SK아이이테크놀로지(SK IET) ESG위원회는 지난해 9월 신설됐다. 그룹 내 다른 계열사와 비교해 출범이 다소 늦었다. 그러나 다른 계열사 ESG위원회에서는 볼 수 없는 특징을 2가지 갖추고 있다. 우선 이름이 전략/ESG위원회다. ESG위원회의 역할을 단순 ESG 관련 활동을 챙기는 데 한정짓지 않겠다는 의지가 엿보인다. 또 하나 눈에 띄는 건 바로 대표이사의 KPI(핵심성과지표) 평가가 이뤄진다는 점이다.

SK IET는 지난해 9월 이사회 내 위원회를 개편하고 관련 규정도 재정비했다. 투명경영위원회를 없애고 인사위원회와 전략/ESG위원회를 설치했다. 투명거래위원회는 내부거래의 공정성 및 적정성 확보 여부를 감시한다는 점에서 역할이 제한적이었는데 지난해 인사위원회와 전략/ESG위원회를 설치하며 이사회의 역할을 대폭 확대했다.

특히 눈에 띄는 건 연간 경영계획뿐만 아니라 대표이사의 KPI 수립 및 평가 역시 전략/ESG위원회에서 맡고 있다는 점이다. SK그룹은 지난해 이사회 중심의 지배구조 혁신을 위해 각 계열사 이사회에서 CEO 평가와 보상을 결정하기로 했다. 이를 위해 SK그룹 주요 계열사들이 이사회 산하에 인사위원회를 새롭게 설치했다. 인사위원회는 각 계열사별로 권한사항이 조금씩 다르나 공통적으로 대표이사에 대한 평가 및 선임과 해임 제안이 가능하다. SK IET 역시 인사위원회에서 대표이사를 평가하고 대표이사의 보수 적정성도 평가하고 있지만 전략/ESG위원회에서 일부 역할을 나눠 맡고 있다.

인사위원회와 전략/ESG위원회의 구성원이 다른 만큼 2개 위원회에서 CEO 평가가 이뤄지면 한층 심층적으로 평가가 이뤄질 수 있을 것이란 관측이다. 회사의 중장기 전략과 투자를 전략/ESG위원회에서 검토하는 만큼 인사위원회보다 전략적 관점에서 CEO 성과를 측정할 수 있다는 점도 강점으로 꼽힌다. 면밀한 평가를 위한 규정도 미리 마련해뒀다. 위원회 규정에 따르면 대표이사의 KPI 수립 때는 대표이사가 참석할 수 있지만 평가 때는 대표이사가 불참하도록 돼있다.

(자료: "CEO 직접 평가하는 SK IET '전략/ESG위원회'", 더벨, 조은아 기자, 2022.04.18. http://www.thebell.co.kr/free/content/ArticleView.asp?key=202204150625208040106973&svccode=00&page=1&sort=thebell_check_time 수정부분발췌)

조직업무의 구분

경영은 조직과 불가분의 관계에 있다. 여기서 말하는 조직은 사람들이 모여서 구성한 단체를 의미한다. 다음 장에서 더 자세히 공부하겠지만 여기서는 일단 조직을 '공동의 목표를 달성하기 위해 일정한 체계를 갖추고 있는 집단'으로 정의한다. 가장 대표적인 조직은 물론 기업이다.

조직은 생산성을 높이기 위해 〈그림 1-3〉에서 볼 수 있는 것처럼 업무를 분담하여 처리하는데 이것은 분업이 주는 이점을 활용하기 위해서이다. 첫째는 최고경영층이 수행하는 총괄업무이다. 최고경영자(最高經營者; chief executive officer, CEO)를 비롯하여 이사 직책을 가진 사람들을 보통 최고경영층(top management)이라 한다. 대외적으로는 기업을 대표하며 내부적으로는 투자자들의 대리인 역할을 수행한다. 그래서 기업 업무 전반에 걸쳐 계획, 조직, 지휘, 통제를 하며 그 결과에 최종적인 책임을 진다. 더 구체적으로는 조직의 장기전략 수립, 조직개혁, 부서 간 업무조정, 대외활동을 수행한다. 우리나라 대기업의 경우 비서실, 기획실, 경영 관리팀과 같은 부서가 CEO를 도와 총괄업무를 수행한다.

둘째는 마케팅(marketing)이다. 어느 조직이든 고객이 원하는 상품이나 서비스를 개발하고 가격을 책정하고 판로를 관리하고 광고나 홍보와 같은 커뮤니케이션 활동을 반드시 해야 한다. 경쟁이 치열해질수록 마케팅 부서의 일은 더 어렵고 중요해진다. 일반적으로 기업에서는 마케팅 업무를 영업팀, 판매팀, 광고홍보팀, 기획팀과 같은 명칭을 가진 부서에서 나누어 수행하고 있다. 몇 해 전부터 국내 대학들 간 마케팅 경쟁이 뜨겁다. 전담부서를 만들어 우수한 신입생들과 교수진 유치에 적극적으로 나서고 비싼 텔레비전 광고도 마다하지 않는다. 예비수험생들이나 부모들에게 직접 찾아가 학교를 홍보하고, 재학생들에게도 학교생활에서의 만족도를 높이고 취업을 도와주는 노력은 기업이 소비자들을 상대로 벌이는 마케팅 활동과 크게 다르지 않다.

셋째는 생산(生産; production/operation)이다. 기업체의 생산부 혹은 업무부에서 담당하는 생산계획 수립, 원자재 구입, 생산현장관리, 품질관리 업무가 해당된다. 음식점이라면 주방과 관련된 업무일 것이고 배송업체라면 주문접수부터 배달에 이르기까지의 업무는 물론 차량 유지보수, 배송센터 관리 등 시설 유지보수와

그림 1-3 조직업무의 구분

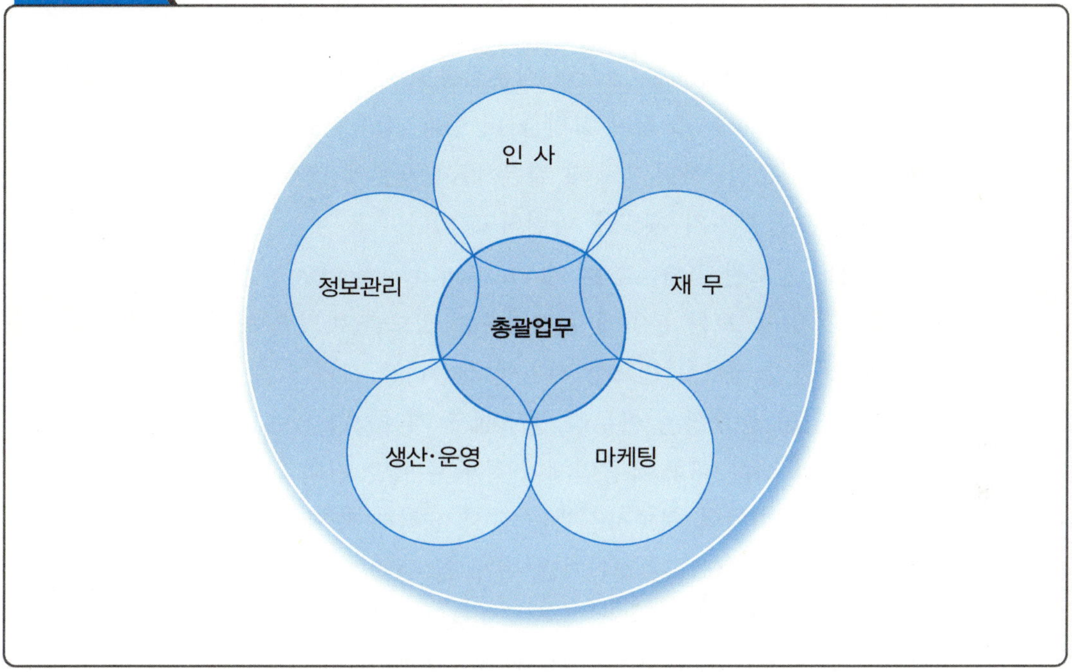

관련되는 일도 포함될 것이다. 비영리기관에서도 생산업무는 핵심적인 일이 되는데 대학교 교무처에서 개설과목과 시간표를 편성하고 강의실을 배정하며 교수가 강의를 잘할 수 있게 지원하는 것은 생산관련 업무라 할 수 있다. 과거 제조업 위주로 가르치던 시대에는 생산이라는 표현을 사용하였는데 서비스산업이 중심이 되는 사회로 바뀌면서 생산·운영 혹은 오퍼레이션(operation)이라는 용어로 바꿔 쓰고 있다.

넷째는 재무(財務; finance)이다. 영리, 비영리를 불문하고 조직이 움직이려면 자금이 있어야 한다. 인체에 혈액순환이 순조로워야 하는 것처럼 조직도 자금이 원활하게 유통이 되지 않으면 어려움을 겪는다. 시설투자를 위해 대규모의 자금을 마련할 방법을 찾아야 하고 여유자금이 있을 때는 활용방안도 궁리해야 한다. 이처럼 재무관리는 자금조달과 운영, 그리고 각 부서의 활동을 자금 측면에서 계획, 집행, 통제하는 업무를 말한다.

다섯째는 인사 혹은 인적자원관리(人的資源管理; human resource management)로서 인력계획, 모집, 교육, 인사고과, 임금책정, 직원복리 증진과 같은 일들을 말는다. '인사만사(人事萬事)'라는 표현도 있듯이 우수한 직원을 채용하고 그들이 마음껏 능력을 발휘할 수 있는 여건을 만들어 주는 인사부서의 역할은 매우 중요하다. 최근 우리나라에서는 고학력 전문직종의 여성이 늘어나고 있으며, 고급 여성인력을 잘 활용하는 조직이 그만큼 더 높은 경쟁력을 갖게 되었다. 그래서 앞서가는 조직은 출산, 자녀 양육과 같은 가사 때문에 여성들이 업무에 지장을 받는 일이 없도록 갖가지 제도를 마련하고 있다.

여섯째는 정보관리(情報管理; information management)이다. 생산, 마케팅, 인사, 재무, 기획 등 모든 분야에서 경영자는 정보를 바탕으로 의사결정을 내린다. 그러므로 정확한 정보를 필요한 시기에 신속하고 값싸게 제공할 수 있는 시스템을 만드는 일의 중요성은 아무리 강조해도 지나치지 않을 것이다. 상품 코드가 수십만 가지가 넘는 대형 유통업체나 하루 수백만 건의 거래가 이루어지는 금융기관 또는 물류회사의 정보시스템을 잠시 생각해 보면 정보관리 업무가 얼마나 중요하고 전문성을 요하는 것인가를 쉽게 알 수 있을 것이다. 고객의 거래정보나 개인정보까지 종합해서 정보를 전략적으로 관리할 수 있는 탁월한 정보관리 능력은 경쟁자가 흉내 내기 힘든 지속가능한 경쟁우위가 될 수 있기 때문에 정보관리 업무의 중요성은 계속 커지고 있다.

경영학의 발전과 세부과목

경영학의 출현

경영학은 사회과학의 한 분야로서 조직의 생산성에 기여하는 요인들을 찾아 객관적으로 검증이 가능한 이론을 개발하려 한다. 다른 학문도 그렇듯이 경영학의 탄생과 발전도 시대적 배경을 빼놓고서 생각할 수 없다. 근대 경영학은 19세기 후반 유럽과 미국에서 산업화가 성숙되면서 개인기업들이 생산성을 높이려는 노력을 체계적으로 시도하는 과정에서 태어났다. 이때는 방직공장, 봉제공장, 철도회사, 제철소, 석유회사 등 수천 명의 종업원을 거느린 기업들이 곳곳에서 나타나고 있던 시절이었다.

이 당시 해결이 절실했던 경영 문제는 농촌으로부터 유입되는 노동력을 조직화해서 작업현장의 생산성을 높이는 일이었다. 이러한 사회적 요구에 부응하기 위해 경영을 연구하고 가르치는 대학들이 출현하기 시작하는데 대표적으로 1819년에 파리 상업대학(Ecole Superieure de Commerce de Paris)이, 그리고 미국에서는 1881년 펜실베이니아 대학교의 와튼스쿨(The Wharton School of University of Pennsylvania)과 1908년에는 하버드 비즈니스 스쿨(Harvard Business School)이 설립된다.

사례읽기 1-2 글로벌 CEO 최다 배출 대학은?

글로벌 CEO 최다 배출 글로벌 10대 대학 순위. 사진=프리플라이

지금까지 글로벌 대기업 최고경영자(CEO)를 가장 많이 배출한 대학을 조사한 결과 미국 대학이 압도적인 다수를 차지한 것으로 나타났다. 이는 글로벌 온라인 교육 플랫폼 프리플라이가 미국 경제전문지 포브스가 집계하는 글로벌 상장기업 CEO 1,000명을 대상으로 출신 학교를 파악해 분석한 결과다.

글로벌 상장기업 CEO 배출 최상위 대학 10곳 중에는 하버드대, 펜실베이니아대, 스탠퍼드대, 캘리포니아주립대, 컬럼비아대, 노스웨스턴대, 뉴욕대 등 7개 미국 대학이 포함된 것으로 나타났다. 이 가운데 1위는 하버드대가 차지했고 2위 자리에는 이공계 연구중심 대학원으로 유명한 프랑스의 에콜상트랄파리가 올랐으며 3위는 펜실베이니아대가 차지했다. 프랑스는 세계적으로 유명한 경영전문대학원인 인시아드(INSEAD)를 8위에 진입시켜 미국 다음으로 두각을 나타냈고, 서울대는 9위에 이름을 올려 아시아 대학으로는 유일하게 10위권에 진입했다. 프리플라이는 "CEO 최다 배출 대학을 30곳으로 넓혀도 미국 대학이 22개를 차지해 여전히 압도적인 비중을 차지한 것으로 나타났다."고 밝혔다.

포브스가 집계하는 글로벌 상장기업 CEO가 가장 많이 전공한 분야는 '경제학'인 것으로 나타났다. 조사 대상인 글로벌 CEO 1,000명 가운데 12%가 경제학 학사 학위 소지자인 것으로 조사됐다. 경영학 학사 학위를 소지한 CEO가 8%로 2위를 차지했고 공학 관련 학사 학위 소지자는 5%로 3위를 기록했다. 학사 학위자가 대다수를 차지한 가운데 석사나 박사 학위를 딴 CEO는 35%인 것으로 조사됐으며, 이를 국적으로 보면 미국인이 56.5%로 압도적인 1위를 기록했고 중국인이 6.8%로 2위를 차지했다. 경영학 석사 과정(MBA)를 밟은 CEO는 22%를 차지한 것으로 나타났으며, 조사 대상자 가운데 여성의 비율은 5%에 그쳤다.

프리플라이는 "김기남 삼성전자 회장과 라몬 라구아르타 펩시코 CEO처럼 CEO 자리에 있으면서 박사나 석사 과정을 마친 경우도 상당한 비중을 차지한 것으로 나타났다"고 밝혔다.

(자료: "글로벌 CEO 최다 배출 대학 美 싹쓸이…서울대, 아시아 유일 9위", 글로벌이코노믹, 이혜영 기자, 2022.03.11. http://www.g-enews.com/view.php?ud=2022031111180786749a1f309431_1 수정부분발췌)

19세기 후반에 들면서 미국 경제가 약진하고 20세기 들어 두 차례의 세계대전 이후 세계를 주도하면서 경영학의 중심도 유럽에서 미국으로 넘어왔다. 이러한 시대적 배경 아래 Frederick W. Taylor(1856~1915)가 근대 경영학의 출현에 가장 큰 공로를 세운 인물로 인정받게 되었다. Taylor는 근로자들의 작업과정을 정밀하게 조사해서 하루의 적정 업무량을 결정하고 임금은 목표 업무량의 달성과 연관시킨 성과급으로, 작업감독은 기능별로 나누어 하며, 작업에 적합한 노동자를 선별하기 위해 구체적인 테스트를 하는 것과 같은 소위 과학적 경영을 주창하였다. 뒤를 이어 Gilbreth 부부, Gantt 등도 근로자들의 작업동작이나 상여금제도, 프로젝트 관리기법 등과 관련해서 많은 아이디어들을 고안하였는데 이를 적용한 기업들은 노동생산성이 두 배로 늘어나는 것이 보통이었다. 당시 대부분 기업의 원가 중에서 노동비가 차지하는 비중이 대략 30% 수준이었는데, 이것은 예를 들어 2만 달러의 건설공사라 하면 6천 달러이던 인건비가 3천 달러로 줄어들어 1만 7천 달러로 해낼 수 있다는 것을 말한다.

Peter Drucker는 산업화가 단순인력을 기계로 대체하는 변화였다면 경영학의 출현은 작업과정에 인간의 지식을 본격적으로 적용하게 만들었다고 주장한다. 또 이런 공로를 근거로 Frederick W. Taylor를 Charles Darwin(1809~1882), Karl Marx(1818~1883), Sigmund Freud(1856~1939)와 함께 지난 150년간 인류의 사상을 바꾼 가장 위대한 인물로 평가하고 있다. 지금 선진국 국민들이 누리고 있는 물질적 풍요는 불과 백 년 전의 귀족들도 부러워할 수준이다. 이러한 풍요로움이 그물망처럼 짜인 수많은 조직들의 경영을 통해서 얻어진 결과인 점을 생각하면 Drucker가 왜 Taylor를 그토록 높게 평가하는지를 이해할 수 있을 것이다.

경영학의 세부과목

20세기에 접어들어 경제수준이 크게 향상되고 여성들의 참정권, 노동조합, 최저임금제와 같은 사상이나 제도가 일반화되면서 경영현장에서도 많은 변화가 일어나는데 이에 따라 경영학도 연구대상이나 접근방법에서 다양한 모습으로 분화가 시작된다.

현재 대학교에서 가르치고 있는 경영학 세부과목은 인적자원관리, 생산·운영/경영과학, 마케팅, 재무관리, 회계학을 들 수 있다. 이외에도 경영정보나 경영전략을 필수적으로 가르치는 대학도 많다. 각 세부전공은 경제학, 심리학, 사회학과 같은 인접 과학의 이론을 많이 이용하고 있어서 학제적(學提的; interdisciplinary) 성격을 띤다. 예를 들어, 마케팅에서 상품의 가격과 관련된 소비자들의 행동을 연구할 때 합리적인 소비자행동은 경제학 이론을, 비싼 제품을 더 선호하는 것과 같은 비합리적 행동은 심리학 이론을 근거로 설명한다. 또 광고나 가격 인하 행사가 판매 증가에 미치는 영향을 예측하기 위해서는 정교한 수리모델을 만들어 모의실험을 해보기도 한다. 그러므로 경영학을 제대로 공부하려면 인접 사회과학뿐 아니라 수학, 통계학 지식도 있어야 한다. 이것은 의학도들이 각종 질병의 치료방법을 공부하기 전에 생리학, 화학, 약학, 영양학, 심리학과 같은 다양한 학문을 섭렵해야 하는 것과 같다. 의술이 발달할수록 배워야 할 지식의 범위와 양이 늘어나고 있는 것처럼 경영 현실이 복잡다단해지면서 경영학도들이 배워야 할 지식도 기하급수적으로 늘어나고 있다. 아래에서 대표적인 경영학 세부전공에 대해 간략히 알아보자.

인적자원관리와 조직행동

직원들의 채용, 교육, 평가 및 보상과 관련되는 내용을 연구하는 인적자원관리(Human Resource Management, HRM)는 Taylor의 과학적 경영에서도 핵심적인 내용이었다. 앞서 설명한 것처럼 그는 근로자들의 채용단계부터 과업량 할당, 보상, 교육문제에 이르기까지 기준과 원칙을 갖고 실천하며 검증하는 과정을 되풀이하는 경영, 소위 과학적 경영을 주장하였는데 문제는 Taylor가 갖고 있던 인간에 대한 기본적인 가정이 시대가 달라지면서 타당성을 잃게 된 사실이다. 그 당시 근로자들이 하는 일은 대부분 단순노동이었으며 그 결과 인간은 일을 기본적으로 싫어한다는 가정이 적절하였다. 근로자들은 자신이 제공하는 노동력에 상응하는 임금만 받으면, 또 작업환경이 적절하고 보상이 다른 동료들에 비해 공평하다고 여기면 불만을 느끼지 않기 때문에 경영자는 철저한 감독을 통해 기대되는 생산성을 확보하면 된다고 보았다.

그러나 1920년대 접어들면서 Elton Mayo(1880~1949)와 같은 학자들은 근로자들의 사회적 욕구가 생산성에 매우 중요한 역할을 한다는 사실을 실증적으로 밝혔다. 사람들은 자신의 가치를 느낄 수 있는 집단에 소속되어 정을 나누고 인정받고 싶어하며 이러한 욕구가 근무의욕에까지 영향을 미친다는 사실은 그 당시로서는 획기적인 발견이었다. 이것은 조직구성원들이 갖고 있는 행동적 특성을 설명하려는 조직행동(組織行動; Organizational Behavior) 분야로 발전되었다. 20세기 후반 지식시대로 접어들면서 이제 조직경쟁력의 핵심은 구성원들의 창의성과 고급지식이라는 주장이 설득력을 갖게 되었다. 그 결과 경영자들은 직원을 기업의 핵심 자산으로 믿고 그들이 과업을 통해 삶의 의미를 찾고 보람을 느끼면서 일할 수 있는 여건을 조성하려 한다.

경영과학/생산·운영관리/오퍼레이션 리서치

경영과학(經營科學; Management Science)은 의사결정을 과학적으로 할 수 있게 해주는 방법을 연구한다. 과학적이라 한 이유는 현실을 압축한 수리적 모델을 구축해서 결론을 이끌어낸 후 실제 문제에 적용해서 타당성 여부를 확인한 후 그 결과를 바탕으로 다시 모델을 수정 혹은 개선해 나가기 때문이다. 수리적 접근방법은 경영학 전 영역에 걸쳐 활용될 수 있지만 특히 생산·운영관리(生產運營管理; Production and Operation Management)와 관계가 깊다.

작업현장에서 일어나는 생산관리 문제를 수리적으로 접근하려는 시도는 Charles Babbage와 같은 수학자에 의해 이미 19세기 중엽부터 있었다. Taylor의 직장 동료이기도 하였던 Gantt나 Gilbreth 부부도 공헌을 하였으며, 1910년대에는 부품의 단위 생산규모나 전화교환국의 적절한 통화대기시간의 결정처럼 생산성과 관련된 의사결정 문제를 수리적인 모델을 통해 해결하는 노력이 활발하게 이루어졌다.

경영과학이 자리를 잡는 데 크게 공헌한 것은 2차 세계대전 중에 영국과 미국이 전함이나 전투기를 배치한다든지 군수품 관련 문제를 해결하기 위해 군사전문가는 물론, 수학자, 물리학자 등을 한데 모아 운영했던 Operation Research팀의 성과이다. 이때 개발된 각종 모델은 세계적인 기업의 생산이나 유통시스템에 적용되었고, 또 컴퓨터가 발전하면서 의사결정 문제를 계량적으로 해결하려는 노력이 더욱 활발해져 1952, 1953년에는 미국 OR학회(Operation Research Society of America, ORSA)와 경영과학회(The Institute of Management Science, TIMS)가 결성되었다. 두 학회는 연합하여 ORMS학회(Institute for Operation Research and the Management Science)로 바뀌었다.

마케팅관리

마케팅(Marketing)이란 조직이 존재하기 위해 필수적 요소인 고객을 대상으로 벌이는 활동을 의미한다. 기업체는 제품이나 서비스를 이용해 주는 고객이 없으면 존재할 수 없다. 프로스포츠 팀은 관중이 있어야 하고, 대학은 학생이 있어야 할 것이다. 그러므로 조직의 형태나 성격 여하를 불문하고 고객을 상대하는 마케팅은 모든 조직에게 필수적인 업무가 된다. 제품개발, 가격책정, 유통경로관리, 커뮤니케이션 관리와 같은 세부업무들이 모두 마케팅에 해당된다.

마케팅이 학문으로 자리 잡게 되는 것은 Taylor의 과학적 경영이 널리 알려진 후의 일이다. 그만큼 마케팅 문제는 초기에 생산관리나 인사관리보다는 덜 심각했다는 의미로 해석할 수 있다. 그러나 1900년대에 들어서면 농산물이나 식품, 일반 소비재가 실제 시장에서 팔리는 것보다 더 많이 생산되는 상황이 산업 곳곳에서 나타난다. 이런 시대적 배경에 따라 그때까지 사용되던 상업, 유통과 같은 용어를 마케팅으로 대체하는 보고서나 논문이 많아지고, 1902년이 되면서 미국 일리노이 대학과 시카고 대학에서 최초로 마케팅 강좌가 개설되게 된다. 또 A. W. Shaw, R. S. Butler와 같은 학자들이 선구적인 저술을 발표하였고, 1920년 후부터는 마케팅 교과서도 출판되기 시작했다.

이 과정에서 마케팅에 대한 정의도 바뀌게 되는데 초기에는 생산된 상품을 효율적으로 고객에게까지 전달하는 것을 중시하였다면 나중에는 고객이 원하는 욕구가 무엇인지를 정확하게 파악하는 일의 중요성을 강조하는 쪽으로 발전한다. 이것은 경제행위의 주역이 처음에는 생산업체에서 다음은 유통업체로 그리고 점차 소비자에게로 이동하는 현실이 반영된 것이다. 한때 지원자가 넘쳐나던 우리나라의 대학교나 군대도 이제는 비싼 광고를 하고 '고객만족'을 내세우는 것을 보아도 이러한 변화의 의미를 알 수 있다.

재무관리

기업 경영에서 자금은 흔히 인체의 혈액에 비유된다. 그만큼 자금의 조달과 운용에 관한 업무는 중요하다. 재무관리(財務管理; Finance)에 관한 과학적인 접근도 오래전으로 거슬러 올라갈 수 있다. 미국에서는 1830년도에 철도회사가 세워졌는데 그 당시 가장 큰 방직공장의 설립과는 비교가 되지 않는 규모의 시설자금과 복잡한 운용계획이 필요하였으며 그 결과 전문적인 지식이 요구되었다. 그러나 이것도 21세기의 경영자들이 당면하는 재무관리와는 비교가 되지 않는다. 경영이 국제화되고 각국의 금융시장이 개방되면서 해외 금융시장의 움직임이나 환율변화는 기업의 손익과 자금 운용에 즉각적으로 영향을 미친다. 그러므로 재무관리 이론에 대한 수요는 계속 커지고 있다.

재무관리는 기업의 가치를 극대화하기 위해 자금조달과 운용에 관한 업무를 계획하고 통제하는 활동을 말한다. 학문적 기초를 경제학에 두고 있는 재무관리는 화폐의 시간가치와 주식과 채권의 발행, 기업의 미래 자본예측과 각종 금융상품의 가격결정 방법, 그리고 기업의 재무적 변화에 영향을 미치는 일반적인 행위가 기업에 미치는 영향에 대해서 연구하는 학문이다. 자금조달, 현금흐름 관리, 자금활용, 재무분석과 같은 주제를 공부하기 위해서는 회계학 지식도 충분히 갖추어야 한다.

회계학

회계학은 경영활동에서 발생하는 경제적 가치의 변화를 정확하게 표시해서 경영 상황을 이해할 수 있게 하고, 또 이러한 정보를 필요로 하는 사람들에게 전달하는 것을 연구하는 학문이다. 상인 간의 거래를 기록하는 일은 고대로까지 거슬러 올라갈 수 있으며 15세기 말경 이탈리아 베니스에서는 현재 사용하는 방식과 거의 동일한 복식부기가 완성된다. 그러나 경제적 가치의 변화를 과학적으로 접근하여 회계학이 학문으로 자리를 잡게 된 것은 19세기 후반에 이르러서이다. 학자들은 회계현상을 논리적으로 정리할 수 있는 체계, 즉 회계이론을 개발하고 이를 통해 회계현상의 미래 예측도 가능하게 하려 한다.

초기의 회계학은 정확한 보고기능을 중시하였지만 경영이 복잡해지고 경영자의 관리기능이 강조되면서 점차 관리회계가 발전하였다. 최근에는 경제학, 사회학, 심리학, 법학, 수학, 통계학, 경영과학 등의 이론을 적용하여 종합과학으로서의 모습을 보이고 있다.

경영학의 실용성

Bill Gates나 Steve Jobs, 혹은 우리나라의 이병철이나 정주영 같은 분들처럼 대학교에서 경영학을 공부하지 않고서도 성공한 기업인들을 보면서 꼭 경영학을 배워야만 하는가라는 질문을 던질 수 있다. 다시 말해 경영학을 공부할 때 어떤 이득을 볼 수 있는지 묻고 싶을 것이다.

경영학은 사회과학의 한 분야로서 경영 현상을 논리적으로 설명하고 예측할 수 있는 이론들을 체계적으로 구축하는 학문이다. 그래서 경영학 이론을 알면 경영자들이 당면하는 현실 문제를 잘 이해해서 설명할 수 있고 의사결정의 결과를 예측할 수도 있다. 예를 들어, 인간은 생리적인 욕구들이 충족된 후에야 더 높은 단계의 욕구가 자극받아 행동으로 이어진다는 Abraham Maslow의 욕구단계설을 통해 보면 경영자는 부하들에게 어려운 일을 맡기기 전에 충분한 급여와 안정된 생활을 보장해 주어야 한다는 것을 알 수 있다. 또 학력 수준이 높고 자기실현 욕구가 강한 부하는 급여만 많이 받는다고 직무에 만족하지 않을 것이라는 사실도 예견할 수 있게 된다. 이처럼 경영학 이론은 경영을 배우는 데 매우 효과적인 수단이며 그런 의미에서 매우 실용적인 가치를 지닌 것을 알 수 있다.

물론 경영학 이론 역시 완전하지 못하다. 올림픽 신기록이 늘 갱신되기를 기다리고 있는 것처럼 그 어떤 이론도 도전을 받아 언젠가는 수정 보완되거나 아예 폐기될 운명에 있다. 그러나 낯선 지역을 찾아갈 때 주요 간선도로와 목표물을 보여줄 정도의 약도만으로도 큰 도움을 얻을 수 있는 것처럼 비록 완전하지는 못하다 해도 경영학 이론은 경영자가 올바른 의사결정을 내리는 데 큰 도움을 준다. 경영학을 공부하려는 사람들의 수가 최근에 크게 늘어나고 있는 현상을 보면 그간에 이룩한 학문적 성과나 유용성을 사회가 인정하고 있음에 틀림없다. 최근의 발전 속도를 볼 때 경영학도 언젠가는 노벨상이 수여되는 경제학과 같은 수준의 학문적 입지를 인정받게 될 것이다.

경영자도 과학적 경영을 추구하기 위해 경영학을 공부해야 한다. 천부적인 소질을 지닌 수영선수라 해도 부력의 원리나 마찰과 관련된 물리학 이론, 각종 근육의 기능이나 생리학에 관한 지식은 훈련방법을 개선하고 기록을 단축하는 데 큰 도움이 될 것이다. 마찬가지로 사업 수완이 뛰어난 사람이라 해도 현대사회처럼 복잡하고 급변하는 상황에서는 자신이 내린 의사결정의 결과를 정확하게 예견할 수 없다. 이럴 때일수록 이론을 바탕으로 결정을 내리는, 소위 과학적 경영이 큰 힘을 발휘한다. 이론을 근거로 판단하고 결정하면 그만큼 시행착오를 겪거나 실패할 가능성을 줄일 수 있고, 설사 결과가 예측과 다르게 나왔다 해도 그 원인을 찾아내는 일이 쉬워져 다음에 더 나은 결정을 내릴 수 있다. 이에 반해 주먹구구식 경영은 성공했다 해도 그 성공 요인이 무엇인지 확신할 수 없어 반복하기 힘들다. 경영학 이론은 이처럼 경영자와 조직의 학습능력을 증진시킬 수 있게 한다. 이런 이점 때문에 치열한 경쟁에 처한 기업들은 물론이고 정부기관, 학교, 자선단체, 병원 등과 같은 비영리 조직들도 경영학 지식을 적극 활용하고 있다.

요 약

1. 경영(management)이란 조직의 책임자가 자원의 효율적 활용과 조직목표의 달성을 위해 이해당사자들의 지지를 받으며 계획, 조직, 지휘, 통제 기능을 반복적으로 수행하는 과정이다. 정리하면 첫째, 경영은 성과를 높이려는 조직 책임자, 즉 경영자의 노력이다. 둘째, 이해당사자들의 지지가 필수적이다. 셋째, 투입한 자원의 가치에 비해 성과가 높아지도록, 즉 생산성을 높이려는 활동이다. 넷째, 경영은 계획, 조직, 지휘, 통제 기능이 반복되는 과정이다.

2. 경영자는 경영 성과를 통해 평가받는다. 여기서 성과는 효과와 효율이라는 두 측면을 내포하는데 효과는 목표 달성 정도에, 효율은 투입된 비용에 치중한 개념이다. 이상적인 경영자라면 효과성과 효율성 모두에서 높은 점수를 받아야 한다.

3. 일반적으로 조직업무는 최고경영자의 총괄업무, 마케팅관리, 생산·운영관리, 재무관리, 인적자원관리, 정보관리로 나누어진다. 각 업무는 서로 연관되어 있기 때문에 한 부서의 고유 업무라 해도 항상 조직 전체 시스템의 관점에서 바라볼 필요가 있다.

4. 경영학 관련 세부과목으로는 인적자원관리/조직행동, 경영과학/생산·운영관리, 마케팅, 재무관리 등이 있다.

5. 경영학은 과학적 경영을 가능하게 하며 경영자나 조직의 학습능력을 키우는 데 공헌한다.

토의과제

1. 최근 우리나라 대학에서는 경영학 전공자만이 아니고 언뜻 보면 연관성이 없어 보이는 상이한 전공자들도 경영학을 공부하고자 하는 경향이 있다. 공학, 예술, 음악, 건축, 문학, 법학 등 다양한 전공자들이 경영학을 부전공으로 선택하거나 경영학 수업을 청강하고자 하는 이유는 무엇일까 생각해 보자.
2. 생활 속에서 효과와 효율을 비교하며 설명할 수 있는 사례를 찾아보자.
3. 비영리조직에서 마케팅, 생산・운영 업무를 담당하는 부서를 찾아보자. 그리고 그들 부서의 활동을 기업에서 이루어지는 활동과 비교해보자.
4. 우리나라의 경영학 발전과정을 알아보고, 서양의 경우와 비교해보자.
5. '이론과 실제는 다르다'는 말을 자주 듣는다. 그럼에도 불구하고 경영학 이론을 공부해야 하는 이유를 정리해보자.

02 CHAPTER

기업과 창업

기업은 제품이나 서비스를 만들어 이익을 창출해내는 것을 기본 목표로 하는 조직이다. 이 장에서는 조직의 특성에 관해 알아본 후, 기업의 형태와 지배구조, 그리고 창업과 관련된 내용을 공부한다.

이 장을 마친 후 여러분은 다음 내용을 정리할 수 있어야 한다.

Understanding Business Management

- 조직의 특성
- 기업 형태
- 벤처기업
- 비즈니스 모델
- 창업자금의 추정과 조달

시작이야기 Airbnb 스토리

'대안적 숙박'을 선보인 Airbnb는 세 명의 창업자들의 열정과 우정으로 시작되었다. CEO인 브라이언 체스키(Brian Chesky)는 로드아일랜드 디자인스쿨에서 산업디자인을 전공한 후 2004년 로스앤젤레스에 있는 어느 디자인 회사에 취업했다. 하지만 맡은 일은 열정을 불태우고 싶을 정도의 신나고 중요한 업무가 아니었다. 그저 단순 반복되는 평범하기만 한 직장생활에 실망과 회의감만 쌓여갔다.

직장을 바꾸려 샌프란시스코를 오가던 중 그 도시가 주는 매력에 빠져들게 되었다. 원했던 회사의 면접에서는 낙방 했지만 어쨌든 샌프란시스코에 살겠다고 결심했다. 그곳에는 마침 학창시절부터 공동창업을 해 보자고 손을 내밀었던 친구 조 게비아(Joe Gebbia)가 먼저 도착해 디자인 관련 비즈니스를 이것저것 하고 있던 중이었다. 가진 돈이라고는 1천불 정도밖에 되지 않아 조가 빌려 놓은 아파트 방 한 칸을 쓰기로 하였다. 그러나 얼마 되지 않아 집주인이 월세를 올려버려 난감하게 되었다. 어떻게 해서든지 약간의 돈이라도 벌지 않으면 안 되게 되었다. 우유도 없이 시리얼만 먹으며 아침 식사를 때우기도 하였다.

브라인언과 조는 많은 돈벌이 아이디어를 검토해 보았다. 그 중 하나가 자신들의 아파트 여유 공간을 컨벤션에 참석하는 사람들에게 빌려주고 아침 식사를 제공하면 어떨까 하는 것이었다. 샌프란시스코에는 해마다 많은 컨벤션이 개최된다. 두 사람이 월세 걱정을 하고 있던 2007년 10월에는 마침 국제 디자인 컨퍼런스 연례대회가 예정되어 있었다. 이 행사를 찾는 1만 명 가량의 참가자들 중에는 싼 가격으로 묵을 수 있는 숙소를 원하는 사람들도 많았지만 찾기가 쉽지 않았다.

두 사람은 이 점에 착안하였다. 캠핑할 때 사용했던 에어메트리스를 찾아 꺼냈다. 거실, 부엌, 방은 몇 사람이 더 사용해도 될 정도였다. 그리고 간단한 아침 식사를 제공하는 것은 어렵지 않은 일이었다. 웹사이트를 만들어 '에어베드앤블랙퍼스트'라 이름 짓고 "두 명의 디자이너가 컨퍼런스에 참가할 수 있는 새로운 방법을 만들다!"라는 문구도 집어넣었다. 80달러면 충분하다는 싼 가격도 물론 강조하였다. 결과는 성공이었다. 며칠 지나지 않아 세 명으로부터 예약을 받았다. 걱정했던 것과는 다르게 이들 게스트들은 예의도 차릴 줄 알고 호기심도 많은 사람들이었다. 컨퍼런스에 꼭 참석해야 하지만 돈을 절약해야만 하는 가난한 전문 디자이너들이었다. 1주일 만에 1,000달러를 벌었다. 이 정도라면 월세 걱정은 고사하고 사업으로 발전시켜도 되겠다고 판단하였다.

조는 옛 룸메이트이며 하버드대학교 컴퓨터공학과를 졸업한 후 보스톤에 머물고 있던 네이선 블레차르지크(Nathan Blecharczyk)에게 연락했다. 네이선은 이미 12살 때 아버지 서재에 있던 책을 읽으며 독학으로 프로그래밍 기술을 습득했고 14살 때는 온라인으로 돈벌이를 할 정도로 똑똑했다. 고등학교를 마칠 무렵에는 마케팅 소프트웨어를 만들어 100만 달러나 벌었다. 하버드대학교 학비까지 스스로 마련한 것이다. 그러나 2007년에 교육관련 사업을 시작하였다가 크게 실패를 하여 다른 일을 궁리하고 있던 참이었다.

조와 브라이언의 설명을 들은 네이선은 당시에는 생소하던 공유경제 플랫폼, 특히 자신의 아파트를 남과 공유한다는 아이디어를 쉽게 이해하였다. 그러나 현실보다 아이디어가 앞서가는 두 친구들과는 다르게 네이선은 플랫폼을 실제로 구현하기 위해서는 매우 정교하고 까다로운 기술들이 요구되는 점을 직감적으로 알고 참여를 머뭇거렸다. 대금 지불, 고객 서비스, 사용자 리뷰 등 꼭 요구되는 다양한 기능을 가능하게 하려면 기술적으로 해결해야 할 요소들이 너무나 많았기 때문이다. 그렇지만 두 친구의 끈질긴 노력 끝에 결국 설득을 당하였다. 그는 Airbnb가 수천만 명의 고객들에게 안정적인 서비스를 제공할 수 있도록 만든 일등공신이 되었다.

창업 초창기 Airbnb의 검색기능은 단순했다. 여행지, 게스트 수, 날짜, 숙소 내 시설 등 기본 조건을 체크하면 맞는 숙소를 기존 게스트들이 평가한 만족도 순으로 보여주는 수준이었다. 시간이 지나면서 점차 진보하여 호스트의 행동 패턴이나 예약 선호 사항까지 확인할 수 있게 함으로써 서로 간에 발생할 수 있는 불만을 줄이고 게스트가 호스트로부터 거절당할 가능성도 줄여나갔다. 현재는 더 정교해져서 'Machine learning engine'을 만들어 수많은 리스트 중에서 사용자가 가장 좋아할 만한 5~6개의 숙소를 매우 신속하게 추출해 주는 단계에까지 이르렀다.

Airbnb는 새로운 도약을 꿈꾸고 있다. 숙박시장을 넘어 여행산업 전반에 도전장을 내밀고 있는 것이다. Apple이 처음에는 컴퓨터를 만드는 기업으로 시작해 MP3와 스마트폰을 만드는 기업으로 변모하고, Amazon이 책을 팔다가 일반 제품 모두를 다루는 기업으로 성장했듯이 Airbnb 역시 '여행'의 모든 과정으로 비즈니스 영역을 확장하려는 중이다. 진정한 Airbnb 스토리는 이제부터가 시작인지도 모른다.

(자료 : Airbnb 스토리, 레이 갤러거 지음, 유정식 옮김(2017). 다산북스. "Airbnb 스토리, 어떻게 가난한 세 청년은 세계 최고의 기업들을 무너뜨렸나?" 조선 뉴스 프레스, 2017.7.5)

조 직

앞 장에서 공부한 것처럼 경영은 조직의 책임자가 수행하는 기능이다. 그러므로 경영자는 조직(組織; organization)과 관련된 이론에 대해서도 기본적인 지식을 갖추어야 한다.

조직의 조건

축구 경기장에 모인 관중들을 조직이라 하지 않듯이 단순히 사람들이 함께 있다는 사실만으로 조직이라 하지 않는다. 조직이 갖추어야 할 세 가지 조건을 살펴보자.

첫째, 두 명 이상의 사람이 있어야 한다. 정규 직원을 한 명도 두지 않고 혼자 일하는 경우에는 조직이라 하지 않는다.

둘째, 구성원들이 공동으로 추구하는 목표를 갖는 것이다. 조직의 목표는 다양해서 주식회사처럼 출자자들의 경제적 이익을 우선시하는 영리조직이 있는가 하면 사회적인 약자를 돕는 구호단체, 인재 양성에 힘쓰는 학교, 질병의 치료와 예방을 목표로 하는 의료단체와 같은 비영리조직들도 있다.

셋째, 구조(構造; structure) 혹은 짜임새이다. 조직이 되기 위해서는 구성원 각자가 해야 할 업무와 권한체계, 구성원 간의 협력관계, 보고하고 지시받는 지휘명령체계가 갖추어져야 한다.

조직을 만드는 이유

조직을 만드는 이유는 다양하지만 시너지 효과(synergy effect)를 거두고 거래비용(去來費用; transaction cost)을 줄이려는 의도를 중심으로 설명할 수 있다. 시너지 효과란 전체를 구성하는 부분들이 함께 일할 때 개별적으로 낼 수 있는 성과의 합보다 더 큰 성과를 내는 것을 말한다. 즉, 1+1이 2가 아니라 3도 되고 5도 될 수 있는 결과를 낳는 경우이다. 교향악단의 연주자들이 지휘자와 혼연일체가 되어 감동을 선사해 준다든지 혹은 다양한 분야에서 전문성과 재능을 갖춘 인재들이 모인 벤처기업이 규모 면에서 수십 배나 더 큰 기업도 해내지 못한 업적을 달성하는 것은 상승효과 때문이다. 물론 경영이 제대로 이루어지지 않을 때는 그 반대의 상황이 될 것이다. 협력과 새로운 시도를 꺼리고 상사의 눈치만 보는 문화가 조직 구석구석에 스며들어 활력을 잃어가고 있는 많은 공기업이 그러한 예에 해당될 것이다.

조직이 만들어지는 또 다른 이유로 거래비용을 줄이려는 노력을 들 수 있다. 여기서 거래비용이란 어떠한 재화 또는 서비스 등을 거래하는 데 수반되는 비용을 의미하는데, 다르게 표현하면 시장에 참여하기 위해 드는 비용이라 할 수 있다. 예를 들어 인터넷으로 패션 액세서리를 파는 청년 사업자가 쇼핑몰을 만들어 관리하고 고객으로부터 주문을 받고 상품을 발송하고 반품을 처리하는 작업을 외부 전문업자에게 의뢰할 때 드는 비용 같은 것이다. 제공받는 서비스에 대한 가격뿐 아니라 거래가 있기 전의 정보수집, 협상과정, 계약을 준수하는 데 필요한 비용 등을 모두 포함한다. 이와 같은 거래비용이 너무 높아서 자체적으로 수행하는 것이 더 효율적이라 판단되면 사업자는 전담하는 부서를 두어 기업 내부적으로 처리하는 것이 더 유리할 것이다.

조직의 특성 : 개방시스템

조직의 속성을 이해하는 데에 개방시스템 이론(open system theory)이 유용하다. 시스템은 외부 상황에 영향을 받는가의 여부에 따라 개방시스템(open system)과 폐쇄시스템(closed system)으로 나눌 수 있는데 전자의 예로는 자연계의 모든 생명체를, 후자의 예로서는 인공적으로 만들어진 물체를 떠올리면 될 것이다. 경영학계의 연구 흐름을 역사적으로 되짚어 보면 1950년대까지는 주로 생산과정을 합리화하고 생산성과 관련된 구성원들의 근로의욕을 고취시켜 생산성을 높이는 방법에 초점을 맞추어왔다. 이 과정에서 조직은 외부환경과의 상호작용이 크게 중요하지 않은 시계나 자동차와 같은 닫힌 시스템으로 간주하였다.

그러나 1960~1970년대에 들어서면 미국의 대기업들은 경제적으로는 아랍 산유국이 주도한 두 차례의 급격한 유가 인상과 그로 인한 미국 달러화의 가치 하락, 정치·사회적으로는 흑백 인종갈등, 여성의 사회적 진출, 젊은 세대의 저항적 문화운동, 그리고 기업 간 경쟁에서는 일본과 독일 기업의 미국시장 잠식 등과

그림 2-1 개방시스템으로서의 조직

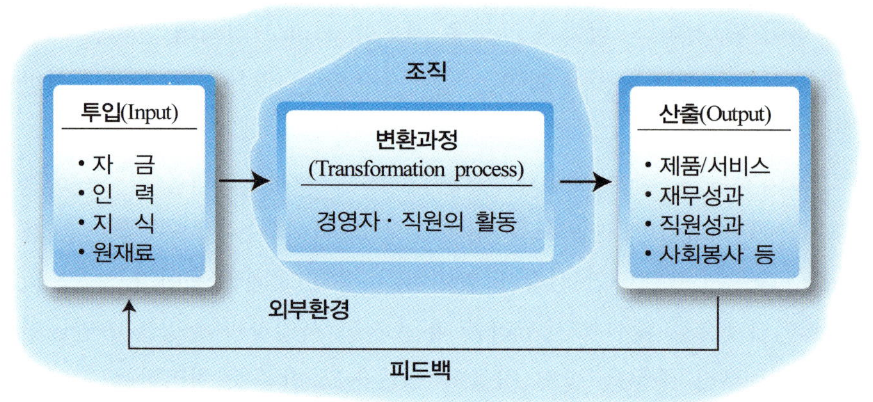

같은 불리해진 환경 변화를 경험하게 된다. 그 결과 생산·운영 시스템의 개선과 같은 내부적 문제보다 외부환경 변화에 대한 대책이 더 절박한 과제로 떠오르게 되었다. 이 과정에서 기업을 주변 환경과 상호작용하고 있는 개방된 시스템으로 간주해야 한다는 주장이 경영학 전반에 확산되기 시작하였다. 개방시스템의 특성은 일반적으로 외부환경과의 교류, 하위시스템 간의 상호의존성, 전체시스템과 하위시스템 간의 관계, 역 엔트로피를 중심으로 설명할 수 있다.

외부환경과의 교류

사람이 자연환경과 가족, 학교, 지역사회로부터 영향을 받으며 살아가듯이 기업을 포함한 모든 조직도 〈그림 2-1〉에서 보는 것처럼 외부환경과 상호교류 속에 존재한다. 기업은 인력, 자금, 원자재, 기술, 정보 등과 같은 생산 투입(input) 요소를 받아들여 제품이나 서비스라는 산출물(output)로 전환시켜 밖으로 배출한다. 투입이나 산출에 문제가 발생하면 생존을 위협받는다. 따라서 기업은 외부환경과의 적극적 교류를 통해 더 가치 있는 투입요소를 확보하고 시장이 반기는 산출을 만들어내어야 한다. 대학교와 같은 비영리 조직도 마찬가지이다. 졸업생들의 취업률이 낮은 대학이나 학과는 학생들이나 학부모로부터 외면당해 정원을 채우지 못하게 된다. 이처럼 영리, 비영리를 불문하고 외부환경과의 교류에 문제가 생기면 그 조직의 생존 가능성은 그만큼 낮아지게 된다.

하위시스템 간의 상호의존성

개방시스템이란 여러 개의 부분들이 모여 서로 영향을 주고받으며 전체적으로 하나를 이루고 있는 유기체를 일컫는다. 예를 들어, 우리 몸은 소화기관, 순환기관, 호흡기관, 골격조직, 근육조직, 신경조직 등의 복잡한 하위시스템들로 구성된다. 이들 하위조직들은 상호의존적으로 존재하기 때문에 한 부분의 활동은 반드시 다른 시스템에게 영향을 미치게 된다. 예를 들어, 달리기를 할 때는 근육이 바삐 활동하면 폐와 심장도 더 많은 산소와 에너지를 공급하기 위해 바쁘게 움직이며 피부조직은 체온을 내리기 위해 땀을 배출한다. 기업도 마찬가지이다. 새로운 시장을 개척하기 위해 영업점을 늘릴 때는 인력과 자금이 투입되고 생산 규모도 커져야 하고 원부자재를 공급하거나 상품 배송을 담당하는 협력업체와의 협조도 원활하게 이루어져야 한다. 이때 주요한 협력업체들이 따라주지 못하면 기대했던 성과를 거둘 수 없을 것이다.

전체시스템과 하위시스템의 관계

하위시스템들은 각자 다른 역할과 나름대로의 목표를 갖고 유기적으로 엮어져 상위 조직의 목표 달성에 공헌한다. 예를 들어, 영업사원 개인의 목표는 영업부 전체의 목표 달성에, 영업부의 목표는 조직 전체의 매출액 목표 달성을 위한 수단이 된다. 이처럼 조직은 상하시스템 간의 '목표-수단' 연결고리를 통해 유기적으로 엮어진다.

역 엔트로피

얼음을 따뜻한 컵 속에 넣으면 잠시 후 물로 변하는 것처럼 시간이 경과하면서 원래의 상태로 되돌아갈 수 없는 쪽으로 진행하는 것을 두고 물리학에서는 '엔트로피(entropy)가 증가한다'고 표현한다. 이 용어를 빌려서 조직이 활력을 잃고 쇠퇴하는 현상도 엔트로피가 늘어난다고 표현한다. 그래서 활력을 높이기 위해서는 사용 양보다 더 많은 에너지가 투입되는, 즉 역 엔트로피(negative entropy) 상태로 만들어야 한다. 새로운 인력을 투입하고 신기술과 신제품 개발과 품질 개선에 투자를 늘리는 것은 조직을 역 엔트로피 상태로 만들려는 조치들로 이해될 수 있다.

기 업

기업(企業; company)은 제품과 서비스를 생산, 유통하여 이익을 창출하는 것을 목적으로 하는 영리조직이다. 자본주의 체제에서는 생산활동의 주역을 담당할 뿐 아니라 일자리를 제공하여 국민들에게 삶의 의미와 만족감을 느끼게 해준다. 그러므로 기업은 국가 번영과 국민 행복을 위해서 꼭 필요한 존재이다. 아래에서 기업의 다양한 모습에 대해 알아보자.

기업의 형태

기업의 형태는 출자자의 성격과 경영규모에 따라 구분하는 것이 보편적이다. 우선 주된 출자자가 개인인지 정부기관인지에 따라 사기업 또는 공기업으로 나눌 수 있다. 그리고 경영규모에 따라 대기업과 중소기업으로 구분된다.

공기업

공기업은 정부나 지방자치단체가 출자하여 세운 공익을 목적으로 운영되는 기업이다. 너무 많은 자본이 들어 사기업이 참여하기 어렵거나, 사업의 성격상 독점적일 수밖에 없을 때, 기업의 이익보다 공익이 우선시되어야 할 사업일 경우에 특별법에 근거해서 설립된다.

우리나라에서는 직원 정원이 50명, 총수입액이 30억 원, 자산규모가 10억 원 이상이면서 총수입액 중 자체수입이 차지하는 비중이 50% 이상인 공공기관을 공기업으로 지정하고 있다. 2021년 기준 36개의 공기업 중 자산규모가 2조원 이상이고 자체수입액이 총수입액의 85% 이상인 경우 시장형으로 분류되며, 한국가스공사, 한국전력공사, 인천국제공항공사 등 16개 공기업이 여기에 속한다. 나머지 20개 공기업은 준시장형으로 분류되는데, 한국조폐공사와 한국방송광고진흥공사 등이 해당된다.

사기업이 경제성을 강조하며 경제적 가치의 극대화라는 비교적 단순한 목표를 추구하는 데 비하여 공기업은 경제성뿐 아니라 정치적 측면도 중요하게 여기며 여러 가지의 목표를 동시에 추구하는 점에서 차이가 있다.

사기업

개인이나 민간단체가 출자하여 세운 기업이며, 소유구조에 따라 다시 개인기업과 공동기업으로 나누어진다.

개인기업

개인기업은 한 사람이 자금을 출자하여 설립하고 그 결과에 대해서도 전적으로 책임진다. 설립과 청산이 간단하지만 자금과 우수인력 확보에 어려움이 있으며 경영의 전문성이 떨어지는 단점을 갖고 있다.

공동기업

두 사람 이상이 자본을 출자해 세운 것을 공동기업이라 하는데 출자자와는 별도로 법적 지위를 갖는다. 즉, 법인(法人)이 되어 자신의 이름으로 부동산을 소유하고 거래할 수 있으며 법적인 계약이나 소송의 주체가 될 수 있다. 공동기업은 합명회사, 합자회사, 유한회사와 같은 소수공동기업과 주식회사나 협동조합을 포함하는 다수공동기업으로 나눌 수 있다.

소수공동기업 합명회사, 합자회사, 유한회사는 출자자들의 구성에서 차이가 있다. 〈표 2-1〉에 요약된 것처럼 합명회사(合名會社; general partnership)는 공동출자자들이 이익을 나눌 뿐만 아니라 회사 채권에 대해 함께 무한책임을 지지만 합자회사(合資會社; limited partnership)의 출자자는 자신의 출자범위 내에서만 책임을 지는 유한책임사원과 경영을 책임지는 무한책임사원으로 구성된다. 무한책

〈표 2-1〉 공동기업의 특성

특성	합명회사	합자회사	유한회사	주식회사	협동조합
사원의 구성	무한책임사원	무한책임사원 유한책임사원	유한책임사원	유한책임사원	유한책임사원
채권자에 대한 책임	무한, 연대책임	• 무한책임사원 : 무한, 연대 책임 • 유한책임사원 : 출자 한도 내 책임	출자 한도 내 책임	출자 한도 내 책임	출자 한도 내 책임
출자자 수	2명 이상	유한, 무한 각 1명 이상	원칙적으로 2~50명	제한이 없음	5인 이상의 발기인

임사원들은 회사에 손실이 발생하면 개인재산을 처분해서라도 책임지고 갚아야 하는 의무를 갖는다. 따라서 출자자가 모두 무한책임사원인 합명회사는 대부분 가족이나 친지와 같이 서로 믿을 수 있는 가까운 사람들이 모여 설립한다.

동업자의 과실로 인한 피해를 법적으로 제한하기 위해 출자자 모두가 자신의 출자범위 내에서만 책임지는 유한책임사원으로 구성되는 공동기업이 유한회사(有限會社; limited liability partnership)이다. 유한회사는 원칙적으로 2~50명으로 출자자의 수를 제한하고 있으며 사원총회의 동의를 받아야만 출자지분의 양도가 가능하다.

소수공동기업은 비교적 설립절차가 간단하며 자본과 경영전문성 확보에서 개인기업보다 유리하지만, 동업자 간 분쟁 가능성과 청산절차가 복잡하다는 단점을 갖고 있다. 그래서 개인기업이나 공동기업은 규모가 커지면 보통 주식회사로 전환한다.

주식회사 주식회사(株式會社; corporation)라고 하면 현대자동차, 삼성전자 등과 같은 거대기업을 생각하는 경향이 있다. 그러나 규모와 관계없이 상법이 정한 절차에 따라 주주 모집, 자본금 납입, 이사진 구성과 대표이사의 선임, 정관 작성 등을 마친 후 등기소에 법인설립등기를 하면 주식회사가 된다.

이렇게 설립된 주식회사는 법인으로서 중요한 의사를 결정하고 집행하기 위해 주주총회, 이사회와 대표이사, 감사를 두는데, 이들을 주식회사의 기관이라고 한다. 주주(株主; stockholder)는 회사의 소유자로 주주총회를 통해 이사와 감사를 선임하고 주요 사항에 대해 보유주식에 비례하여 투표로 의결권을 행사한다. 그리고 이익을 배당받으며 언제라도 자신의 주식을 매도할 수 있다. 이사회(理事會; board of directors)는 최고경영자(CEO)를 포함한 경영진의 선임을 비롯하여 회사의 경영과 관련된 주요 사항을 결정하며 그 집행을 감시한다. 그리고 감사는 회계와 이사회 및 대표이사의 업무활동이 적절한지를 감시한다.

주식회사는 출자자의 수나 지분양도에 제한이 없기 때문에 대규모의 자금조달이 가능하고 소유지분의 변동에 상관없이 정관(定款; articles of incorporation)에 따라 기업 활동을 계속 영위해 나갈 수 있는 장점을 갖고 있다. 그러나 설립절차가 상대적으로 복잡하다는 단점과 함께 재무정보의 정기적 공시의무 등과 같은 규제를 받는다.

협동조합 주식회사와 대비되는 기업 형태로 협동조합(協同組合; cooperative)이 있다. '재화 또는 용역의 구매, 생산, 판매, 제공 등을 협동으로 영위함으로써 조합원의 권익을 향상하고 지역사회에 공헌하고자 하는 사업조직'으로 정의되는 협동조합은 제품이나 서비스의 구매, 생산, 판매, 제공 등과 같은 거의 모든 경제 활동 영역에 존재할 수 있다. 설립 목적에 따라 소비자 협동조합, 생산자 협동조합, 판매자 협동조합, 노동자 협동조합, 금융 협동조합, 사회적 협동조합 등으로 구분할 수 있다.

협동조합은 이용자 소유, 이용자 통제, 그리고 이용자 수익이라는 세 원칙을 갖는다. 즉 가입비를 낸 조합원이 이용하므로 이용자 스스로가 소유자이며, 출자 규모와 관계없이 누구나 동일한 영향력을 갖고 의사결정에 참여하여 민주주의적 이용자 통제가 이루어지며, 참여하는 만큼 혜택을 누릴 수 있는 이용자 수익을 원칙으로 삼고 있다. 이러한 원칙은 1인당 출자상한과 1인1표 원칙을 통해 실현되는데, 출자상한을 두지 않고 지분에 비례하여 영향력을 행사하는 주식회사와 크게 대비된다. 주식회사가 자본 중심이라면 협동조합은 사람 중심인 셈이다.

사례읽기 2-1 지역 활성화 이끈 하동의 협동조합 '놀루와'

놀루와 여행상품 '섬진강 달마중'

지역소멸 대안으로 설립된 협동조합 '놀루와'는 하동의 자연과 문화, 역사와 인문 등을 발판으로 삼아 지역민과 함께 공정여행으로 지역을 활성화하고자 2018년 탄생했다. 성공이라는 말을 내세우기는 아직 성급하지만, 지역민들과 뜻을 모아 지역을 활성화하는 공동 목표는 씨앗을 틔우고 시나브로 열매를 맺고 있다.

'놀루와'라는 이름에서 알 수 있듯 여행을 선택한 건 지역 활성화의 대안으로서 필연이었다. '놀루와'를 출발부터 이끌어 온 조문환 대표는 "여행은 사람을 연결하는 가장 큰 도구라고 생각합니다. 그래서 여행을 하면 인연이 된다고 하죠. 여행자와 지역, 도시와 지역, 도농을 연결해주고 세대를 연결해주고 이렇게 연결해주는 끈이 여행입니다. 그런 것이기에 여행이 가장 적절한 것 같습니다. 여행이란 걸 선택하기 매우 잘했죠."라고 말했다.

지역에 사는 사람, 자연, 역사, 문화와 예술

등을 활용해 지역을 활성화하겠다는 것이 목표이기에 지역 주민들의 참여는 필수다. '놀루와'가 협동조합인 이유다. 마을 활동가, 차 생산 농가, 예술인, 지역에 뿌리를 둔 각계각층이 뜻을 함께하고 조합원으로 참여했다. 지역과 마을 활성화에 관심이 있는 주민이면 누구나 참여할 수 있다. 2018년 6월 조합원 8명으로 '놀루와'가 탄생했다. 당시 기대보다는 우려의 시선이 컸다. 지역을 기반으로 한 여행사들의 성공 사례가 드문데다, 특히 도시가 아닌 농촌은 더 어려울 것이라는 시선이었다. 하지만 조 대표와 조합원들은 새로운 도전에 박수를 보내는 이들과 성공할 수 있다는 자신감으로 미래를 설계했다.

하동은 섬진강, 지리산, 화개장터, 최참판댁, 악양 평사리 들판, 삼성궁 등 전국에 이름난 유명 관광지 외에도 곳곳에 알려지지 않은 역사와 문화가 존재한다. '차마실', '섬진강 달마중' 등 20가지 주제는 지역의 자산을 활용한 여행이기에 그 방향성과 지역은 한 몸이다. 하동에서만 할 수 있는 것, 다른 곳에서 벤치마킹할 수 없는 것으로 여행상품 개발의 방향을 잡았기에 지역을 빼놓을 수 없었고 지역 주민과 협업으로 구성됐다. 콘텐츠와 공간의 한계 탓에 때론 약점이 되기도 하지만 다른 지역에서는 찾아볼 수 없는 차별성과 특별함이 강력한 장점이 되어 관광객들에게서 좋은 반응을 이끌어냈다.

지역과 마을을 활성화하겠다는 '놀루와'의 발걸음은 여행에 국한돼 있지 않았다. 악양면 매계마을에 마을호텔을 만들고 악양면 입석마을에 있는 공동작업장을 활용한 미술관 건립도 지원했다. 지난달에는 한국관광공사 '2021년 한국관광의 별'로 선정되는 큰 결과물을 냈다. '놀루와'는 지속 가능성이 큰 다양한 공정 여행 프로그램을 운영하고, 특히 미래 농촌마을이 나아갈 방향을 제시했다는 평가를 받았다. '놀루와'가 추구해왔던 가치가 4년 만에 인정을 받은 셈이다.

(자료: "하동 특색 살린 여행 '지역 살리기' 싹 틔워", 경남도민일보, 허귀용 기자, 2022.01.05. http://www.idomin.com/news/articleView.html?idxno=782613 수정부분 발췌)

사회적기업

불우이웃이나 후진 국가의 빈곤퇴치와 같은 사회적 문제의 해결을 존재 이유로 내세우는 기업들이 있다. 우리나라의 「사회적기업 육성법」 제2조에서는 "취약계층에게 사회서비스 또는 일자리를 제공하거나 지역사회에 공헌함으로써 지역주민의 삶의 질을 높이는 등 사회적 목적을 추구하면서 재화 및 서비스의 생산, 판매 등 영업활동을 하는 기업, 또는 주주나 소유자를 위한 이윤 극대화를 추구하기보다는 우선적으로 사회적 목적을 추구하면서 이를 위해 이윤을 사업 또는 지역 공동체에 다시 투자하는 기업"으로 사회적기업을 정의하고 있다. 결국 사회적기업은 공익 추구에 시장경제의 효율성을 접목시키려는 조직이라 할 수 있다. 일반기업이 간헐적으로 벌이는 자선활동과 다른 점은 전문성을 바탕으로 사회적 가치 창출을 존재 목적으로 삼는 점이다. 사회적기업의 대표적인 예로 해양쓰레기를 처리하는 오션클린업, 소셜 파이낸스의 그라민 은행, 새터민(탈북자)들에게 일자리를 제공하는 메자닌아이팩, 지역 돌보미 서비스를 제공하는 휴먼케어 등을 들 수 있다.

중소기업과 대기업

기업 규모에 따라 중소기업과 대기업으로 구분할 수 있다. 분류 기준은 국가나 시대에 따라 달라질 수 있는데 종업원 수, 자본금, 매출액, 시설규모 등이 자주 사용된다. 현행 우리나라의 「중소기업기본법」(제2조 제1항 제1호)에서는 매출액과 자산총액을 기준으로 중소기업의 범위를 정하고 있다. 해당 기업이 영위하는 주된 업종에 따라 평균매출액(3년 평균매출액) 또는 연간매출액이 기준에 맞아야 하며, 자산총액이 5천억 원 미만이어야 한다. 규모 외에도 중소기업은 개인이나 소수의 투자자가 소유하여 독립적으로 운영되어야 한다. 자산총액이 5천억 원 이상인 기업이 발행주식 총수의 30% 이상 소유하고 있거나 상호출자제한기업집단 또는 채무보증제한기업집단에 속하면 중소기업에서 제외하고 있는 것은 이 같은 이유에서다.

중소기업의 범위를 구체적으로 규정하고 있는 이유는 법인세율과 자금지원, 이자율 등에서 대기업보다 유리한 조건을 제공해 주기 위해서이다. 2019년 말 기준으로 우리나라 사업체 수 기준으로 99.9%와 종사자 수의 82.7%를 차지하고 있을 정도로 중소기업의 비중이 크기 때문에 보호 육성할 필요가 있다.

중소기업은 대기업들이 외면하는 소규모 틈새시장에서 적은 자본과 인력으로 사업을 시작할 수 있으며, 조직이 복잡하지 않기 때문에 환경 변화에 발 빠르게 대응하여 신제품이나 서비스를 내놓을 수 있는 장점을 갖는다.

그러나 자금력과 경영능력이 부족해 대기업에 종속되는 경우가 많은 것이 단점이다. 중소기업이 활약해서 시장이 커지면 대기업이 경쟁에 뛰어드는 것이 일반적인데 이렇게 되면 당연히 중소기업은 어려워진다. 또 중소기업 경영자들은 스스로 많은 업무를 맡아야 하기 때문에 과다한 스트레스를 받는 것도 약점이라 할 수 있다.

창업과 벤처기업

창 업

자기가 좋아하는 일을 하면서도 경제적 여유와 다른 사람으로부터 간섭받지 않는 자유까지 누릴 수 있다면 얼마나 좋을까? 여기에 덧붙여서 세상을 조금이라도 변화시키는 일이라면 금상첨화가 될 것이다. 이런 소망을 실현시킬 수 있는 직장은 흔치 않을 것이기에 많은 인재들이 창업에서 답을 찾는다.

창업은 기술 수준이나 비즈니스 모델의 혁신 정도, 파급효과를 기준으로 일반 자영업체와 벤처기업 창업으로 구분할 수 있다.

일반 자영업체

우리나라 세법에서는 개인사업자를 자영업자로 정의내리고 있다. 여기에는 변호사, 의사와 같은 고학력 전문직 종사자부터 노점상까지 다양한 기술과 분야에서 활동하는 사람들이 포함된다. 통계청 자료에 따르면 2020년 기준 자영업자는 553만 명으로 2,690만 명의 취업자 중 21%를 차지하고 있다.[1] 가장 일반적으로는 생활 관련 서비스나 유통업체를 직접 경영하거나 가맹점으로 가입하여 비즈니스를 시작하는 영세업체를 일반 자영업체로 분류한다. 보통 혼자 또는 소수의 종업원을 고용해 음식점, 카페, 의류점, 미용, 헬스클럽, 숙박업과 같은 지역 밀착형 영업을 하는데 규모도 작고 서비스 특화나 경영의 전문성이 떨어지기 때문에 높은 소득을 올리기는 쉽지 않다.

물론 시작을 작게 한다고 하여 크게 성장할 가능성이 없는 것은 아니다. 삼성그룹이나 현대그룹도 이병철 회장이나 정주영 회장이 작은 규모의 식품유통과 자동차 수리업으로 출발하였다. 세계 최대의 소매업체 Wal-Mart도 창업자 Sam Walton이 미국에서 가장 낙후된 Arkansas주 소도시에서 시작한 잡화점을 바탕으로 하였다. 창업자의 뜻이 웅대하면 시작은 그야말로 시작일 뿐이다. 이들이 일반 자영업자와 다른 점은 국가와 사회의 미래를 내다보며 무언가 유산을 남기고

---

1) 자료: 통계청, 경제활동인구조사, 2022. 2. 10.

싶은 욕구가 남달리 강한 점이라 할 수 있다. 또 끊임없이 연구하고 모험적인 시도를 하며 그 과정에서 시련을 겪지만 불굴의 정신으로 극복하여 새로운 산업을 일으키며 많은 이들로부터 존경을 받는다. 이에 비해 일반 자영업자들은 보통 경제적인 여유와 자유로운 삶을 추구하는 수준에서 만족한다.

벤처기업

기술혁신이 빠르게 진행되는 부문에서 기술력을 바탕으로 혹은 기존 관행과는 크게 다른 혁신적인 비즈니스 모델을 선보이며 빠른 기간 내에 매우 높은 성장과 수익성을 노리는 기업을 벤처기업(business venture, startup)이라 하고 그 주역이 되는 창업자들을 벤처기업인(entrepreneur)이라 한다.

우리나라는 벤처기업을 육성하기 위해 법률로서 요건을 지정하고 있는데, 벤처투자기관이 자본금의 10% 이상을 투자하거나 기술보증기금이 요구하는 회사의 매출액 대비 연구개발비 비율 기준을 충족시키면 벤처기업으로 인증 받을 수 있다.

중소기업청이 발표한 2020년 벤처기업정밀실태조사를 보면 우리나라는 2019년 말 기준으로 36,503개의 벤처기업이 있다. 정규직 기준으로 우리나라 4대 그룹의 고용인원 67만 명보다 많은 80만 명의 직원을 채용하고 있다. 매출액 합계는 193조 원을 넘어 245조 원의 삼성과 179조 원의 현대자동차와 비교될 정도로 국가 경제에 크게 기여하고 있다. 그리고 매출액이 천억 원을 넘는 벤처기업 수는 617곳으로, 그중에는 2010년 창립하여 3년 만에 매출액 1조 원을 돌파한 coupang이 있다.

벤처기업의 예로서 가장 유명한 것은 아무래도 미국 실리콘벨리에 위치한 Intel, Apple, ebay, Google(Alphabet), Meta(Facebook)과 시애틀에 본사를 둔 MS, Amazon 등일 것이다. 창업 5년 만에 기업가치가 1조 원을 넘긴 비상장기업을 말하는 유니콘 기업들이 2019년 12월 현재 전 세계에 426개가 있다. 이중 210개가 미국기업, 107개가 중국기업이며 우리나라에는 11개의 유니콘 기업이 있다.[2)]

비즈니스 모델

1994년 Amazon의 창업자 Jeff Bezos가 인터넷 상거래를 소개할 때 새로운 사

2) 자료 : ‘http://www.ppomppu.co.kr/zboard/view.php?id=news_pol_eco&no=46975

업방식이 순식간에 기존의 유통업체들을 제압할 수 있을 것이라 믿는 일반인은 많지 않았다. 또 택시 한 대 갖지 않은 운행 서비스 업체 Uber와 객실 하나 소유하지 않은 채 전 세계 여행객의 숙소문제를 해결해 주는 Airbnb도 마찬가지였다. 투자자를 유치하는 창업 초기 단계에서는 매출액 규모도 크지 않고 이익은커녕 손실을 내는 경우가 일반적이었다. 그러므로 벤처자금을 지원받기 위해서는 새로운 비즈니스의 성장 잠재력을 쉽고 분명하게 설명할 수 있는 도구가 필요하였다. 비즈니스 모델(business model)은 이처럼 On-line 창업 붐이 일어나기 시작한 1990년대에 들어 벤처기업인들이 Off-line 업체들과는 크게 다른 사업방식을 소개하는 과정에서 자주 등장하였다.

우리들은 복잡하게 보이는 현상을 간단명료하게 보여주는 그림이나 모형, 수식, 혹은 논리적 설명을 흔히 모델이라고 한다. 그래서 건축가들은 설계도면과 함께 미니 모형을 만들기도 하고 학자들은 이론적인 모델을 구축하느라 애를 쓴다. 벤처기업인들도 사업타당성을 간단명료하게 제시하기 위해 비즈니스 모델이라는 용어를 사용하였다. 널리 유통되면서 내용도 다양해져 정의를 내리기가 어렵게 되었다. Joan Magretta(2002)와 Andrea Ovans(2015) 등이 그간의 관련 연구들을 종합한 내용을 다시 정리해보면 비즈니스 모델이란 수익 창출 활동과 관련된 참여자들의 역할 분담과 참여 동기, 상호간의 거래조건을 보여주고 이를 통해 사업타당성을 평가할 수 있는 시스템이라 할 수 있다. 비유를 들자면 영화 시나리오와 같다.

시나리오를 읽으면 주인공의 성격, 배우들이 각자 어떤 표정으로 어떤 행동과 표정을 지어야 하는지 그리고 배경 장면이나 분위기 같은 것까지 상상할 수 있다. 또 투자가라면 이를 통해 영화의 흥행 가능성을 예측해 보려 할 것이다. 마찬가지로 비즈니스 모델을 보면 누가 고객인지, 고객의 어떤 요구를 어떻게 충족시키려 하는 것인지, 생산유통과정에 관계하는 협력업체들의 참여 동기는 무엇인지, 각자의 역할과 협업관계는 어떻게 이루어지는지, 수익은 어떻게 확보할 수 있는지에 대한 이해가 가능하다. 어떻게 비즈니스를 할 것인가에 대한 설계도이기 때문에 사업의 독특성과 경영전략까지도 유추해 볼 수 있다.

지금은 당연하게 생각되는 슈퍼마켓도 20세기 초기 뉴욕 퀸즈의 한 모퉁이에서 처음 선보였을 때는 주인이 고객 한 명 한 명을 상대하며 흥정까지 하던 재래시장 식품점의 비즈니스 모델과는 판이하게 다른 것이었다. 모든 식품을 규격화하여 정가를 붙여놓고 상품 부문별로 정리해 놓음으로써 사는 사람이 스스로 골라 계산할 때만 판매자와 대면함으로써 판매자는 관리비를 크게 줄일 수 있고, 사는 사람은 가격과 품질을 믿을 수 있고 신속하게 쇼핑을 끝낼 수 있게 된 것이다. 또 한 개 점포의 경영에 그치지 않고 수백, 수천 개의 점포로 확장함으로써 상품구매와 유통관리 전 과정에서 규모의 경제를 누릴 수 있어 원가구조를 크게 개선할 수 있는 것도 큰 장점이었다.

우리나라의 편의점도 비즈니스 모델을 설명하는데 좋은 사례가 된다. 1980년 때까지만 해도 동네 모퉁이에서 나이 든 가게 주인이 생계를 잇기 위해 운영하던 구멍가게는 표준화된 운영과 체인화라는 새로운 비즈니스 모델을 통해 지금은 2020년 기준으로 5만 개의 점포와 시장규모가 26조 원에 이르는 거대한 편의점 산업으로 발전하였다. 소위 4차 산업혁명을 맞는 비즈니스 모델로 혜성같이 나타나는 벤처기업들이 계속 이어질 것으로 예상된다.

사례읽기 2-2 American Express의 역사적 비즈니스 모델

미국 뉴욕 맨해튼에서 설립된 엑스프레스 화물운송업체인 American Express는 뉴욕주에서 귀금속, 유가증권, 현금과 같은 고가상품의 배달 분야에서 미국 우정국(U.S. Postal Service)을 따돌리며 빠르게 성장하였다.

1890년 즈음 사장 J. C. Fargo는 유럽으로 가족들과 휴가 여행을 떠났다. 그 당시 미국과 유럽을 오가는 여행은 지금처럼 간단한 일이 아니었다. 증기선을 타고 뉴욕 항을 떠나 런던이나 함부르크 같은 유럽대륙에 닿기까지는 일주일이 넘는 기간이 걸렸다. 가는 곳마다 그 나라의 통화로 결제되어야 했고 해외 송금은 일반인들에게 결코 쉬운 일이 아니었다. Fargo는 자기 회사가 발행한 신용장(letter of credit) 정도면 유럽 은행 어디에서나 쉽게 현지 화폐로 바꿀 수 있으리라 기대하였다. 그러나 그것은 대다수의 유럽 도시에서 휴지조각과 다름이 없었다. 미국 최고의 운송업체 사장인 자신이 환전에 그 정도로 불편함을 겪어야 한다면 다른 여행객들의 사정은 얼마나 더 어려울 것인가를 생각하며 어떻게 해서든 시정되도록 해야 되겠다고 결심하였다. 그래서 탄생한 것이 바로 지난 100여 년간의 비즈니스 모델 중 가장 가치 있고 성공한 것으로 인정받는 여행자수표(traveler's check)이다.

여행자수표는 1천 달러와 같은 고액권부터 100달러, 10달러 등 소액권까지 다양하게 발행되어 여행자가 편리하게 갖고 다니며 사용할 수 있었다. 상품 대금을 지불하는 시점에서 여행자가 수표에 사인을 해야 유효하기 때문에 분실의 위험으로부터 벗어날 수 있는 것은 가장 큰 장점이었다. 세계 곳곳의 호텔이나 레스토랑, 백화점 같은 소매업체에서 환영 받았고 모든 은행에서 간편하게 현지 돈으로 바꿀 수도 있었다.

상인들도 좋아하였다. 미국 최고의 회사가 보증하는 수표인 만큼 믿을 수 있었고 부유층 여행객들을 끌어들이는 데 유리하였기 때문이다. 업체들은 서로 경쟁적으로 여행자수표를 받기 시작하였다. 가맹업체가 늘어나는 만큼 사용자들이 누릴 수 있는 편리함과 혜택은 더 커졌다. 여행객, 상인 모두에게 득이 되는 비즈니스 모델이었지만 그래도 가장 큰 이득을 본 것은 American Express이었다.

일반적으로 기업들은 먼저 비용을 들여 생산한 후 판매를 하고서야 현금을 회수하게 된다. 그래서 생산한 양을 충분히 팔지 못하면 투자한 비용을 회수하기 어려워지는 일도 발생한다. 그런데 여행자수표는 여행객들로부터 현금을 미리 받은 후에 수표를 발행하고 가맹업체들에게 상환을 해야 하는 수표는 상당한 기간이 지나서야 돌아오기 때문에 그 기간만큼 여유자금(float)을 얻게 된다. 여기에 덧붙여 발행된 수표 중의 일부는 청구가 되지 않는 경우도 발생하여 American Express는 이중으로 이익을 볼 수 있었다. 그야말로 위험부담이 없는 돈 장사를 하는 셈이다. 이 회사는 1958년에는 플라스틱 신용카드를 선보이면서 더욱 번창하였다. 푸른 바탕에 선명하게 인쇄된 AMERICAN EXPRESS는 세계에서 가장 유명한 금융상품 브랜드가 되었다.

(자료 : *What Management Is*, Joan Magretta, 2002, pp. 46~48. Traveler's Check-Wikipedia, https://en.wikipedia.org. 2017.8.29)

플랫폼 비즈니스

플랫폼은 사람들이 붐비는 철도역이나 장터를 연상시킨다. 역에는 열차가 정차하는 플랫폼만 있는 것이 아니라 갖가지 서비스를 제공하는 점포들과 각양각색의 사람들이 붐비고 있어서 여행의 즐거움을 더해 준다. 통신수단이 불편하던 과거에는 5일 장터가 필요한 물건을 사고팔고 이웃을 만나고 세상 돌아가는 소식을 듣던 곳이었다. 21세기에 들어서는 인터넷이 과거와는 성격이나 규모에서 완전히 다른 차원의 공간을 만들고 있다. 그 결과 인터넷 공간에 독립적인 그룹들이 서로 거래를 쉽게 할 수 있는 환경을 마련해 주고 자신도 수익을 올리는 플랫폼 비즈니스(platform business) 모델이 등장하였다. 이제는 대다수의 사람들이 알고 있는 Meta(Facebook), Uber, Airbnb, Alibaba 등이 대표적인 사례이다.

플랫폼 업체의 특징은 생산수단(生産手段; means of production)을 갖지 않아도 된다는 점이다. 예로서 Airbnb는 여행객과 주택 소유자들이 인터넷 공간에서 직접 거래를 할 수 있는 환경을 마련해 줄 뿐 자체적으로 숙소를 보유하지 않는다.

숙소를 찾는 여행객들에게 숙소에 대한 자세한 안내와 비교를 쉽게 해주는 정보를 제공해주고, 숙소 주인에게는 여행객의 신상 보증과 세계에 걸쳐 있는 엄청난 수의 Airbnb 회원들에게 숙소가 노출되는 효과를 제공한다. 즉, 플랫폼 업체는 사고파는 사람들의 거래비용을 줄이는 데 필요한 규칙이나 서비스를 마련해주고 참여자들의 사회적 네트워크가 확장될 수 있는 환경을 만들어준다.

과거부터 존재해 온 장터나 쇼핑몰, 경매장도 물론 사고파는 사람들이 모인 플랫폼이다. 그러나 전통적인 장터가 장소가 주는 한계를 갖는데 비해 인터넷 공간은 수백만의 사람이 방문해도 공간적으로나 소통상에 문제가 발생하지 않는다. 오히려 많이 몰릴수록 커뮤니티가 만들어내는 네트워크 효과는 더 커지게 된다. 그 결과 플랫폼 비즈니스 업체들은 전통 업체들과는 질적으로 완전히 다른 서비스를 제공하면서 순식간에 거대 기업으로 부상하고 있다. 최근 자사의 주식이 증권시장에서 공식적으로 거래될 수 있도록 기업을 공개하는 대부분의 IPO(initial public offering) 기업들이 플랫폼 비즈니스 모델을 통해 성장하였으며, 주식시세 기준으로 세계 최고의 기업들에 많은 플랫폼 회사들이 포진해있다.

플랫폼 비즈니스를 구분하면 Airbnb, Uber와 같은 서비스 플랫폼 회사, eBay, G마켓 같은 인터넷 쇼핑몰 플랫폼, 쿠팡이나 티몬과 같은 소셜 커머스 플랫폼, 알리페이, 페이팔 같은 결재 플랫폼을 들 수 있다.[3)]

창업비용의 추정과 조달

창업비용 추정

사업을 시작할 때 창업비용을 제대로 추정하지 못하면 그만큼 성공 가능성은 낮아진다. 시작 후 일 년간 들어가게 될 비용, 매출액, 그리고 비용보다 매출이 많아지는 시점을 객관적으로 추정해 빈틈없는 준비를 해야 할 것이다. 경쟁환경이 달라져 생산이나 유통과정에서, 혹은 법적 문제 등 의외의 상황이 돌출하여 매출액은 예상보다 적고 비용은 더 많이 발생할 가능성도 있기 때문에 가장 낙관적인 상황에서의 이익(upside gain)과 비관적인 상황에서의 손실(downside loss)을

3) 참고 : Platform Business Model - What is it?, https://www.applicoinc.com/blog/what-is-a-platform-business-model/ 2017.9.5

예견해서 수익 손실 분석(收益 損失 分析; risk versus reward analysis)을 한 후에 현실에 가장 가까운 추정이 되도록 해야 할 것이다. 또 최악의 경우를 대비한 비상계획(非常計劃; contingency plan) 혹은 백업 계획(backup plan)도 마련해 두어야 한다.

〈표 2-2〉 창업비 추정 양식

창업비용 추정		
경상비용(연간 매출액 $____을 근거로 추정함)		
	월간 비용	창업기간(3개월) 비용
급 여 : 소유자/경영자	________	× 3(월) = ________
직원	________	× 3(월) = ________
임대료	________	× 3(월) = ________
광고/선전비	________	× 3(월) = ________
배달/운반비	________	× 3(월) = ________
재료비/부품	________	× 3(월) = ________
통신	________	× 3(월) = ________
수도/전기/가스	________	× 3(월) = ________
보험	________	× 6(월) = ________
각종 세금	________	× 4(월) = ________
이자비용	________	× 3(월) = ________
시설 유지비	________	× 3(월) = ________
법률/경영자문	________	× 3(월) = ________
기타 비용	________	× 3(월) = ________
창업비(Start-Up Costs)		
		추정 금액
비품/시설		________
리모델링/장식비		________
공사비		________
초기 재고		________
각종 보증금/계약금		________
초기 법률/컨설팅		________
인허가비용		________
창업 광고/촉진비		________
선지급금		________
비상금		________
기타 비용		________
창업 소요 자금 합계		________원

자료 : Donald F. Kuratko (2014), "Checklist for Estimating Start-Up Expenses," *Introduction to Entrepreneurship*, p. 203.

〈표 2-2〉는 미국에서 사용되는 창업비용 추정 양식의 한 예이다. 주의해서 볼 사항은 초기 석 달간은 비용만 발생하여 현금 유출이 지속된다고 가정하는 점이다. 업종에 따라서는 현금 유출 기간이 더 길 수도 있다.

벤처기업 자금조달

일반적으로 벤처기업은 성장단계에 따라 필요한 자금 규모나 자금조달 방법이 달라진다. 성장과정은 발아(發芽; seed stage), 신생기업(新生企業; start-up), 성장초기(成長初期; early-growth), 확장(擴張; expansion)의 네 단계로 나누는데, 각 성장단계별 특징과 주된 자금 공급원을 설명하면 〈표 2-3〉과 같다.

발아단계에서는 아직 본격적인 제품 생산이 이루어지지 않고 기술 및 사업타당성을 검토하기 때문에 창업자 스스로가 필요한 자금을 조달해야 한다. 자신의 저축, 주변 친지들, 혹은 정부 지원에 의존하는 단계이다.

신생기업단계는 시제품을 개발하여 시장 반응을 살피고 부족한 부분을 보완하며 사업을 본격적으로 시작하는 단계이다. 이 단계에서도 본격적인 매출은 일어나지 않기 때문에 자금조달은 주로 창업자가 스스로 해결해야 한다. 이때 엔젤투자자를 만나면 큰 도움을 얻을 수 있다. 엔젤투자자(angel investor)는 소형 비공개기업의 주식을 매입하는 개인투자자를 말하는데, 용어의 유래는 100여 년 전

〈표 2-3〉 창업 · 벤처기업 성장단계별 특징

성장단계	특 징	매출/이익 발생여부	주요 자금 공급원
발아단계 (Seed stage)	신기술이나 신개념의 사업아이디어 개발, 기술적 타당성, 시장가능성, 경제성 등을 검토하는 단계	× / ×	창업자 자금, 가족·친구·동료, 정부출연금
신생기업단계 (Start-up)	신기술이나 신개념을 바탕으로 시제품을 개발하고, 초기시장조사 및 마케팅을 시행하고 사업을 시작하는 단계	× / ×	창업자 자금, 가족·친구·동료, 정부출연금, 엔젤투자자, 벤처캐피탈
성장초기단계 (Early-growth)	시제품의 소규모 상용화 단계 및 대규모 생산준비단계	○ / ×	엔젤투자자, 벤처캐피탈
확장단계 (Expansion)	대규모 생산으로 시장영향력을 확대하는 단계	○ / ○	벤처캐피탈, 프라이빗 에퀴티, 메자닌펀드, 연기금 등

자료 : 박용림 (2015), "벤처 생태계 현황과 발전방안", 정책초점, 제23권 제2호, p. 43.

뉴욕의 부자들이 재정적 어려움에 처한 브로드웨이의 연예계 신규 제작자들을 도와준 것에서 찾을 수 있다. 엔젤투자자들 중에는 전문지식을 갖고 스스로 창업을 해본 경험자들이 많기 때문에 사업 위험에 관해 일반인들보다 정확하게 평가할 수 있는 안목을 갖추고 있으며 조언자로서의 역할도 수행한다.

신생기업단계에 접어들면 벤처투자자로부터의 지원도 받을 수 있다. 벤처투자자(venture capitalists)는 고속성장이 기대되는 소기업에 전문적으로 투자하며 엔젤투자자들이 제공하는 수준보다 훨씬 더 큰 규모의 자금을 제공하는 금융기관을 일컫는다. 이들은 시장조사, 비즈니스 전략 수립, 경영 감사, 잠재고객과 공급업체의 알선, 기술 계약 관련 자문, 직원 채용 등과 경영 전반에 걸친 전문적인 지원을 할 수 있다.

성장초기단계는 시장에서 본격적인 활동을 시작하는 시기이다. 매출이 발생하지만 창업비용을 만회할 정도로 크지 않고 기술개발이나 마케팅 활동을 위한 자금이 계속 필요하기 때문에 이익이 발생하는 경우는 드물다. 이 단계에서도 자금의 주요한 공급원천은 엔젤투자자나 벤처캐피탈이다.

마지막 확장단계는 대규모 생산을 하면서 시장 영향력을 확대해 가는 시기이다. 이 단계에 성공적으로 들어서면 자금조달 원천이 늘어나 일반 투자기관들로부터의 지원도 가능하게 된다.

크라우드펀딩

최근에 나타난 창업자금 조달방법으로 인터넷을 통해 많은 사람들로부터 소액투자를 받는 크라우드펀딩(crowdfunding)이 있다. 투자가들은 일반적으로 보수적이기 때문에 입증되지 않은 창업희망자에게 좀처럼 관심을 주지 않는다. 그러나 가능성이 높은 창업희망자를 발굴하여 다수의 소액투자가들을 모으고 또 투자금이 성공적으로 회수될 수 있도록 도와주는 전문가들이 나타나고 있다. 해외에는 킥스타터, 인디고고 국내에는 와디즈, 텀블벅과 같은 크라우드펀딩 중계사업자가 있다. 국내에서는 아직 공연, 전시회와 같은 문화행사나 정치인 후원과 같은 일회성 성격을 띠는 경우가 많지만 앞으로 벤처기업으로 투자대상이 확장되면 크라우드펀딩의 규모와 역할은 훨씬 더 커질 것이다.

사례읽기 2-3 왜 크라우드펀딩은 대세가 됐나?

크라우드펀딩은 생산자의 아이디어를 지지하는 수요자들이 투자를 하는 개념이다. 기존에는 기업이나 스타트업들이 대부분 전문 투자자나 금융권의 도움을 받아 사업을 진행했다. 소비자의 힘을 빌리는 크라우드펀딩을 통해 기업들은 초기 고객을 확보하고 자금을 조달할 수 있다. 대표적인 국내 크라우드펀딩 플랫폼인 와디즈를 통해 살펴보자. 펀딩에는 두 가지가 있다. 보상형 펀딩과 투자형 펀딩이다. 보상형은 펀딩 금액에 따라 제품이나 서비스를 받는 것이고, 투자형은 펀딩에 대한 보상으로 주식이나 채권을 취득하는 것이다. 소비자 혹은 해당 브랜드의 잠재적 팬이 제품이나 서비스를 지지해 미리 투자한다는 개념에서 그 결은 같다. 핵심은 이제 소비 권력이 생산 과정에까지 영향을 미치게 됐다는 점이다.

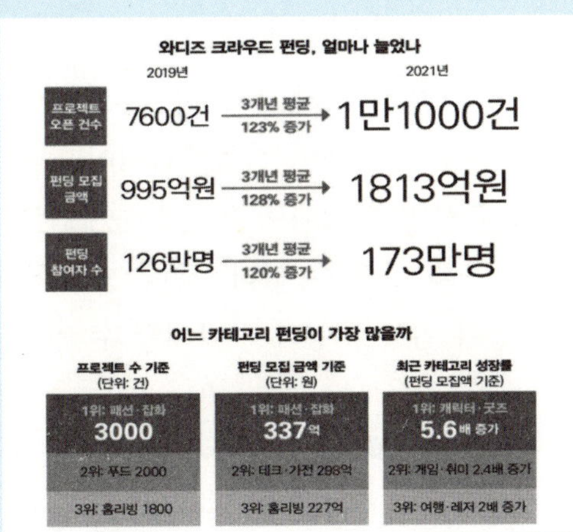

지난 한 해 동안 1만1,000건의 프로젝트가 열렸고, 165만 명의 서포터(수요자)가 펀딩에 참여했다. 와디즈 플랫폼 내 누적 펀딩액은 6,580억 원(2022년 3월 기준)을 돌파했다. 크라우드펀딩이 가장 활성화된 분야는 패션·잡화다. 17개 카테고리 중 가장 많은 프로젝트(3,000건)가 열렸다. 푸드(2,000건), 홈리빙(1,800건)이 그 뒤를 잇는다. 펀딩 모집액을 기준으로 보면 패션·잡화(337억 원), 테크·가전(298억 원), 홈리빙(227억 원) 순이고, 뷰티와 푸드 분야도 5위 안에 들었다.

크라우드펀딩을 통해 빛을 보게 된 제품과 브랜드도 많다. 군의관들이 훈련 때마다 탈수 증상을 보이는 군인들을 위해 만들어낸 링티는 1만 명으로부터 6억 원의 펀딩을 받아 탄생한 제품이다. 오비와 하이트에 이어 77년 만에 등장한 국내 토종 맥주기업 세븐브로이는 2016년 크라우드펀딩을 통해 회사를 열었고, 강서맥주에 이어 서울, 한강, 양평 맥주까지 출시하며 인기를 얻고 있다. 리워드형 펀딩을 통해 소고기를 성공적으로 선보인 프리미엄 한우 브랜드 설로인은 외식 자회사인 삼정하누의 투자형 펀딩 프로젝트를 통해 7억 원이 넘는 자금을 모았다.

펀딩 프로젝트는 투자유치의 발판으로도 기능한다. 현재까지 펀딩을 선보인 메이커(생산자)는 2만 팀에 달하는데, 이들 중 100팀이 4,000억 원이 넘는 후속 기관 투자유치에 성공하면서 시장성이 검증된 스몰 브랜드 시장을 만들어냈다. 펀딩을 통해 푸드테크 스타트업으로서의 저력을 보여준 설로인은 지난해 7월 160억 원 규모의 추가 투자유치에 성공했다. 명품 커머스 플랫폼 트렌비 역시 투자형 크라우드펀딩을 통해 대중의 자금을 모아 후속 투자유치에 성공한 사례다.

대기업도 크라우드펀딩 플랫폼으로 진입한다. 단기간에 시장성을 검증할 수 있고, 소비자의 피드백도 확보할 수 있다는 장점 때문이다. 특히 MZ세대 고객들에게 브랜드 경험을 확장하려는 대기업의 TF팀, 사내 벤처들이 신규 프로젝트를 선보이는 채널로 펀딩 플랫폼을 활용하고 있다. 삼양식품, 대상, 농심, 풀무원 등 국내 대표 먹거리 기업들이 이미 신제품을 들고 크라우드펀딩 플랫폼으로 진출했다. 제품을 기획하고 제작하기까지의 스토리를 전하고, 그 스토리에 공감하는 소비자들의 팬심을 확보하기 위한 움직임이 본격화되고 있다.

지난 3년간 카테고리별 펀딩 모집금액 성장률을 살펴보면 최근의 크라우드펀딩 시장을 움직이는 키워드를 알 수 있다. 캐릭터 · 굿즈(5.6배)와 게임 · 취미(2.4배) 분야다. 특히 캐릭터 · 굿즈 분야는 펀딩 모집금액과 참여자 수, 오픈 프로젝트 수 3개 항목에서 모두 성장률 1위를 기록했다. '팬덤'을 주축으로 하는 카테고리의 성장은 곧 팬슈머가 크라우드펀딩 시장을 활성화시키고 있다는 것을 의미한다. 펀딩에 참여하는 이들은 프로젝트의 스토리에 주목한다. 캐릭터나 게임이 가지고 있는 고유의 스토리와 프로젝트의 의미가 더해지면서 팬슈머를 이끈다. 추억을 떠올릴 수 있는 것, 자신이 좋아하는 것을 탄생시킬 수 있다는 사실이 자발성과 연결된다.

(자료: "팬슈머, 크라우드펀딩으로 브랜드를 키우다", 시사저널, 1697호, 조유빈 기자, 2022.04.07. http://www.sisajournal.com/news/articleView.html?idxno=235798 수정부분발췌)

사업계획서

아무리 훌륭한 사업 아이디어라 해도 함께 일할 사람들과 투자자들을 모으는 과정을 필수적으로 거쳐야 한다. 이 과정에서 필요한 것이 사업계획서이다. 창업자는 사업계획서를 스스로 작성해 봄으로써 사업 아이디어를 냉철하게 검토할 수 있고 투자자들은 미래 수익성에 대한 평가를 내릴 수 있다. 특히 창업단계에서 투자자들은 핵심 이해당사자인 만큼 이들이 쉽고 분명하게 이해할 수 있는 사업계획서를 만들 수 있어야 한다.

누구를 위해 작성되느냐에 따라 작성 양식이 달라질 수 있겠지만 가장 일반적으로는 〈표 2-4〉에서처럼 계획서 요약, 회사 및 핵심 인력 소개, 마케팅, 생산 및 오퍼레이션, 연구개발, 재무활동에 대한 계획이 포함된다. 작성할 때는 읽는 사람의 관점에서 이해하기 쉽고 흥미를 느끼게 할 수 있게 해야 할 것이다. 또 적절한 분량과 깔끔한 디자인, 문법에 맞고 오탈자가 없어야 하고 과장된 표현을 하지 않는 것과 같은 보고서 작성 요령을 잘 지켜야 한다.

〈표 2-4〉 사업계획서 내용

요 약
사업계획서에는 맨 먼저 전체 내용을 두 쪽 이내로 요약해서 읽는 사람이 한눈에 사업의 개요를 알 수 있도록 한다. 요약(executive summary)부분에서 관심을 끌지 못하면 읽는 사람을 설득해서 투자를 유치하거나 혹은 사업을 승낙받을 가능성은 그만큼 줄어든다고 할 수 있다. 그러므로 짧게 그렇지만 관심을 끌 수 있도록 분명하게 작성되어야 한다.
회사 설명
사업을 추진하는 회사나 부서에 관해 설명한다. 먼저 회사가 추구하는 목적(mission)으로서 사업의 동기, 중요시하는 가치관, 장래의 모습에 관한 내용을 적는다. 이어서 경영진에 대한 내용도 포함되어야 한다. 외부 투자가들에게 기업을 어떤 사람들이 경영하고 있는가는 가장 중요한 사항이라고 할 수 있다. 각 경영진의 사업과 관련된 주요 경력, 각자의 역할, 경영진 간의 팀워크, 외부기관과의 제휴관계에 관해 설명한다. 그리고 법률적인 사항에 관한 것을 밝힌다. 조직의 설립연도, 법인형태, 주요 시설이 위치한 지역에 관해 적는다.
마케팅계획
• **산업분석**: 마케팅계획에는 보통 진출하는 산업의 성격, 전반적인 전망, 중요한 법률 환경요인, 잠재적인 위험요인과 같은 거시적인 환경의 분석결과를 먼저 적는다. 설득력을 높이기 위해서 권위 있는 기관에서 발표한 자료들을 근거로 제시하고 이해하기 쉽게 도표를 사용하기도 한다. • **상품/서비스 설명**: 회사의 주요 상품이나 서비스에 관해서 설명한다. 어떤 용도로 사용되며, 왜 시장에서 환영을 받을 것인지, 경쟁업체에 비해서 어떠한 강점을 갖는지, 향후 5년간의 판매전망 등을 제시한다. 이미 개발해서 팔리고 있는 상품이라면 그간의 경과를 그림이나 도표를 통해 설명하는 것도 좋다. • **시장분석과 대책**: 목표로 삼은 고객층이나 특수한 수요층에 대한 설명, 경쟁업체와 경쟁상품에 대한 현황과 비교, 기본적인 전략을 적는다. 이때 세분된 시장별로 현황과 앞으로의 전망 및 대응전략을 보일 필요가 있는데 시장세분화, 목표시장 선정, 포지셔닝이라는 마케팅전략의 핵심이 쉽게 부각되도록 해야 할 것이다. • **영업활동**: 영업과 관련해서는 유통경로의 규모와 기본 정책방향에 관한 설명이 필요하다. 유통경로(marketing channel)란 생산자로부터 최종수요자에게 이르기까지 거치게 되는 기관을 말한다. 일반적인 도소매업체를 포함해서 인터넷, 홈쇼핑, 방문판매업체에 이르기까지 다양한 경로를 생각할 수 있다. 최종수요자의 요구를 가장 효율적으로 충족시켜 줄 수 있는 경로를 만들고 환경변화에 탄력적으로 대응할 수 있음을 보여야 한다.
생산과 연구개발계획
생산방법, 시설, 규모, 원자재 공급업체 현황, 전문인력의 수요 전망과 확보, 계획 그리고 신상품 개발을 위한 연구 노력에 관해서 설명한다. 신설업체나 소규모업체일 경우에는 공급업체와의 긴밀한 유대관계가 결정적인 역할을 할 수 있는 만큼 그 대책에 관해서 자세하게 설명할 필요가 있다. 또 상품의 생명주기가 짧아지는 만큼 신상품 개발계획, 연구인력의 확보와 예산규모에 관해서도 설명이 있어야 한다.

재무계획

사업계획서를 통해서 투자유치나 자금을 빌리려 할 때 가장 중요한 부분이라고도 할 수 있는 것이 바로 재무계획이다. 왜냐하면 재무계획을 통해서 이익을 창출해 낼 수 있는 능력이나 부채를 갚을 능력을 보여줄 수 있기 때문이다. 보통 향후 3년 내지 5년간의 추정 포괄손익계산서와 추정 재무상태표, 필요한 자금규모의 예측, 자금조달방법을 제시한다. 사업부 차원의 계획에는 1년 내지 2년의 단기 추정 포괄손익계산서가 자주 이용된다.

- **추정 포괄손익계산서**: 예상되는 수입 총액과 비용 총액을 정리해서 회기 말에 이익 혹은 손실이 얼마나 될 것인가를 보여준다. 수입은 상품을 판매한 매출액이 거의 대부분을 차지하는데 영업 외에 발생하는 약간의 수입도 있을 수 있다. 비용은 크게 상품이나 제조원가, 판매비, 일반관리비로 나누어지는데 추정 손익계산서를 작성할 때에는 업계자료나 과거자료에 근거해서 매출액에 대한 일정한 비율을 근거로 계산할 수 있다. 물론 기존 자료와 달라야 할 특별한 이유가 있을 때는 그 근거를 밝힌다.
- **추정 재무상태표**: 회기 말에 자산, 부채, 자본의 규모를 보여준다. 여기서 부채는 약속한 기일 내 반드시 갚아야 할 의무이며, 자본은 자산에서 부채를 뺀 부분으로서 회사가 청산을 할 경우에 주주에게 돌아갈 몫이다. 자산은 보통 유동자산과 고정자산으로, 부채는 단기부채와 장기부채로 구분해서 정리한다. 추정 포괄손익계산서와 추정 재무상태표의 항목들을 종합적으로 검토하면 그 사업의 장래 수익성이나 안전성에 관해서 판단을 내릴 수 있다.
- **자금조달계획**: 먼저 필요한 자금규모를 밝혀야 한다. 사업 초기에 들어가는 시설투자뿐만 아니라 영업이 정상적인 궤도에 올라가기까지 필요한 경비가 충분하게 계산되어야 한다. 그리고 자금조달 원천과 방법을 제시하여야 한다.

프랜차이즈를 통한 창업

프랜차이즈 본사와 가맹점으로 이루어진 사업형태를 프랜차이징(franchising)이라고 하는데, 창업자금만 마련되면 별다른 준비 없이도 사업을 시작할 수 있어 외식업을 비롯하여 여러 분야에서 크게 늘어나고 있다. 프랜차이즈 본사는 가맹점에게 상품과 서비스, 점포 운영방식 등을 전수해 주고 가맹점은 프랜차이즈 초기 가맹비와 매출액과 연관시킨 로열티를 지불한다. 또 본사가 요구하는 엄격한 운영규정을 지켜야 한다.

프랜차이즈 창업은 두 가지 중요한 장점을 갖고 있다. 첫째 실적이 입증된 프랜차이즈일 경우 그만큼 실패 가능성을 낮출 수 있다. 둘째는 프랜차이즈 본사로부터 입지선정, 마케팅, 종업원 교육·훈련, 경영지도 등과 같은 지원을 받을 수 있다는 점이다.

반면에 프랜차이즈 창업은 본부가 요구하는 시설과 장비를 갖추기 위해 많은 비용을 지불해야 한다. 그리고 매출의 일부를 로열티와 수수료로 본사에 지불해야 하는 것 역시 프랜차이즈 창업의 단점이다. 점포운영 방식, 내부 장식, 재료의 구입과 재고수준 등에 관해 본사의 요구를 받아들여야 하는 것처럼 자율성이 떨어지는 약점도 있다. 최근 사업성이 떨어지는 프랜차이즈 본사도 많기 때문에 가맹을 결정할 때는 사전조사를 철저히 해야 한다.

요 약

1. 조직은 구조적 짜임새 속에서 조직의 목표를 달성하기 위해 함께 일하는 사람들의 모임이다. 조직은 사람들로 구성되며, 목표를 갖고 있으며, 조직목표 달성에 필요한 일들을 여러 명이 나누어 하고 그 결과를 결합하기 위해 적절한 짜임새를 갖고 있다.

2. 사람들은 시너지 효과를 거두고 거래비용을 줄이기 위해서 조직을 만든다. 시너지 효과란 각 부분이 개별적으로 올릴 수 있는 성과를 모두 합친 것보다 전체로서 더 큰 성과를 낼 수 있는 것을 의미하며, 거래비용이란 조직목표를 달성하기 위해 필요한 일을 맡길 사람들과의 거래와 관련해 발생하는 제반 비용을 말한다.

3. 기업은 다양한 형태로 구분된다. 출자자가 누구냐에 따라 사기업, 공기업 및 공사합동기업으로 분류되고, 법인격 여부에 따라 개인사업자와 법인으로 구분된다. 주식회사와 같이 다양한 이해관계자를 포함하는 기업에서는 지배구조를 통해 그들의 이해를 적절히 조정하고 규율할 수 있어야 한다.

4. 대부분의 기업은 적은 규모로 출발한다. 중소기업은 고용창출과 생산활동을 통해 국가의 부를 창출하는 데 기여하고 있다. 우리나라의 경우 사업체 수의 99.9%가 중소기업이며, 고용인구의 82.7%가 중소기업에 근무하고 있다.

5. 벤처기업은 성장단계에 따라 필요한 자금규모나 방법이 달라지는데 이것은 단계별로 당면하게 되는 위험도가 다르기 때문이다. 성장단계는 보통 발아, 신생기업, 성장초기, 확장의 네 단계로 나누는데, 발아단계에서는 보통 창업자 스스로가 필요한 자금을 조달해야 한다. 엔젤투자자나 벤처투자자들로부터의 지원은 일반적으로 신생기업 단계 이후에 가능하다.

6. 비즈니스 모델이란 수익 창출 활동과 관련된 참여자들의 역할 분담과 참여 동기, 상호간의 거래조건을 보여주고 이를 통해 사업타당성을 평가할 수 있는 시스템이라 할 수 있다. 비즈니스 모델을 보면 누가 고객인지, 고객의 어떤 요구를 어떻게 충족시키려 하는 것인지, 생산유통과정에 관계하는 협력업체들의 참여 동기는 무엇인지, 각자의 역할과 협업관계는 어떻게 이루어지는지, 수익은 어떻게 확보할 수 있는지에 대해 이해할 수 있다.

7. 상대적으로 쉽게 이루어지는 프랜차이즈를 통한 창업은 갖고 있는 장점도 많지만 독립적 창업에 비해 가맹비 지불, 경영의 자율성 약화 등과 같은 단점도 갖고 있다.

토의과제

1. 주변에 있는 조직을 예로 들어 그 조직이 갖고 있는 특성을 살펴보자.
2. 자신이 경험한 시너지 효과에 대해 말해보자.
3. 여러분과 가까운 사람이 일하고 있는 회사의 출자자가 누구이며, 법인격을 갖고 있는지, 지배구조가 어떤지 등에 관해 알아보자.
4. 다른 나라를 한 곳 선정한 후, 중소기업의 수와 비율 그리고 중소기업 종사자의 수와 비율을 우리나라와 비교해 본 후 그 결과에 관해 토론해 보자.
5. 자신이 하고 싶은 사업을 생각해 보고 사업계획서를 만들어 보자. 사업계획서에는 요약, 회사 설명, 마케팅계획, 생산과 연구개발계획, 재무계획 등이 포함되어야 한다.
6. 관심이 가는 벤처기업을 조사해서 비즈니스 모델을 그려보고 자세하게 설명해보자.
7. 주변에 있는 프랜차이즈 가맹점을 방문하여 프랜차이즈를 통한 창업의 장점과 단점에 대해 알아보자.

03 CHAPTER

경영자와 경영윤리

경영자는 쓰러져가는 조직을 되살릴 수도 있고 잘 나가던 조직을 단기간에 몰락의 길로 이끌기도 한다. 또 비윤리적인 경영자 한 사람이 사회에 큰 파문을 일으킨다. 이처럼 경영자가 미치는 영향은 조직 안팎으로 크다. 이 장에서는 경영자가 수행하는 역할, 갖추어야 할 역량, 그리고 경영자 윤리와 기업의 사회적 책임을 공부한다.

이 장을 읽은 후 다음 주제에 대해 설명할 수 있어야 한다.

- 경영자의 역할
- 경영자에게 필요한 역량
- 대표적 경영 윤리관
- 윤리 수준을 높일 대책
- 기업의 사회적 책임

시작이야기 존경받는 기업인 유일한

국내 기업인들 중 국민들로부터 진정으로 존경을 받는 인물은 그리 많지 않다. 대기업 창업자들이 지난 세기 동안 국가 경제발전에 공헌한 점은 많은 부분 인정받지만 정경유착, 탈세, 경영권 세습과 같은 윤리적 문제들에 대해서는 비판을 받는 경우가 많다. 그런데 유한양행의 창업자 유일한 박사는 다르다. 그는 일찍부터 '기업은 개인이 아닌 사회의 공유물'이라는 신념을 갖고 평생 동안 모범을 보임으로써 온 국민의 존경을 받고 있다.

유일한 박사는 1895년 평양에서 8남매 중 장남으로 태어나 아홉 살의 어린 나이에 미국으로 건너가 자수성가하였다. 일제강점기였던 1926년 귀국하여 가난과 질병으로 고생하는 대중들을 위해 우리 손으로 우리 약을 만드는 회사가 있어야 한다는 신념에서 유한양행을 창립했다. 1930년대에는 연구소도 세워 수입에 의존하던 의약품들을 자체적으로 개발하고 중국이나 동남아 등에 진출하기도 했다. 1936년 개인소유의 회사를 주식회사로 바꾸고 주식의 일부를 임직원들에게 나누어 주었다. 즉, 종업원지주제를 실시한 것이다. 또 1962년에는 임직원들의 반대를 무릅쓰고 제약회사로는 최초로 주식을 상장하고 회사를 공개했다. 그는 이 과정에서 기업의 경영을 정치권의 바람으로부터 철저히 차단시키려 했다.

그가 기업이윤을 본격적으로 사회에 환원하기 위해 교육사업을 시작한 것은 회사가 성장기를 지나 안정기에 접어들었을 무렵인 1945년부터이다. 사재를 털어 '고려공과기술학원'을 세웠고, 1960년에는 '한국직업학원', 1964년 '유한공고', 1966년 '유한중학교'를 설립하는 등 교육사업에 심혈을 기울였다. 또 "기업과 개인적인 정실은 엄격히 구분해야 한다"며 전문경영인제도를 도입했다. 기업을 키우고 보존하기 위해서는 경영을 가장 잘하는 사람에게 회사를 맡겨야 한다는 확신 때문이었다. 유한양행의 경영권을 주주총회를 통해 전문경영인에게 넘긴 것도 바로 이런 이유에서였다. 그에게 있어 기업은 사회의 것이고 따라서 절대 개인이 '소유'할 수 없는 것이었다.

1971년 4월 유 박사의 유언장이 언론에 최초로 공개됐을 때 사람들은 다시 한 번 놀랐다. 소유했던 유한양행 주식 14만 941주(당시 시가 2억 2,500만 원) 전부를 재단법인 '한국사회 및 교육신탁기금'으로 기증했기 때문이다. 그뿐이 아니었다. 딸 유재라 여사에게는 그의 묘소가 있는 5,000평의 대지를 상속해 '유한동산'으로 꾸미도록 했을 뿐이며, 손녀에게도 대학까지의 학자금으로 1만 달러(320만 원)만을 남긴 것이 전부였다. 미국에 있던 장남 유일선 씨에게는 일체 재산을 물려주지 않고 "너는 대학까지 졸업시켰으니 앞으로는 자립해서 살아가라"라는 말만을 남겼다. 딸 유재라 씨도 1991년 미국에서 숨을 거둘 때 당시로 45억 원 상당의 유한양행 주식과 시가 160억 원 규모의 서울 대방동 집터 1,008평 등 모두 205억 원을 유한재단에 기부했다. 2대에 걸쳐 전 재산을 사회에 환원하는 신화를 이룩했던 것이다.

재벌을 비롯한 대부분의 기업인들이 몇 대에 걸쳐 기업경영을 세습하고 어떻게 하면 재산을 불릴 수 있을까라는 것에만 힘을 쏟는 오늘의 실정에서 유일한의 이러한 행동은 하나의 전설로 남을 것이다.

(자료 : www.KCEO.co.kr)

경영자란?

일반적으로 경영자(經營者; manager)라 하면 기업체 사장이나 이사진과 같은 최고경영자층을 의미한다. 그러나 이 책에서는 조직의 목적이나 규모, 혹은 조직 내 계층과는 상관없이 구성원을 이끌며 그 성과에 최종적인 책임을 지는 사람을 모두 경영자라 한다. 그러므로 대학이나 병원 같은 비영리기관의 우두머리, 생산부서나 영업팀과 같은 회사 하위 부서를 책임지는 중간관리자 역시 경영자이다. 이들 모두 과업을 수행하기 위해 계획, 조직, 지휘, 통제와 같은 경영의 제반 기능을 수행하는 점에서는 공통적이기 때문이다.

한편 경영자를 더 깊이 이해하기 위해 유형별로 나누는 경우가 있다. 책임지고 있는 조직의 성격에 따라 구분하는 것이 그 중 하나이다. 예를 들어 비영리기관인 종합병원의 최고경영자는 영리를 추구하는 제조업체 사장과는 상당히 다른 상황에서 경영을 한다. 종합병원 원장은 부서 간 이동이 거의 불가능한 분야별 전문의나 전문기사들과 일하는 반면 제조업체 사장은 부서 간 인력 이동이 비교적 용이한 조직을 이끌고 있다. 그러므로 두 최고경영자에게 요구되는 자질이나 지휘 스타일은 서로 다를 수 있다.

경영자는 조직 내에서 차지하는 지위를 중심으로도 구분될 수 있는데 기업체의 경우 업무 전반을 총괄하는 최고경영층(最高經營層; executives, top managers), 경영층의 지휘를 받으며 부서나 팀을 이끄는 부장과 팀장과 같은 중간관리자(中間管理者; middle managers), 일선 업무를 지휘 감독하는 현장 주임과 같은 일선관리자(一線管理者; first-line managers)로 나눌 수 있다.

벤처기업가

혁신적인 아이디어나 기술을 근거로 자본이 부족한 상태에서 사업을 도모하고 성장에 대한 의지가 강한, 즉 기업가정신(企業家精神; entrepreneurship)이 왕성한 경영자를 벤처기업가(venture entrepreneur)라 한다. 하나의 벤처기업이 성공하면 새로운 산업이 탄생할 수 있을 만큼 사회에 미치는 파장이 크며 창업자는 세계적 거부가 될 수도 있다. 이런 점에서 벤처기업가는 단순한 영세 혹은 소규모 기업 경영자(small business people)와 구분된다.

〈표 3-1〉 벤처기업가와 일반기업 경영자 비교

구 분	전통적 기업의 경영자	벤처기업가
주된 동기	승진, 좋은 사무실, 권력	독립심, 창조적 기회, 경제적 성취
시간 성향	단기간 내의 성취를 원함	5~10년간의 성장사업을 노림
활동 스타일	위임, 감독	직접 참여함
위험지향성	낮음	중간 정도
실패나 실수에 대한 성향	회피함	받아들임

자료 : Robbins and DeCenzo (1995), *Fundamentals of Management*, p. 76.

또 벤처기업가는 대기업의 일반 경영자들과도 다른 성향을 보인다. 〈표 3-1〉에서 보듯이 일반 경영자들이 승진이나 직책에 따른 권력을 추구하는 경향이 있는데 비해 벤처기업가는 독립심, 창조적인 기회, 경제적 성취에 더 큰 비중을 둔다. 활동 스타일 면에서는 일반 경영자가 위임과 감독을 위주로 하는 데 반해 벤처기업가는 직접 참여하기를 좋아하고 실패를 두려워하지 않는 경향이 있다.

기업 규모가 커지면 조직 내에 관료주의 문화가 나타날 수 있다. 그래서 의사결정이 늦어지고 결과적으로 환경 적응에 뒤지게 될 위험이 커진다. 이러한 관료화 현상을 피하기 위해 대기업에서는 기업가정신이 왕성한 사원들이 사내 벤처를 시도하는 것을 장려하기도 한다. 진취적인 인재들이 회사를 그만두는 가능성을 줄일 수 있고, 한편으로는 대기업의 생산시설, 자금, 정보, 영업망을 이용해 일반 벤처기업들이 겪는 자금과 조직 문제를 해결해서 그만큼 성공 가능성을 높일 수 있기 때문이다.

경영자의 역할

경영자의 활동은 계획, 조직, 지휘, 통제와 같은 기능 중심으로 설명하는 것 외에 담당하는 역할을 중심으로 정리해 볼 수도 있다. 건물을 소개할 때 평면도, 측면도, 입면도, 조감도를 모두 보여줄 필요가 있듯이 경영을 여러 관점에서 바라봄으로써 더 잘 이해할 수 있을 것이다.

역할(役割; role)이란 사람 간의 관계에 있어서 기대되는 행동이나 해야 할 일을 뜻한다. 우리는 하루에도 여러 번씩 역할을 달리한다. 가정에서는 자식, 형제, 혹은 배우자로서, 직장에서는 상사나 부하로서, 그리고 고객을 대할 때는 회사를 대표하는 사람으로서, 퇴근 후에는 직장 동료나 학교 선후배로서의 역할을 하며 마치 연극배우처럼 그때그때의 역할에 맞추느라 바쁘게 지낸다. 그리고 이러한 역할을 골고루 잘할 때 보람을 느끼고 존경도 받는다. 경영자도 조직을 이끄는 과정에서 다양한 역할을 수행해야 하는데 Henry Mintzberg는 경영자의 역할을 다음처럼 세 가지로 요약하고 있다.

첫째, 인간관계 역할(人間關係 役割; interpersonal roles)이다. 경영성과가 사람을 통해서 이루어지는 만큼 경영자들은 평소에 인간관계를 맺고 다지는 데 상당한 시간을 보낸다. 공식적, 비공식적 모임에 참석하여 사람들을 만나고 관계되는 사람들의 관혼상제에도 자주 참석한다. 또 조직의 핵심 원칙이나 정책을 설명하고 다양한 사람들 간의 견해 차이를 조율하기도 한다. 인간관계가 업무를 추진해 나가는 과정에서 중요한 자산이 되기 때문에 경영자는 이런 역할을 잘 해내야 한다.

둘째, 정보 유통자로서의 역할(情報流通 役割; informational roles)이다. 외부에서 입수한 유용한 정보를 조직 내에 전파시키고 다른 한편으로는 이해당사자들에게 내부 정보를 때를 놓치지 않고 전달하여 소통이 잘 되도록 하는 역할이다. 외부 보고서의 내용을 직원들에게 알리고 중요한 인사들을 만나며 회의를 주재하고 언론 인터뷰를 하는 것이 정보 유통자의 역할을 수행하는 방식이다.

셋째, 의사결정자로서의 역할(意思決定 役割; decisional roles)이다. 경영자는 의사결정을 통해 조직을 움직이게 한다. 기업가정신을 갖고 신규 사업을 찾는 일, 예기치 못한 재난 상황의 처리, 예산이나 인적자원의 배분과 관련된 결정, 이해당사자 간의 협상에서 최종적인 판단을 내리는 일처럼 조직 전반에 걸쳐 영향을 줄 수 있는 중요한 사항들에 대한 판단은 항상 경영자의 몫이 된다. 이에 따른 보람도 느낄 수 있지만 책임감 때문에 더 많은 스트레스를 받을 수 있다.

성공적인 경영자의 일정표는 이들 역할을 잘 해내기 위해 필요한 일들로 채워진다. 대부분의 일들이 조직 내에서 수행되겠지만 조직 밖에서 이루어지는 일도 적지 않을 것이다.

사례읽기 3-1 '냉혈 칼잡이' 여걸의 승부수

지난달 4일 미국 라스베이거스에서 열린 CES에서 메리 바라 GM 회장이 기조연설을 하고 있다. [사진 GM]

메리 바라(61) GM 회장 겸 CEO가 1월 라스베이거스 소비자가전쇼(CES) 이후 공식적인 자리에서 2025년까지 전기차 시장의 리더가 돼 테슬라를 따라잡겠다고 하자, 일론 머스크 테슬라 CEO가 27일 트위터에 "개선의 여지가 있는 것 같다(some room for im- provement)"는 글을 남겼다. '판매 목표를 수정해야 할 것'이란 뜻으로 풀이된다.

두 CEO 간 실랑이는 글로벌 전기차(EV) 시장을 둘러싼 '올드 카' 업체와 스타트업 간에 물러설 수 없는 전쟁을 반영한다. 테슬라는 지난해 전기차 93만 대를 팔아 전 세계 전기차 시장의 20%가량을 차지했다. 반면 GM은 주력 전기차인 쉐보레 볼트 EV가 리콜 사태를 겪는 등 2만5천 대 판매에 그쳤다. 전체 완성차 판매 대수에서 테슬라는 GM의 8분의 1에 불과하지만, EV 시장에선 GM을 압도하는 셈이다. 이를 3년 만에 역전하겠다고 하자, 머스크가 장난기 섞인 태클을 한 것으로 보인다.

그러나 GM그룹은 올해 각 브랜드를 대표하는 차종에서 신형 전기차를 출시해 추격의 발판을 마련했다. GMC 허머 EV, 캐딜락 리릭 EV, 쉐보레 실버라도 EV, 쉐보레 볼트 EUV와 리프레시 모델 등이다. 실버라도의 경우 12분 만에 초도 물량 예약이 동나기도 했다. 반면 테슬라는 26일 4분기 실적 발표에서 "올해 신차는 없다"고 했다.

'추격자' GM의 무기 중엔 메리 바라도 있다. 메리 바라는 120년 GM 역사 중 가장 큰 위기였던 2009년 파산 이후 GM을 정상으로 되돌려놓은 주인공이다. 메리 바라는 39년간 GM 폰티악 조립 현장을 지킨 아버지의 대를 이어 18세 때인 1980년 산학 인턴십을 통해 GM과 인연을 맺었다. 대학도 '제너럴모터스 인스티튜드' 협동 학생으로 시작해 스탠퍼드 경영대학원 석사 학위를 받았다. 이후 두각을 보인 메리 바라는 엔지니어와 조립공정 관리자, 인사팀 책임자, 제품개발 담당 등 40년간 기름밥을 먹다가 2014년 CEO 자리에 올랐다. 전 세계 주요 자동차업체 역사상 첫 여성 CEO였다. 지난해엔 미국을 대표하는 경제단체 '비즈니스 라운드 테이블'의 의장에 선임되기도 했다.

지난해 9월 미 시사 주간지 타임은 메리 바라를 '가장 영향력 있는 100인'에 선정하며, 이렇게 평가했다. "메리 바라가 이끄는 GM은 전기차 대전에서 추격자이지만, 성공할 경우 역사상 가장 성공한 재창조가 될 것이다. 그는 GM이 2025년까지 북미에서 전기차 시장 리더십을 장악한다는 목표를 달성할 수 있다는 자신감에 차 있다." 메리 바라 취임 이후 GM은 플랫폼 기업으로 전환 중이다. 메리 바라 CEO는 "지난 10년간 전동화와 소프트웨어 지원 서비스, 자율주행에 대한 선제적 투자로 GM은 자동차 제조사에서 플랫폼 혁신 기업(Platform innovator)으로 변모했다."며 "우리에겐 세상을 바꿀 비전과 인력 그리고 기술이 있다."고 했다. 앞서 GM은 2025년까지 전기차 30개 차종을 출시하겠다고 밝혔다. 또 자율주행, 수직이착륙(VTOL) 도심항공모빌리티, 얼티파이 소프트웨어 플랫폼에 대한 로드맵을 발표했다. 이를 위해 GM은 2025년까지 전기차·자율주행에 350억 달러(약 42조 원)를 투자할 계획이다. 2020년 기준 GM의 매출은 1224억 달러(약 147조 원), 순익은 63억 달러(약 7조6,000억 원)다. 현대차 순익(1조9,000억 원)보다 4배 많다.

파산 이후 CEO에 취임한 메리 바라는 가장 먼저 구조조정이라는 칼을 빼 들었다. 이 때문에 당시 도널드 트럼프 미국 대통령과 대립하기도 했다. 그럼에도 "전기차 등 차세대 기술 투자를 위해 조직 전환이 필요하다."며 굽히지 않았다. '냉혈한(cold-blooded)'이란 말을 듣긴 했지만, 당시 그가 주도한 혹독한 다이어트는 지금 GM의 밑바탕이 됐다.

칼잡이로서 유명한 일화가 있다. 구조조정이 한창이던 2009년, 글로벌 제조 엔지니어링과 인사담당 임원을 겸하던 시절의 일이다. 100년이라는 세월을 이어온 GM은 복장 규정까지 복잡했다고 한다. 사내 복장을 설명한 규정이 무려 10페이지가 넘었다. 메리 바라는 단 두 단어로 잘라버렸다. "Dress appropriately(적절한 복장)."

2022년은 메리 바라 CEO의 커리어에 분수령이 될 것으로 보인다. 그룹의 명운이 걸린 쉐보레 볼트 전기차(EV) 리콜 사태 해결과 동시에 테슬라 등 강력한 경쟁자를 추격해야 하는 입장이다. 간격이 더 벌어지면 일론 머스크 CEO에게 또 어떤 조롱을 당할지 모른다. 앞서 2014년 메리 바라는 점화 스위치 불량으로 인한 '3,000만 대 리콜' 사태를 특유의 직설화법과 리더십으로 해결했다. 메리 바라의 시대는 이미 이때 시작됐다.

(자료: "머스크 조롱에도 42조 쏟는다… '냉혈 칼잡이' 여걸 승부수" 중앙일보, 김영주 기자, 2022.02.01. https://www.joongang.co.kr/article/2504485105:00:02 수정부분발췌)

경영자가 갖추어야 할 역량

경영자에게는 어떤 역량이 요구되는가? 이 질문에 대한 답은 경영자가 되려는 사람이나 경영자를 양성하고 싶은 사람 모두가 원할 것이다. 아래에서 R. Katz와 S. Covey의 견해를 살펴보자.

Katz의 견해

경영자에게 요구되는 역량과 관련하여 Robert L. Katz가 주목한 것은 성과(成果; performance)를 많이 내는 경영자와 그렇지 못한 경우를 구별해 줄 수 있는 요인들이었다. Katz는 이 요인들을 정리하여 각각 기술적 기량, 인간관계 기량, 개념적 기량으로 구분한다.

첫째, 기술적 기량(技術的 技倆; technical skill)은 업무와 관련된 전문 지식이나 기술을 말하는데 일반적인 표현으로 전문성에 해당한다. 어떤 자리이든 꼭 알아야 할 전문지식이 있다. 축구 감독이라면 경기 규칙이나 전략과 전술, 선수들의 훈련법에 관해서, 경리부장이라면 회계나 세무와 관련해 해박한 지식을 갖추어야 한다. 이러한 지식은 정규 교육기관에서 그 기초를 닦아야 할 것이지만 취업 이후 사내교육이나 스스로의 노력을 통해서 계속 보완해 나가야 한다. 새롭게 익혀야 할 지식이 모든 분야에서 빠르게 늘고 있기 때문에 평생학습(平生學習; life-long learning)의 필요성도 그만큼 높아졌다.

둘째, 인간관계 기량(人間關係 技倆; human skill)은 다른 사람과 잘 어울리며 신뢰를 얻고 열정과 헌신을 끌어낼 수 있는 솜씨로서 일반인들이 흔히 쓰는 표현으로는 친화력에 해당한다. 경영은 기본적으로 사람을 통해서 성과를 내는 과정이다. 그러므로 유능한 경영자란 뛰어난 인재를 자신의 영향력 아래 두고 도움을 얻을 수 있어야 한다. 지적으로 탁월해도 주위에 도움받을 수 있는 사람들이 없다면 경영성과를 올리기 힘들 것이다. Katz(2000)는 인간관계 기량을 조직 내부 사람뿐 아니라 다른 조직의 협력을 이끌어내는 데도 필요하다고 믿고 자신의 초기 논문을 보완하였는데 다른 학자들이 설명하는 정치적 수완(政治的 手腕; political skill)과 유사한 내용이다.

셋째, 개념적 기량(槪念的 技倆; conceptual skill)은 경영 문제를 시스템적으로 분석하고 핵심 과제를 찾아 창의적으로 해결할 수 있는 능력인데 일반적인 표현으로 사고력에 해당된다. 조직이 커지고 직위가 높을수록 풀어야 할 경영 문제의 복잡성은 커지고 의사결정이 조직 전체에 미칠 영향을 예측하기 힘들어진다. 이럴수록 현상을 시스템적으로 파악하고 논리적인 추리를 통해 조직 차원에서 최적의 해결책을 발견할 수 있는 개념적 기량을 갖추어야 한다.

Katz에 따르면 경영계층에서의 위치가 높을수록 개념적 기량이 크게 요구되며 상대적으로 업무관련 전문성 즉, 기술적 기량의 중요도는 줄어든다고 한다. 인간관계 기량은 계층에 상관없이 필수적으로 요구된다.

Covey의 견해

Covey(2004)는 지식근로자들이 주축을 이루는 현대 조직을 경영하기 위해서는 지적지능, 신체지능, 감성지능, 영적지능 모두가 우수해야 한다고 주장한다. 첫째, 지적지능(知的知能; mental intelligence)은 지능지수(知能指數; intelligence quotient, IQ)로 표현하기도 하지만 여기서는 현상을 분석하고 논리적으로 생각하며 언어로 혹은 시각적으로 표현할 수 있는 능력을 의미한다. 앞서 Katz가 제시하는 업무지식이나 사고력은 지적지능과 관계가 깊다. 이러한 능력을 기르기 위해 경영자는 배움을 게을리하지 않고 평생학습을 실천해야 한다.

둘째, 신체지능(身體知能; physical intelligence, PQ)은 건강을 유지하고 의도한 일을 활기차게 할 수 있는 능력이다. '건강한 신체에 건강한 정신'이라는 표현이 있듯이 몸, 생각, 정서는 매우 밀접하게 연관되어 있다. 타고난 머리가 아무리 뛰어나다 해도 신체가 허약하면 일에 집중할 수 없고 급박하게 돌아가는 경영 현장에서 단호한 판단을 내릴 수도 없다. 그러므로 경영자에게 신체지능은 필수적이며, 이는 단련된 마음(disciplined mind) 혹은 자기통제력으로 표출된다.

셋째, 감성지능(感性知能; emotional intelligence, EQ)은 자신과 타인의 정서를 정확히 알아차리고 상황에 맞게 활용할 수 있는 능력이다. 상대의 감정에 대해서는 전혀 아랑곳하지 않는 로봇 같은 인간과는 달리 표정만 보고서도 상대방의 어려움을 읽고 공감해 주는 가까운 사람을 떠올리면 감성지능의 의미를 이해할 수 있을 것이다. 감성지능이 부족하면 대인관계가 어려워 경영성과를 올리기 어렵다. 미국의 대기업체 경영층을 연구한 Daniel Goleman에 따르면 이들의 업무성과를 결정짓는 주된 요인은 감성지능이며, 지적지능이 미치는 영향은 무시할 정도라 한다. 생산현장에서 일하는 단순노동자나 사무직원의 경우 감성지능이 상위 1퍼센트 범위에 들 경우 세 배의 생산성을, 중간 수준 난이도의 업무를 담당하는 직원의 경우는 무려 열두 배나 높은 가치를 생산한다. 감성지능은 앞서 Katz가 언급한 인간관계 기량과 밀접한 관계가 있다. 경영자에게 필요한 열정(熱情; passion)도 감성지능이 높을 때 더 커진다.

그림 3-1 경영자의 네 가지 지능

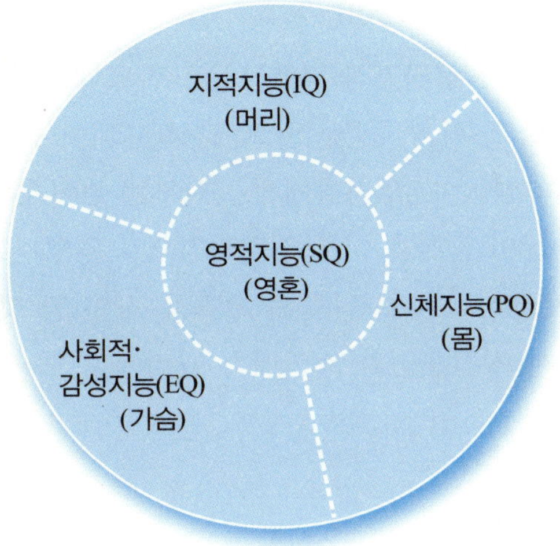

자료 : S. Covey (2004), *The 8th HABIT*, Free Press, New York, NY., p. 50.

넷째, 영적지능(靈的知能; spiritual intelligence, SQ)은 일과 관련된 의미를 높은 차원에서 해석할 수 있는 능력으로서 앞에서 살펴본 세 능력에 방향을 제시하는 역할을 한다. 예를 들어, 식품업체 경영자가 신제품 개발이나 생산 방법을 결정할 때 단순히 생산비를 절감하고 이익을 많이 남기겠다는 차원을 넘어 고객의 장기적인 복지와 동물의 권리, 자연환경에 미치는 영향까지 염두에 두는 것과 같다. Covey는 인간은 누구나 자신을 넘어서는 무한성과 연결되려는 욕망을 갖고 있으며 경영자의 양심(良心; conscience)은 영적지능의 한 표현으로 본다. 여기서 무한성(無限性)이란 신, 자연, 우주처럼 개인마다 달리 표현될 수 있으며 언어를 초월하여 주관적으로밖에 경험할 수 없는 것이다.

이와 같은 네 능력은 각각 머리, 몸, 가슴, 영혼으로 상징될 수 있는데 뛰어난 경영자는 항상 양심에 귀를 기울이며 비전을 갖고 절제되고 열정적인 모습으로 조직을 이끌어간다. 또 스스로 모범을 보여 구성원 모두가 자발적으로 조직 목적에 합당한 행동을 하게 한다. 이것은 과거 산업화시대에 규칙과 효율을 강조하고 감독과 통제를 통해 부하들을 다스리던 관리 위주의 경영자 모습과 대조된다.

경영자의 자기관리

Covey가 보여주는 전인격적 경영자상은 바쁘다는 핑계로 평소에 건강이나 정서 함양, 자기계발 노력을 등한시하고 인생의 의미나 기업의 존재 이유에 대한 진지한 질문을 회피하는 경영자들에게 시사하는 점이 많다. 평소 자기관리를 철저히 하면서 일과 삶이 균형을 이루어 결과적으로 경영자 개인, 조직 구성원, 기업, 사회까지 함께 번영하는 길로 나갈 수 있도록 해야 할 것이다. 자기관리와 관련된 여러 주제 중에서 시간관리와 스트레스 관리에 관해 알아보자.

시간관리

시간은 모든 사람에게 공평하게 주어진 한정된 자산이다. 그러므로 성공하려면 효과적으로 시간관리를 할 수 있어야 한다. 이와 관련한 Covey의 제안을 알아보자.

주도적인 삶과 반응적인 삶

누구나 자기 나름대로의 일정표를 갖고 실천에 옮기고 있지만 대부분의 사람들은 되도록 많은 일을 기일 내에 완수하는 것에 주안점을 두고 있다. 이와는 대조적으로 Covey는 과업의 양보다는 결과의 중요성을 더 강조한다. 겉으로 보기에 쉬엄쉬엄 쉬어가며 일하는 사람이 업적 면에서 뛰어난 사례를 분석해 보면 이들은 평소에 중요한 일에 우선적으로 충분한 시간을 배정하여 집중한다. 매일 한 시간씩 자신의 전공 관련 서적을 읽는 사람과 흥미 위주의 기사만을 좇아서 읽는 사람 중 누가 졸업 후에 더 나은 위치에 있을지는 상상하기 어렵지 않을 것이다.

Covey는 시간관리에 앞서 우선 주도적으로 살아야 할 필요성을 강조한다. 주도적인 삶이란 자신의 비전과 가치관, 목표를 갖고 원칙에 따라 사는 것이다. 그 반대는 '무엇을 위해 어떻게 살 것인지'에 대한 고민도 없이 그때그때의 분위기나 감정에 휘둘리며 반응적으로 사는 것이다.

주도적으로 살 때는 목표 달성에 필요한 소중한 일을 우선적으로 처리하고 중요치 않은 일은 그에 맞게 시간 배분을 할 수 있다. 그렇게 하면 직장에서뿐 아니라 가족관계, 건강 등 삶의 여러 측면에서 고루 만족과 행복을 누릴 수 있게 된다. 대조적으로 자신의 의도보다 외부환경에 더 민감한 사람은 바쁘기만 할 뿐 크게 만족스럽지 못할 가능성이 높다. 일중독자가 되어 설사 직업적으로는 성공했다 해도 가족, 친구와 같은 소중한 인간관계나 건강을 놓치는 경우도 많다.

일의 우선순위에 따른 시간 활용

주도적인 삶을 살고 있는 경영자는 〈그림 3-2〉와 같이 중요성과 긴급성에 따라 일의 우선순위를 구분해 시간을 관리한다. 먼저 일의 중요성이란 목표 달성에 기여하는 정도를 기준으로 평가한 것이다. 예를 들어, 신년도 사업전략을 논의하는 회의나 사업에 큰 도움을 주는 사람을 만나는 일은 중요하다. 자신의 건강관리나 가족들과 보내는 시간도 장기적인 관점에서 봤을 때 중요하다. '가화만사성(家和萬事成)'이라는 격언이 가르치듯이 집안이 화목할 때 직장에서의 업무 집중력도 올라가지만 집안에 걱정거리가 있으면 생산성은 떨어진다. Covey에게 있어 성공이란 일과 관련해서 뿐만 아니라 가족, 친구, 개인의 건강 등 인생 전반에 걸쳐 골고루 만족을 느낄 때 달성되는 개념이다. 즉 균형 있는 삶을 살아야 진정한 성공이라 본다.

그림 3-2 중요한 일과 긴급한 일

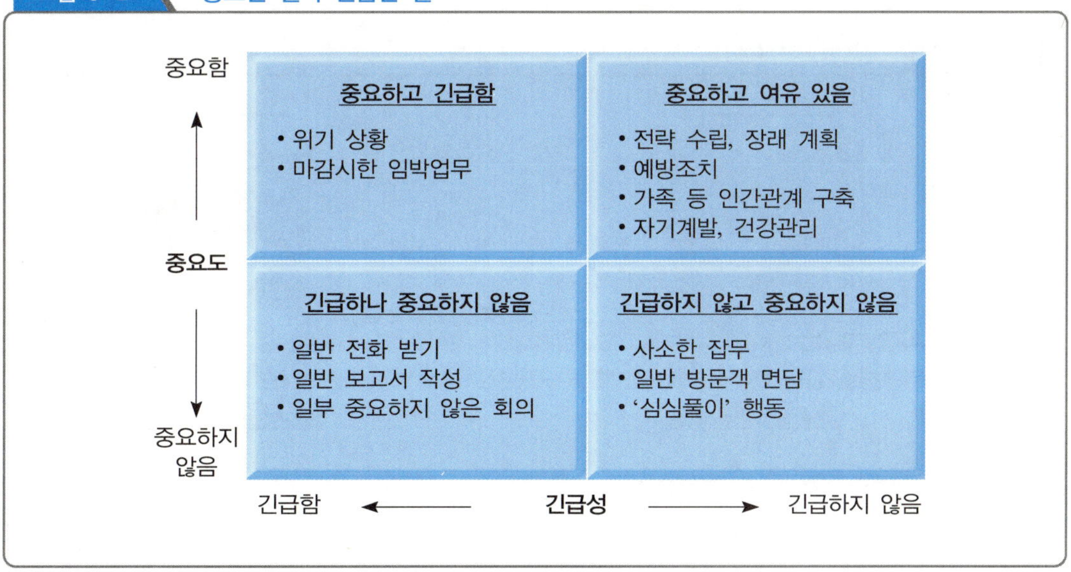

Covey는 중요도에 따른 시간관리의 요긴함을 〈그림 3-3〉과 같이 설명하였다. 그림에서 큰 돌과 자갈, 모래는 각각 매우 중요한 일, 약간 중요한 일, 중요치 않은 일에 비유되는데 모래부터 넣으면 왼쪽 병처럼 큰 돌이 들어갈 공간이 금방 사라진다. 이처럼 사소한 일부터 챙기는 사람은 막상 중요한 일을 할 시간이 충분하지 못해 결과적으로 높은 성과를 올리기 힘들다. 그런데 순서를 거꾸로 하면 오른쪽 병처럼 모래까지 가득 다 채울 수 있게 된다. 중요한 일부터 처리하면 나머지 일들까지도 차근차근 해낼 수 있어 성과가 높아질 가능성이 커진다.

긴급성은 당장 처리해야 할 정도를 말한다. 며칠 후로 마감일이 다가온 보고서 작성이나 중요한 고객의 클레임을 처리하는 것은 매우 긴급한 일이다. 중요하지는 않다 해도 전화가 걸려오면 하던 일을 멈추고 당장 받아야 하기 때문에 이것도 긴급한 일로 볼 수 있다. 그 외에도 각종 서류 처리나 보고서 작성, 의무적으로 참여해야 할 각종 회의도 긴급한 일에 해당된다.

Covey가 추천하는 시간관리법의 핵심은 '중요하면서 여유가 있는 일'을 우선적으로 다룰 수 있게 일정표를 작성하고 반드시 실천하라는 것이다. 긴급한 건 아니지만 꼭 해야 하는 일들을 계획에 따라 실천하면 시간에 쫓기는 경우가 줄어 많은 일들을 하면서도 여유를 가질 수 있게 된다. 그런데 대부분의 사람들은 〈그림 3-2〉의 '긴급하나 중요하지 않은 일'에 많은 시간을 보내고 '중요하고 긴급한 일'이나 '중요하지도 긴급하지도 않은 일'에 매달려서 정작 삶을 성공으로 이끄는

그림 3-3 큰 돌, 작은 돌

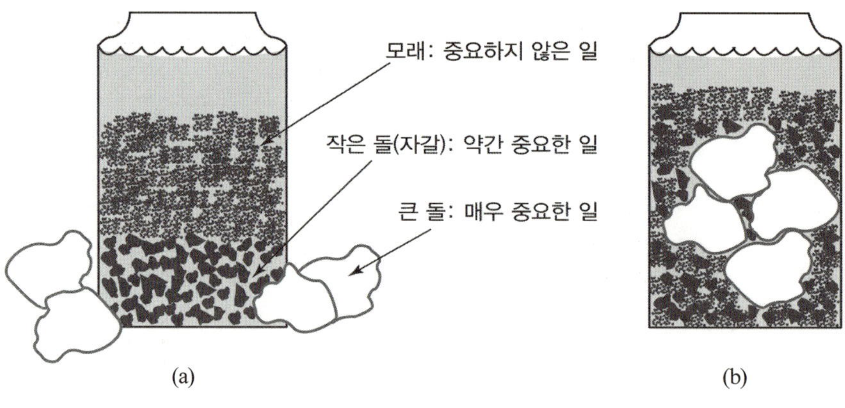

자료 : Stephen R. Covey (1994), *First Things First*, pp. 89~90.

데 핵심적인 '중요하면서 여유가 있는 일'은 차일피일 미루다 거의 해내지 못한다고 지적하였다. 이에 반해 성공한 사람들은 전체 시간의 80%를 '중요하면서 여유가 있는 일'에 집중하는 것으로 나타났다.

일정표 활용

업무를 중요도에 따라 구분한 후에는 일정표에 포함하여 관리할 필요가 있다. 일정표 양식은 일주일 일정을 한꺼번에 볼 수 있게 하는 것이 목표 달성을 위해 유리하다. 하루 단위로 작성할 때는 자칫 목표를 잊어버릴 가능성이 있기 때문이다. 하루에 할 일의 종류가 너무 많지 않게 하는 것과 자신의 생체리듬에 맞추어 능률이 높은 시간대에 중요한 업무를 배정하는 것도 요령이 된다.

방해받지 않는 시간을 늘리기

윗사람이 불러서 혹은 직책상 꼭 참석해야 하는 회의처럼 자신이 통제할 수 없는 시간이 있는가 하면 친구와의 약속시간을 정하는 것처럼 자신이 결정할 수 있는 경우도 있다. 시간관리의 핵심 중 하나는 중요한 업무에 집중할 수 있는 시간을 늘려야 성과를 많이 낼 수 있다는 점이다. 그러기 위해서는 중요한 업무를 처리할 때는 휴대전화를 꺼두거나 자동응답기를 활용하고 방문객은 되도록 약속시간을 정해 만나고 가능하다면 비서를 활용하는 방법을 사용할 수 있다.

스트레스 관리

스트레스란 역할에 대한 과도한 요구, 역할 수행을 힘들게 하는 상황, 혹은 높은 수준의 보상에 대한 열망 같은 요인들이 주는 압박감을 뜻한다. 직장과 가정에서의 일, 넉넉하지 못한 경제 상황, 교통 혼잡, 승진이나 실적에 대한 고민, 직장동료들과의 불화 같은 것은 직장인들이라면 모두 경험하는 스트레스 요인들이다.

적정 수준의 스트레스는 더 노력하게 하고 창의성을 북돋우는 것처럼 긍정적인 방향으로 작용할 수 있지만 과도한 수준에서 오래 지속되는 스트레스는 정서적 소진, 즉 탈진(脫盡; burnout)을 초래한다. 이렇게 되면 삶이나 일에 의욕을 잃게 되고 감정조절이 힘들어지고 매사에 부정적인 태도를 보이며 자존감(自尊感; self-esteem)이 낮아진다. 직무만족이나 삶의 만족도도 낮아지고 분노를 함부로 표출하여 인간관계와 건강 상태도 나빠진다. 당연히 업무성과도 떨어질 수밖에 없다. 그러므로 경영자는 경영성과뿐 아니라 개인의 행복을 위해서도 스트레스를 잘 관리해야 한다.

스트레스 관리방법

대표적인 스트레스 관리방법으로 운동(運動; exercise)과 이완(弛緩; relaxation) 훈련을 들 수 있다. 먼저 규칙적인 운동은 건강을 좋게 해줄 뿐 아니라 자기통제와 자기 효능감과 같은 심리적 건강도 높인다. 또 운동을 할 때 방출되는 엔도르핀(endorphin) 같은 물질은 행복감을 느끼게 해준다.

이완훈련으로는 요가, 기체조, 마사지, 명상(瞑想; zen, meditation)이 잘 알려져 있다. 스트레스를 받으면 근육이 긴장하여 굳어지는데 요가나 기체조, 마사지를 통해 근육을 이완시키면 마음도 편안해진다. 명상은 마음을 편하게 하고 근육 긴장도 풀어줘 행복감을 느끼게 해준다. 명상이 주는 신체적, 정신적, 정서적 효과가 과학적으로 입증되면서 경영자들의 관심도 높아지고 있으며, 명상수련 프로그램을 도입해 종업원들의 건강과 생산성에 긍정적 효과를 거두는 기업들도 늘어나고 있다.

경영자 윤리

윤리(倫理; ethics)란 어떤 행동이나 의사결정이 옳고 그른지를 판가름할 수 있게 해주는 기준이나 원칙을 말하며 '윤리적'이라 할 때는 그 행동이 '옳다', '바람직하다'라는 의미를 갖는다. 그러므로 경영자 윤리(ethics of managers)란 경영자의 행동이 옳은지, 바람직한지를 판단할 수 있는 기준이나 원칙이라 할 수 있다.

기업의 영향력이 커지면서 경영자 윤리는 기업의 사회적 책임과 연관되어 사용되는 경우가 많다. 경영자 윤리는 의사결정을 내리는 경영자 개인의 행동에, 그리고 사회적 책임은 기업이 이해관계자들에게 미치는 영향에 중점을 두며 사용되고 있다.

대표적인 윤리관

조직체에 몸담으면 공사(公私)를 분명히 구분하여 처신하고, 정직·성실하게, 공평·공정하게 일을 처리해야 한다는 사실쯤은 누구나 알고 있는 직업윤리이다. 뇌물을 주고받는 행위, 회사 기밀을 누출하는 일, 다른 사람에게 거짓 정보를 주거나 혹은 당연히 알려야 할 정보를 숨기는 일, 부당한 근거로 사람을 편파적으로 대하는 것 등도 상식적으로 잘 알고 있는, 해서는 안 되는 비윤리적 행위들이다.

그런데 경영자가 의사결정을 내리는 상황은 매우 다양하기 때문에 상식적인 기준만으로 옳고 그름을 판가름하기가 쉽지 않은 경우가 많다. 이럴 때 경영자들은 윤리적 갈등을 겪게 된다. 법률을 기준으로 하면 되지 않느냐 생각할 수 있겠지만 법에 저촉되지 않아도 윤리적이지 못하다고 지탄받을 수 있는 사례가 많다. 예를 들어 중소 도시에 대형마트가 들어서는 것을 규제하는 법이 없다고 해도 지역 소상공인들의 피해가 확실하다면 대형마트의 출점 결정을 비난하는 사람들이 많아질 수 있다. 물론 현대적인 시설을 갖춘 대형점포가 가까이에 생기는 것을 반기는 소비자도 많을 것이다. 다수의 소비자와 영세 소매업체들 중 어느 쪽을 중시해야 할지를 결정하고 다른 의견을 가진 사람들을 논리적으로 설득하려 할 때 윤리이론들이 큰 도움이 될 수 있다. 경영자가 활용할 수 있는 대표적인 윤리관(倫理觀; views of ethics, moral philosophies) 네 가지를 알아보자.

공리주의

'최대 다수의 최대 행복'이라는 표현으로 잘 알려진 것처럼 경제적 성과가 비용보다 크면, 또는 혜택을 보는 사람이 더 많으면 옳다고 보는 것이 공리주의 견해(公利主義 見解; the utilitarian view of ethics)이다. 공리주의는 주로 고전적 경제학자들이 취하는 견해인데 기업의 목표를 이익 극대화로 간주하는 경영자들로부터 크게 환영을 받는다. 그래서 이익 극대화를 위해 직원을 해고한다든지 생산성이 떨어지는 공장을 폐쇄하는 것에 대해 크게 부담을 느끼지 않는다. 공리주의 입장에 투철한 사람들은 국토 개발과 관련해서도 자주 환경론자들과 격렬한 논쟁을 벌인다. 이들은 정책의 당위성을 주로 경제적인 관점에서 바라본다. 그러므로 수치로 평가하기 힘든 소수 이해당사자들의 정서나 정신적 가치, 혹은 권리를 경시할 가능성이 있다.

권리우선주의

사람으로서 당연히 누려야 할 기본적인 권리, 예를 들면 표현의 자유, 개인의 생명과 안전, 그리고 사생활에 관한 권리는 어떤 경우에도 침해받아서는 안 된다는 것이 권리우선 견해(權利于先 見解; the rights view of ethics)이다. 이 견해는 공리주의가 자칫 다수의 행복이라는 명분 때문에 소수 사람들의 기본권을 경시할 수 있는 점을 경계한다. 이 관점에 따르면 직원들의 전화 통화나 이메일을 감시한다든지 기업의 비리를 고발하는 직원에게 불이익을 주는 결정은 비록 그런 조치가 기업에 도움을 줘 더 많은 사람이 혜택을 받을 수 있다 하더라도 비윤리적인 것으로 평가된다. 그렇지만 개인의 권리가 지나치게 강조될 때 조직의 단합이 깨지고 생산성이 저하될 위험이 있다.

공정성주의

의사결정을 내리는 과정에서 규칙을 누구에게나 공정하게 적용하고 결정에 따르는 이익 혹은 불이익이 공정하게 나누어질 때 윤리적이라고 보는 것이 공정성 견해(公正性 見解; the justice view of ethics)이다. 공리주의와는 대조적으로 의사결정 과정과 피해를 많이 입을 수 있는 소수의 입장을 고려한다. 이 견해를 따르면 교육환경이 열악한 농어촌지역 학생들에게 대학입학 전형이나 입사시험에서 혜택을 준다든지 장애인들을 위해 특별 조치를 취하는 것은 옳다. 성차별 철폐, 투명한 승진 심사도 마찬가지이다. 또 '반칙과 특권이 없는 사회', '성실하고 정직한 사람이 잘 사는 사회' 같은 정치 구호도 공정성을 강조하는 것이다.

여기서 공정성(公正性; justice)과 균등성(均等性; equality)은 구분되어야 한다. 능력도 없는 사람까지 균등하게 승진시키는 것은 공정한 일이 아니다. 어쩔 수 없이 불리한 처지에 있는 사람에게 기회를 주는 것과 노력도 하지 않는 사람에게 같은 혜택을 주는 것은 분명히 다른 것이다.

사회계약주의

옳고 그름은 사회에서 적용되고 있는 기준들을 종합적으로 고려해서 판단해야 한다는 주장을 사회계약주의(社會契約主義; the integrative social contracts theory)라 한다. 스리랑카에 공장을 둔 한국 기업이 현지 직원의 급여 수준을 결정할 때 그곳의 인건비 수준을 따른다면 설사 동일한 일을 하는 한국 직원의 임금 수준과 격차가 있다 하더라도 윤리적으로 문제가 되지 않는다고 여기는 것이 그 예가 될 수 있다. 이 견해는 경영자들에게는 편리하지만 옳고 그름이 상황에 따라 달라지기 때문에 비난을 받기 쉽다. 예를 들어 후진국이니까 그곳 관례에 따라 학교에 가야 할 어린이들에게 일을 시키고 관리들에게 뇌물을 줘도 된다는 의견에 대해 동의하지 않는 사람이 많을 것이다. 글로벌기업 중에는 후진국의 윤리 수준에 맞추다가 비난을 받는 사례가 자주 있다.

윤리적 의사결정에 영향을 미치는 요인

경영자의 윤리적 의사결정은 〈그림 3-4〉와 같이 개인의 윤리 수준, 상황적 요인, 조직문화, 그리고 사회적 환경에 영향을 받는다.

경영자 개인의 윤리 수준

개인의 윤리 수준은 성숙도에 따라 세 단계로 나눌 수 있다. 첫째는 관습이전단계(pre-conventional level)로서 쉽게 표현하면 체면 차릴 줄도 모르는 가장 유

그림 3-4 윤리적 의사결정에 영향을 미치는 요인

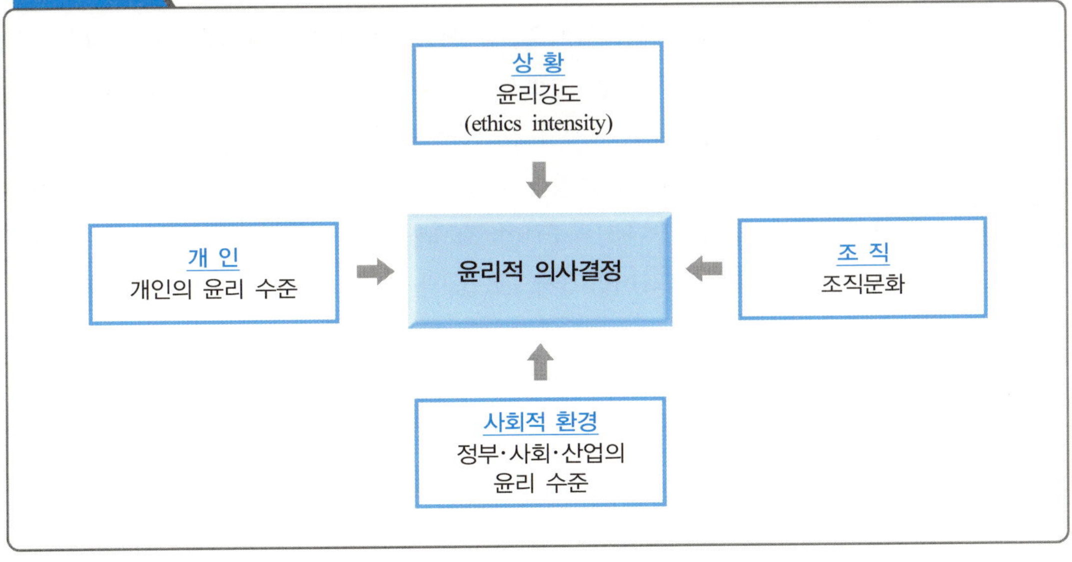

치한 단계이다. 이 단계에 있는 사람은 자신의 이익을 위해서라면 비난받을 일도 마다하지 않으며 육체적인 처벌이 있을 때에만 그만둔다.

둘째는 관습에 따르는 단계로서 가까운 사람들, 즉 준거집단의 기대와 가치관에 맞추어 옳고 그름을 판단하는 수준으로 대다수가 이에 해당된다. 이들은 업계 관행이라는 핑계로 관리들에게 뇌물을 준다거나 실제 거래액보다 낮게 세무 신고를 하기도 한다.

셋째는 자신이 갖고 있는 원칙이나 신념에 따르는 단계로 일반인들보다 더 높은 수준의 윤리 기준을 자신에게 적용하는 경우이다. 주위로부터 존경받는 소수의 사람들이 이러한 단계에 있다. 이들은 주위 사람들이 비윤리적으로 행동해도 자신만은 묵묵히 인내심을 갖고 올바른 길을 걷는다. 이 장의 시작이야기에 등장하는 유일한 박사는 우리 사회가 혼란하던 시절에도 세금을 피하려는 어떤 행위도 하지 않은 것으로 유명하다.

의사결정 상황 요인

문제의 중요성이나 염려하는 사건이 발생할 가능성, 혹은 사회적으로 동의를 얻기 쉬운 정도처럼 의사결정과 관련된 상황에 따라 경영자는 더 윤리적으로 혹은 비윤리적으로 행동할 수 있다. 이때 경영자가 더 윤리적으로 행동하도록 압박하는 상황을 두고 윤리강도(倫理强度; ethics intensity)가 크다고 표현한다. 옳지 않은 일도 윤리강도가 크지 않으면, 즉 사안이 심각하지 않으면 전혀 윤리적 갈등을 느끼지 않을 수 있다. 예를 들어 회사 차량으로 개인적 볼일을 볼 때 망설이지 않는 것과 같다. 윤리강도가 큰 예로서는 해외 공장보다 국내 공장의 폐쇄 결정을 내릴 때를 들 수 있다. 본사에서 가까울수록 문제를 더 심각하게 받아들이고 윤리적 문제를 꼼꼼하게 따져 결정할 가능성이 커진다. 이 외에도 10명보다 1,000명을 해고할 때, 혹은 같은 1억 원이 소요되는 배상금이라 해도 1만 명에게 10,000원씩 돌려줄 때보다 10명에게 1천만 원씩 돌아가는 결정을 내릴 때 더 심각하게 느낀다.

조직문화

기업의 전통이나 경영정책, 직장 상사와 동료들의 가치관과 같은 조직문화 특성도 경영자의 윤리성에 영향을 미친다. 예를 들어, 목표 달성, 능률 우선, 획일성을 강조하는 조직문화에서는 비윤리적인 일을 보고도 눈감아줄 가능성이 클 것이다. 대조적으로 윤리규정이 있고 근무성적을 평가할 때 윤리성도 고려하며 사내 갈등을 어느 정도 인정하고 목표 달성 과정도 중요하게 여기는 기업이라면 경영자의 윤리성이 높아질 것이다.

사회적 환경

조직이 속한 국가, 사회, 산업의 윤리 수준도 경영자의 윤리적 의사결정에 영향을 준다. 정치가 부패할수록, 사회의 도덕 수준이 낮을수록, 업체 간 경쟁이 치열하고 산업 전반의 도덕성이 부족할수록 윤리성에 대한 압박이나 요구가 낮아 경영자의 윤리적 의사결정 가능성도 낮아진다. 반대로 정부 활동이 공개적이고 규제가 엄격하고 사회 전반적으로 윤리적인 곳에는 경영자의 행동 역시 깨끗하게 될 것이다.

사례읽기 3-2 MZ세대, 조직에 윤리적 경영을 바란다

최근 조직에서 MZ세대의 목소리가 커지고 있다. 목소리가 커지고 있는 이유는 조직구성원으로서 그 비중이 커졌기 때문이기도 하지만 그들이 원하는 가치가 뚜렷하기 때문이다. 그렇다면 이들이 바라는 조직은 어떤 모습일까?

최근 발표된 갤럽의 연구 결과에 따르면 MZ세대는 자신이 소속된 조직이 윤리적이고 사회에 좋은 영향을 미치기를 바란다. 과거에는 자신이 몸담은 조직에 문제가 있을 때 이를 밝히고 지적하기보다 감싸고 옹호했다면 MZ세대는 문제가 있을 때 이슈를 제기하고 쓴소리를 하는 것이 더 조직을 위하는 일이라고 생각한다. 그들은 조직의 구성원이기 전에 사회의 구성원으로서 자신이 속한 회사를 객관적으로 바라보고 평가하는 경향이 있다. 그래서 가끔은 회사에 이슈가 있을 때 외부 사람보다 MZ세대 직원들이 더 강하게 조직을 비난하는 것처럼 보인다. 이런 MZ세대 직원에게 '무슨 일이 있어도 회사를 옹호해야 한다'고 설득하는 것은 불가능하다. 반면 MZ세대는 조직이 사회에 끼치는 영향력을 중요하게 생각하기 때문에 회사가 제품이나 서비스를 통해 사회에 긍정적인 기여를 하면 이전 세대보다 훨씬 더 조직에 자부심을 갖기도 한다.

MZ세대는 직원들에게 투명하게 정보를 공개하는 개방적인 조직을 원한다. 이들은 어떤 사안이 있을 때 이전 세대보다 조직에 더 많은 팩트와 데이터, 그리고 객관적인 근거를 요구한다. 기성세대가 보기에는 조직을 불신하고 매사에 꼬치꼬치 따지는 것처럼 보일 수 있지만, 이것은 MZ세대가 조직을 신뢰하지 않아서가 아니라 상대를 신뢰하더라고 검증하려는 성향을 가지고 있기 때문이다. 객관적인 근거로 사실을 확인하고 싶어하는 것이다. 그런데 조직이 MZ세대의 질문에 대해 적절한 근거를 제시하지 못하거나 단지 지금까지 그렇게 해왔다는 답변을 내놓는다면 그 조직은 MZ세대의 신뢰를 얻기 어렵다.

MZ세대는 다양성을 인정하고 직원을 존중하는 조직을 원한다. MZ세대는 자신이 조직의 많은 구성원 중 하나가 아니라 다른 사람과 구분되는 고유의 가치를 지닌 '나' 이기를 바라기 때문에 상대방도 자신을 그렇게 바라보고 존중해 주기를 바란다. MZ세대는 다양성을 인종이나 성별 같은 큰 범주로 보는 것이 아니라 개인의 개성과 경험, 지식 등 매우 디테일한 범주로 본다. 그래서 기본적으로 사람은 모두 다양하고 그 안에서 자신이 가진 가치를 인정받아야 한다고 생각한다. 따라서 리더는 직원 개개인을 더욱 세밀하게 이해하고 그들이 기여한 바에 대해 더 자주 감사와 인정을 전달해야 한다. 이것이 MZ세대를 동기부여하는 가장 좋은 방법이다.

결국 MZ세대가 바라는 조직의 모습은 개개인에 대한 인정과 존중, 개방적이고 투명한 소통, 그리고 직원들의 웰빙을 지원하며 사회에 좋은 영향을 미치는 조직이다.

(자료: "MZ세대, 조직에 이것을 바란다", 충청투데이, 최선주 농협 청주교육원 팀장, 2022.04.06. https://www.cctoday.co.kr/news/articleView.html?idxno=2159519 수정부분 발췌)

윤리의식을 높이기 위한 대책

윤리적으로 문제가 많은 사람들이 득세를 하는 기업이라면 오래 갈 수 없을 것이다. 반대로 윤리 수준이 높은 기업은 비윤리적인 행위 때문에 겪을 수 있는 법적 책임을 피할 수 있고 고객이나 협력업체와 같은 주요한 이해관계자들로부터 좋은 평판을 얻어 시장에서의 기업가치를 높일 수 있다. 또 직원들의 조직 충성도와 몰입도가 높아져 생산성이 향상되는 혜택을 누릴 수 있다. 그러므로 많은 기업이 임직원들의 윤리 수준을 높이기 위해 아래처럼 노력하고 있다.

첫째는 윤리 수준이 높은 사람을 채용한다. 개인별로 윤리의식의 단계, 가치관, 성격, 처해 있는 상황 등이 다를 것이다. 이러한 개인적 요인은 조직이 쉽게 바꿀 수가 없다. 그러므로 직원 채용 과정에서 윤리성에 의심이 가는 지원자를 가려내어야 한다. 면접을 통해 파악한다든지 추천인이나 과거 직장의 인사부서를 통해 지원자의 배경을 조사하는 것이 그 예라 할 수 있다.

둘째는 윤리규정을 제정하여 교육을 실시한다. 어떻게 해야 하는지를 잘 몰라서 결과적으로 비윤리적인 행동을 할 수도 있다. 예를 들면 협력업체 경영자로부터 받을 수 있는 선물이나 접대의 한도, 여성 직원에 대한 매너, 과대 혹은 허위광고의 기준 등과 같은 것이다. 그래서 최근 기업들은 윤리규정(倫理規定; code of ethics)을 제정하고 정기적으로 직원들을 가르치고 있다. 규정을 마련하는 것으로 그친다면 별다른 효과를 기대할 수 없을 것이다. 직원들이 충분히 이해할 수 있게 교육하고 어기는 사람들에게는 불이익이 따르게 하는 것과 같은 실천 노력이 뒤따라야 한다.

셋째는 최고경영자가 모범을 보인다. '윗물이 맑아야 아랫물이 맑다'는 속담처럼 윗사람은 아랫사람의 모범이 되어야 한다. 아무리 훌륭한 윤리규정을 갖고 있다 해도 경영자가 사적인 일로 회사 비용을 쓰거나 개인적으로 가까운 사람을 비호하는 것처럼 스스로 바르지 못한 처신을 한다면 부하들이 그대로 본받게 될 것이다. 무리한 목표 달성을 요구하는 것도 부하들을 비윤리적으로 행동하게끔 만드는 요인이 되므로 이 점에 대해서도 경영자는 조심해야 한다.

넷째 내부고발자(內部告發者; whistle-blower)를 보호하는 것이다. 상사나 동료가 잘못을 저지를 때 양심에 따라 고발하려면 용기가 필요하다. 그래서 자신의 양심에 따라 행동하는 사람은 많지 않은 것이 현실이다. 특히 충성심을 강조하는 문화가 팽배한 조직에서는 더욱 그러해서 고발자는 오히려 처벌을 받거나 따돌림을 받는 위험을 감수해야 한다. 그러므로 조직의 윤리 수준을 높이려면 내부고발자를 보호할 필요가 있다. 한편 고발자는 상황을 명확히 파악하고 자신이 절대적으로 옳다는 것을 확인해야 한다. 언론기관부터 먼저 접촉하는 것과 같은 처신은 바람직하지 않을 것이다.

참고 | 비윤리적 판단 체크리스트

지금 하려는 행동이 비윤리적인지를 판단하려면 아래 질문에 답해보면 된다. 대다수의 사회구성원들의 판단에 근거한 이들 질문 중 하나라도 "예"라는 답이 나오면 윤리적이지 못한 것으로 판단해야 할 것이다.

- 고객이 내 행동을 알게 되면 나는 당황하게 될까?
- 다수의 내 동료들이 내 행동을 비정상적이라고 생각할까?
- 들키지 않으리라 믿기 때문에 이 행동을 하려는가?
- 다른 사람이나 조직이 나에게 이런 행동을 할 때 나는 화내지 않을까?
- 지금 내 행동이 야기할지도 모를 앞으로의 사태에 대해 염려가 되는가?
- 내 행동이나 활동이 신문기사로 보도될 때 화가 날까?
- 모두가 이런 행동이나 활동을 하면 사회가 전반적으로 더 나빠지지 않을까?

(자료 : Levy and Weitz (2011), *Retailing Management*, 8th. ed. p. 23)

기업의 지배구조

주식회사가 갖는 특징 중의 하나는 소유와 경영의 분리이다. 주주들은 주주총회에서 이사들을 선임한 후 이들에게 경영 전반을 맡기고 이사회의 우두머리인 대표이사(代表理事; Chief Executive Officer, CEO)는 실질적인 오너(owner)처럼 회사를 이끌게 된다. 그래서 주주와 전문경영인 대표이사는 의뢰인(依賴人; principal)과 대리인(代理人; agent)으로서의 관계를 갖는다. 그런데 회사가 커지고 주주 구성이 복잡해지면 최고경영진의 전횡, 예를 들어 이사진에 대한 과도한 보상이나 특정인에게 일감을 몰아주어 회사에 손실을 끼치는 것, 비자금을 조성하고 해외에 유령회사를 설립하는 것과 같은 일반 주주들이 통제하기 힘든 상황이 벌어진다. 이처럼 대리인인 최고경영층이 일으킬 수 있는 윤리적 문제를 예방하고 시정할 수 있는 방안을 논의하는 과정에서 등장한 것이 기업의 지배구조(企業 支配構造; corporate governance)이다. 다양한 정의가 있는데 여기서는 간단히 '기업 이해집단 간의 이해를 조정하고 규율하는 제도적 장치'로 정의한다.

역사적 배경부터 간단히 살펴보자. 1970년대 들어 미국에서는 록히드사와 펜실베이니아 철도회사와 같은 대기업의 최고경영자들이 정치 스캔들에 관여되고 또 분식 결산으로 투자가들에게 피해를 일으켜 중대한 사회적 문제로 대두되었다. 1980년대 이후에는 기업 간 합병 사례가 급격히 늘어나면서 여론은 더 악화되었다. 특히 2001년의 Enron, 2002년의 WorldCom 두 회사의 도산은 파급 효과가 국제적으로까지 확산되어 영국, 독일, 일본 등에서도 경영진의 도덕적 해이와 적절한 지배구조에 대한 관심이 커지게 되었다.

우리나라에서는 재벌기업의 경영권 승계나 협력업체에 대한 불공정한 관행을 시정하려는 차원에서 지배구조가 관심을 끌기 시작했다. 창업자 가족은 계열사 간의 상호 투자를 이용해서 실제 보유하고 있는 지분은 작은데도 불구하고 계열화된 기업을 마치 개인회사인 것처럼 경영할 수 있게 되었다. 여기에는 재벌그룹이 국가 경제에 공헌한 역사를 높이 평가하는 사회적 분위기와 정치권의 지원도 한몫하였다.

2020년 하반기 기준으로 약 67억9천3백만 주를 발행한 삼성전자를 예들어 살펴보자. 총 발행주식의 87.9%에 해당하는 보통주 59억7천만 주 중 창업자 가족의 지분은 5.79%에 불과하다.[1] 그럼에도 불구하고 경영을 장악할 수 있는 것은 모두 15.12%가 되는 삼성생명을 포함한 그룹계열사의 지분, 11.10%를 가진 국민연금공단, 7% 정도의 지분을 갖는 다수의 국내 투자기관들이 협조를 해주고 있기 때문이다. 이런 상황에서 재벌 총수들이 자영업체 사장(owner)처럼 행동하는 것을 허용해도 되는지, 또 재벌기업의 경쟁력을 강화하는 차원에서 개선해야 할 부분은 없는지를 묻는 사람들이 늘어나고 있다. 일부 사람들은 기업지배구조를 고치면 재벌기업의 신뢰도가 높아져 국제 금융시장에서 기업가치도 더 높게 평가받게 될 것이라고 믿는다.

기업의 지배구조는 글로벌 차원에서도 논의되고 있다. 기업들의 활동 영역이 전 세계적으로 확산되어 안정적 국제투자관행을 확립할 필요성이 커졌다. 경제협력개발기구(OECD)는 1995년부터 기업지배구조를 본격적으로 논의하기 시작하였는데 1999년 5월 각료이사회에서는 (1) 주주의 권리 보호, (2) 모든 주주의 공정한 대우, (3) 이해관계자의 권리인식과 지배구조에의 참가, (4) 정보공개와 투명성 확보, (5) 이사회의 책임 등 5개 원칙을 확정하여 회원국에게 이를 구체화하는 정책을 시행하도록 권고하였다. 그리고 2004년에는 기업 상황의 변화를 반영하여 주주의 권리 강화와 핵심기능, 외국인 주주에 대한 공평한 대우, 이사회의 독립성 제고와 사회적 책임을 명시하고 지배구조에 관한 기관투자자의 역할과 의무를 강화한 "지배구조 원칙 개정판"을 발표하였다.

사례읽기 3-3 LG, 지배구조 개선 속도

구광모 LG그룹 회장 /LG 제공

LG그룹이 지배구조 개선을 위해 지난해 주요 상장사 이사회 내에 ESG위원회와 내부거래위원회를 설립하고, 감사위원회의 권한 및 독립성을 강화했다. ESG위원회는 ESG경영을 위한 최고 심의 기구로 환경·안전, 기업의 사회적 책임(CSR), 고객가치, 주주가치, 지배구조 등 분야별로 전사차원의 주요 정책을 심의해 이사회에 보

---

1) 자료: www.samsung.com, "주주구성/기업지배구조/investor relations/회사소개/samsung", 2021.3.4., https://namu.wiki/w/삼성전자, 2021.3.4.

고한다.

전문성을 확보하기 위해 위원 선임에도 공을 들였다. 학계, 기관, 연구원 등에서 활동 중인 전문가들로 구성된 자문단에 이어 환경, 사회 분야 청년 활동가와 소셜벤처 대표 등으로 구성된 'MZ세대(1980~2000년대 출생) 자문단'까지 구성했다. 이들 자문단은 ESG경영 전략에 대해 제언하고, 글로벌 동향과 이해관계자들의 의견과 아이디어를 전달한다. LG ESG 위원회는 이러한 자문을 바탕으로 지속 가능한 성장을 위한 ESG 분야별 중장기 전략과제와 목표를 설정하는 작업을 추진 중이다.

LG그룹은 ESG위원회 설립과 함께 보다 전문적인 환경 영역의 중장기 활동들을 계획하고 실행해 나가고 있다. 작년 말 국내 기업 최초로 글로벌 물 이니셔티브인 'WRC(Water Resilience Coalition)'에 가입한 것이 대표적이다. WRC는 기업들이 유엔의 지속가능한 발전목표를 달성할 수 있도록 지원하는 국제기구인 유엔 글로벌 콤팩트가 설립한 글로벌 이니셔티브다. 현재 브라질 상파울루 파라시카바 강 유역의 강둑 및 살림 보전, 인도의 깨끗한 물 만들기 등 5개 국가에서 수자원의 지속가능성을 높이기 위한 11개 공동 프로젝트를 진행 중이다. LG그룹 역시 이니셔티브의 일원으로 다른 회원사들과 공동으로 프로젝트를 수행하는 등 2050년까지 수자원 사용 순 제로(Net Positive Water) 달성을 위한 목표를 설정하고 실천하는 노력을 이어나갈 계획이다. LG그룹 관계자는 "환경 분야에서 다음 세대를 위한 LG만의 혁신 방식과 고민을 담은 ESG 경영 활동을 통해 기후 변화 대응을 위한 다양한 노력들을 발전시켜 나갈 계획"이라고 전했다.

사회공헌 관련 활동도 강화하고 있다. 2015년 9월부터 LG복지재단이 수여해온 'LG의인상'은 이제 LG그룹의 대표적 사회공헌 프로그램으로 자리잡았다. 이 상은 '국가와 사회정의를 위해 자신을 희생한 의인에게 기업이 사회적 책임으로 보답한다'는 고(故) 구본무 회장의 뜻을 반영해 만들어졌고, 현재까지 총 174명이 수여했다. 특히 구광모 회장이 취임한 이후엔 묵묵한 선행과 봉사로 사회적 귀감이 된 시민들로 수상범위를 확대해 '장기선행' 분야를 신설했다. 2019년 이후 전체 수상자 약 4분의 1은 이 분야 수상자다. LG의인상 수상자 중 일부는 상금을 어려운 이웃을 위해 기부하는 선행을 이어가 더 큰 감동을 주기도 한다. 상금을 다시 기부한 수상자는 확인된 사례만 34명으로 이는 전체 수상자 5명 중 1명 꼴이다.

이 외에 사회적 기업의 성장을 돕는 'LG소셜캠퍼스'도 작년 말까지 총 281개 지원 실적을 올렸다. LG소셜캠퍼스에 선정된 기업들은 2년간 최대 5,000만 원의 금융 지원과 사업 안정화를 위한 창업공간, 비즈니스 역량 고도화를 위한 맞춤형 컨설팅을 받게 된다. LG계열사들과의 다양한 협업 기회도 제공받을 수 있다

(자료: "이사회 전문성 확보한 LG, 지배구조 개선 속도", 조선일보, 이윤정 기자, 2022.04.19. https://biz.chosun.com/industry/industry_general/2022/04/19/2F6KRST4F5HLXBX6EFPDMG4NRY/ 수정부분발췌)

경영자의 도덕적 해이

주식회사의 지배구조에 관한 논의과정에서 등장한 개념으로는 도덕적 해이(道德的 解弛; moral hazard)를 들 수 있다. 앞서 설명한 것처럼 경영자는 경영을 위임받은 대리인(agent)이고 주주는 의뢰인(principal)으로 볼 수 있다. 그러므로 경영자는 당연히 주주의 이익을 위해 최선을 다해야 할 의무를 지게 된다. 그런데 실제로는 경영자라는 지위를 이용해서 자신의 이익을 앞서 챙기려는 유혹에 빠질 수 있는데 이를 두고 도덕적 해이 혹은 대리인 문제(agency problem)라 한다.

이론에 따르면 도덕적 해이는 의뢰인(주주)과 대리인(경영자) 간에 이해관계가 불일치할 때, 양자가 가진 정보가 일치하지 않을 때 혹은 비대칭적일 때, 그리고 의뢰인의 감시가 완전하지 않을 때 발생한다. 앞에서 소개한 지배구조 개선 방안들이 도덕적 해이를 예방하기 위한 것이라 할 수 있다.

기업의 사회적 책임

기업의 사회적 책임(社會的 責任; Corporate Social Responsibility, CSR)이란 기업이 법적·경제적 의무를 준수하는 것은 물론 사회 복리를 증진시키는 일에도 공헌하겠다는 강한 의지(意志; commitment)를 의미한다. 즉, 이윤을 창출하고 법을 준수하는 것 외에도 사회가 기대하는 윤리 수준에 어긋나지 않는 경영을 하고 기부행위를 통한 박애 정신의 실천, 지속가능한 사회를 만들기 위한 노력 등 선량한 기업시민(corporate citizenship)으로서의 의무까지 능동적으로 떠맡겠다는 자발적인 자세를 의미한다.

기업은 대다수 사람들이 삶의 의미를 실현하는 일터일 뿐 아니라 국가 경제에서 생산활동의 주체적인 역할을 담당하고 있기 때문에 국민들의 행복 수준을 결정짓는 데 큰 영향을 미친다. 더욱이 기업 규모가 커지면 영향력도 당연히 커지는데, 커진 만큼 자칫 바람직하지 못한 쪽으로 남용될 수 있다. 예를 들면 기업은 직원들이 직장을 옮기는 일이 쉽지 않은 약점을 이용해서 때로는 양심에 걸리는 행동을 하도록 무언의 영향력을 행사할 수 있다. 또 과장되거나 왜곡된 정보를 광고에 담기도 하고 광고 게재를 미끼로 언론매체들에게 자신에게 불리한 보도를 자제하게 할 수도 있다. 군소 협력업체에게는 자신에게 더 유리한 계약을 강요할 수도 있다.

이와 같은 대기업들의 불합리한 영향력 행사가 늘어나면서 20세기 중반부터 미국에서는 기업의 사회적 책임에 대한 논의가 활발히 전개되었다. 노동권 보장, 소비자보호, 환경보호, 기회균등, 공정거래, 주식회사의 지배구조와 관련된 논의도 기업의 사회적 책임과 연관되어 진행되었다. 그런데 이러한 논의가 시작된 초창기에는 영리 추구를 위해 설립된 기업에게 법률에도 규정되지 않은 것까지 요구하는 것은 바람직하지 않다는 주장이 설득력을 갖고 있었다. 아래에서 좀 더 알아보자.

기업의 사회적 책임에 관한 두 견해

고전적 견해

Adam Smith, D. Ricardo, J. S. Mill과 같은 초기 경제학자들의 주장을 토대로 기업에 대한 간섭을 최소화하려는 측의 주장을 고전적 견해(古典的 見解; the classical view)라 한다. Adam Smith는 우리 사회는 개별 구성원들에게 최대한의 자유를 허용할 때 '보이지 않는 손(invisible hand)'에 의해 가장 효율적으로 작동한다고 하였다. 이러한 주장을 받아들이는 사람들은 정부는 국방, 치안, 외교, 입법처럼 민간이 담당할 수 없는 업무에만 전념하고 기업에게는 최대한의 자유를 주는 것이 경제발전을 위해 옳다고 본다.

대표적으로 Milton Friedman은 경영자는 주주의 대리인이므로 당연히 이익을 내야하며 이것이 책임의 전부라고 강조한다. 만일 경영자가 사회적으로 옳은 일, 예를 들면 교육기관이나 예술단체의 지원에 큰돈을 쓴다면 이것은 주주들에게 돌아갈 몫을 줄이는 것과 같다. 또 이러한 비용을 보상하기 위해 상품 가격을 올리면 가격경쟁력이 떨어져 고객을 잃을 수도 있다. 이렇게 되면 주주는 물론 그 기업의 직원이나 협력업체까지도 손해를 보게 된다. 같은 논리로 어느 한 나라의 정부가 기업에게 요구하는 책임이 과중하면 그러한 부담을 갖지 않는 외국 기업들에 비해 경쟁력을 잃게 되어 결국은 모든 국민이 피해를 입게 된다는 것이다.

이와 같은 경제적인 이유 이외에도 경영자가 무엇이 사회적으로 바람직한 과제인가를 판단할 자격이 있는지, 또 그러한 일을 제대로 할 능력이 있는지를 묻는다. 경제활동을 통해 이미 큰 영향력을 행사하고 있는 경영자들에게 정치인이나 전문가들이 해야 할 교육이나 보건, 예술과 같은 사회 분야의 일까지도 관여하게 하는 것은 바람직하지 않다는 것이다. 결론적으로 고전적 견해는 기업은 영리를 목적으로 하기 때문에 투자자를 제외한 다른 집단에 대한 책임을 요구해서는 안 된다고 주장한다.

사회경제적 견해

사회경제적 견해(社會經濟的 見解; the socioeconomic view)를 택하는 사람들은 기업은 주주의 경제적 이익 외에 직원이나 협력업체를 포함하여 사회 전체의 복리도 그에 못지않게 중시해야 한다고 믿는다. 이들은 고전적 견해의 가장 큰 단점은 단기적인 안목이라고 생각한다. 원가를 줄이기 위해 직원들을 대량으로 해고하고 환경보호를 위한 투자를 하지 않는 것은 단기적으로는 이익을 내는 데 도움이 되겠지만 장기적으로는 생산성의 저하를 초래하기 쉽고 낮은 원가를 달성하는 것도 아니라는 것이다. 예를 들어 해고된 직원들의 생활비를 정부가 보조해야 하고, 공해 때문에 국민들이 의료비 지출을 늘려야 한다면 이것은 기업이 부담해야 할 비용을 사회가 대신 떠안는 것이다. 결국 기업은 무임승차를 하는 것이며 주주들은 이익을 부당하게 많이 갖는다고 본다. 그러므로 사회경제적 견해는 행복한 사회를 위해 시민들이 법률 규정을 넘는 선량한 행동을 해야 하는 것처럼 기업도 영향력에 걸맞은 사회적 책임을 떠맡아야 한다고 주장한다.

사회경제적 견해와 고전적 견해와의 차이는 〈그림 3-5〉에서 보는 것처럼 기업 경영자가 책임져야 할 대상의 범위를 어떻게 보느냐의 차이로 이해할 수 있다.

사회적 반응성

사회적 반응성(社會的 反應性; social responsiveness)이란 기업이 환경오염, 자원 낭비, 불건전한 먹거리 등과 같은 사회적 문제들을 전략적으로 접근하여 고객들로부터 호의적인 반응을 얻고 그 결과 높은 경제적 성과로 연결시킬 수 있는

그림 3-5 기업 경영자의 책임 범위

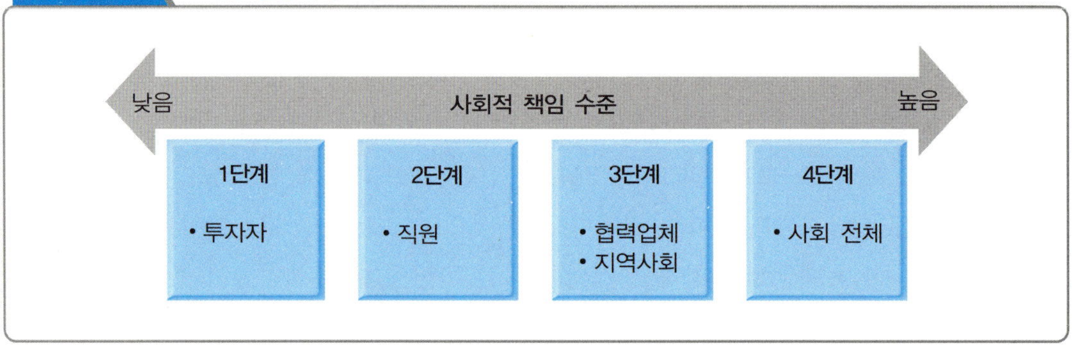

자료 : Stephen P. Robbins (1990), *Organization Theory*, p. 101.

역량을 의미한다. 앞서 언급한 사회적 책임이 기업의 의무를 강조하는 것이라면 사회적 반응성은 실용성과 시장 지향성(市場 指向性; market orientation)이 중심이 된다.

사회적 반응성이 뛰어난 기업은 오염물 처리나 대기가스 배출과 같은 환경 문제를 법률이 규정하는 이상으로 엄격하게 관리한다. 또 재생 가능한 포장지를 이용하고 자원 재활용에 앞장서며 출산휴가나 사내 탁아시설 같은 직원 복리 정책에서도 앞서간다. 남녀차별이나 학력기준 철폐, 불우이웃 돕기, 장학금과 연구비 지원, 문화사업 후원과 같은 분야에서도 적극적이다.

이런 조치들은 고객의 신뢰를 얻을 뿐 아니라 직원들의 사기도 올린다. 또 인재를 채용하는 데도 유리하고 사회적인 책임을 강조하는 투자가들의 지지도 받을 수 있다. 그 결과 모두로부터 사랑받는 기업이 되어 경제적 성과도 높아지게 된다.

요 약

1. 경영자는 다른 사람을 통해서 성과를 내는 사람으로 조직을 대표한다. 경영자는 조직계층상의 지위에 따라 최고경영층, 중간관리자, 일선관리자로 구분할 수 있다.

2. 경영자는 조직 안팎의 사람들과 원만한 관계를 유지하는 인간관계 역할, 외부정보를 조직 내외부에 전파시키는 정보유통자 역할, 중요한 문제들에 대해 최종적인 결정을 내리는 의사결정자 역할을 수행한다.

3. 경영자는 여러 가지 의사결정을 내리면서 끊임없이 옳고 그름을 놓고 갈등을 겪게 된다. 경영자가 무엇이 옳은가를 판단할 때 적용할 수 있는 대표적 윤리관에는 공리주의, 권리우선주의, 공정성주의, 사회계약주의가 있다.

4. 오늘날의 사회는 기업과 경영자에 대해 높은 수준의 윤리성을 요구하고 있다. 기업들은 윤리 수준이 높은 사람을 채용하고, 윤리규정을 제정하거나 교육을 실시하고, 최고경영자가 모범을 보이며 내부 고발자를 보호하는 것과 같은 대책을 통해 구성원들의 윤리 수준을 높이려 한다.

5. 기업의 사회적 책임에 관해서는 고전적 견해와 사회경제적 견해가 있다. 전자의 경우에 기업의 책임은 주주에 국한되는 것으로 보는 반면에, 후자는 기업과 관련되는 모든 이해관계자와 사회 전체의 장기적인 복리까지 포함한다.

6. 사회반응적 경영이란 사회적 문제에 대한 요구에 부응함으로써 고객들로부터 호의적 반응을 얻어 높은 경제적 성과로 연결하려는 접근을 말한다. 이 견해를 옹호하는 사람들은 기업을 변화시키는 것은 결국 사회여론이라 믿는다.

토의과제

1. 성공한 경영자들이 어떻게 일하는지에 대한 자료를 찾아서 자신들의 생활과 비교해 보자.

2. 국내외에서 커다란 성공을 거두었거나 존경의 대상이 되는 경영자들을 찾아보고 그들이 해당 기업이나 사회 전체에 미친 긍정적 영향을 분석해 보자.

3. 주주, 직원, 고객, 협력업체 등 기업의 이해관계자들과의 갈등이 심했던 사례를 제시하고 결과적으로 갈등해결이 성공했거나 실패했던 경우를 구분하여 그 원인을 조사해 보자.

4. 최근 이슈가 되고 있는 기업의 사회적 책임과 관련한 문제들을 선택하여 심도 있는 토론을 진행해 보자. 예를 들어, 비정규직 고용문제, 대형 유통점포의 확대와 지역 영세상인 보호문제 등에 대해 상반된 견해를 갖는 팀으로 나뉘어 토론해 보자.

5. ESG 활동을 성공적으로 수행하고 있는 국내외 기업 사례를 찾아 그 내용을 비교해보자.

04 CHAPTER

경영환경과 적응노력

기업경영에 영향을 미치는 경제, 기술, 정치, 사회·문화적 환경은 빠르게 변하고 있다. 이럴수록 변화가 초래하는 위험과 기회 요인을 제때 파악하여 기업의 적응능력을 키우는 것이 중요하다.

이 장을 읽은 후 다음 사항에 대해서 설명할 수 있어야 한다.

Understanding Business Management

- 경영환경의 중요성
- 경영환경의 특성
- 일반 환경요인
- 과업 환경요인
- 환경 적응노력

시작이야기 9,500조 원, 이 시장 놓치면 미래가 없다

글로벌 빅테크 기업들의 메타버스 전쟁이 본격적으로 시작됐다. 월스트리트저널(WSJ)은 "메타버스 상공에서 빅테크 전쟁이 벌어지고 있다"며 "이는 메타버스가 현실에서 상당한 부(富)를 창출한다는 믿음이 커지고 있음을 반영한다"고 했다. 메타버스란 초월 · 가상을 의미하는 '메타'와 현실 세계를 의미하는 '유니버스'의 합성어로, 현실과 연동되는 가상 세계를 지칭한다. 1992년 소설 '스노우 크래시(Snow crash)'에서 처음 등장한 개념이지만, 기술의 부재로 오랫동안 공상과학의 영역에 남아 있었다. 그러나 4차 산업혁명으로 메타버스 세계를 구현할 네트워크와 그래픽, 인공지능(AI) 등의 기술이 발전하자 점차 산업으로서의 메타버스에 대한 기대가 높아졌다. 여기에 신종 코로나 팬데믹(대유행)으로 비대면 사회가 일상화하면서 가상세계에 대한 관심과 메타버스 기술 수요가 급속히 증가했다. 적게는 8,000억 달러 많게는 8조 달러 규모로 전망되는 메타버스 생태계를 선점하려 빅테크 기업들이 속속 뛰어들고 있지만, 메타버스를 바라보는 철학과 전략에는 저마다 큰 차이가 있다.

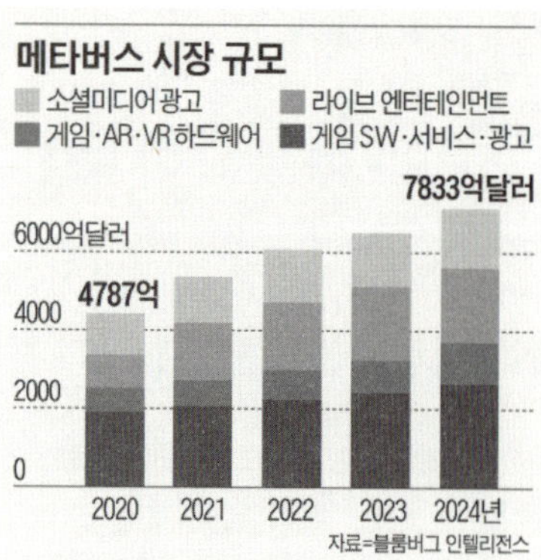

▸ MS "메타버스는 업무용"

윈도와 MS오피스 등 업무용 소프트웨어에 강점을 보여온 MS는 메타버스 역시 기업 고객에 집중하고 있다. 대표적인 서비스가 내년 상반기에 출시할 예정인 '팀즈용 메시(Mesh for Teams)'다. 월간 활성 이용자가 2억5,000만 명에 달하는 화상회의 도구 '팀즈'에 3D(3차원) 이미지 구현 소프트웨어 '메시'를 결합한 것이다. 개인화된 3D 아바타를 활용해 현장감 있는 회의 진행을 가능하게 해준다. 특별한 장비를 착용하지 않아도 AI가 사용자의 말투나 단어 등을 고려해 아바타의 표정이나 손짓 등 비언어적 표현을 구사한다.

MS는 '디지털 트윈' 기술을 활용한 '다이내믹스 365 커넥티드 스페이스(Dynamics 365 Connected Spaces)' 서비스의 프리뷰도 선보였다. 디지털 트윈이란 가상공간에 현실의 쌍둥이를 만들고, 시뮬레이션으로 확보한 데이터를 현실에 적용하는 기술이다. 커넥티드 스페이스는 소매점이나 공장 등을 디지털 공간에 그대로 옮긴 뒤 AI와 사물인터넷(IoT) 기술을 활용해 고객 동선과 제품, 장비 상태 등의 데이터를 분석해준다. MS는 메타버스 장치 분야에서도 기업 고객에 집중한다. MS가 2015년 처음 선보인 혼합현실(MR) 기기 '홀로렌즈'는 방산 · 제조 · 헬스케어 등 다양한 산업 현장에서 활용되고 있다.

▸메타 "일, 생활, 파티까지 메타버스에서"

사명까지 바꾸며 메타버스에 사활을 건 메타(옛 페이스북)는 전 세계 사용자 27억 명을 기반으로 '메타버스 플랫폼'으로 부상하겠다는 목표를 갖고 있다. 메타는 소셜미디어를 운영한 경험을 살려 메타버스 세계 속 거대한 소통과 연결의 공간을 만드는 데 초점을 맞추고 있다. 그 중심에는 메타버스판 소셜 플랫폼인 '호라이즌(Horizon)'이 있다. 가상 주거 공간인 '호라이즌 홈'과 협업 공간인 '호라이즌 워크룸', 사람들과 게임을 즐기거나 파티를 열 수 있는 '호라이즌 월드' 등으로 구성돼 있다. 일반 안경처럼 생긴 호라이즌 진입용 안경을 쓰면 눈앞에 홀로그램으로 가상 세계가 펼쳐지고, 아바타 형태로 다른 사람들과 자유롭게 소통할 수 있다.

메타는 호라이즌 활성화를 위해 메타버스의 관문 역할을 하는 장치 투자에 집중하고 있다. 지난해 VR · AR(가상 · 증강현실) 장치 개발을 담당하는 '리얼리티 랩(Reality Labs)'을 출범시켰고, 올 한 해만 100억 달러(약 11조8000억 원)를 쏟아부었다. 최근에는 내년 출시를 목표로 개발 중인 차세대 고급 VR 기기 '프로젝트 캠브리아(Project Cambria)'를 공개했다. 새로운 센서가 이용자의 시선과 표정을 추적해 실시간으로 아바타에 구현할 수 있게 할 예정이다. 또 현실과 차단된 가상 세계만을 보여주는 오큘러스 퀘스트와 달리 현실 위에 가상 세계를 겹쳐 보여주는 MR 기능이 추가된다.

▶ **엔비디아 "돈 되는 건 결국 인프라"**

메타버스 구현에 반드시 필요한 그래픽과 AI 기술을 보유한 엔비디아는 메타버스 인프라를 장악한다는 전략이다. 3D 가상공간을 만들 수 있는 소프트웨어 '옴니버스(Omniverse)'를 이용해 기업들은 공장, 창고, 건설 현장 등 실제 공간을 디지털 트윈으로 만들어 가상 시뮬레이션을 해볼 수 있다. BMW는 옴니버스로 자동차 공장 전체를 가상으로 만들고, 새 모델의 출시에 맞춰 생산라인을 조정하는 과정을 시뮬레이션한다. 지능형 로봇 배치나 훈련도 디지털 트윈에서 이뤄진다. 스웨덴 통신 회사 에릭슨은 옴니버스로 실제 도시규모의 디지털 트윈 환경을 구축해 5G(5세대) 무선 네트워크 신호 전파와 성능을 시뮬레이션하고 있다.

새롭게 공개된 '토이미(Toy-me)'라는 이름의 옴니버스 아바타는 다양한 주제에 대해 대화하고, 의도를 자연스럽게 이해할 수 있는 '대화형 아바타'라는 특징이 있다. 옴니버스 아바타는 대부분의 산업 분야에 적용할 수 있는 AI 비서를 제작할 수 있게 해준다. 여러 언어의 음성을 인식하는 AI '리바(Riva)', 5,300억 개의 변수를 학습한 세계 최대 언어 신경망 AI '메가트론530B', 추천 알고리즘을 학습하는 AI '멀린(Merlin) 등 엔비디아의 AI 기술이 집대성됐다.

(자료: "빅테크 3사가 운전대 잡았다, 9500조원 이 시장 놓치면 미래 없다", 조선일보, 신수지 기자, 2021.12.17. https://www.chosun.com/economy/mint/2021/12/16/3CEEIUTTNJGMBEWEXOP5M75JOQ/ 수정부분발췌)

경영환경

경영환경의 중요성

환경이라면 일반적으로 숲이나 강 같은 자연환경을 떠올리며 그 속에서 살고 있는 인간과 동물을 생각하게 된다. 그런데 경영환경(經營環境; management environment)이라 할 때는 비유적으로 사용되어 조직의 성과에 영향을 미치는 제반 요인들을 총칭한다. 여기에는 정치, 경제, 사회, 기술 환경처럼 개별 조직으로서는 어찌할 수 없이 받아들일 수밖에 없는 일반적인 요인과 경쟁업체나 협력업체, 지역사회처럼 그 영향을 어느 정도 관리할 수 있는 구체적인 요인이 포함된다.

조직은 유기체(有機體; open system)로서 외부와의 상호교류가 원활해야 생존이 가능하다. 생태계에서 한 종이 번성하려면 온도, 습도, 일조량과 같은 자연환경이 유리하고 먹잇감이 풍부하며 또 자신을 위협하는 포식자가 적어야 한다. 조직의 경우도 마찬가지여서 정치, 경제, 사회, 기술 발전과 같은 외부 요인이 우호적이며 고객이 충분히 존재하고 노동력이나 생산원료, 자금이 원활히 공급되며 경쟁환경도 유리해야 무난히 성장할 수 있다. 그런데 모든 환경 요인은 항상 변화하는 속성을 갖기 때문에 한때 유리한 위치에 있다 해도 계속 진화할 수 있는 능력을 갖추지 못하면 조직은 곧 도태될 수밖에 없다.

경영환경은 20세기 후반에 들어 중요한 주제로 다루어지게 되었다. 제1장에서 공부하였듯이 근대 경영학의 탄생지는 1865년 남북전쟁 이후 산업화를 급속히 이룬 미국이다. 미국은 넓은 국토에 비해 인구가 부족하여 다른 나라들보다 임금 수준이 빠르게 상승하였다. 그 결과 당시 미국의 경영자들이나 학자들은 근로자들의 생산성 향상과 품질관리와 같은 내부 경영 문제에 관심을 쏟아 부었다. 20세기 들어서도 내부 지향적인 성향은 지속되었는데 그 이유는 두 차례의 세계대전을 거치면서 미국 기업들은 더욱 강해졌고 유럽과 일본의 공업지역이 경쟁력을 회복하는 데 시간이 걸려 외부 경영 여건이 매우 우호적이었기 때문이다.

그런데 1960대 들어서부터 사정이 달라지기 시작했다. 베트남전쟁 패배, 전후 세대의 사회문화적 저항운동, 독일과 일본 기업의 약진, 아랍 산유국들의 단결 등 미국 사회에 충격을 주는 사건들이 일어나기 시작한다. 기술환경과 경쟁환경도 크게 달라져 변화를 예측하고 경쟁에 대응하는 것이 내부 생산성 문제보다 훨씬 더 절실한 경영 과제로 다가온 것이다. 자연히 이런 문제를 다루는 경영전략 혹은 전략적 경영의 중요성이 특히 대기업 경영자들에게 와닿게 되었다. 1장에서 설명하였듯이 '일을 올바르게 하는 것' 못지않게 '올바른 일을 하는 것'이 중대한 과제로 떠오른 것이다.

경영환경의 불확실성

우리 주변의 조직들이 마주하고 있는 경영환경의 가장 뚜렷한 특징은 불확실성이라고 할 수 있다. 환경이 불확실하다는 의미는 변화의 속도(變化 速度; rate of change)와 복잡성(複雜性; complexity)으로 나누어 설명할 수 있다. 첫째, 변화의 속도는 변화 정도라고 할 수 있는데 속도가 빠르면 동태적인 환경(dynamic environment), 느리면 안정된 환경(stable environment)이라 한다. 예를 들어, 우리나라 천주교 조직에 어떤 큰 변화가 있을 것으로 기대하는 사람들은 많지 않을 것이다. 대조적으로 전자업계, 특히 스마트폰 시장은 세계 최고의 삼성전자도 제2의 노키아가 되지 않을까 전전긍긍할 정도로 빠르게 변하고 있다.

불확실성의 두 번째 측면은 복잡성이다. 이것은 다시 관련 변수들의 수와 각 변수의 예측 가능성, 그리고 필요한 환경 지식으로 나누어 살펴볼 수 있는데 변수가 많고 각 변수별 예측이 어려울수록, 그리고 알아야 할 지식이 많을수록 복잡성은 커지게 된다. 삼성전자는 독점적 위치에 있는 한국조폐공사나 한국전력공사보다 더 불확실한 환경 속에 있다. 그 이유는 관련 기술 분야에서 혁신이 지속적으로 일어나고 있고, 전 세계에 산재해 있는 소비자들과 유통업체들 그리고 혜성처럼 나타나는 중국이나 인도의 신규 경쟁업체들을 상대해야 하고, 각국의 환율 변동이나 법률과 같은 위험에도 노출되어 있기 때문이다.

환경 불확실성은 일반적으로 기업 경영에 위협요인으로 작용하지만 혁신적인 기업에게는 오히려 큰 기회가 된다. 삼성전자를 비롯해 신세계, SK 등 대기업계열사들을 제치고 국내 전자책 시장을 주도하고 있는 벤처기업 리디북스나 2014년 뉴욕 증권시장 상장을 통해 전 세계를 놀라게 한 중국의 인터넷 기업체 알리바바, 세계 자동차 산업의 판도를 뒤흔든 테슬라가 좋은 예이다.

사례읽기 4-1 시니리오 경영으로 불확실성 극복

현존하는 세계에서 가장 오래된 통신기업으로 평가받는 에릭슨. 1876년에 설립된 스웨덴의 통신 장비 제조사다. [에릭슨 홈페이지]

기업의 수명은 생각보다 짧아 정치적으로나 사회적으로 안정된 선진국에서 조차 30년을 넘기기가 어렵다는 게 경영전문가들의 견해다. 미국 경제전문지 포천지가 선정한 세계 500대 기업들의 평균 수명을 추려봐도 40~50년에 불과하다. 초우량 기업조차 반세기를 못 버틸 만큼 경쟁이 치열한 시대에 살고 있다는 방증이다.

기업을 둘러싼 위험과 도전이 날로 거세지면서 100년을 지속하는 우량기업을 만들기란 매우 힘든 일이다. 특히 우리나라의 경우 경영환경 변화가 다른 나라에 비해 심한 편이어서 장수 기업의 출현은 상대적으로 더 어려운 게 현실이다. LG경제연구원의 자료에 따르면 한국의 매출액 100대 기업에 10년간 살아남는 기업수는 1991년부터 2004년까지 평균 66개다. 반면 미국의 경우에는 10년 동안 존속했던 기업은 1965년부터 1994년까지 평균 343곳으로 100대 기업으로 환산했을 때, 69% 정도가 존속했다. 미국에 비해 한국기업의 생존률이 더 낮다는 것은 그만큼 한국의 기업환경 변화가 더 빠르다는 점을 시사한다.

갈수록 불안하고 위험이 곳곳에서 도사리고 있는 현대 경영환경에서 리스크를 최소화하기 위한 대안으로 미래에 일어날 수 있는 사건에 대해 몇 가지 가상적인 시나리오를 준비해 대응방안을 마련하는 '시나리오 경영'이 주목받고 있다. 1968년, 유가가 안정돼 있어 그 누구도 유가폭등을 점치지 못했지만 글로벌 정유회사인 쉘(Shell)의 경영진들은 미국의 석유 비축량이 바닥을 보이고 있고 1967년 '6일 전쟁'(제3차 중동전쟁) 이후 석유산유국이 서방세계의 이스라엘 지원에 대한 반발로 정치적 결속을 강화할 것이라는 징후를 포착하고는 즉각 '에너지 위기 시나리오'를 작성했다.

시나리오의 내용은 유가가 안정되기 위해서는 아랍 이외의 지역에서 새로운 유정이 발견돼야 하는데 이는 거의 '실행 제로'에 가까웠다고 판단한 쉘은 OPEC가 에너지 위기를 일으킨다는 점에 주력했다. 특히 OPEC가 에너지 위기를 일으키는 시기도 '1975년 OPEC의 유가 재협상 이전이 될 가능성이 가장 높다'고 예측했는데 놀랍게도 1973년 10월 중동전쟁이 발발해 전 세계에 에너지 위기가 닥쳤다.

오일 쇼크가 발발하자 쉘은 다른 석유회사들과 달리 일찍이 원유공급 중단사태에 대해 철저한 연습까지 해 놓았던 터라 신속하고 체계적인 대응으로 경쟁자들이 무너지는 가운데서도 '나 홀로 성장'을 이뤄낼 수 있었다. 7대 정유회사 중 최하위에서 업계 2위로 올라서는 계기를 만들었으며 그 이후 가장 많은 이익을 내는 선두기업이 되었던 것이다.

현대 경영에서는 이처럼 환경변화의 진폭이 심하고 복잡성도 크게 높아진 탓에 '사건'이 발생한 이후 대처하면 이미 늦다. 뛰어난 농구 선수는 공이 오기 전에 앞으로 전개될 경기의 흐름을 읽고 공을 잡자마자 적재적소의 자기 편 선수에게 패스한다. 기업 경영도 마찬가지이다. 향후 전개될 경영환경의 흐름을 읽고 발생되는 상황에 신속히 대처하는 선제적인 경영자세가 필요하다.

시나리오 경영학의 대가인 미국 노스웨스턴대 필립 코틀러 석좌교수는 "경영자들은 눈앞의 현안 외에도 기업을 둘러싼 경제, 사회, 정치, 문화적 상황을 잘 파악해 시나리오를 짜야 한다"고 말한다. 경쟁이 심화되고 환경이 급변하는 지금, 경영자의 감각에만 의존하는 것은 '외줄 타기'처럼 위험하다. 미래에 발생할 환경변화와 경쟁사의 전략을 상황별로 예측해 대응책을 사전에 준비해 두는 이른바 '시나리오 경영'이 절대적으로 필요한 요즘이다.

(자료: "장수기업엔 OOOO가 있다", 직썰, 진진욱 발행인, 2022.03.13. http://www.ziksir.com/news/articleView.html?idxno=21874 수정부분발췌)

경영환경의 분류

경영환경은 〈그림 4-1〉과 같이 일반환경과 과업환경으로 나눌 수 있다. 대부분의 조직에 영향을 주며 개별 조직은 그대로 받아들 수밖에 없는 요인들이 일반환경(一般環境; general environment)에 속한다. 경영목표 달성에 간접적이지만 중요한 영향을 미치는 외부환경 요인들은 경제환경, 기술환경, 사회·문화환경, 정치·법률환경, 국제환경으로 분류할 수 있다.

일반환경 요인이 조직에 일방적으로 영향을 주는 것과는 달리 조직과 상호작용하며 경영의사결정에 직접 영향을 미치는 사람이나 집단도 있다. 이들을 과업환경(課業環境; task environment) 또는 구체적(specific) 환경이라 하는데, 조직 내부에 속한 것과 조직 외부에 포함된 것으로 나눌 수 있다. 외부 과업환경으로는 소비자, 공급업체, 경쟁기업, 규제감시 압력단체를 들 수 있으며, 주주, 경영자, 종업원, 노동조합은 내부 과업환경으로 분류된다.

일반환경과 과업환경의 구분은 절대적인 것이 아니라 조직의 성격이나 활동영역에 따라 그 구성요인들이 달라질 수 있다는 점을 강조하면서 각각의 특성과 대표적인 요인들을 살펴보자.

그림 4-1 경영환경의 분류

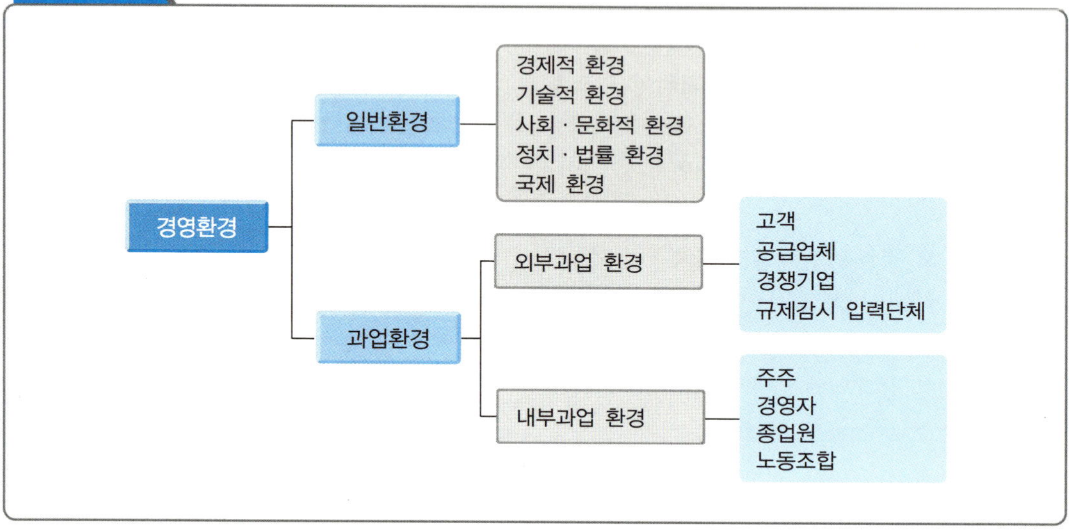

일반환경

경영환경 중 거시적 성격을 갖고 있는 일반환경은 〈그림 4-2〉와 같이 경제, 기술, 정치·법률, 사회·문화, 국제적 여건으로 분류된다. 그렇지만 현실적으로는 이들 서로가 복합적으로 작용하는 경우가 많기 때문에 종합적으로 관찰하고 그 영향을 분석해야 한다. 예를 들어, 중동의 산유국들의 정치 사정이 불안해지면 원유가격이 급등하고 국제 금융시장도 불안해지고 국내 물가수준이나 경기까지 영향을 받는 것과 같다. 아래에서 요인별로 좀 더 알아보자.

경제환경

경제환경은 물가, 국민소득, 경제성장률, 금융시장의 움직임, 정부의 조세 및 일반 경제정책과 같은 요인들을 말한다. 물가는 국민경제 내에 존재하는 다양한 상품가격을 종합하여 평균한 것을 말한다. 일반적으로 물가가 불안정하면 경제 주체들의 활동이 위축되어 기업 경영에는 불리한 여건이 만들어진다.

그림 4-2 경영환경의 구조

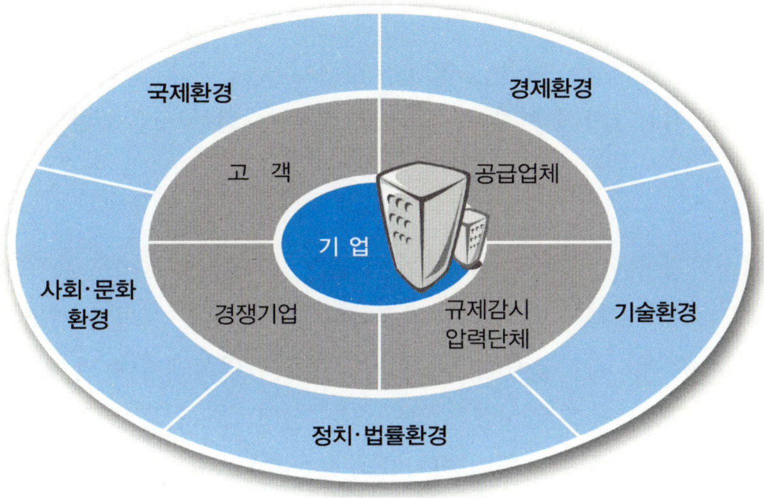

경제성장률이 높으면 소비자들의 지출이 늘어나고 이는 다시 기업의 생산활동을 촉진하는 긍정적 효과로 이어진다. 반대로 경제성장률이 낮으면 소비 지출이 줄어 가격경쟁이 치열해지면서 기업에게는 불리한 여건이 조성될 수 있다.

이자율이나 환율 같은 금융시장 상황 역시 기업활동에 영향을 준다. 이자율이 낮으면 돈을 빌리는 것에 대한 부담이 적어 구매지출이 늘어나지만 높은 이자율은 구매를 억제하게 된다. 환율의 변동 역시 수출입이나 물가 등 경제 전반에 큰 영향을 미치기 때문에 경영자들이 관심을 가져야 한다. 환율이 떨어져 원화 가치가 높아지면 수출품의 가격은 올라가고 수입품의 가격은 낮아진다. 따라서 수출은 줄고 수입이 늘어나 국내기업의 생산이나 고용에는 부정적인 영향을 줄 가능성이 높다. 그러나 외화부채를 가진 기업들의 상환 부담이 줄어드는 긍정적 효과도 있다.

국민, 기업과 함께 한 국가의 경제 시스템을 구축하는 주체인 정부는 통화정책이나 조세제도를 통해 경제환경에 큰 영향을 미친다. 예를 들어, 이자율을 내리고 재정 지출을 늘린다든지 혹은 소득세율을 내리면 기업의 투자 의욕을 높이고 국민의 소비를 늘릴 수 있다. 또 정부는 근로자가 받는 임금의 최저기준을 정할 수 있다. 최저임금을 올리면 저임금 계층의 생활이 안정되어 소비가 늘어나 결과적으로는 근로자, 기업, 국가 등 모두에게 이롭다는 주장에 근거한 정책이다. 그러나 최저임금이 높아지면 단순직 근로자들을 많이 고용하는 자영업자나 중소기업의 인건비 지출을 높여서 오히려 고용을 감소시키거나 인건비가 저렴한 외국으로 기업들이 옮겨갈 가능성이 커진다는 반론도 존재한다.

기술환경

기술환경이란 신기술, 신상품, 신시장을 창조하는 요인들을 말한다. 물리학, 생물학, 화학, 소재공학과 같은 기초과학에서의 연구 성과가 정보통신, 의료, 의약, 군수, 연예 산업 등에 적용되면서 공상과학영화에서 보던 일들이 현실이 되고 있다. 그중에서도 스마트폰 중심으로 진행되고 있는 변화들이 좋은 예이다. 스마트폰은 통신수단을 넘어 실시간 정보를 이용하는 자동차 길 안내, 소매점이나 상품 추천, 각종 예약, 금융거래 등 일상생활과 관련된 많은 일들을 도와주고 있다.

세계경제포럼(World Economic Forum, Davos Forum)의 창립자인 Klaus Schwab 교수는 21세기의 시작과 함께 제4차 산업혁명이 시작되었다고 주장한다. 그 배후에 있는 과학기술로서 인공지능(人工知能; Artificial Intelligence, AI), 로봇공학, 사물인터넷, 자율주행 자동차, 3D 프린팅, 나노기술, 생명공학, 재료공학, 에너지 저장기술, 퀀텀 컴퓨팅(quantum computing)을 제시하고 있다.

인공지능은 2016년 세계적인 관심을 모았던 이세돌과 알파고의 바둑대결을 통해 일반인들까지도 그 가능성을 이해할 수 있게 만들었고 인간의 미래에 대한 두려움까지 불러일으켰다. 인공지능이나 로봇은 더 이상 단순 노동자들만을 위협하는 것이 아니라 변호사, 의사, 회계사, 펀드메니저 등 전형적인 고소득 전문직의 업무방식까지 변하게 할 것으로 예견되고 때문이다. 전문가들도 예상하기 힘들 정도로 변화 규모가 크고 빠른 속도로 진행되고 있다.

유통업에서도 4차 산업혁명의 진행을 확인할 수 있다. '리테일테크(Retail+Technology)'라고 불리는 다양한 신기술을 활용해 운영비를 줄이고 생산성을 크게 높이고 있다. 무인점포인 아마존 고나 대시버튼을 상자에 달아 고객이 버튼만 누르면 휴지나 비누 같은 일상용품의 주기적 배송이 이루어지게 한 아마존 대시가 좋은 예이다. 〈그림 4-3〉에서 볼 수 있는 것처럼 AI와 사물인터넷을 활용한

그림 4-3 다양한 종류의 리테일테크

쇼핑, 무인자동차나 드론을 이용한 배송, 라이브 커머스 등은 유통혁명에 속도를 더 하고 있다.

기업이 기술환경의 변화에 대비하기 위해서는 고급두뇌를 확보하는 일이 무엇보다 중요하다. 그런데 인재들은 끼리끼리 모이는 경향이 있기 때문에 이들을 좇아 첨단기업들 역시 밀집하는 경향을 보인다. Apple, Google, Facebook, Intel, ebay 등 IT 관련 기업들이 몰려 있는 미국 실리콘 벨리가 좋은 예이다. 삼성전자나 SK하이닉스와 같은 국내 기업들도 이 지역에 사무소를 설치하여 인재를 찾고 최신 정보를 놓치지 않으려 하고 있다. 이 지역은 스탠포드, UC버클리, 샌프란시스코 의과대학 같은 명문 대학들이 가까이에 위치해 있고 문화적 개방성, 상업시설, 교통시스템, 온화한 기후 등 젊은 층이 좋아하는 요소들을 골고루 갖추고 있다.

사회·문화환경

인구, 가치관, 사회 관습과 같은 사회·문화환경도 매우 중요하다. 남한 인구는 1983년 4천만 명을 넘은 후 30년이 지난 2012년에 5천만 명을 넘어섰다. 그러나 최근 결혼연령이 계속 늦어지고 가임 여성 1인당 출산율이 0.84명 까지 떨어져 2021년 역사상 처음으로 인구 성장률이 마이너스를 기록하였다.

인구는 단순히 양적 측면만이 아니라 성별, 연령별, 지역별 분포와 변화 추세 같은 질적 내용을 함께 분석할 때 더 많은 경영 시사점을 찾을 수 있다. 연령별로는 보통 0~14세의 유소년 인구, 15~64세의 생산가능인구, 65세 이상의 노령인구로 분류하는데 〈그림 4-4〉에서 보는 것과 같이 우리나라는 노령화가 빠르게 진행되고 있다.

Harry Dent(2015)는 생산가능인구의 비율이 급속도로 줄어드는 현상을 인구절벽(人口絕壁; demographic cliff)으로 규정짓고, 인구절벽 현상이 일어나면 생산과 소비가 함께 줄어들면서 경제위기가 발생할 수 있다고 주장한다. 그는 특히 2015년 세계지식포럼에서 한국을 인구절벽에 다가선 국가의 예로 들면서 조만간 경제 불황을 겪을 가능성이 높다고 지적하였다. 사회현상을 설명하는 거시 이론들은 자연과학과 같은 엄격한 입증이 힘들어 반론을 제기하기도 상대적으로 쉽다. 그럼에도 불구하고 우리는 비관론을 심각히 받아들이고 상응하는 준비를 해야 할 것이다.

지역 간 인구이동도 주시해야 할 요인이다. 국내 인구의 50% 이상이 모여 있는 수도권을 제외하고서는 대부분의 도시에서 인구가 감소하여 지역경제가 활기를 잃고 있다. 유통업이나 주택건설업체 경영자라면 지역 간 인구 변화를 예견하여 전략적으로 대처해야 할 것이다.

'레이어드홈(omni-layered homes)'이나 '오하운(your daily sporty life)'과 같은 신조어를 통해 코로나 팬데믹 이후 두렷해진 우리나라의 사회·문화적 트랜드를 살펴볼 수 있다. '레이어드홈'이란 집에서 보내는 시간이 많아지면서 집이 단순히 생활하는 공간 이상의 역할을 하게 되었다는 것을 의미하는 말이다. 휴식을 강조한 레이어 이외에도 운동과 같이 밖에서 하던 일들을 집안으로 가져오게 되었다. 그리고 1~2인 가구 증가에 따라 집의 크기가 작아져 집 주변에 편의시설이 많은 주거권역을 선호하게 되는 일명 '슬세권'(슬리퍼와 세권의 합성어)에 대한 선호가 높아졌다. '오늘 하루 운동'의 줄임말인 '오하운'은 건강과 면역력에 대한 관심이 높아지면서 매일 꾸준히 운동하는 사람이 증가하는 현상을 표현하고 있다.

이렇듯 인구나 소비트랜드와 같은 사회·문화환경의 변화는 기업에게 위기를 초래할 수 있지만 기회가 되기도 한다. 앞서 얘기한 인구 감소는 전반적인 구매력의 감소로 이어져 기업에게 위기가 될 수 있지만, 출산율 감소는 오히려 고가의 유아용품에 대한 구매증가와 미취학 아동들에 대한 교육비 증가와 같은 기회로 이어지기도 한다. 마찬가지로 '레이어드홈'과 같은 소비트랜드가 확산되면 대

그림 4-4 총인구 및 연령별 인구 추계

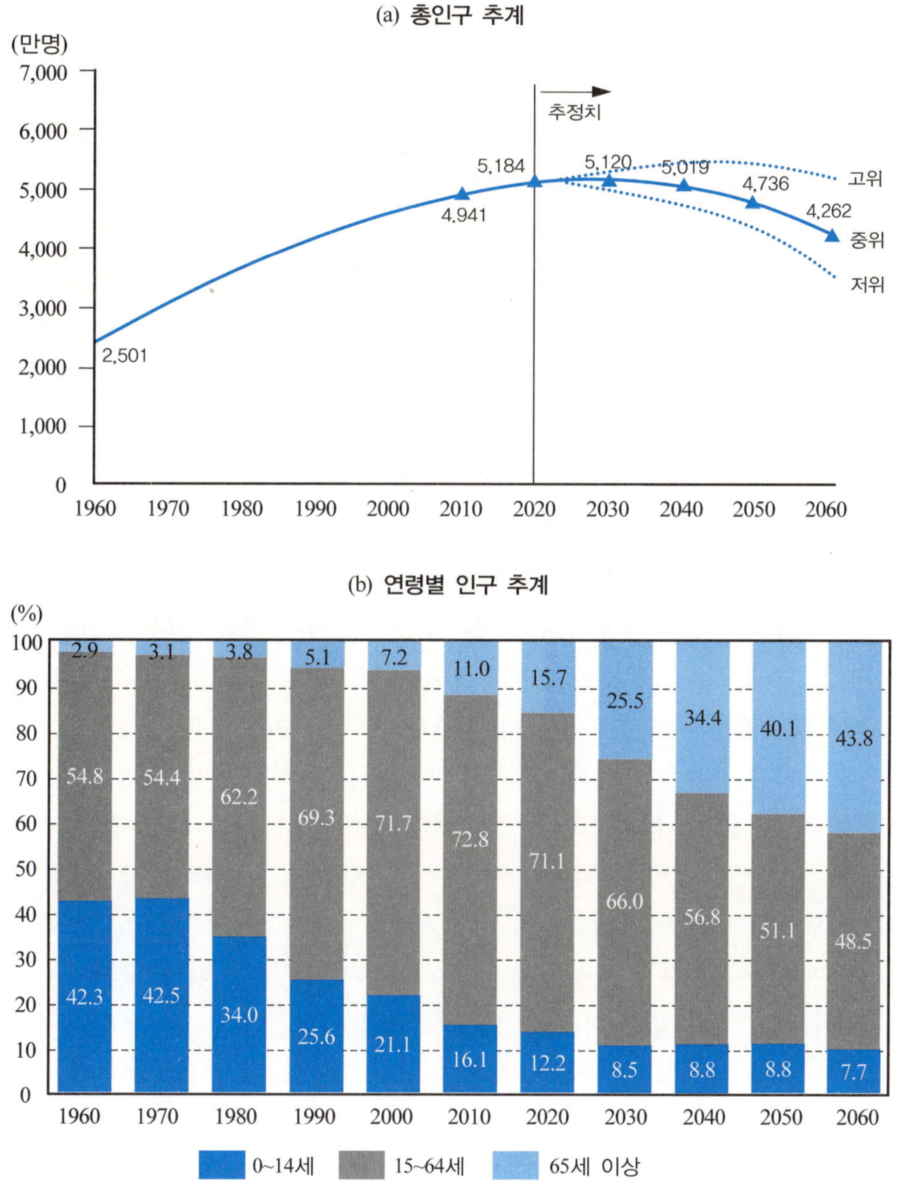

자료 : 통계청, 「장래인구추계」, 2022.

면활동이 크게 줄어 많은 소상공인과 기업에게 위기로 다가오지만 홈트레이닝, 홈뷰티, 간편가정식(HMR), CATV와 같은 산업에게는 기회가 된다.

정치·법률환경

한 국가의 정치적 환경(政治的 環境; political environment)도 기업의 활동에 영향을 미친다. 선진국일수록 정치환경은 안정적이어서 예측할 수가 있다. 대조적으로 평화적 정권 교체 경험이 부족한 나라에서는 예측이 힘들다. 이런 나라에서는 정책이 쉽게 변할 수 있어서 경영자들은 불확실한 상황에서 일을 해야 한다. 좋은 사례가 북한 정부를 상대했던 금강산 관광사업과 개성공단이 될 것이다.

우리나라는 정치·법률환경에 관한 한 아직 높은 평가를 받지 못하고 있다. 국제투명성기구가 발표한 자료에 따르면 2019년 기준 우리나라의 부패지수는 100점 만점에 59점으로 총 180개 나라 중 39위로 평가되었다. 정책의 일관성, 관료들의 청렴도, 보고서의 신뢰성과 같은 요인에 대한 낮은 평가는 우리나라 기업이 해외에서 돈을 빌리거나 투자자를 모을 때 불리하게 작용한다.

상법과 세법을 비롯하여 공정거래법, 독과점금지법, 소비자기본법, 제조물책임법, 환경보존법과 같은 법률적 환경(法律的 環境; legal environment) 역시 기업활동에 영향을 미친다. 예를 들어 공정거래법은 자유롭고 공정한 경쟁을 유도하기 위해 독과점을 억제하고 불공정한 거래를 규제하고 있다. 일반적으로 1개 사업자의 시장점유율이 50% 이상이거나, 3개 이하 사업자의 시장점유율 합계가 75% 이상인 경우 시장지배적 사업자로 간주하고, 이들의 시장지배적 지위 남용을 엄격히 규제하고 있다.

제품을 구매했으나 불량품인 경우 소비자기본법에 따라 교환이나 환불 해주어야 하며, 제조물의 제조상, 설계상, 표시상의 결함이 있어 사용자에게 피해를 준 경우는 제조물책임법(製造物責任法; Product Liability, PL)에 의해 해당 제품의 제조사가 그 책임을 져야 한다.

국제환경

국내 여건 못지않게 중요한 것이 국제환경이다. 글로벌 환경(global environment)이라 부르기도 하며, 국제적 차원에서 나타나는 경영환경요인의 특성에 초점을 맞춘다. 상품이나 서비스의 거래와 투자가 국경을 넘어 비교적 자유롭게 이루어지면서 한 나라의 정치, 경제 상황의 변화는 곧바로 다른 나라로 파급된다. 미국의 연방준비제도(聯邦準備制度; Federal Reserve System)가 양적완화를 실시하면 유럽 중앙은행을 위시해서 주요 국가들이 따라서 통화량을 늘려나가는 정책을 펴는 것이 하나의 보기가 될 수 있다. 세계적으로 돈이 많이 풀리게 되면 투기자본들은 고수익을 볼 수 있는 기회를 찾아 빠르게 움직이며 각 나라의 주식시장이나 부동산시장을 과열시킬 수 있다. 이런 상황은 투자가들을 불안하게 하는 요인이 발생하는 순간 마치 거품이 꺼지는 것처럼 갑자기 돌변하여 경기를 하락시킬 수도 있다.

국제환경이 기업경영에 주는 기회 및 위협에 관해서는 이 책의 마지막 부분 '국제경영'에서 자세하게 설명하고 있다. 이 장에서는 이웃나라 중국의 경제 규모에 관해서만 잠시 알아보자. 중국 경제는 1996년 기준으로 1인당 국민소득이 1,000달러 미만에서 2019년에 10,000달러를 넘어서 열 배 증가할 정도로 성장하였다. 그중에서도 베이징, 상하이, 쑤저우 등 대도시의 2020년 1인당 소득은 2만 달러는 넘어섰다. 참고로 2020년 한국의 1인당 국민소득은 31,266달러이다.[1] 중국은 이미 세계 2위의 경제 대국이며 자동차 신차 판매 대수가 연간 2천만 대를 넘어 미국을 능가하고 있다.

중국은 우리에게 지리적으로 역사적으로 가장 가까운 나라이다. 경제 대국으로 다시 굴기하면서 그간 우리나라 기업들이 쌓아놓은 해외시장에서의 지위가 흔들리고 있다. 여기에 덧붙여 북한의 핵무장이 야기한 동북아의 긴장상태는 중국에 진출해 있는 우리 기업들뿐 아니라 국내에 있는 유통업이나 서비스 업체들에게 큰 고통을 주고 있다. 모든 상황은 항상 변화하는 것인 만큼 경영자들은 현 상황에서 할 수 있는 최선의 노력을 하면서 기다려야 할 것이다. 특히 지난 70여 년 동안 우리는 서양식의 제도와 사상에 익숙해 있어 독자적인 발전을 해온 중국인들의 정치제도나 문화, 상관습을 제대로 이해하지 못할 가능성이 크다. 상대를 알아야 지지 않는다는 손자병법의 가르침을 명심하면서 중국을 연구하는 일에 노력을 아끼지 않아야 할 것이다.

---

1) 자료 : https://ko.tradingeconomics.com/south-korea/gdp-per-capita

과업환경

조직과의 상호작용을 통해 경영활동에 영향을 미치는 조직 안팎의 사람이나 집단을 과업환경이라 한다. 〈그림 4-5〉는 기업이 외부에 존재하는 이해관계자들과 가치를 교환하며 상부상조하는 관계를 보여주고 있다. 기업과 고객의 관계를 생각해보면 과업환경의 중요성을 잘 이해할 수 있을 것이다. 기업은 고객이 원하는 상품이나 서비스를 제공하고 그 대가로 이익을 얻는다. 따라서 고객은 기업이 생존할 수 있는 바탕이라고 할 수 있으며, 고객을 제대로 이해하고 만족시키려는 노력은 경영목표 달성에 필수적이다.

원자재를 공급해주거나 제품 유통에 참여하는 협력업체들은 해당 기업의 경영활동에 직접적인 영향을 준다. 예컨대 한 기업의 생산이나 자금 관리는 거래관계에 있는 협력업체의 품질관리 수준과 재무상태에 영향을 받는다. 따라서 기업은 협력업체의 경영상태에 관심을 갖고 필요한 도움을 주고받는 원만한 관계를 유지해야 한다.

경쟁기업 역시 중요한 경영환경요인이다. 동일한 시장이나 소비자를 두고 경쟁하는 기업들의 강점과 약점을 제대로 파악하여 적절히 대응할 때 해당 기업은 경쟁력을 가질 수 있다. 따라서 경쟁기업은 경영자들이 주의 깊게 관찰하고 대응해야 할 경영환경 중 하나이다.

그림 4-5 기업과 이해관계자 간의 교환관계

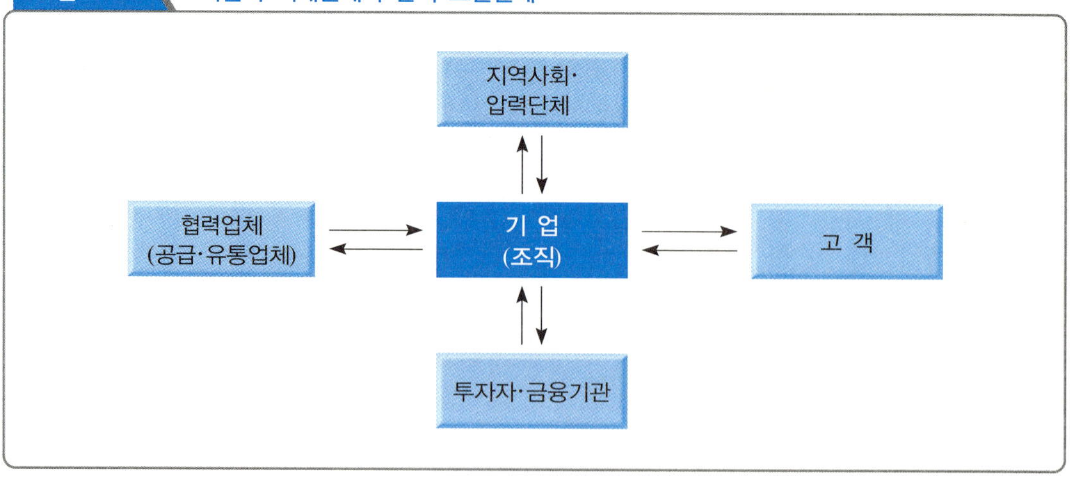

사례읽기 4-2 현대위아, 협력업체 120곳과 '파트너십 데이'

현대위아는 지난 18일 경기도 화성시 롤링힐스 호텔에서 '파트너십 데이'를 개최하고 협력사에 대한 지원을 강화하기로 했다고 밝혔다. 현대위아는 이를 통해 '동반성장'의 문화를 사내에 뿌리내린다는 계획이다. 협력사 파트너십 데이는 현대위아가 주요 협력업체 120곳과 함께 경영 비전을 공유하고 함께 성장할 수 있는 방안을 나누는 자리다. 올해 행사는 코로나 바이러스 상황을 고려해 행사 현장과 온라인 생중계를 통한 온라인 참석으로 이원화해 이뤄졌다.

현대위아는 '위기를 넘어 동반성장으로'라는 목표를 세우고 협력사에 대한 지원을 대폭 강화하기로 했다. 특히 코로나로 비롯한 '공급망 붕괴'와 '인플레이션 우려' 등의 위기를 이겨낼 수 있도록 돕기로 했다. 이에 현대위아는 협력사들이 미래 성장 동력을 확보할 수 있도록 지원에 나선다. 현대위아가 추진 중인 '통합 열관리 솔루션', '전동화 액슬(e-TVTC)', '스마트 제조 솔루션' 등의 신사업을 준비할 수 있도록 하는 것이다. 협력사와 신기술 개발을 함께 진행하고, 제안 효과 금액을 협력사와 배분하는 '성과공유제'를 시행해 협력사가 선제적으로 신기술을 제안할 수 있도록 할 계획이다.

현대위아는 공급망 리스크에 대한 대비도 협력사와 함께 하기로 했다. 원·부자재 공급에 차질이 빚어질 경우 사전에 정보를 빠르게 교환하며 공동 대응에 나서는 것이다. 아울러 원·부자재 수급 시스템을 점검하고 사전에 물량을 충분히 확보할 수 있도록 지원에 나선다. 또 물류난에 대비해 원·부자재 및 부품 단위에서부터 현지화해 제품 생산에 차질이 없도록 돕는다.

현대위아는 동반성장을 위한 상생협력 프로그램도 지속 시행한다. 우선 자금난을 겪는 협력사를 위해 올해 총 680억 원 규모의 동반성장펀드를 운영한다. 아울러 협력사가 기술을 개발하고 보호할 수 있도록 하는데 약 170억 원을 투입할 계획이다.

협력사가 우수 인재를 채용할 수 있도록 채용박람회 개최도 돕는다. 현대위아는 이에 더해 협력업체 임직원이 기술 교육을 받을 수 있도록 현대자동차그룹의 '글로벌상생협력센터'를 활용해 400여 개의 교육과정을 지원하기로 했다.

현대위아는 협력사와 함께 지속 가능한 성장의 토대를 계속해서 마련해 나간다는 계획이다. 현대위아 관계자는 "코로나 이후 이어지는 위기를 이겨 내기 위해서 협력사와의 동반성장은 가장 중요한 과제"라며 "위기를 극복하고 미래 모빌리티 시장에서 경쟁력을 갖춘 부품사가 될 수 있도록 모든 협력사와 함께 노력해 나가겠다."고 말했다.

(자료: "현대위아, 주요 협력업체 120곳과 '파트너십 데이' 개최… 협력사 지원 확대 나섰다", 헬로티, 김진희 기자, 2022.03.26. https://www.hellot.net/news/article.html?no=66768 수정부분발췌)

기업은 지역사회 주민들에게 일자리를 제공해주고 세금을 납부하면서 지역 발전에 기여한다. 한편 지역사회는 기업이 활동할 수 있는 터전을 제공해준다. 환경보호단체나 지역 언론과 같은 압력단체는 기업의 윤리적 경영을 이끌어내 지역주민들로부터 환영받는 기업이 되는데 도움을 준다.

기업 내부의 과업환경은 주주, 경영자, 종업원 그리고 노동조합으로 이루어져 있다. 기업의 설립과 운영에 필요한 자금을 조달하기 위해 발행된 주식을 보유한 주주는 법적으로 회사의 주인이다. 기업이 성장하면 주주는 이익을 실현할 수 있지만 도산하면 투자금을 보상받을 길이 없다. 따라서 경영과 관련된 주요 의사결정은 주주총회를 거쳐 이루어지며, 주주들과의 원만한 관계는 경영목표 달성에 필수 요건이다.

경영자와 종업원은 조직을 운영하는 주체로서 경영성과에 직접적인 영향을 주는 내부 과업환경에 포함된다. 경영자는 자본과 경영의 분리 여부에 따라 소유경영자와 전문경영자로 나눌 수 있는데, 일반적으로 소유경영자는 이익을, 전문경영인은 매출을 강조하는 경향이 있다. 소유경영자는 지출을 줄이고 이익을 늘려 배당을 높이려 하는데 반해 전문경영자는 경영자로서 누릴 수 있는 혜택을 지속시켜 줄 계약유지를 위해 단기 실적을 나타내는 매출을 더 강조한다. 이와 같이 경영자의 관심, 역량, 스타일에 따라 경영 목표나 활동 방향이 영향을 받는다.

종업원은 기업의 일상적 업무를 수행하는 사람들로 고용관계에 따라 정규직과 비정규직, 직종에 따라 생산직, 영업직, 사무관리직, 전문기술직 등으로 구분한다. 기업의 경영성과는 종업원들의 능력과 노력에 따라 크게 달라진다. 따라서 기업은 교육훈련을 통해 종업원들의 능력을 개발하고, 근로의욕을 높이기 위해 임금, 고용안정, 승진, 복리후생 등 다양한 제도를 활용한다.

노동조합은 조합원들의 경제사회적 지위 향상을 위해 만들어진 조직으로 종업원들의 의견을 대변하는 역할을 한다. 과거 우리나라 기업들은 노동조합 활동을 억제하고 노동조합과의 교섭에 소극적으로 임해 파업과 같은 노사분규가 자주 발생했다. 그러나 노동조합과의 적극적인 교섭을 통해 근로자들의 합리적 요구를 수용하는 것이 경영에도 도움이 된다는 기업 안팎의 목소리가 커지면서 기업들은 건전한 노사관계 구축에 많은 노력을 기울이고 있다.

환경적응 노력

조직은 개방시스템이라 경영자는 내부 문제 못지않게 외부환경에 관심을 갖고 조직의 적응 역량을 키워야 한다. 그러기 위해서는 구체적 과업환경 요인들에 대해서는 평소 관리를 해야 하고 일반환경의 변화에 대해서는 학습능력을 키워 재빠르게 적응해야 할 것이다. 아래에서 좀 더 자세히 살펴보자.

과업환경 요인별 대책

경제적 이해가 걸린 당사자들 간에 갈등은 피할 수 없는 현실이다. 기업이 이들과 원만한 관계를 유지하기 위해 택할 수 있는 대책이 〈표 4-1〉에 요약되어 있는데 그 중 몇 가지를 살펴보자.

경쟁기업이 주는 불확실성을 피하기 위해 광고를 통해 고객의 충성도를 유도한다. 또 경쟁기업과 협상하여 공생관계를 구축할 수 있다. 하지만 공정거래를 저해하는 담합이어서는 안 된다. 합병을 모색하고 경쟁이 심하지 않은 시장을 찾

〈표 4-1〉 과업 환경요인과 적응대책

불확실성의 원천	환경 적응 행동	
경쟁기업	• 광고를 통해 고객의 상표 충성 유도 • 기업합병	• 경쟁이 심하지 않은 시장 선택 • 협상을 통해 합의 도출
노동조합	• 장기협약 체결 • 인건비가 싼 해외에 생산시설 설립	• 전문가를 채용 • 노동조합의 주요 인물을 이사로 위촉
공급업체	• 공급업체 수를 늘림 • 장기 공급계약 체결	• 주요 부품의 재고 비축 • 공급업체와 합병
금융기관	• 금융기관 중역출신을 이사로 위촉 • 거래 금융기관수를 늘림	• 신용한도 확보 • 다양한 자금 조달방법 마련
고 객	• 광고 • 수요 할당	• 차별화된 가격구조 적용 • 고객이 많은 시장 선택
압력단체	• 주요 비판인사를 이사로 위촉 • 가시적인 사회봉사활동 시도 • 기업이 소속한 산업단체(예: 섬유협회)와 공동 대처	• 비판자를 직원으로 채용

자료 : Stephen P. Robbins (1990), *Organization Theory*, p. 377., 부분 수정

는 노력을 계속하는 것도 불확실성을 줄이기 위해서이다.

공급업체에 대응해서는 평소에 그들로부터 신뢰를 얻도록 노력한다. 그 외에 장기공급계약을 맺거나 합병을 통해 불확실성을 줄이기도 한다. 그리고 협상력을 높이기 위해서 한두 곳의 공급업체에 의존하기보다 다수의 업체와 거래를 한다. 또 긴급한 상황에 대비해서 재고를 충분히 비축한다.

고객을 확보하려는 노력 중에 항시 고객의 소리에 귀 기울이고 판매 후 관리를 철저히 하여 고객을 만족시키는 것은 기본이다. 그 외에 광고를 통해 가장 선호하는 상표로 자리 잡을 수 있게 한다. 계절성이 강한 업종일 경우 성수기에는 수요를 할당하고 가격정책을 통해 비수기로 고객을 유도하기도 한다.

압력단체의 예로는 소비자보호원, 경제정의실천시민연합, 다양한 언론기관을 들 수 있다. 소비자들은 이러한 단체들을 신뢰하는 경향이 있기 때문에 이들로부터 불리한 정보가 발표될 경우에 기업은 치명적인 피해를 입을 수 있다. 그러므로 평소 이들 단체와 좋은 관계를 유지할 필요가 있다. 예로서 언론기관에는 뉴스거리가 될 수 있는 소식을 미리 전하거나 사회적 이벤트 주최와 같은 홍보활동을 벌이는 것이다. 또 이런 기관에서 주최하는 회의나 대회에 참여하며 동종업체들과 협력해서 정부기관에 자신의 입장을 적극적으로 알리는 로비활동을 벌일 수도 있다. 해당 기관에 정통한 사람을 직원이나 경영진에 영입하는 것도 방법이 된다.

조직문화

조직문화(組織文化; organizational culture)란 한 조직의 구성원들이 공유하는 가치관, 원칙, 전통, 일하는 방식 등 다른 조직과 구분할 수 있게 해주는 유·무형의 모든 것을 포괄적으로 일컫는다. 이것은 마치 한국 문화라 할 때 언어, 음식, 결혼이나 장례의식, 전통 복장이나 가옥처럼 밖으로 드러나는 것뿐 아니라 전통음악에 대한 감정, 단군신화에 대한 애정, 연장자에 대한 예의와 같은 무형의 유산을 모두 포함하는 것과 같다. 그래서 한국 문화를 일본이나 중국 문화와 비교할 수 있듯이 삼성그룹과 현대그룹의 문화적 차이를 이야기할 수 있다.

조직문화가 경영학에서 중요한 주제로 다루어지는 이유는 환경적응 능력과 관계가 있기 때문이다. 강한 조직문화(strong cultures)는 분명하고, 잘 설명될 수 있고, 폭넓게 공유되며 구성원들의 역기능적 행동을 저지하고 긍정적인 행동을 지원할 수 있다. 그 결과 구성원들의 충성심을 높이고 신속한 의사결정을 유도하는 효과를 갖는다. 그렇지만 시대에 맞지 않는 문화가 조직에 강하게 자리 잡고 있으면 새로운 시도를 꺼리게 하여 환경변화에 뒤쳐지는 부정적 결과를 초래한다. 예를 들어 남성우위문화가 강한 기업이라면 우수한 여성인력이 지원을 꺼려 여성적인 섬세함이 요구되는 분야에서 경쟁업체들에 비해 불리하게 될 것이다.

조직문화를 일곱 가지의 측면에서 설명하는 견해가 있다. 세세한 부분까지 주의를 기울임(attention to detail), 성과우선(outcome orientation), 사람우선(people orientation), 팀우선(team orientation), 적극성(aggressiveness), 안정성(stability), 혁신과 위험감수(innovation and risk taking)인데 각각 그 정도를 두 단계로 측정하여 조직의 문화를 종합적으로 판단한다.

고객중심경영

생산자 간의 경쟁이 치열해지면서 시시각각 변하는 고객의 요구를 충족시키는 일이 더없이 어려운 과제가 되었다. 과거처럼 가격우위만을 내세워 고객을 모두 사로잡을 수 없게 되었고, 품질과 관련해서도 고객마다 평가 기준이 달라 일률적으로 정의 내리기가 어려워졌다. 이런 과정에서 고객만족을 경영활동의 최고 목표로 내걸고 실천에 옮기는 고객중심경영이 관심을 끌게 되었다.

고객중심경영을 강조하는 기업 중에는 〈그림 4-6〉에서처럼 조직도를 역피라미드로 그려놓는 기업도 있다. 사장은 직원을 고객처럼, 직원은 외부 고객을 왕처럼 모셔야 한다는 메시지를 모두가 잊지 않게 하기 위해서일 것이다.

고객중심경영을 실천하는 기업은 높은 품질, 낮은 가격, 적기 배달, 최고의 서비스를 중시한다. 첫째, 품질은 고객이 만족하느냐를 기준으로 한다. 객관적인 제품성능이 우수해도 고객이 만족하지 않으면 불량품이 된다. 그래서 제품개발 이전에 고객의 욕구를 정확히 파악하는데 최선을 다한다. 그리고 개발 단계부터 생산, 마케팅, 고객서비스 부서 등 관련자 모두가 참여하여 개발기간도 단축시킨다.

둘째, 원가절감을 지속적으로 추진한다. 구매과정을 합리화하고 구매처를 다양화하며 재고관리 비용을 줄이는 것과 같은 노력이 뒷받침되지 않는 고객중심경영은 모래 위에 집을 짓는 것과 같다는 믿음이 철저하다.

그림 4-6 고객 중심 조직도

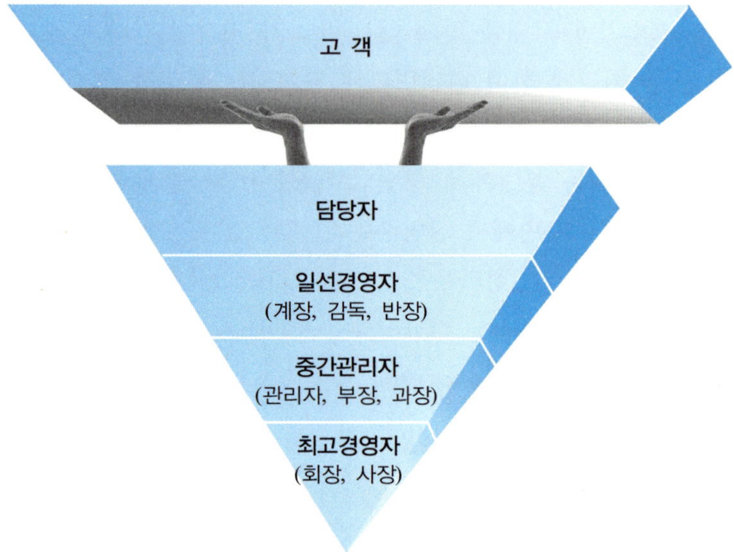

셋째, 적기 배달을 위해 노력한다. 이를 위해 기업 내부의 관리시스템뿐 아니라 공급업체, 유통업체 시스템과도 연계시켜 종합적으로 관리한다. QR(quick response), 공급사슬관리(supply chain management, SCM)처럼 원료공급부터 판매점까지의 정보를 종합적으로 관리하여 물류비용 절감과 적기 배달을 동시에 추구하는 시스템을 도입한다.

넷째, 최고의 고객서비스를 제공한다. 판매를 고객이 갖고 있는 문제를 해결해 주는 과정으로 인식하고 필요한 자문과 정보를 제공한다. 또 사후관리를 철저히 하여 한 번 고객은 단골로 만든다.

학습조직

학습(學習; learning)이란 경험을 통해 발생하는 행동 혹은 잠재력의 변화를 뜻한다. 사람이나 동물은 학습을 통해 스스로를 변화시키며 환경 적응력을 키운다. 기업도 변하는 경영환경에 적응하기 위해서는 늘 학습을 해야 한다. 팀원들끼리 머리를 맞대고 토론하며 매뉴얼을 작성하여 다른 구성원들에게 전파하는 것이

그림 4-7 학습조직의 특성

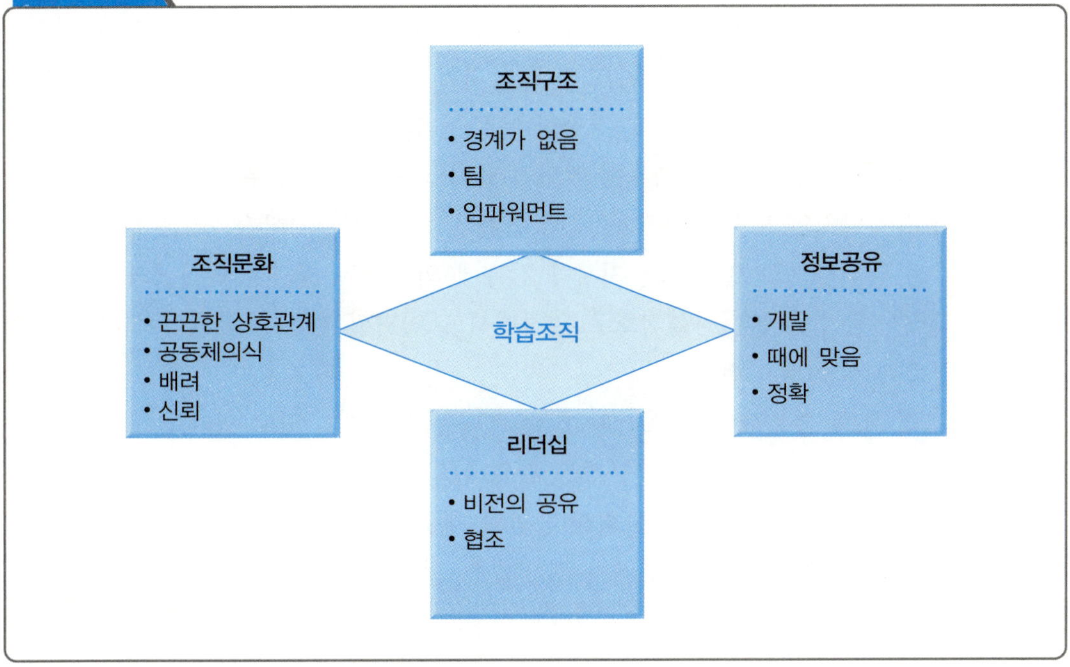

자료 : Stephen P. Robbins (1990), *Organization Theory*, p. 249.

조직학습 활동의 사례이다. 상급자로부터 경험을 전수받고 외부 컨설팅기관의 도움을 받아 변화를 시도하는 것도 물론 학습활동이다.

그런데 학습능력이 개인에 따라 다르듯이 기업 간에도 차이가 있다. 어떤 기업은 과거의 영광만 믿고 배움을 소홀히 하고 부서별 이기주의가 팽배해 배운 것을 나누지 않는 반면 배움을 일상적인 일로 간주하며 지식을 부서 간에 공유함으로써 신제품 개발에 탁월한 기업도 있다.

학습조직(learning organization)이란 환경변화에 적응하는 능력이 탁월한 조직을 말한다. 상징적인 의미로 사용되는 경우가 많지만 〈그림 4-7〉에서 보는 것과 같은 특징을 갖는다.

첫째, 학습조직은 구조 면에서 부서 간의 경계를 엄격히 정하지 않고 팀이 주류를 이루며 권한이 하위 경영자들에게 대폭적으로 위임되고 있다. 이것은 경영계층이 많고 부서 간의 업무를 명확하게 구분하려는 의도가 강한 전통적인 관료조직과는 사뭇 대조적이다. 그래서 학습조직은 유연하며 의사결정이 신속하다.

둘째, 학습조직에서는 구성원이나 집단들 간에 정보가 잘 공유된다. 즉, 커뮤니케이션이 원활하게 이루어진다. 비판이나 다른 의견이 거리낌 없이 제시되고 필요한 부분은 수용되는 분위기가 형성되어 있다. 비판적인 견해를 가진 사람도 불이익을 받지 않기 때문에 건전한 토론이 활발하게 일어난다.

셋째, 학습조직의 경영자는 지도적 리더십을 구사하며 부서 간의 갈등을 조절하고 자발적인 노력을 유도하는 데 힘쓴다. 구성원들의 학습을 지원하고 이끌어주는 리더십으로 일방적인 지시와 감독에 의존하는 지시형 리더십과 대조된다. 그래서 구성원들은 자율적으로 일하면서도 일관된 방향을 유지하여 부서 간의 공조가 잘 이루어진다.

넷째, 학습조직에는 상호신뢰하는 조직문화가 자리 잡고 있다. 남을 배려하는 마음이 넘치는 조직에서는 구성원 간의 신뢰도 두터워진다. 직원 교육에도 투자를 아끼지 않으며 직원들은 회사를 믿기 때문에 실패를 두려워하지 않고 새로운 시도를 할 수 있다.

지식경영

21세기 들어서면서 경영자가 활용할 수 있는 정보나 지식은 2년 만에 배가 될 정도로 기하급수적인 속도로 늘어나고 있다. 통상적인 정보시스템으로는 감당할 수 없는 수준이다. 소위 빅데이터(big data)가 된 것이다. 그 결과 빅데이터를 활용할 수 있는 능력이 21세기 지식사회에서는 매우 중요한 경쟁력 요인으로 자리 잡았다.

기업 내에서 생산되는 각종 정보나 지식의 양도 급격히 늘어나고 있으며, 그에 따라 인력 구성에서도 큰 변화가 일어나고 있다. 예를 들어 삼성전자는 2020년 말 기준으로 국내 직원 중 40.5%에 해당하는 27,000명의 R&D 인력을 갖고 있으며 2,400명의 직원이 박사학위를 갖고 있다.[2] 이들의 노력이 중복되거나 사장되지 않게 하려면 연구 과제와 진행 상황, 성과 등을 데이터베이스로 저장하고 지역적으로 혹은 부서 간 장벽을 넘어 전파하여 공유하는 시스템을 갖추어야 할 것이다.

2) https://web1.dailian.co.kr/news/view/19139

지식경영(知識經營; knowledge management)이란 이처럼 중요한 정보를 찾아 정리하고 필요한 사람들이 곧바로 활용할 수 있게 하는 관리시스템을 뜻한다. 일반 기업체들도 각 부서에서 필요한 지식이 어떤 것인지를 파악하고 지식의 개발 과정과 획득한 특허 자산, 또 개인적 경험이나 노하우, 성공사례, 고객정보와 같은 지적자산을 관리하기 위한 노력이 필요하다.

혁신

기업은 혁신(革新; innovation)을 통해서도 경영환경에 적응할 수 있다. 새로운 아이디어를 찾아내 실제로 활용하는 과정인 혁신은 빠르고 복잡한 외부환경 변화에 처한 기업에게 더 강하게 요구되는 환경적응 노력이다. 경영환경이 천천히 그리고 안정적으로 변한다면 그 속에서 활동하는 조직 역시 환경 변화에 맞춰 조금씩 바뀌어가는 점진적 변화(漸進的 變化; incremental change)로도 문제가 없을 것이다. 그러나 환경의 변화가 빠르고 복잡해 불확실성이 높으면 점진적인 조직변화로는 환경적응이 어려워 경쟁력을 갖출 수 없다. 이럴 경우 과거의 제품이나 업무처리 방식과는 크게 다른 단절적 변화(斷絕的 變化; discontinuous change)가 필요한데, 혁신은 이런 유형의 변화에 속한다. 다른 기업들보다 빠르게 새로운 아이디어를 찾아내 그것을 제품 개발이나 공정 개선에 활용해 시장에서 환영받는 선도기업(先導企業; fast mover)이 누리는 혜택을 생각해보면 혁신의 중요성을 이해할 수 있을 것이다.

기업에서 이루어지는 혁신은 크게 세 유형으로 나누어 살펴볼 수 있다. 첫 번째는 제품혁신(product innovation)으로 새로운 제품이나 서비스를 만들어 내거나 기존의 것을 개선하여 시장에 선보이는 것이다. 목적지까지 스스로 운행하는 자율자동차의 개발이나 스마트폰을 통한 결제시스템의 도입이 그 예가 될 수 있다 . 두 번째는 어떤 일을 처리하는 방식을 새롭게 만들거나 개선하는 공정혁신(process innovation)이다. 예를 들어 제조업에서 새로운 작업 방식을 도입하여 생산효율성을 크게 향상시키거나 병원에서 건강검진신청 절차를 대폭 줄여 고객만족도를 높이는 것이다. 기업의 수익창출 설계도로 표현되는 비즈니스 모델의 혁신을 통해서도 기업은 경영환경에 적응할 수 있다. 어떤 가치를 만들어내 누구에게 전달해 이익을 창출할 것인지에 관한 구상을 담고 있는 비즈니스 모델을 새롭게 만들어 내거나 크게 고쳐 경쟁력을 갖추려는 노력이다. 대안적 숙박이라는 공유경제 플랫폼을 만들어낸 에어비엔비(Airbnb)나 영화를 빌려보는 것에서 구독하는 것으로 전환시켜 크게 성장한 넷플릭스(Netflix)는 비즈니스 모델 혁신의 좋은 예이다.

요 약

1. 조직이 발전하기 위해서는 환경변화에 신속히 적응할 수 있어야 한다. 환경변화는 적응능력이 뛰어난 조직에게는 성장의 기회가 될 수도 있다. 경영환경은 잠시도 쉬지 않고 변하고 있기 때문에 경영자가 이끄는 조직이 환경변화에 적응하는 것은 매우 중요한 일이다.

2. 경영환경은 크게 일반 환경요인과 과업 환경요인으로 나누어 설명할 수 있다. 일반 환경요인은 사회 전반적으로 영향을 미쳐서 개별 기업의 차원에서는 그대로 받아들일 수밖에 없는 거시적인 것으로, 정치·법률, 인구 및 사회·문화, 경제, 기술, 국제환경 등이다. 과업 환경요인은 내부적 과업환경과 외부적 과업환경으로 구분할 수 있는데 외부적 과업환경은 개별조직과 서로 영향을 주고받는 것으로 고객, 공급업체, 외부규제기관 및 압력단체 등을 말하며, 내부적 과업환경은 기업내부에서 경영관련 의사결정에 영향을 미치는 요인들로 주주, 경영자, 종업원, 노동조합 등을 말한다.

3. 조직문화(organizational culture)란 조직 구성원의 생활이나 의사결정과정에 강력한 영향을 미치고 다른 조직과 구분해 주는 가치관, 생각, 의식, 심벌 등 공유하는 유·무형의 모든 것을 말한다.

4. 고객중심경영은 고객만족을 최고의 가치로 삼고 실천하는 경영철학을 일컫는다. 이런 철학을 강조하기 위해 조직도를 그릴 때 고객을 조직 피라미드의 제일 위에 위치시키기도 한다.

5. 학습조직(learning organization)은 지속적으로 변화할 수 있는 능력을 가진 조직을 말한다. 학습조직은 첫째, 부서 간의 경계가 모호하고 권한이 하위경영자들에게 대폭 위임된다. 둘째, 조직 내에서 정보공유가 원활하다. 셋째, 최고경영자가 지도적 리더십을 발휘한다. 넷째, 상호 신뢰하는 조직문화가 있다. 이 외에도 학습조직은 지식경영을 중시하여 최고지식경영자를 두기도 한다.

6. 지식경영(knowledge management)은 중요한 정보를 찾아 정리하고 필요한 사람들이 곧바로 활용할 수 있게 하는 관리시스템을 뜻한다. 21세기 들어 정보나 지식의 양이 폭발적으로 늘어나면서 빅데이터(big data)를 활용할 수 있는 능력이 경쟁력 요인으로 대두되고 있다.

7. 혁신(innovation)은 변화가 빠르고 복잡해 불확실성이 높은 경영환경에 적응하기 위한 기업의 노력이다. 기업은 새로운 제품이나 서비스를 만들어 내거나 기존의 것을 개선하여 시장에 선보이는 제품혁신, 어떤 일을 처리하는 방식을 새롭게 만들거나 개선하는 공정혁신, 그리고 비즈니스 모델의 혁신을 통해 경영환경에 적응할 수 있다.

토의과제

1. 환경변화에 적극적으로 대응하여 기업이 발전하는 계기를 마련한 경우와 반대의 운명을 겪은 사례를 찾아보자.

2. 각종 경제연구소들이 미래에 대해 예측하고 있는 보고서를 구하여 내용을 파악해 보고, 개인적으로 대학 졸업 후 직장을 구할 때 참고할 만한 내용을 정리해 보자.

3. 소비자들이 과거와는 달리 기업의 활동에 커다란 영향을 주고 있다. 적극적으로 불만을 토론할 뿐만 아니라 아이디어를 제안하는 일이 많아지고 있다. 기업과 소비자가 상호 협력하여 성과를 낸 사례를 찾아보자.

4. 미래를 예측할 수 없는 경영환경 속에서 학습조직으로 변화하기 위한 노력이 일반화되고 있다. 모범적인 학습조직을 찾아 그들의 노력이 어떤 것들인지 구체적 내용을 파악해 보자.

5. 혁신적인 것으로 평가될 수 있는 비즈니스 모델을 통해 성공을 거둔 기업을 찾아 어떤 환경변화에 잘 적응했는지 조사해보자.

05 CHAPTER

계획과 전략

이 장에서는 계획이 필요한 이유와 수립과정을 정리해 본 후 신규 사업계획, 경쟁기업 대응책과 같은 기업의 중대한 과제를 다루는 전략을 중심으로 공부한다.

이 장을 읽은 후 다음 사항을 이해할 수 있어야 한다.

Understanding Business Management

- 계획의 의의
- 계획수립과 의사결정
- 전략과 운영계획
- 전략경영의 과정과 모델

시작이야기 신사업 투자 통한 SK바이오사이언스의 성장 전략

SK바이오사이언스는 온라인 기자간담회에서 'Next Generation'을 주제로 글로벌 기업으로 도약하기 위한 SK바이오사이언스의 단기 및 중장기 사업 전략을 제시했다. 안재용 사장은 "현재 11조원 수준의 기업 가치를 글로벌 탑티어(Top-tier) 수준으로 끌어올리기 위해 2025년까지 사업 포트폴리오를 대폭 확대한다."며 "IPO와 영업 현금으로 축적한 현금성 자산과 더불어 추가적인 인수 금융을 통해 재원을 확보하고, 이를 Inorganic Growth(인수, 합병 등 외부적 요인을 통해 회사를 확장), 코로나 포트폴리오 확장, 백신사업 강화, 인프라 확충 등에 전략적으로 투자해 새로운 퀀텀점프를 달성하겠다."고 밝혔다.

SK바이오사이언스는 백신 · 바이오 분야에서 혁신적 역량을 가진 글로벌 기업으로 본격 도약하기 위해 Inorganic Growth에 주력한다. mRNA 플랫폼 등 신규 플랫폼의 확보를 위해 현재 복수의 회사와 전략적 투자 및 R&D 협력 모델을 논의 중이며, 글로벌 백신 기업들을 대상으로 한 M&A, 기술이전(License-in) 등을 통해 백신 경쟁력을 강화할 계획이다.

신규 영역 CDMO(위탁개발생산)를 통해 사업 영역도 확대한다. 차세대 Viral Vector CDMO를 시작으로 CGT(세포유전자치료제) 시장에 진출할 계획이다. CGT는 연간 90% 이상의 성장률이 예측되는 시장으로, SK바이오사이언스는 해당 영역에 진출해 백신 및 바이오 분야의 혁신적인 글로벌 파트너로 자리매김한다는 포부다.

코로나19 엔데믹(풍토병) 및 새로운 팬데믹에 선제적으로 대응하기 위해 기존 CMO/CDMO 사업도 확장해 나간다. 현재 SK바이오사이언스는 노바백스와 추가 계약을 논의 중이며, 이 외에도 다양한 글로벌 파트너사와 CMO/CDMO 사업을 확장한다는 전략이다.

글로벌 진출을 위한 생산 인프라 측면에서, EU-GMP(우수의약품 제조 및 품질관리 기준) 인증된 생산라인을 추가로 확보하고 미국 cGMP도 확보해 북미 등 선진 시장 본격 진출과 더불어 급증한 글로벌 백신 수요에 대응할 계획이다. 이와 더불어 올해 상반기 상용화를 목표로 개발중인 자체 개발 코로나19 백신 'GBP510'과 함께 다양한 코로나19 대응 백신 파이프라인을 구축한다. 'GBP510'에 대하여 부스터샷·청소년 등에 적응증을 확대하고, 3분기까지 영국, 유럽의약품청(EMA), 세계보건기구(WHO) 허가 등을 완료해 국내 포함 글로벌 시장에 선보일 계획이다.

또 오미크론 등 다양한 변이에 대응하는 '다가(多價)백신', 독감과 코로나19를 동시에 타깃으로 하는 '콤보(Combo)백신', '사베코바이러스(Sarbecovirus)'를 표적으로 한 '범용백신', 전방위적 바이러스 예방 및 치료를 위한 혁신적 의약품인 맞춤형(targeted) 단백질 디자인 기술을 활용한 '비강 스프레이(Nasal Spray)' 등을 통해 코로나19의 풍토병(Endemic) 시대에 지속적인 경쟁력을 확보한다.

SK바이오사이언스는 글로벌 백신 수요가 증가하는 상황에서 백신 보급의 허브 역할을 담당하기 위해 지역 확장 및 제품 다양성 확보에도 나선다. 우선 지역적 확장을 위해 국제협력 프로그램의 일환인 글로컬라이제이션(Glocalization, 세계 · 현지화) 프로젝트를 본격 가동한다. 글로컬라이제이션 프로젝트는 SK바이오사이언스의 백신 개발, 제조, 생산 역량을 각 정부 및 파트너사에 이전해 각 지역의 요구사항에 맞는 생산 인프라를 구축하는 것이다. 현재 중동, 동남아 등에서 다양한 국가들과 구체적인 논의를 진행 중이며, 순차적으로 대상 국가를 확장해 나갈 예정이다.

또 세계 최초 4가 세포배양 독감 백신인 스카이셀플루, 세계 두 번째 대상포진 백신인 스카이조스터, 최근 세계 최대 조달시장 'PAHO' 입찰에 성공한 수두 백신 스카이바리셀라 등 주력 제품의 성능 강화에 나선다. 스카이셀플루는 면역증강제를 병용 투여하는 연구를 진행하고 스카이조스터는 재조합 백신으로, 스카이바리셀라는 2회 접종 백신으로 진화시킨다. 현재 개발중인 차세대 폐렴구균 접합백신, 소아장염 백신, 장티푸스 접합백신은 후기 개발에 박차를 가하는 한편 A형 및 B형 간염, 콜레라 등 신규 백신의 인수도 추진한다. 신사업 지탱할 R&D 및 생산 인프라 강화한다.

인프라 영역에서는 백신 및 바이오 사업의 글로벌 네트워크를 구축하기 위해 지난해 매입한 인천광역시 송도의 30,413.8㎡(9,216여 평) 부지에 '송도 글로벌 R&PD 센터'의 빠른 완성으로 백신 연구뿐만 아니라 글로벌 바이오 인력을 양성하는 하나의 생태계 구축을 기대하고 있다. 또 안동에 위치한 백신 생산시설인 '안동 L-House'에 약 99,130㎡(3만여 평) 규모의 증설 설계를 진행 중이며, 2024년 말 준공 후 생산 역량 확대, mRNA 등 플랫폼 다양화, 글로벌 수준의 품질 고도화 등을 통해 넥스트 팬데믹 시대의 핵심적인 생산 시설로 성장시킬 계획이다.

(자료: "SK바이오사이언스, 新사업 투자 통한 성장 전략 본격화", 보건타임즈, 조현진 기자, 2022.03.31. https://bktimes.net/detail.php?number=88486 수정부분발췌)

계획수립의 중요성

계획이 주는 효과

계획수립(計劃樹立; planning), 혹은 계획이란 일을 시도하기에 앞서 그 목표와 달성 방법을 결정하는 과정을 의미한다. 계획수립은 경영의 네 가지 기능 중에서도 첫 번째로 꼽히는데 나머지 조직, 지휘, 통제 기능을 위한 방향을 제시해 주기 때문이다.

앞날은 불확실한 것인데 계획이 무슨 소용이 있을까, 혹은 행동으로 먼저 옮기고 상황 변화에 따라 그때그때 적응하면 되지 않는가라고 생각할 수도 있을 것이다. 그렇지만 아래에서 정리해 놓은 계획이 가져다줄 수 있는 효과를 생각하면 그러한 주장은 타당성이 부족하다는 것을 이해할 수 있을 것이다. 항목 간에 약간의 중복된 내용이 있음을 무릅쓰고 정리해 보면 다음과 같다.

협조가 쉬워진다　조직 전체가 어디를 향해 나가고 있는지에 대해서 분명히 이해하고 있을 때는 구성원 모두가 일체감을 느끼고 어려움도 참을 수 있다. 〈그림 5-1〉은 기업 차원의 목표가 아래 부서의 목표와 계층적으로 연결되어 있는 것을 보여준다. 조직이 커질수록 부서 간의 활동이 제각기 다른 방향으로 나갈 가능성이 높아지는데 마치 볼록렌즈를 통해 햇빛을 모으면 종이도 태울 수 있는 것처럼 계획을 통해 여러 부서의 노력을 집중시키면 어려운 과제도 해결할 수 있다. 이처럼 계획은 구성원들 사이에 협력을 촉진하고 역량을 집결시키는 중요한 수단이 된다.

통제가 쉽다　계획과 통제는 동전의 앞뒷면 같아서 계획이 있기 때문에 통제 활동이 합리적으로 이루어질 수 있다. 예를 들어, 예산은 계획인 동시에 각 부서의 활동을 금전적으로 통제하는 수단이 된다. 또 공정계획이 있기 때문에 진행 상황을 평가하고 기간을 단축시키는 노력도 할 수 있다. 부하들의 업무를 감독할 때도 계획에 제시된 구체적인 목표가 기준 역할을 함으로써 통제가 쉽게 이루어지도록 해준다.

그림 5-1 계층별 목표

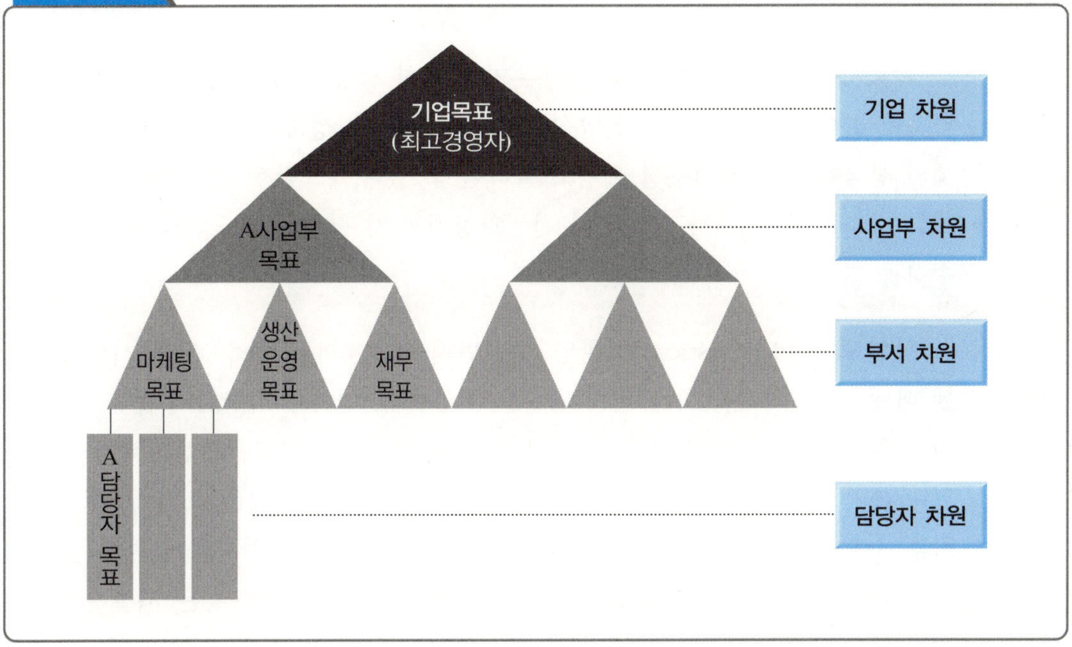

동기를 유발한다 자기가 해야 할 일을 알고 그 일이 조직 전체의 목표 달성에 어떻게 공헌하게 되는지, 혹은 자신의 업적이 구체적으로 어떻게 평가받을 것인지에 대해서 충분히 이해하고 있는 구성원은 더 의욕적으로 일을 할 수 있다. 또 목표를 향해 나가려는 도전의식과 목표 달성 후 느끼는 성취감은 더 높은 조직성과로 이어지게 한다. 계획수립과정에 구성원들이 참여하고 목표 설정에 동의했을 때 동기유발 효과가 더 크다.

자원을 절약한다 일정표가 없거나 예산을 세우지 않으면 시간이나 돈을 낭비하기 쉽다. 많은 사람들이 관여하고 기간이 오래 걸리는 대형 프로젝트를 추진할 때는 낭비 요소가 곳곳에 존재하여 계획의 필요성이 더 커진다. 계획은 수행해야 할 과제들을 체계적으로 정리하고 추진 방법을 제시함으로써 값비싼 자원인 인력과 시간, 돈, 물자의 낭비를 막아준다.

계획수립과정

계획수립을 어떻게 하는 것이 좋은가에 대한 정답은 없다. 일정표만 하더라도 각자의 취향이나 필요에 따라 양식이 다른 것처럼 작성하는 사람에 따라 혹은 과제의 성격에 따라 계획수립 요령도 달라질 수 있다. 〈그림 5-2〉는 가장 일반적인 계획수립과정을 제시하고 있는데 진행과정에서 각 단계는 피드백을 통해 언제나 수정될 가능성을 열어놓고 있다.

상위 목표/미션(mission)의 확인 첫 번째 단계에서는 '왜 이 일을 시도하는가'에 대해 타당한 이유, 즉 계획의 명분을 확인한다. 명분이 타당하지 못할 때는 자칫 원치 않는 결과를 초래할 수 있다. 예를 들어, 신용카드나 통신업체에서 신규 고객 유치 건수에 따라 차등적인 보수를 준다면 직원들은 기존 고객에 대한 서비스를 소홀히 하고 신용이 불량한 고객까지 마다않고 경쟁적으로 유치하는 결과를 초래할 수 있다. 그러므로 하위부서의 계획은 상급부서, 혹은 최고경영층이 의도하는 방향에 부합하는지를 확인하는 단계를 거쳐야 한다. 기업 차원의 계획이라면 기업이 추구하는 이상, 혹은 미션(mission)에 비추어 타당한지를 검토해야 할 것이다.

상황 분석 미래에 달성하고 싶은 수준과 현실 간의 차이를 평가하고 주변

그림 5-2 계획수립과정

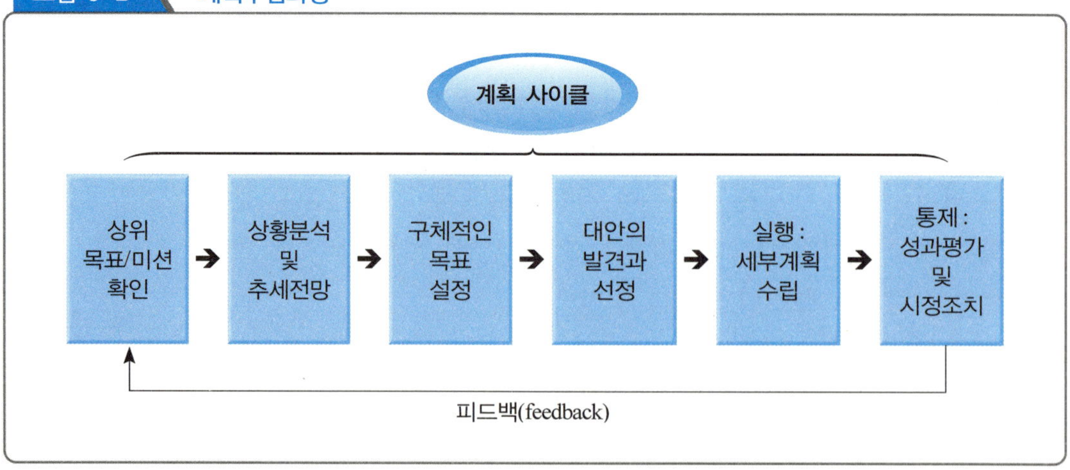

상황이 어떻게 전개될 것인지에 대해 면밀하게 분석하는 단계이다. 영업계획이라면 지역별 판매 추이를 경쟁사와 비교해 본다든지 경쟁사의 동태나 인근 지역의 경제 동향을 살피고 다음 해의 추세를 예측해야 한다. 신규 사업계획을 수립할 때는 조직이 가진 강점과 약점(strengths and weaknesses), 그리고 기회요인과 위협요인(opportunities and threats)을 경쟁업체들과 비교하면서 정리해야 할 것이다. 이 단계에서는 다양한 분석방법과 예측기법을 활용할 수 있다.

구체적 목표 설정 상황을 분석한 후에는 최종 목표에 도달하는 과정에서 달성해야 할 구체적인 활동 목표를 정한다. 이 목표는 계획 추진 과정에서 평가의 기준이 된다. 객관적으로 측정할 수 있는 세부 기준이 있으면 후에 통제하기도 쉽다. 마케팅 계획의 구체적 목표로서는 매출액, 성장률, 시장점유율 같은 것을 들 수 있다.

대안 선정 대안(代案; alternative)이란 목표를 달성할 수 있게 해주는 방법이다. 예를 들어, 매출액을 증가시키기 위해서는 광고 예산을 늘릴 수도 있지만 영업부의 활동비 예산을 늘리는 방법을 택할 수도 있다. 판매 경로를 택하는 데 있어서도 백화점과 같은 대형 고급 소매점을 활용할 수 있는가 하면 직영하는 점포를 늘려 나가는 방법도 있다. 어떤 경우이든 목적지에 도달하는 길은 늘 여러 개가 있다는 사실을 기억할 필요가 있다. 한 가지의 대안밖에 없다고 속단하지 말고 남들이 예상하지 못하는 대안은 없는가 하고 의문을 가져볼 필요가 있다. 창의적인 대안일수록 성공하면 높은 수확을 거둘 가능성이 높기 때문이다.

실행과 통제 계획은 행동으로 옮겨질 때 의미가 있다. 탁상공론으로 끝나는 계획이라면 소용이 없다. 그러므로 계획수립 과정에는 실행과 통제계획까지 포함시키고 있다. 계획이 제대로 실행되기 위해서는 처음부터 관계되는 부서 사람들을 참여시키는 것이 좋다. 또 정기적으로 진행과정을 측정하고 예상하던 수준과 차이가 발생할 경우 그 원인을 찾아 적절한 조치를 취할 수 있는 통제장치를 마련해야 한다.

효과적인 계획

앞서 4장에서 경영환경의 역동성은 이제 예외적 특성이 아니라 일상적이라는 점을 강조하였다. 이 사실을 염두에 두면서 계획을 수립할 때 특히 유념해야 할 점에 대해서 생각해 보자.

첫째, 계획은 변경 가능성을 열어두어야 한다. 힘들게 작성한 계획이라 해서 너무 얽매이면 변화에 둔감해질 수 있다. 경영환경은 항상 변하며, 판단이나 결정은 잘못될 수도 있다. 기존 계획에 집착하다 보면 변화가 가져다주는 기회와 위협 요인을 보지 못할 가능성이 커진다는 점을 유의해야 한다.

둘째, 계획수립과정에 구성원들이 적극적으로 참여해야 한다. 어느 한 부서가 큰 권한을 갖고 다른 부서와의 의사소통을 소홀히 한 채 계획수립을 주도할 때는 실패 가능성이 커진다. 특히 꼭 참여해야 할 구성원들의 열정이나 협조가 부족할 때 그러하다. 이런 현상을 과정상의 실패(failures of procedures)라 한다.

셋째, 세부적인 문제를 두고 논란을 너무 오래 끌지 않도록 한다. 논의가 길어지면 과정 자체가 목표보다 더 중요하게 간주되어버리는 상황, 즉 목적 대치(goal displacement)가 일어난다. 긴박하게 변하고 있는 경영환경에 대응하려면 계획수립 과정도 그만큼 빨리 진행되어야 할 것이다.

계획수립과 의사결정

계획수립 과정에는 필연적으로 몇 개의 대안을 놓고 선택해야 할 때가 있다. 예를 들면 생산능력을 50퍼센트 증가시키려는 목표를 위해 자체 공장시설을 늘릴 것인가, 외부업체를 이용할 것인가, 혹은 현재 시스템을 그대로 둔 채 가동시간을 늘릴 것인가와 같은 몇 가지 대안을 두고 선택해야 한다. 그런데 이러한 대안 선택의 문제는 경제학이나 심리학에서도 의사결정(意思決定; decision making)이라 하여 중요한 주제로 다루면서 다양한 이론들이 소개되었다. 그중에서 경영자의 의사결정이 완전히 합리적일 수만은 없다는 사실을 보여주는 학자들의 주장을 몇 가지 소개하면 다음과 같다.

제한된 합리성

전통적인 경제학에서는 인간은 합리적으로 행동한다는 가정을 전제로 하고 있다. 여기서 합리적 행동의 의미는 선택 결과 얻게 되는 이익에 비해 들여야 할 비용이 가장 적은 대안을 택한다는 것이다. 그런데 완벽하게 합리적이기 위해서는 취할 수 있는 대안들과 각각의 대안을 선택했을 때 발생하는 비용과 이익을 모두 정확하게 파악할 수 있어야 한다.

H. Simon은 완벽하게 합리적인 행동을 가능하게 하는 조건은 비현실적이며 실제에 있어서 경영자들은 제한된 합리성(bounded rationality)에 근거해서 행동한다고 주장한다. 사람들은 복잡한 현실 문제를 논리 정연하게 제시하고 해결에 필요한 많은 정보를 모아서 처리할 수 있는 능력이 크게 부족하기 때문에 완벽하기보다는 현실적으로 만족할만한 수준의 대안을 선택하고 만다는 것이다.

필요한 정보를 수집하는 것이 어려운 것도 경영자로 하여금 최적의 해답을 포기하게 하는 이유가 된다. 경쟁업체나 고객의 요구 사항을 완전히 파악하고 경영환경이 어떻게 변할지에 대한 정확한 정보를 구한다는 것은 현실적으로 매우 어려운 일이다. 설사 가능하다 해도 시간적으로 여유가 없을 것이며 또 비용도 많이 들 것이다. 그러므로 경영자는 제한적인 범위 내에서 최선을 다하고 있다고 보아야 할 것이다.

의사결정 오류

사람들은 의사결정을 할 때 대부분 단순한 기준(heuristic)을 이용한다. 예를 들면 과거에 성공했던 방법과 유사하거나 쉽게 떠오르는 관련 사례를 근거로 선택하는 것과 같다. 그러나 이와 같은 방법은 편리하기는 하지만 오류를 낳을 가능성이 크다.

올바른 선택을 방해하는 오류의 유형 중 중요한 것 몇 가지를 살펴보자. 첫째, 자신의 판단에 대한 과신(overconfidence)이다. 자신감은 없어도 곤란하지만 지나친 경우에는 상황 판단을 그르쳐 올바른 해결책을 발견하지 못하게 한다.

둘째, 즉각적인 만족 추구 성향(immediate gratification)이다. 의사결정은 장단기적으로 균형을 맞추어야 할 것인데 사람은 눈앞의 만족을 쫓기가 쉽다. 단기적으로 득이 되는 대안이 중장기적인 관점에서는 오히려 나쁜 선택이 되는 사례는 너무 많다.

셋째, 닻 내림 효과(anchoring effect)이다. 사람은 기존 지식이나 첫 번째로 주어지는 정보에 크게 영향을 받아 최선의 의사결정을 내리지 못하는 오류를 범하기도 한다. 예를 들어 의류점에서 원래 가격 100만 원짜리 정장이 30% 할인된 가격으로 팔리고 있다면 실제 그 상품의 가치가 70만 원이 될지를 생각하기보다 원래 100만 원짜리였다는 사실이 더 매력적으로 느껴지고 최종 구매 결정에 크게 영향을 미치는 것과 같다. 비슷한 예로 청바지 가격을 10만 원 선으로 알고 있는 사람에게는 20만 원짜리는 지나치게 비싸다고 느껴질 것이다.

넷째, 선택적 지각 오류(selective perception bias)를 들 수 있다. 사람은 자신이 관심을 갖고 좋아하는 것을 더 잘 인식하고 그렇지 않은 정보는 무시하거나 인식하지 못하는 성향이 있다. 고정관념이 많은 사람일수록 선택적 지각 오류를 범할 가능성이 커서 문제 인식이나 상황 판단이 흐려지고 최선의 의사결정을 할 수 없게 된다.

이익과 손실에 대한 차별적 가치 인식

심리학자로서 노벨경제학상을 수상한 D. Kahneman은 A. Tversky와 함께 주장한 전망이론(展望理論; prospect theory)에서 사람들은 어떤 대안이 주는 같은 크기의 이익과 손실에 동등한 가치를 부여하지 않고 손실의 가치를 더 크게 인식한다는 사실을 강조한다. 〈그림 5-3〉에서 합리적인 사람이라면 1만 원을 벌 때나 잃을 때 동일한 가치로 느껴져야 할 터인데 현실은 그렇지 않다. 그래서 주식을 투자해도 벌 때 느끼는 기쁨의 크기보다 잃을 때의 고통이 더 크게 느껴진다. 즉, 이익보다 손실에 더 강한 반응을 보인다.

전망이론을 이용하면 사람이 한번 손실을 입을 경우 오히려 더 모험적인 성향을 보이는 현상을 설명할 수 있다. 예를 들어, 투자 손실을 경험한 경우 그렇지 않은 사람보다 그 손실에 더 높은 가치를 부여함으로써 그 다음 상황에서 더 모험적인 선택을 한다. 그러므로 합리적인 경영자라면 이와 같은 인간의 비합리적인 성향을 스스로 경계해야 할 것이다.

그림 5-3 전망이론

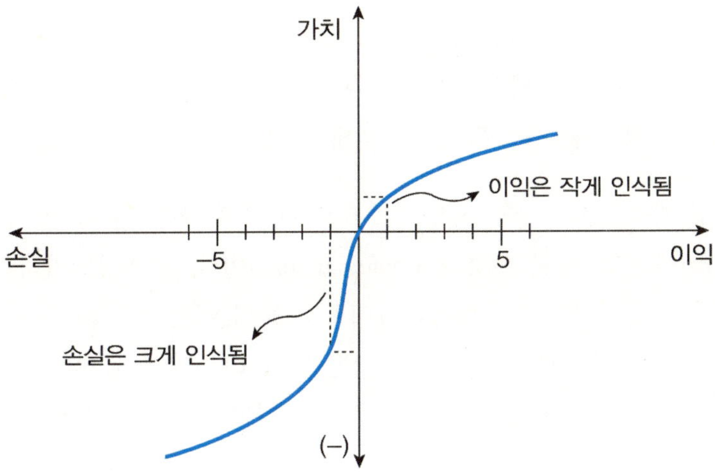

전략과 운영계획

전략의 의미

전략(戰略; strategy)이란 최고경영자의 관점에서 수립하는 포괄적이고 경쟁지향적인 계획을 말한다. 또 경영혁신전략, 성장전략, 원가우위전략, 차별화전략처럼 환경 변화에 적응하는 노력이나 조직의 중요한 정책이라는 의미로 사용되기도 한다.

전략에 해당하는 영어 단어 strategy는 원래 '장군이 구사하는 기술'이라는 의미를 지닌 그리스어에서 어원을 찾을 수 있는데, Alfred D. Chandler(1962)가 『전략과 조직구조』라는 책에서 사용하면서 경영학계에 확산되었다. 기업에서 볼 수 있는 전략체계에 관해 알아보자.

전략체계

기업의 규모가 커져 활동 영역이 다양해지면 기업 차원의 전략과 함께 사업부나 기능부서와 같은 하위조직에 적용할 전략도 필요해진다. 이들은 조직의 위아래로 이어지는 계층적 체계를 갖추게 된다.

기업 차원 전략 최고경영자가 조직의 목적, 활동 분야, 경영철학 등을 제시하는 것이 기업 차원 전략(corporate strategy)이다. 최고경영자라면 누구나 '우리는 어떤 산업에서 어떤 고객을 상대로 그들의 어떤 바람을 충족시키려 하는가?' '우리는 어떤 가치관을 중시하며 어떤 방식으로 다른 업체들과 경쟁할 것인가?' '우리는 환경 변화에 잘 대비하고 적응해 가고 있는가?' '우리 조직의 희망은 무엇인가?'와 같은 문제들에 대해 항상 자문하고 답해야 할 것이다. 기업차원의 전략은 바로 이처럼 기업의 존재 이유, 가치관, 미래 활동 분야와 같은 근본적인 질문들에 대한 응답이라 할 수 있다. 그중에서도 국가의 헌법 서문처럼 가장 기본이 되는 내용을 경영철학 혹은 기업 비전(vision)으로 요약하여 구성원들이 항상 기억하고 외부인들도 볼 수 있게 해놓는 회사가 많다.

경영철학을 이야기하는 것이 기업 경영에 무슨 도움을 줄 수 있을까 생각할 수 있지만 깊은 자기성찰을 통해 우러나온 비전은 직원들의 자부심과 근무 의욕을 고취시킬 수 있으면 사회적 신뢰를 얻는 데도 큰 도움이 된다.

사업부 차원 전략 대기업들은 보통 전략적 사업단위(strategic business unit, SBU)별로 사업전략(business strategy)을 세운다. 단위별로 분리하는 이유는 시장 전망, 기술변화 속도, 경쟁업체의 성격 등 경영환경이 달라 별도의 관리가 필요하기 때문이다. 대기업의 경우 보통 30개가 넘는 SBU를 갖고 있으며, 각 사업단위가 개별 회사를 만들 수 있을 정도로 규모가 크다. 사업단위 전략에서는 일반적으로 신제품개발, 생산시설 문제, 신규 기술개발 문제 등을 다룬다.

기능부서 차원 전략 마케팅, 생산, 재무, 인사, 정보관리 등 각 기능부서 책임자가 기업이나 사업부 차원의 전략을 뒷받침하기 위해 수립한 것이 기능부서 전략(functional strategy)이다. 특히 경쟁관계를 다루는 마케팅 부서의 경우 대부분의 계획을 전략이라 부르고 있다.

그림 5-4 전략과 운영계획 간의 관계

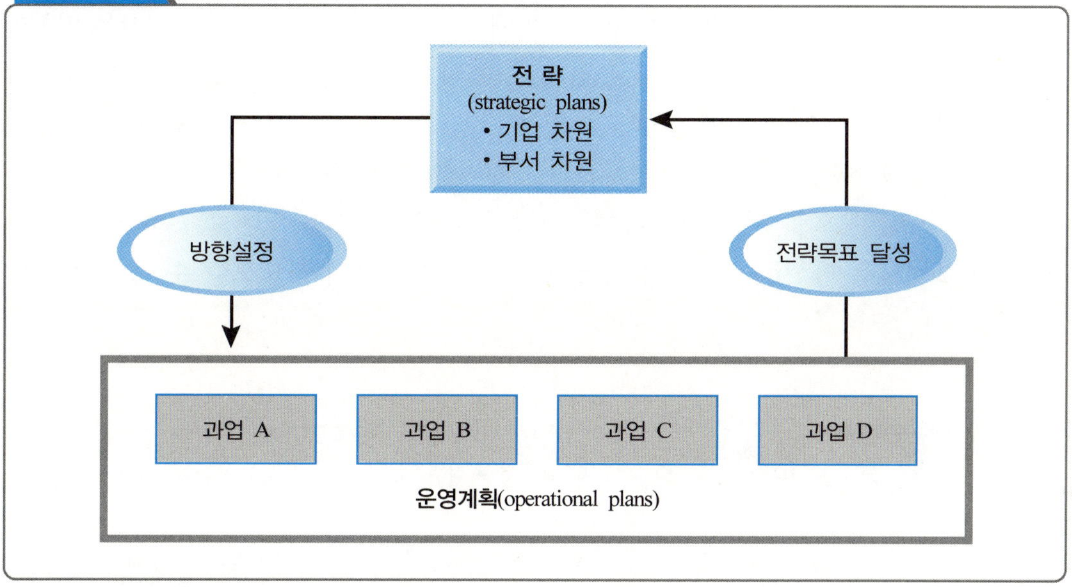

전략과 운영계획의 관계

구체적 활동목표를 정하고 진행과정에서 통제수단으로 활용하는 계획을 운영계획(運營計劃; operational plan)이라 한다. 예를 들면, 예산편성, 연간판매계획, 직원채용계획, 사원교육계획, 생산공정계획, 시설계획과 같은 것이다.

〈그림 5-4〉는 전략과 운영계획의 관계를 보여주는데, 그 둘의 차이를 정리하면 다음과 같다. 첫째, 전략은 불확실성 속에서 올바른 목표를 결정하는 것에, 운영계획은 주어진 목표를 낭비 없이 달성하는 것에 주안점을 두고 있다. 미래가 어떻게 전개될지 모르는 상황에서 진로를 결정짓기 어려워하고 있는 여러분의 입장을 생각해 보면 이해가 갈 것이다. 진로 모색은 영어학습계획과는 성격이 다를 것이다.

둘째, 전략은 서술적인 내용이 많은 데 비해 운영계획은 매우 구체적이며 수치로 표현되는 부분이 많다. 신제품개발 전략은 어떤 고객의, 어떤 욕구를, 어떤 방법으로 충족시킬 것인가를 다양한 각도에서 바라보며 논리적으로 설명을 해야 한다. 이에 비해 운영계획의 하나인 판매계획은 월별 목표 수치를 매우 구체적으로 제시한다.

셋째, 전략은 그 영향이 조직 전반에 걸쳐 막중한 데 비해 운영계획은 영향이 비교적 한정적이다. 따라서 운영계획 중 하나인 실행예산이 잘못 수립되었다고 해서 회사 주식가치에 영향을 미치는 것은 아니다. 그러나 신제품개발 전략에서 실수를 하면 향후 기업의 가치에 큰 타격을 입을 수 있다.

결론적으로 전략은 '올바른 일'에, 운영계획은 '일을 올바르게 하는 것'에 상대적으로 더 치중함으로써 경영 효과와 효율을 동시에 도모할 수 있게 한다.

전략경영

경쟁우위를 갖추기 위한 노력의 방향과 내용을 전략에 담기 위해서는 시장, 고객, 경쟁자 등과 같은 경쟁 환경의 특징과 변화를 제대로 짚어내야 한다. 경쟁 상황에 대한 가정이나 예측이 부정확하다면 전략을 통해 경쟁력을 갖추기 어려워진다. 따라서 경영자들은 그런 가정이나 예측을 꼼꼼히 따져 올바른 방향의 전략을 수립하고 상황의 변화에 따라 수정되어야 할 부분이 있다면 놓치지 않고 제때 바로잡아야 한다. 이를 위해 기업들은 전략경영과정(strategic management process)을 활용하는데, 전략을 통해 경쟁우위를 이끌어낼 수 있도록 필요한 분석과 선택을 짜임새 있게 구성해놓은 과정이다. 전략경영과정을 살펴보고 각 단계에서 풀어야 과제를 해결하는데 도움이 되는 모델들을 공부하기로 하자.

전략경영과정

전략경영과정은 전략적 계획수립과정(strategic planning process)이라고도 하는데 〈그림 5-5〉처럼 조직의 비전과 가치의 확인, 내·외 환경분석, 전략의 수립, 실행, 평가와 통제 단계로 이루어진다.

그림 5-5 전략적 계획수립과정

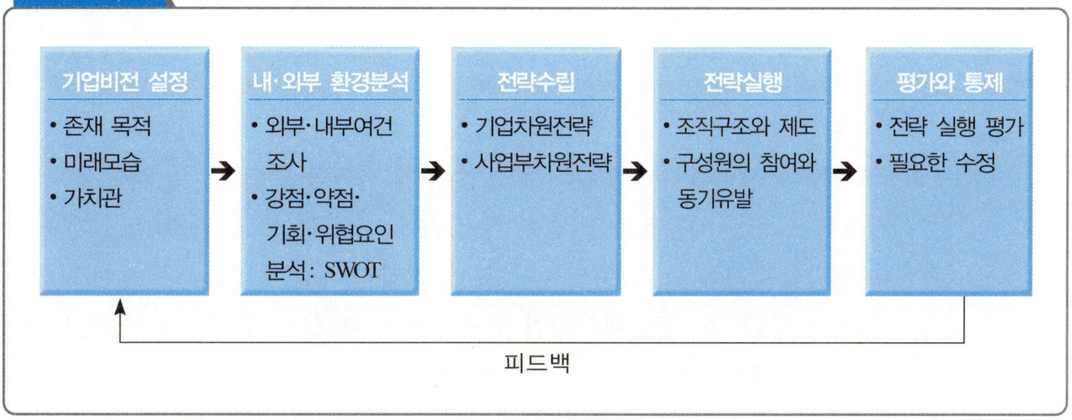

조직의 비전과 가치의 확인과 분석

전략경영의 첫 단계는 기업의 존재 이유와 가치관 그리고 미래의 모습을 담고 있는 비전을 분석하는 것이다. 기업비전은 우리 고객은 누구이고, 고객이 원하는 가치는 무엇이며, 우리는 어떤 조직이 되길 바라는가와 같은 추상적이면서도 근본적인 질문에 답을 찾으면서 구체화될 수 있다.

많은 기업들은 이런 질문에 대한 답을 정리한 사명문(使命文; mission statement)을 개발해서 조직의 목적과 미래모습을 제시하고 있다. 단순히 제품이나 기술 관점에서 서술하는 것보다 고객이나 고객경험에 초점을 맞춰 의미 있고 구체적인 내용을 담는 것이 좋다.

내·외부 환경분석

올바른 목표와 달성 방법을 정하기 위해서는 먼저 경영에 영향을 주는 조직 안팎의 요인들에 대한 분석이 이루어져야 한다. 여행 목적지를 정하기 앞서 그곳의 기후와 교통시설은 물론 자신의 예산이나 체력을 잘 따져 보아야 하는 것과 같다. 전략수립을 위한 내·외부 환경분석에서는 기업이 감지한 시장의 욕구를 기회로 활용할 수 있는 가능성과 조직 안팎에 존재하는 위험을 극복할 수 있는 능력의 평가에 초점이 맞추어진다. 기업이 처한 상황을 내부의 강점(Strength)과 약점(Weakness) 그리고 외부의 기회(Opportunity), 위협(Threat)으로 나누어 살펴보는 SWOT 분석이 널리 활용된다.

SWOT 분석

조직 내부의 강점과 약점을 분석하고 외부의 기회와 위협을 파악하여 전략 수립에 기초적 자료를 제공하는 기법이다. 강점(S)은 조직이 경쟁우위를 갖게 해주는 내부 역량들을 말한다. 종업원들의 열정, 뛰어난 기술 수준, 높은 브랜드 인지도, 고객들의 강한 충성도, 체계적인 인사제도 등과 같이 조직을 강하게 만들어 주는 유무형의 자산들이다. 이에 반해 약점(W)은 조직의 경쟁력에 발목을 잡는 내부요인들로, 자금 부족, 낮은 연구개발역량, 노후화된 생산시설이 그 예가 될 수 있다.

조직 밖에서는 기회와 위협 요인을 확인해야 한다. 기회(O)는 조직이 경쟁우위에 설 수 있게 해주는 외부환경 요인들이다. 예를 들어 재개발사업은 거주인구를 크게 늘려 그 지역에서 영업하는 편의점에게 절호의 성장 기회가 될 것이며, 전기차의 빠른 보급은 자동차용 배터리 제조업체가 적극 활용해야 할 기회이다. 위협(T)은 조직의 성장이나 생존을 어렵게 만드는 불리한 환경요인들이다. 높은 이자율, 경쟁사의 강한 시장지배력, 시장 규모를 축소시키는 인구절벽 현상, 급등하는 원자재 가격 등 기업이 통제하기 어려운 외부 요인들로, 이에 적절히 대응하지 못하면 기업은 경쟁력을 잃게 된다.

이렇게 확인된 네 가지 요인들을 매트릭스에 나열한 후 내부 요인과 외부 요인이 적절히 연결된 전략적 대안을 도출할 수 있다. 기업은 강점과 기회를 살리고 외부 위협을 피하며 자신의 약점이 걸림돌이 되지 않는 전략을 세워야 한다. 기업의 전략경영을 위한 기초 작업으로 폭넓게 활용되고 있는 SWOT 분석은 한 사람의 성장을 위한 자기 성찰과 노력 방향을 정하는데도 유용하게 쓰이고 있다. 여러분도 졸업 후 목표를 염두에 두고 자신의 강점과 약점 그리고 기회와 위협 요인들을 잘 분석해보면 목표를 이루기 위해 어떤 노력이 필요한지 정리할 수 있을 것이다.

사례읽기 5-1 세계 1위 탈환 나선 LG에너지솔루션

LG에너지솔루션의 SWOT		CATL의SWOT
· 세계 유일의 화학 기반 배터리 회사로 독보적인 소재 기술력과 2만2,800여 개의 특허 보유 · 한국·북미·유럽·중국 등 국내외에 생산 기지를 구축해 CATL이 갖지 못한 글로벌 고객사 확보 · 글로벌 배터리 회사 중 원통형·파우치 등 가장 다양한 제품 라인업 보유	S 강점	· 가성비 앞세워 중국을 포함한 글로벌 전기차 배터리 시장 점유율 1위
· 제너럴모터스(GM) 리콜 사태 등 배터리로 인한 화재 사고는 리스크 요인	W 약점	· 내수 시장 중심으로 성장해 해외 매출 비율 낮고 중국을 제외한 시장에선 LG에너지솔루션에 뒤처져 · 미·중 무역 분쟁으로 미국 시장에 직접 진출하기 어려움. 독일을 제외한 해외 생산 거점 없음
· 바이든 정부 집권 이후 적극적인 친환경 정책 지원으로 미국 전기차 시장의 가장 큰 수혜 예상	O 기회	· 첫 해외 공장인 독일 튀링겐 주 전기차 배터리 공장이 완공되면 유럽 등 해외 매출 확대 전망
· 중국 CATL 등 후발 주자들이 한국 인재 유치에 나서면서 핵심 인력 유출 우려 · 글로벌 완성차 업체의 배터리 내재화 움직임 등 업계 경쟁 심화	T 위협	· 글로벌 완성차 업체들이 CATL 의존도 줄이는 추세, 중국 완성차 업체들의 탈CATL화로 자국 내 입지 축소 · 2023년부터 중국 친환경차 보조금 제도가 폐지되면 한국 배터리 3사 등 해외 진출 기업의 중국 진출 본격화 전망

한·중 배터리의 대표 주자이자 글로벌 전기차 배터리 패권을 놓고 치열한 다툼을 벌이고 있는 LG에너지솔루션과 CATL의 경쟁력을 SWOT 분석을 통해 살펴봤다.

LG에너지솔루션의 배터리 사업은 고 구본무 LG그룹 회장의 뚝심과 끈기의 리더십이 이룬 성과다. 구 회장은 일찌감치 배터리 사업을 그룹의 차세대 성장 동력으로 선정하고 한 해에 2,000억 원의 적자가 나는 상황에서도 "여기에 우리의 미래가 있다."며 전기차 배터리 사업을 독려한 것으로 알려졌다. 2021년 매출액 17조8,000억 원, 영업이익 1조 원을 기록할 것으로 전망된다. LG에너지솔루션을 이끌고 있는 권영수 부회장은 IPO 기자 간담회에서 "LG에너지솔루션은 소형부터 대형까지 원통형에서 각형·파우치형까지 다양한 플랫폼을 보유하고 있어 고객이 요구하는 가격대와 성능을 충족시킬 수 있는 역량을 가진 기업"이라며 "현재 중국 CATL보다 수주 잔액이 더 많고 머지않아 시장점유율에서 CATL을 추월할 것"이라고 말했다.

LG에너지솔루션은 한국의 현대차·기아를 비롯해 미국의 제너럴모터스(GM)·포드·크라이슬러, 유럽의 폭스바겐·르노·볼보·아우디·다임러, 메르세데스-벤츠·재규어·포르쉐 등 글로벌 완성차 업체들을 고객사로 두고 있다. 2021년 4분기 기준 세계 최대 규모인 약 260조 원의 수주 잔고를 확보하고 있는 것으로 알려졌다. 증권가에서는 2022년 LG에너지솔루션의 예상 수주 잔고가 340조 원에 이를 것으로 추산한다.

합작법인(JV) 설립을 통해 대형 고객사들을 선점하는 전략이 주효했다는 평가다. 전기차 산업은 빠른 성장세에 따라 초반 주요 고객사를 확보해 안정적인 협력 관계를 맺는 것이 중요하다. JV 설립은 2차전지 내재화가 현실적으로 어려운 고객사는 JV를 통해 안정적으로 배터리를 공급받을 수 있고 제조사는 초기 투자금 부담을 덜 수 있는 데다 대형 고객사까지 파트너로 확보할 수 있어 제조사·고객사 모두가 윈-윈할 수 있는 전략이다.

특히 LG에너지솔루션은 전기차 침투율이 낮은 미국 시장에서 새로운 기회를 노리고 있다. 미국은 신북미자유협정(USMCA : 미국·멕시코·캐나다 간 협정)을 통해 완성차는 물론이고 핵심 부품 제조에서도 역내 조달 비율 강화를 요구하고 있다. 이 비율은 순 원가 기준으로 기존 62.5%에서 2025년 75%까지 단계적으로 상향될 예정이다. 이에 따라 LG에너지솔루션은 미국 현지 생산 공장 증설에 주력하고 있다.

미국은 유럽·중국과 함께 3대 전기차 시장 중 하나로 폭발적인 성장이 전망된다. IHS마킷에 따르면 북미 전기차(순수전기차·플러그인하이브리드차 합산) 배터리 시장은 2021년 46GWh에서 2023년 143GWh, 2025년 286GWh로 가파른 성장세가 예상된다. 연평균 성장률만 58%에 달한다. 바이든 정부가 공격적인 친환경차 전환 정책을 펼치면서 탈중국 배터리 공급망 구축에 박차를 가하고 있어 미국 현지에 생산 공장을 보유한 LG에너지솔루션을 비롯한 한국의 배터리 기업들이 가장 큰 수혜를 볼 것으로 전망된다.

LG에너지솔루션은 아시아 시장 공략을 강화하기 위해 현대차와 함께 인도네시아 카라왕 지역에도 약 11억 달러(약 1조1,700억 원)를 투자해 합작 공장을 짓고 있다. 이번 인도네시아 합작 공장이 완공되면 '한국-미국-중국-폴란드-인도네시아'로 이어지는 업계 최다 글로벌 5각 생산 체제를 완성해 글로벌 시장 선두 주자로서의 기반을 한층 강화하게 된다.

LG에너지솔루션은 순수 전기차 시장의 약 90%를 차지하는 미국·중국·유럽 등 3개 지역에 생산 거점을 구축한 전 세계에서 유일한 배터리 기업이다. 전 세계 주요 거점에 생산 기지를 구축하면 주요 거점별 현지 생산을 통해 물류 비용 등 최적화, 현지 시장 변화의 빠른 포착, 완성차 업체 근거리에서 제품 적기 공급 및 신속한 기술 지원 등에서 앞서갈 수 있다.

(자료: "미국 시장 선점, 세계 1위 탈환 나선 LG에너지솔루션", 매거진한경, 안옥희 기자, 2022.02.08. https://magazine.hankyung.com/business/article/202201292869b 수정부분발췌)

기업차원 전략 수립

기업의 비전과 내·외 환경에 대한 분석이 마무리되면 본격적으로 전략 수립이 이루어진다. 경쟁에서 앞서기 위해 필요한 선택과 노력의 방향을 설명하는 그 기업 나름의 이론이라고 할 수 있는 전략은 기업차원과 사업부차원에서 수립된다. 기업의 여러 사업을 효과적으로 관리하기 위해 마련되는 기업차원 전략은 참여할 사업영역(business area)과 그들 간의 적절한 자원배분에 초점을 맞춘다. 선택된 사업영역에서 경쟁우위를 확보하는 방법은 사업부차원 전략에서 다루게 된다. 먼저 기업차원 전략 수립에 도움이 되는 모델들을 살펴보자.

산업의 경쟁구조 모델

어떤 산업 또는 시장에서 사업을 벌일 것인가를 결정하는 것은 전략 수립의 핵심이라 할 수 있다. 이렇게 신규 사업을 구상할 때는 먼저 해당 산업의 수익성을 알고 싶을 것이다. 이때 사용할 수 있는 것이 Michael Porter가 제안한 산업의 경쟁구조 분석 모델이다. 그는 산업의 평균 수익률을 결정짓는 다섯 가지 요인을 〈그림 5-6〉에서처럼 제시하였다.

동종기업 간의 경쟁 경쟁업체들끼리 인력을 빼앗아오고 상대방을 자극하는 마케팅 활동도 마다하지 않는 산업이 있는가 하면 서로를 크게 자극하지 않는 산업도 있다. 예를 들어 수요예측이 비교적 쉽고 신규 경쟁업체가 나타나기 힘든 정유산업은 경쟁이 상대적으로 덜 치열하다. 이에 비해 유통산업은 업체 간 인력 이동도 잦고 경쟁방식이 매우 비우호적이라 업체들의 부침이 심하다. 제품을 차별화하기가 쉽지 않으며 퇴각장벽이 높아 사업을 포기하는 일이 쉽지 않은 경우에 경쟁은 더 치열해진다.

신규업체의 참여 위협 경쟁업체가 나타나는 것을 저지할 수 있는 요인, 즉 진입 장벽이 높지 않을 때는 경쟁자가 쉽게 늘어나서 그만큼 산업 전체의 수익성

그림 5-6 산업의 경쟁구조 모델

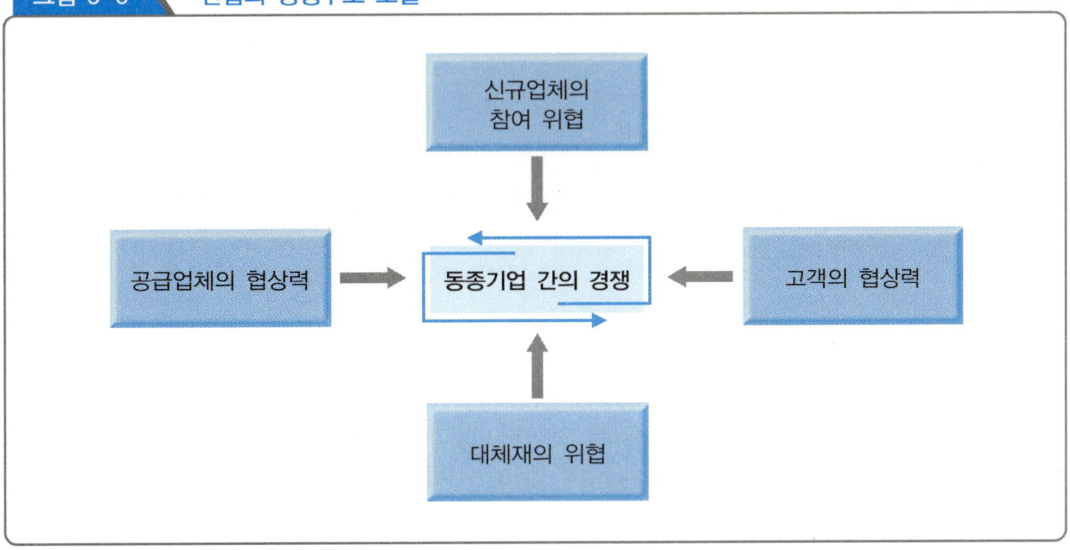

자료 : M. Porter (1990), *The Competitive Advantage of Nations*, p. 37.

을 떨어뜨릴 가능성이 크다. 진입장벽 요인으로서는 투자규모, 기술, 법적 규제, 상표 인지도와 같은 것을 들 수 있다. 우리나라에서 전자제품 산업은 삼성전자나 LG전자의 기술력, 상표 인지도, 시설 규모 등이 워낙 강력해서 신규 진입이 쉽지 않을 것이다. 그러나 외식산업이나 온라인 쇼핑몰은 진입장벽이 낮아 많은 업체들이 뛰어들 수 있는 상황이다.

대체재의 위협 고객들이 대체재로 전환할 가능성이 클수록 해당 산업의 잠재적인 수익률이 낮아지게 된다. 예를 들어, 김포↔부산 항공 수요가 고속철도가 나타나면서 줄어든 것과 같다. 서적, 음반, 전자제품, 카메라 등을 팔던 재래 상점들이 온라인 쇼핑몰이 발전하면서 쇠퇴하는 것도 같은 현상이다. 이처럼 경쟁은 동종 업체들 간에만 이루어지는 것이 아니다. 새로운 대체재가 나타남으로써 기존 산업이 크게 위축될 수 있다.

고객의 협상력 상거래는 협상을 바탕으로 이루어지기 때문에 협상력이 강한 사람이 유리한 것이 현실이다. 고객의 숫자가 한정적이며 강한 기업일 경우 혹은 고객들이 쉽게 단합할 수 있다면 이들을 상대해야 하는 사업체는 협상력이 약해져 수익률을 높이기가 힘들어진다. 상표 인지도가 낮은 중소업체가 판로를 대형 마트에 의존하는 경우라든지 자동차 회사에 부품을 납품하는 회사들을 생각하면 이해가 될 것이다. 협상력을 키우려면 독특한 상품을 만들거나 상표 이미지를 높이는 것과 같은 경쟁우위 수단을 확보해야 한다.

공급업체의 협상력 원자재 공급업체의 협상력도 산업체의 평균 수익률을 결정짓는 중요한 요인이 된다. 원자재를 거의 독점하고 있거나 특수 기술 혹은 고객들이 선호하는 상표를 가진 공급업체에게 의존해야 하는 상황이라면 그 사업은 매력적이라 할 수 없을 것이다.

요약하면 동종기업 간의 경쟁이 치열한 산업일수록 수익률이 낮아질 가능성이 크다. 또 나머지 네 가지 요인들이 불리할수록 동종기업 간 경쟁이 치열해져 높은 수익을 기대하기 어려워질 것이다. 따라서 경영자는 이들 다섯 가지 요인을 꼼꼼히 살펴 사업영역을 정해야 한다.

다각화 전략

기업은 새로운 기회를 통해 성장을 꾀하거나 기존 사업에만 의존할 때 발생할 수 있는 위협을 극복하기 위해 사업 영역을 확장하기도 한다. 여러 산업이나 시장에 참여하는 다각화(多角化; diversification)는 기업차원에서 이루어져야 할 전략적 선택이다. 이때 진출할 산업의 경쟁구조와 함께 신규 사업이 기존 사업과 어떤 관계를 갖는지도 신중하게 고려되어야 한다.

제품이나 지역적으로 기존 사업과 관련이 있는 시장에 참여하는 관련다각화(關聯多角化; related diversity)와 관련성이 낮은 새로운 사업을 시작하는 비관련다각화(unrelated diversity)가 있다. 그리고 제품이나 서비스가 만들어져 판매되는 전체 과정 중 현재 자사 사업의 위치에서 거슬러 올라가거나 앞으로 나아가 새로운 사업을 시작하는 수직적 통합(垂直的 統合; vertical integration)도 다각화 전략의 한 유형이다. 전자를 후방통합(backward integration)이라고 하는데, 완성차 제조업체가 자동차의 주요 원자재 중 하나인 철강 산업에 진출하는 것이 그 예가 될 수 있다. 후자는 전방통합(forward integration)인데 자동차 구매자에게 금융서비스를 제공해주는 사업을 함께 하는 것이 그 예다.

사례읽기 5-2 현대카드, 사업 다각화 속도

현대카드가 자동차 할부금융 시장에 문을 두드리며 사업 다각화에 속도를 낼 전망이다. 가맹점 수수료 인하, 금리 인상, 가계대출 규제 강화로 삼중고를 겪고 있는 상황에서 본업인 신용판매에만 집중하기엔 한계가 존재하기 때문이다. 특히 지난해 현대캐피탈과 경영분리 수순을 밟으면서 '각자도생' 경영 판단을 내릴 수 있는 변화가 영향을 미쳤다는 분석이다. 현대카드 회원은 이달부터 현대차, 기아차 구매 시 할부 금융을 이용할 수 있게 됐다. 기존 현대자동차, 기아자동차 구매 프로그램에 카드 할부를 추가하는 식이다.

전업 카드사(6개사) 중 유일하게 진출하지 않았던 현대카드가 뒤늦게 차 할부 금융시장에 진출한데는 수익 다각화가 절실해진 환경 변화 탓이 크다는 게 업계의 반응이다. 현대카드는 본업인 신용판매 실적 비중이 큰 회사 중 하나다. 지난해 현대카드는 상업자표시전용카드(PLCC) 앞세워 신용 판매 사업에 주력해왔다. PLCC의 성공으로 회원수, 카드 결제액이 증가한 덕에 현대카드의 당기순이익은 전년보다 28.4 % 증가한 3,141억 원을 기록했다. 특히 현대카드 신용판매 취급액(개인+법인)은 111조9,346억 원으로 전년동기보다 12.3%나 늘었고 금융(현금서비스 및 카드론) 취급액은 2.0% 증가한 13조 1,478억 원이었다.

지난해는 코로나19 장기화 과정에서 소비심리 회복에 따라 좋은 실적을 거뒀지만 본업 전반의 수익성 악화는 현대카드에게도 고민이었다. 올해 추가적인 가맹점 수수료 인하로 신용판매 부문의 수익 악화가 불가피하다. 올해부터 카드 가맹점 수수료율이 0.1~0.3%p 인하됐는데 여신업계에선 가맹점 수수료가 0.1%p 낮아질 때마다 카드업 전체 수익이 최대 4,000억 원 감소된다고 추정하고 있다. 그나마 지난해 카드 대출 부분 확대로 수익보전이 됐다면 올해부터 강화된 DSR(총부채원리금상환비율) 대출규제로 이마저도 어려워 졌다.

한 업계 관계자는 "현대카드가 후발업체이긴 하지만 현대차그룹과 시너지를 통해 자동차 할부금융에서 두각을 보일 수 있어 선 진출했던 카드사들도 긴장하고 있는 분위기"라고 덧붙였다.

(자료: "현대카드, 車할부금융 진출…사업 다각화 속도", EBN, 신진주 기자, 2022.04.06. https://www.ebn.co.kr/news/view/1526025/?sc=Daum 수정부분발췌)

포트폴리오 모델

포트폴리오 모델(portfolio model)은 BCG 매트릭스(matrix)라고도 하는데 대기업이 갖고 있는 사업단위(事業單位; business unit)들을 시장성장률(市場成長率; market growth rate)과 시장점유율(市場占有率; relative market share)을 기준으로 평면 위에 그려놓고 기업의 투자 현황을 종합적으로 평가하고 전략적 결정을 도와주는 모델이다. 그런 평가를 통해 여러 사업단위 중 어디에 자원을 우선적으로 배분해야 할지, 부족한 자원을 다른 사업단위에서 확보할 수 있는 길은 없는지 등을 확인할 수도 있다.

포트폴리오란 원래 투자자산의 조합을 의미한다. '계란을 한 바구니에 담지 말라'라는 서양 격언이 있듯이 합리적인 사람이라면 어느 특정 자산만을 고집하기보다 수익성과 안정성을 함께 고려해서 분산투자를 할 것이다. 사업단위를 투자 대상으로 간주한다면 경영자도 당연히 안전성과 수익성을 동시에 고려하면서 최적의 사업단위 조합을 선택해야 할 것이다.

일반적으로 제품수명주기단계의 초기 내지 성장단계에 있는 사업들은 성장률이 높다. 성장률이 높다는 것은 미래에 수익을 올릴 수 있는 여지가 상대적으로 크다는 의미이다. 〈그림 5-7〉에서 물음표(question mark)와 별(star)의 경우가 여기에 속한다. 이 단계에서는 시설투자, 연구개발비, 광고비, 유통경로 확장을 위

그림 5-7 포트폴리오 모델

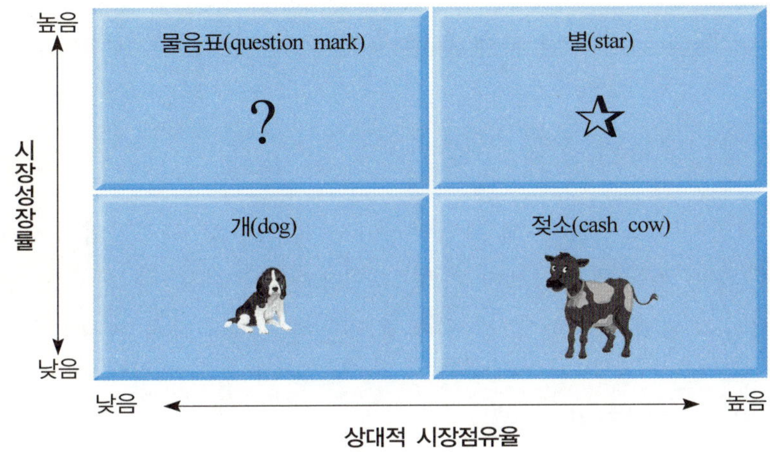

한 투자를 많이 하게 된다. 그러나 매출이 예상보다 부진하면 자금 사정이 악화될 수 있어 든든한 자금줄이 없이 모든 사업단위가 성장률이 높은 영역에 모여 있는 것도 바람직한 상황은 아니다.

시장점유율이란 산업체 전체 매출액 중에서 자사의 사업단위가 차지하는 비율을 말하는데 포트폴리오 모델에서는 가장 강력한 경쟁업체와 비교한 상대적 시장점유율을 이용한다. 보통 생산량 혹은 판매량이 배가 될 때마다 단위당 원가가 일정한 비율로 떨어진다. 그러므로 상대적 시장점유율이 높으면, 즉 경쟁기업보다 많이 팔면 원가가 상대적으로 더 낮아져 수익률은 높아지고 현금흐름은 좋아지는 것이 일반적인 현상이다. 특히 제품이 성숙단계나 쇠퇴기에 있는 상황에서 시장점유율이 높으면 기업에 현금을 공급하는 중요한 원천이 된다. 위 그림에서 '젖소(cash cows)'에 속한 사업 단위들은 현금 여유가 많다. 대조적으로 '물음표'에서는 자금 유입보다 유출이 일어날 가능성이 크다. '별'은 불확실한 영역으로 시장점유율이 높아지기 전까지는 현금 유입이 필요한 단위이다. 그리고 '개(dogs)'는 활력을 잃은 사업단위이다.

포트폴리오 모델은 1970년대 Boston Consulting Group이 고안해서 유명해졌는데 여러 사업에 참여하는 대기업 위주의 모델이라는 점, 그리고 사업의 계속 여부를 너무 단순하게 판단한다는 점, 성장률이 낮아도 수익성이 높을 수 있다는 점 등 여러 가지 비판이 있다. 그럼에도 불구하고 자주 소개되는 이유는 사업을 할 때 수익성이나 성장만을 염두에 둘 것이 아니라 안정적인 현금흐름도 중요하다는 사실을 이해하기 쉽게 잘 설명해 주고 있기 때문이다.

사업부차원 전략 수립

기업차원 전략을 통해 사업영역이 선택되면 각 사업영역에서 어떻게 경쟁우위를 갖출 것이지 결정해야 한다. 사업에 따라 제품이나 서비스, 경쟁자, 고객의 특성이 다르기 때문에 그런 환경에 적합한 경쟁전략이 필요하다.

세 가지 경쟁전략 모델

Porter는 같은 산업에서 경쟁하더라도 각자 택하는 전략에 따라 기업 간에 수익률이 다르다고 주장한다. 그는 개별 기업이 취할 수 있는 전략 유형으로 〈그림 5-8〉에서처럼 원가우위전략, 차별화전략, 집중전략이 있는데 이 중 하나를 택해서 확실하게 실행해야 높은 수익을 기대할 수 있다고 주장한다.

원가우위전략 생산성을 높은 수준으로 끌어올려 생산원가를 낮추고 경영 전반에 걸친 비용절감을 통해 경쟁제품에 비해 품질은 손색이 없지만 가격은 현저

그림 5-8 세 가지 경쟁전략

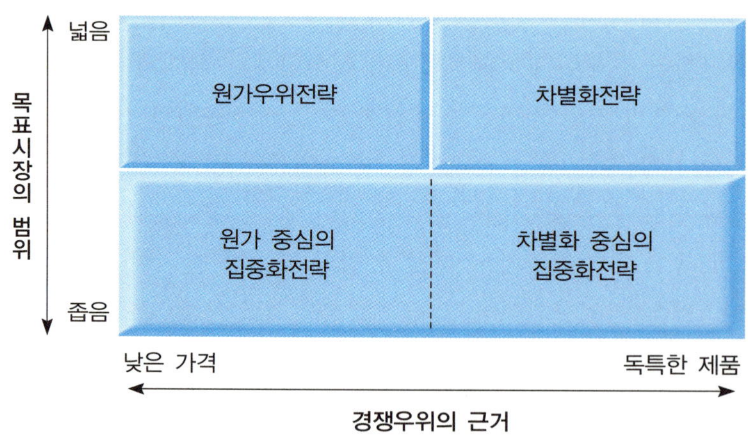

하게 낮게 책정하는 것을 원가우위전략(原價優位戰略; cost leadership strategy)이라 한다. 기술혁신, 우수한 노동력, 첨단 정보시스템, 유리한 원료 확보와 같은 여건이 갖추어지고 절약을 강조하는 기업문화가 뿌리 내린 경우에 원가우위전략이 성공할 수 있다. 품질이 낮은 제품을 단순히 가격만 싸게 하는 것과는 다르다. 매출액이나 고용규모 면에서 세계 최대인 Wal-Mart가 회사 창립 때부터 견지해 오고 있는 것이 원가우위전략이다. 이마트, 롯데마트, 홈플러스와 같은 우리나라 대형종합소매점들도 백화점 업체들에 대항해서 이 전략을 택하고 있다.

차별화전략 제품의 성능이나 디자인, 고객 서비스, 상표 지명도가 월등하여 고객들이 비싼 가격인데도 불구하고 기꺼이 구매하도록 하는 것을 차별화전략(差別化戰略; differentiation strategy)이라 한다. 뛰어난 기술력, 매우 높은 수준의 마케팅 능력이 뒷받침되어야 한다. 루이뷔통(Louis Vuitton)과 같은 명품 패션 브랜드나 포르쉐(Porsche) 같은 고급 자동차가 취하는 전략이 그 예가 된다.

집중전략 선두 기업들이 소홀히 하고 있는 분야를 찾아 그들과의 직접적인 경쟁을 피하면서 원가우위나 차별화전략을 취하는 것을 집중전략(集中戰略; concentration strategy)이라 한다. 대기업에 비해 넉넉하지 못한 경영 자원을 집중해서 한정된 시장에서나마 경쟁우위를 확보하는 전략이라 할 수 있다. 인터넷 보안에 집중하고 있는 AhnLab의 전략이 좋은 예가 된다.

제품수명주기 모델

휴대폰이나 카메라, 의류제품을 보면 쉽게 알 수 있듯이 상품은 모두 성장, 성숙, 쇠퇴라는 피할 수 없는 과정을 거친다. 산업도 시간이 길뿐 유사한 과정을 거치며 변화한다. 이처럼 신상품이나 신산업이 나타나서 소멸하기까지의 과정을 제품수명주기(製品壽命週期; product life cycle)라 하는데, 경쟁에 앞서기 위해서는 각 사업부가 취급하는 제품의 수명주기에 맞는 전략이 필요하다.

〈그림 5-9〉는 제품수명주기에 따라 달라지는 매출액과 이익의 전형적인 패턴을 보여주고 있다. 여기서 단계별로 요구되는 주된 활동도 달라지는데, 예를 들어 도입기에는 연구개발, 시설투자나 광고 예산, 유통경로 개척과 같은 활동을 늘려야 한다. 이렇게 되면 현금 수요가 늘어나 자금사정을 압박할 수 있다. 대조적으로 성숙 단계에서는 신규 투자는 늘지 않은 반면 매출액과 이익 규모는 안정

그림 5-9 제품수명주기 모델

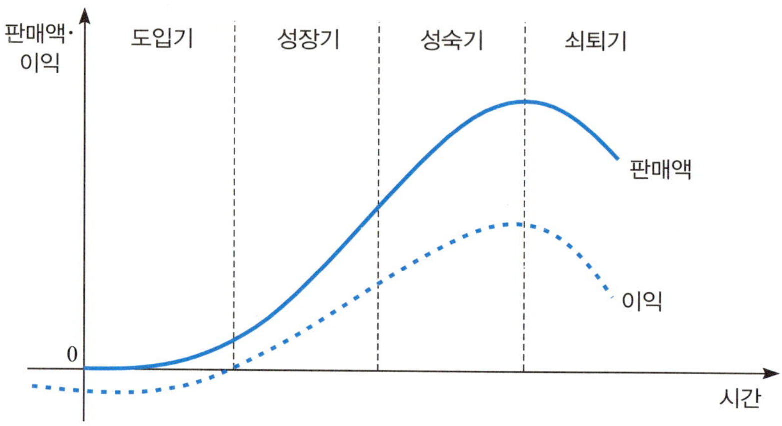

적이어서 자금 유입의 중요한 원천이 될 수 있다. 이와 같이 자사의 제품이나 산업이 제품수명주기 상 어느 단계에 있는지를 정확히 파악하여 그에 맞는 전략을 구사하여야 한다.

가치사슬 모델

기업 활동을 공급업체로부터 원자재를 공급받아 제품 생산을 거쳐 최종 고객에게 전달되기까지의 과정을 여러 개의 고리들로 이루어진 쇠사슬로 묘사되기도 한다. 각 고리별로 투입되는 비용과 생산하는 부가가치를 경쟁기업과 비교 분석하면 어느 부문이 경쟁력이 있고 없는지를 판단할 수 있을 것이다. 어떤 기업은 오퍼레이션 시스템은 우수하지만 마케팅·영업 시스템이 약하고 다른 기업은 그 반대의 경우일 수 있다. 이처럼 가치사슬을 구성하는 각각의 고리를 경쟁기업과 비교하면 기업이 가진 역량을 보다 체계적으로 파악할 수 있게 된다.

Porter가 그린 가치사슬은 기업내부 활동을 〈그림 5-10〉에서처럼 지원활동(support activities)과 주된 활동(primary activities) 영역으로 구분하고 전자는 다시 넷으로, 후자는 다섯으로 세분하고 있다. 그러나 이러한 구분은 임의적인 것으로 상황에 따라 구분 기준이나 세분 정도가 달라질 수 있을 것이다. 예를 들어 주된 활동인 오퍼레이션은 생산 효율성, 제조공정의 지속적인 개선 능력, 유연성과 민

그림 5-10 가치사슬 모형

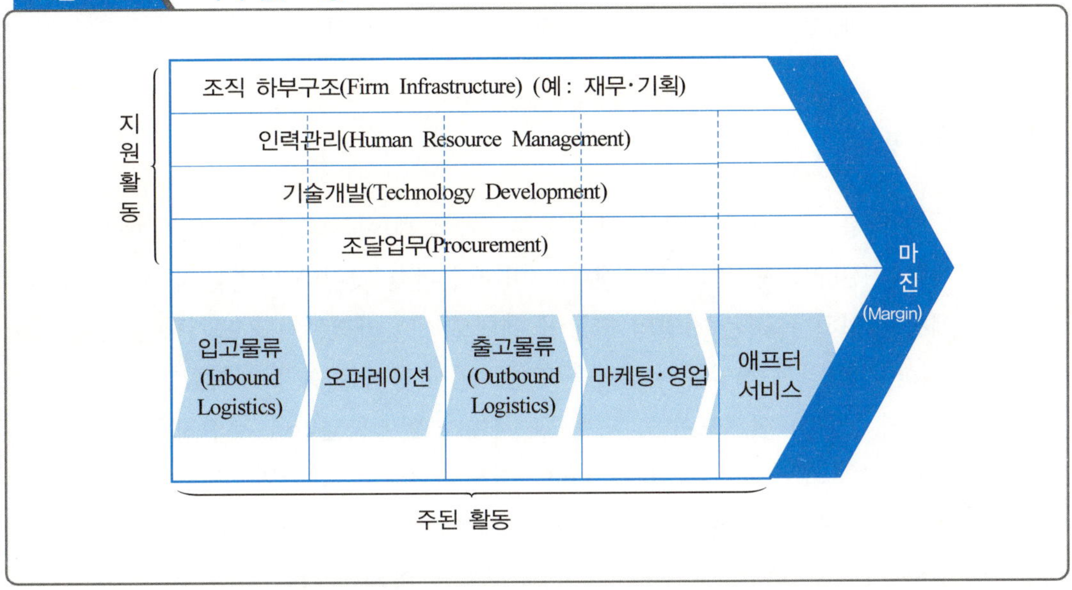

자료: M. Porter (1990), *The Competitive Advantage of Nations*, p. 41 일부 수정 보완.

첩성 등으로 더 세분될 수 있다.

핵심역량(核心力量; core competence)이란 지속적인 경쟁우위(sustainable competitive advantage)를 가져다주는 능력을 말하는데 신규 사업을 시작할 때 성공가능성을 높인다. Apple은 제품디자인 능력, 삼성전자는 생산 효율성, Wal-Mart는 물류시스템, Zara는 민첩성에서 탁월한 것으로 잘 알려져 있다. 핵심역량은 한 부서의 능력만을 의미하는 것이 아니다. 여러 부서를 종합적으로 활용하는 조직능력(organizational capability)도 해당된다.

전략실행

제대로 된 전략이 수립되어도 실행되지 않으면 의미가 없다. 조직이 적절한 구조와 제도를 갖추고 구성원들의 적극적인 참여를 유도할 때 전략은 성공적으로 실행될 수 있다. 전략을 실행하는데 필요한 일들이 체계적으로 나누어지고 구성원들의 노력을 통합할 수 있는 구조를 갖추어야 한다. 부서나 권한 체계 역시 전략에 적합하게 설계되어야 하고, 구성원들의 적극적 참여와 노력을 이끌어내야 한다. 이를 위해서는 객관적인 성과 평가, 노력과 성과에 기반한 보상체계, 전략적 의도에 부합하는 동기유발 정책이 마련되어야 한다.

평가와 통제

전략을 실행하면서 항상 평가와 통제가 함께 이루어져야 한다. 앞에서 강조한 것처럼 전략을 포함한 모든 계획은 미래에 관한 것이라 완벽할 수 없으며, 계획에서 설정된 목표는 기업의 활동이 제대로 이루어졌는지를 평가하는 기준 역할을 한다. 따라서 경영자는 전략을 집행하면서 평가를 통해 계획했던 것에서 벗어났는지 꼼꼼히 살펴보아야 하며, 그 차이가 받아들일만한 것인지를 판단하여야 한다. 만약 추가적인 조치가 필요할 정도로 차이가 크다면 그 원인을 파악하여 전략을 수정하여야 한다. 처음 계획을 세울 때와 비교해 상황이 크게 변하였다면 구체적인 전략뿐만 아니라 목표를 수정하는 것도 주저하지 말아야 한다.

마케팅, 생산·운영, 재무, 인적자원 등 경영활동 영역에 따라 다양한 평가 방법과 지표, 통제 기법이 활용되고 있는데, 이에 관해서는 이 책의 후반부에서 공부하기로 하자.

요 약

1. 계획수립(planning), 혹은 계획은 어떤 일을 시도할 때 미래 상황을 예견하면서 목표를 정하고 목표 달성을 위한 방법과 필요한 행동을 결정하는 과정을 말한다. 계획이 주는 효과로서는 부서별 협조와 통제가 쉬워지고 구성원들의 동기를 유발하고 자원을 절약할 수 있다.

2. 계획수립과정은 상위 목표의 확인 → 상황분석 → 구체적 목표 설정 → 대안 설정 → 실행과 통제의 단계를 거친다.

3. 계획수립과정에는 의사결정 문제가 대두된다. 이와 관련하여 경제학과 심리학계에서 이룩한 이론적 성과를 활용할 수 있다. 대표적인 것으로 제한된 합리성, 의사결정 관련 오류, 그리고 전망이론을 들 수 있다.

4. 최고경영자가 조직의 목적, 활동 분야, 경영철학 등을 제시하는 것이 기업 차원 전략(corporate strategy)이다. 그 내용은 비전(vision), 혹은 경영철학으로 요약된다. 신제품 개발, 생산시설 문제, 신규 기술개발 문제 등을 다룬다면 이는 사업전략(business strategy)이다. 그리고 마케팅, 생산, 재무, 인사, 정보관리 등 각 기능부서 책임자가 기업전략을 뒷받침하기 위해 수립하는 것이 기능부서 전략(functional strategy)이다.

5. 전략은 목표를 결정하고 그러한 결정이 조직 전반에 걸쳐 영향을 준다. 운영계획은 주어진 목표를 효율적으로 달성하는 것을 주안점으로 하고 있으며 구체적이고 수치로 표현되는 경우가 많다.

6. 사업을 구상할 때는 먼저 해당 산업의 수익률에 영향을 주는 요인들을 파악하여야 한다. 이것을 설명하는 것이 산업의 경쟁구조모델이다. 수익률에 영향을 주는 요인들로는 동종기업 간의 경쟁, 신규업체의 참여 위협, 대체재의 위협, 고객의 협상력, 공급업체의 협상력 등이 있다.

7. 포트폴리오 모델(portfolio model) 혹은 BCG 매트릭스는 사업단위(business unit)들을 시장성장률(market growth rate)과 상대적 시장점유율(relative market share)을 기준으로 한 평면상에 그려놓고, 안전성과 수익성을 고려하여 최적의 사업단위 조합을 평가한다.

8. Porter는 기업이 취할 수 있는 전략 유형으로 원가우위전략, 차별화전략, 집중전략을 제시하고 있으며 기업은 이 중에서 어느 하나를 분명하게 취해야 한다고 주장한다.

9. 새로운 상품이나 산업이 나타나서 소멸하기까지의 과정을 제품수명주기(product life cycle)라고 하며, 도입기 → 성장기 → 성숙기 → 쇠퇴기의 순서로 진행된다. 경영자는 제품수명주기를 이해하고 각 주기에 맞는 전략을 사용하여야 한다.

10. 가치사슬 모형(value chain model)은 기업 활동을 공급업체로부터 원자재를 공급받아 제품 생산을 거쳐 최종 고객에게 전달되기까지의 과정을 여러 개의 고리들로 만들어진 쇠사슬로 묘사한다. 이 모델을 이용하면 어느 부문이 경쟁력이 있고 없는지를 체계적으로 파악할 수 있다.

토의과제

1. 여러분들의 세웠던 계획 중 성공적이였던 것을 하나 기억해보고 그 이유를 설명해보자.
2. 합리적으로 결정하려 했지만 결국 그렇게 하지 못했던 자산의 경험을 이야기 해보자.
3. LG전자가 생산하는 제품군을 조사해 포트폴리오 모형에 따라 분석해보자.
4. 최근에 각광받고 있는 중견기업을 찾아보자. 어떤 점이 독특한가? 경쟁력의 원천을 무엇이라고 보는가?
5. 최근 많은 기업들이 새롭게 참여하는 산업은 어떤 것이 있는지 조사해보고, 그 이유를 설명해보자.
6. 향후 10년간의 인생계획을 이 장에서 공부한 계획수립 요령에 따라 작성해 보자.

Memo

06 CHAPTER

조직의 설계와 변화

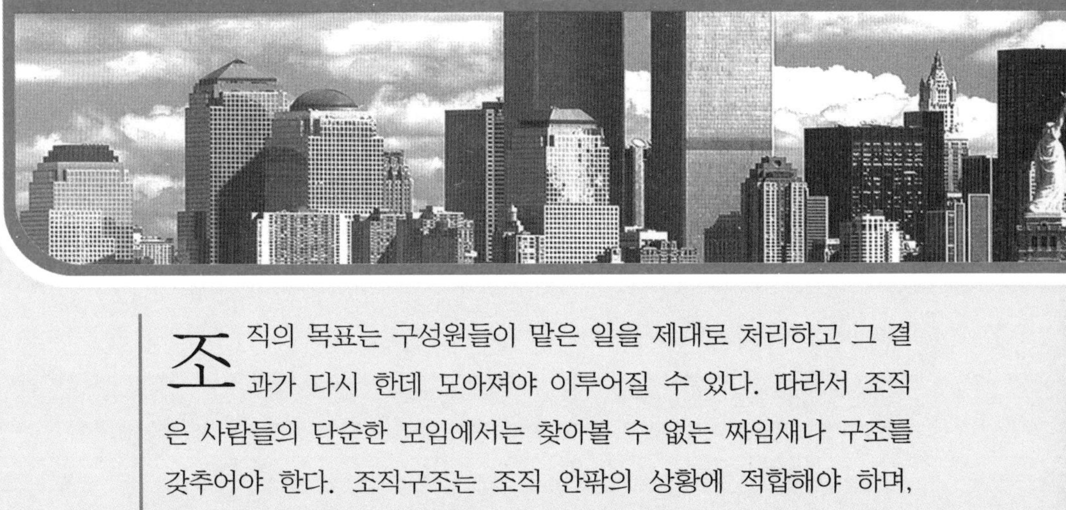

조직의 목표는 구성원들이 맡은 일을 제대로 처리하고 그 결과가 다시 한데 모아져야 이루어질 수 있다. 따라서 조직은 사람들의 단순한 모임에서는 찾아볼 수 없는 짜임새나 구조를 갖추어야 한다. 조직구조는 조직 안팎의 상황에 적합해야 하며, 환경의 변화에 따라 적절히 바뀌어야 한다. 이 장에서는 조직을 만들 때 무엇을 결정해야 하며 또 어떤 요인들을 고려해야 하는지, 그리고 조직의 변화는 어떻게 이루어지는지를 다루고 있다. 이 장을 읽은 후 다음 사항을 이해할 수 있어야 한다.

Understanding Business Management

- 일을 나누는 원칙
- 권한분배 원칙과 방법
- 조정이 필요한 이유와 방법
- 유기적 조직과 기계적 조직
- 조직의 변화과정

시작이야기 '스튜디오' 조직이 뭐길래 … 혁신전략 '산실'

카카오뱅크가 주택담보대출 상품을 본격적으로 선보인다. 주담대 시장 진입을 처음 기획했을 때부터 실질적으로 상품을 출시해 결과물을 내보일 때까지 일련의 준비과정은 '주담대스튜디오'라는 특별한 조직을 통해 이뤄졌다. 주담대 상품의 경우 100% 비대면으로는 진행하기 다소 어려운 측면이 많아 인터넷은행에게는 상당한 도전 과제로 여겨져 왔던 영역이다. 카카오뱅크는 상품의 기획에서 출시까지 약 2년여간 준비과정을 거쳤다. 첫 단추인 시장조사부터 소비자 인터뷰, 상품 기획과 설계, 출시, 디자인 등 일련의 과정은 하나의 조직인 '주담대스튜디오'에서 진행됐다. 팀이나 부서, 혹은 태스크포스(TFT) 등 일반적으로 쓰이는 조직이 아닌 '스튜디오'라는 새로운 형태의 조직을 도입, 신사업을 준비해 온 셈이다.

게임회사 등 IT 회사에서 많이 쓰이고 있는 스튜디오는 혁신과 성장 아젠다를 선별하고 각각의 목적에 집중해 업무를 추진할 수 있도록 하는 '목적조직'이다. 상품, 서비스기획, 개발, 디자인 등 요소를 하나의 목적하에 뭉쳐 결과물을 만들어 낸다. 타깃을 위해 효율적으로 달려가게 만든, 일종의 집중식 애자일(agile) 조직인 셈이다. 통상 금융회사의 조직은 전략기획, 여신, 디지털 등 업무별로 나뉜다. 스튜디오는 특정한 목표가 생겼을 때 각 역할별 조직에서 몇 명씩을 뽑아 필요한 업무를 맡길 담당자를 한데 모아 놓는 곳이다.

언뜻 TFT와 비슷해 보이지만 TFT의 경우 인력을 차출해 단기간 프로젝트를 진행하고, 이후 다시 복귀를 하는데 반해 스튜디오는 아예 발령까지 새로운 조직으로 낸다. 게다가 조직구성이 TFT에 비해 방대하다는 특징이 있다.

크래프톤이나 넥슨 등 게임회사에서 새로운 게임을 개발하기 위한 과정에서 이 같은 조직이 많이 활용되고 있지만 금융회사에서 스튜디오라는 개념을 도입한 것은 카카오뱅크가 처음이다. 이번에 주담대 상품을 선보인 주담대스튜디오 외에도 카카오뱅크에는 다양한 스튜디오 조직이 활성화돼 있다. 목적에 따라 조직의 규모는 상이하지만 주담대스튜디오의 경우 70여 명 내외인 것으로 알려진다. 또 다른 스튜디오 조직 중 대표적인 곳이 '개인사업자스튜디오'다. 카카오뱅크는 올해 중 개인사업자 대출과 수신 상품을 내놓으면서 기업대출 영역에 발을 들일 것을 예고하고 있다. 주담대 시장 진입과 마찬가지로 기업대출 영역 진입을 위한 특수 조직을 꾸려 준비작업을 하고 있는 셈이다. 윤 대표는 "개인사업들이 사용하기 편리한 수신 상품과 함께 자체 신용평가 모델을 활용한 신용대출, 유관기관과 연계해 온라인 비대면에 최적화한 보증부 대출 상품을 출시할 계획"이라며 "개인사업자 관련 상품들을 위한 별도의 조직을 꾸려 속도감있게, 응집력있게 진행하고 있다."고 설명했다.

펀드스튜디오도 꾸리고 있다. 플랫폼과 수수료사업으로의 확장을 위한 하나의 방법으로의 펀드 판매를 준비하는 조직이다. 윤 대표는 지난해 실적을 발표하는 IR 자리에서 "카카오뱅크는 계단식으로 플랫폼이 성장할 것으로 예상한다.”며 “이는 펀드/방카 등 플랫폼 수수료를 받을 수 있는 새로운 상품이 들어오거나 제휴사 확대를 통한 성장을 주요 성장동력으로 삼는 것”이라고 설명했다.

신사업 진출을 위한 스튜디오 외에도 카카오뱅크에는 내외부 혁신을 위한 다양한 목적의 조직이 움직이고 있다. ‘Env스튜디오’의 경우 직원들의 업무환경 개선을 위해 만들어졌다. 직원들이 창의적인 사고를 펼칠 수 있는 환경이 구현되어야 고객을 만족시키는 서비스를 만들어 낼 수 있다는 신념에서 이같은 부분에 신경쓰고 있다. Env스튜디오는 구성원들이 일에 매진할 수 있는 환경을 만들기 위한 전략과 계획을 수립하고 감동을 줄 수 있는 직관적 인터널 서비스를 기획한다. 또한 직원경험 최적화를 목표로 다양한 부서와의 협업과 제반 코디네이션 등을 진행한다.

(자료: “카카오뱅크, '스튜디오' 조직이 뭐길래…혁신 전략 '산실'”, 더벨, 한희연 기자, 2022.02.18. http://www.thebell.co.kr/free/content/ArticleView.asp?key=202202171038248200108840&svccode=00&page=1&sort=thebell_check_time 수정부분발췌)

조직의 설계와 구조

조직을 구성하는 기본 요소인 구성원들과 일을 체계적으로 배열하여 조직이 구조적 짜임새를 갖추도록 하는 과정을 조직설계(組織設計; organizational design)라고 한다. 이를 통해 조직목표 달성에 필요한 일들이 어떻게 분담되고 그 결과가 다시 모아지는지, 권한은 어떻게 배분되며 어떤 기준으로 부서가 만들어지는지가 정해져 실행되면 조직은 나름대로의 구조(構造; structure)를 갖추게 된다. 따라서 조직구조는 조직을 이루고 있는 하위시스템들 간의 관계나 조직목표 달성에 필요한 업무들의 연결을 위해 만들어진 비교적 안정적인 짜임새 또는 구성형태(configuration)라고 정의할 수 있다.

건물과 비교해 보면 조직설계와 조직구조의 개념을 좀 더 쉽게 이해할 수 있을 것이다. 집을 지을 때 가장 먼저 해야 할 일은 설계도를 준비하는 것이다. 방은 몇 개나 있어야 하고 크기는 어느 정도로 할 것이며, 문과 창문은 어디에 만들어야 할지 설계도를 통해 구체화된다. 이렇게 집의 모양이나 구조를 결정하는 과정을 설계라고 한다. 건축공사가 완성되면 집은 설계도에 나타난 것처럼 어떤 모양과 특성을 지니게 되는데 이것을 그 집의 구조라고 한다. 따라서 설계와 구조는 동전의 앞뒷면 같아 구조를 머릿속에 그리며 설계를 하고 설계에 따라 구조가 결정된다.

조직 역시 설계가 필요하며, 설계에 따라 조직이 만들어지면 나름대로의 구조적 특성을 지니게 된다. 집의 구조는 기후와 같은 자연조건에 따라 서로 다르고 또 집의 구조에 따라 그 속에 사는 사람들의 생활방식도 조금씩 차이가 있다. 마찬가지로 조직도 안팎의 여러 사정을 고려하여 구조가 결정되어야 하며 조직구조의 특성에 따라 조직 운영이나 구성원들의 행동패턴이 달라진다.

기업을 창업할 때나 조직구조를 새롭게 바꾸려 할 때 경영자는 조직설계와 관련된 의사결정을 해야 한다. 이때 조직의 기본적 요건 두 가지, 즉 일은 나누어져 수행되고 그 결과는 다시 모아져야 한다는 것을 잊어서는 안 된다. 다시 말해 조직설계는 목표 달성에 필요한 전체 업무를 개별구성원이나 집단이 맡아 처리할 수 있도록 나누는 원칙 그리고 나누어져 수행된 업무결과를 다시 모으는 방법을 결정하는 두 가지 핵심 과제를 중심으로 이루어진다.

일 나누기와 직무설계

조직의 목표를 이루기 위해 수행되어야 하는 많은 일들은 작은 단위로 나누어져 개별구성원이나 팀이 맡아 처리한다. 예를 들어, 냉장고 생산업체에서 이루어지는 일들은 크게는 생산, 판매, 자금관리 등으로 구분되고 생산부분의 일은 다시 '냉각기를 부착하는 일'과 같이 보다 작은 단위로 나누어진다. 나누어진 일들을 어떤 원칙이나 방식으로 묶어 개별구성원에게 할당하는지에 따라 조직의 구조적 짜임새는 달라진다.

개별구성원이나 팀이 맡아 수행하는 업무들의 묶음을 직무(職務; job)라고 하는데, 직무에 포함되는 업무와 책임의 구체적 내용, 수행방법, 다른 직무와의 관계를 정하는 것을 직무설계(job design)라 한다. 직무설계원칙을 이해하기 위해 먼저 직무의 기본적 특성을 살펴보자.

직무의 기본 특성

직무의 특성은 다양성과 재량권을 중심으로 이해할 수 있다. 한두 가지의 업무로만 이루어져 담당자가 하루에도 같은 일을 수백 번씩 하도록 만들어진 직무가 있는가 하면 내용이 다른 업무들로 이루어져 여러 능력이나 기능을 사용해야 하는 직무도 있다. 이처럼 다양성이란 직무에 서로 다른 종류의 업무들이 포함되어 있는 정도를 나타낸다.

담당자가 업무를 처리하면서 행사할 수 있는 재량권 또는 의사결정권 역시 직무들의 차이를 나타내는 중요한 특성이다. 어떤 직무에는 많은 재량권이 주어져 담당자가 스스로 결정할 수 있는 부분이 많지만, 정해진 절차나 방법을 기계적으로 따라야 하는 직무에는 재량권이 거의 없다.

〈그림 6-1〉과 같이 다양성과 재량권의 정도에 따라 직무를 네 개의 군으로 나누어 볼 수 있다. 다양성과 재량권이 모두 낮은 예로 조립생산대에서의 일을 들 수 있는데, 한두 가지의 작업을 주어진 시간에 일정한 방법으로 처리해야 하는 직무이다. 다양성은 크지만 재량권은 부족한 직무도 있다. 건물관리 직무가 이에 해당될 수 있는데, 하는 일의 종류는 많지만 재량권은 제한되어 있는 직무

그림 6-1 직무의 기본적 특성

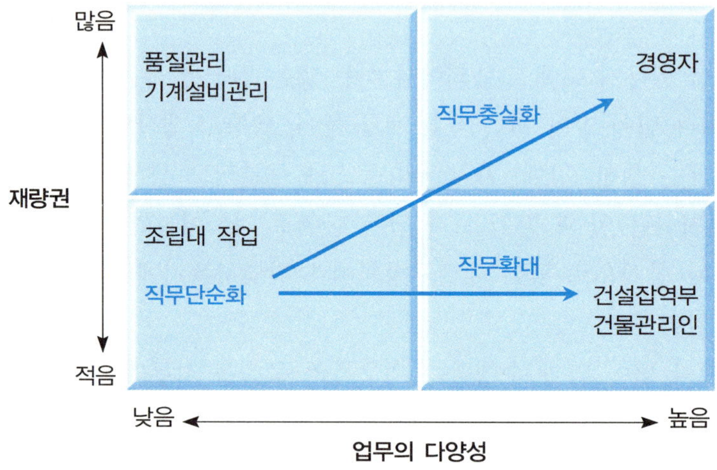

이다. 반대로 재량권은 크지만 다양성은 낮은 직무도 있다. 담당하는 업무의 종류는 제한적이지만 품질 수준의 결정이나 설비의 관리나 정비방법 결정에 재량권을 갖고 있는 품질관리나 기계설비관리와 같은 직무가 여기에 속한다. 마지막으로 다양성과 재량권이 모두 큰 직무도 있는데, 경영자의 직무가 예가 될 수 있다. 경영자들은 성격과 내용이 다른 여러 업무를 수행하며 또 스스로 판단해 결정해야 할 경우도 많기 때문이다.

직무설계원칙

직무단순화와 직무전문화

직무를 작고 간단한 작업이나 업무로 구성하는 직무단순화(職務單純化; job simplification)는 구성원들에게 일을 분담시키는 원칙으로 오랫동안 사용되어 왔다. 18세기 중엽 산업혁명이 일어나면서 농노나 노예생활을 했던 사람들이 도시의 공장으로 몰려들었다. 정규교육을 받지 못했고 비슷한 일을 해본 경험도 없었던 사람들에게 작게 나누어진 단순한 일로 구성된 직무를 맡기는 것이 당시로는 최상의 방법이었을 것이다. 이후 이런 원칙은 전문적 기술이나 능력이 요구되는 한두 개의 업무를 구성원에게 전담시킴으로써 생산성 향상을 꾀하는 직무전문화(職務專門化; job specialization)로 발전하였다.

직무를 단순하게 설계하면 담당자들이 일하는 방법을 쉽게 배워 능률적으로 일할 수 있게 된다. 뿐만 아니라 자신에게 맞는 일을 쉽게 찾을 수 있으며 필요한 기능 습득을 위한 훈련비용도 적게 드는 장점이 있다. 그러나 각 구성원이 전체 업무 중 아주 작은 부분만 책임지고 있어 일에 대한 주인의식과 만족감이 부족하고 소외감을 느낄 가능성이 높아진다. 또 단순한 일을 반복적으로 수행하게 됨으로써 쉽게 지루함을 느껴 생산성이 떨어지는 단점도 있다.

사람들이 일로부터 의미나 보람을 기대하게 됨에 따라 직무단순화나 직무전문화가 갖는 장점을 살리고 단점을 극복할 수 있는 새로운 직무설계원칙을 찾게 되었다.

직무확대와 직무충실화

직무단순화의 한계를 극복하기 위해 직무에 포함된 업무의 종류를 늘려 다양성을 높이는 직무확대(職務擴大; job enlargement)가 시도되었다. 전에는 맡지 않았던 새로운 작업이나 업무가 추가되어 흥미와 근로의욕이 높아졌지만 그 효과가 오래가지는 못했다. 그 이유는 종류가 늘었을 뿐이지 여전히 단순한 업무들로 이루어져 있고, 일을 처리하면서 스스로 결정할 수 있는 재량권도 전과 같이 제한되어 있기 때문이다. 맡은 업무가 다양해져도 여전히 단순한 것들이어서 처리할 때마다 정해진 절차나 방법을 따라야 하고 일일이 상급자의 지시를 받아야 한다면 일에 대한 의욕이나 만족감에서 큰 변화를 기대하기 어려울 것이다.

따라서 다양성뿐만 아니라 재량권도 함께 높이려는 시도가 이루어졌는데, 이를 직무충실화(職務充實化; job enrichment)라고 한다. 직무를 다양한 업무로 구성할 뿐만 아니라 더 많은 권한을 부여하여 자율성과 책임감을 갖게 함으로써 담당자는 일에 대한 의미감과 만족감을 느낄 수 있다. 나아가 직무에 관해 더 많은 것을 배우고 의욕적으로 일해 성과 향상을 기대할 수 있다.

부서 만들기

조직이 커져 많은 일을 구성원들이 나누어 처리하게 되면 이를 효과적으로 관리하고 통합하기 위해 관련된 업무 담당자들을 가까이서 일하게 할 필요가 있다. 이와 같이 직무의 성격에 따라 그 담당자들을 모아 같은 책임자의 감독 아래 일하게 하는 것을 부서 만들기 또는 부문화(部門化; departmentalization)라고 하며, 이를 위해 사용되는 기준에 따라 조직의 구조적 짜임새가 달라진다.

전통적으로 기능별, 사업부별, 또는 행렬식 부서를 만들어왔으며, 경영환경의 변화에 따라 최근에는 팀이나 네트워크 유형의 부서를 조직구조의 기본 틀로 활용하기도 한다. 이들 각 유형은 나름대로의 장단점을 갖고 있어 경영자는 직무담당자들 사이에 그리고 부서들 사이에 원활한 협력이 이루어져 조직목표가 효과적으로 달성될 수 있도록 상황에 적합한 부서 유형을 택해야 한다.

기능조직

조직의 초기 성장단계에서 흔히 사용되는 가장 기본적 유형인 기능조직(機能組織; functional organization)은 동일한 기능영역에 속한 직무의 담당자들을 같은 부서에서 일하게 하는 기능별 부서를 기본으로 설계된 것이다. 예를 들면 〈그림 6-2〉와 같이 직무가 속한 기능영역에 따라 생산부, 판매부, 자금부, 인사부로

그림 6-2 기능조직의 예

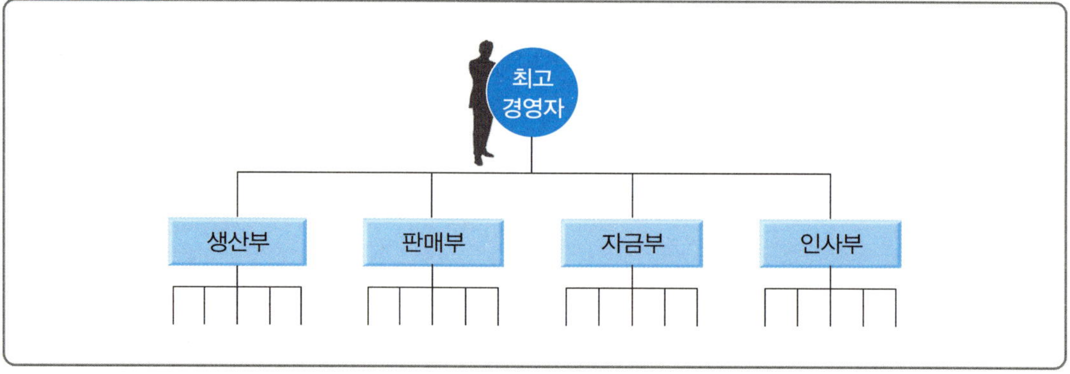

나누는 방식으로, 한정된 품종을 생산하는 중소규모의 기업에서 주로 사용된다. 같은 기능영역의 직무를 맡은 사람들이 함께 일하기 때문에 생산설비나 데이터와 같은 전문자원을 중복투자 없이 효율적으로 활용할 수 있으며, 부서 책임자가 특정 기능영역에서의 경험만으로도 부서원들을 감독할 수 있다는 장점이 있다.

그러나 조직규모가 커져 생산품목이 늘어나고 시장이 넓어지면 기능조직은 몇 가지 약점을 드러낸다. 문제가 생기면 원인을 밝히고 해결책을 찾아 시행하는 데 시간이 많이 걸린다. 각 부서가 전체 업무 중 해당 기능과 관련된 부분만 책임지고 있어 시장점유율의 하락과 같은 복합적 문제가 발생하면 책임 영역을 명확히 하기가 어렵고, 해결책 역시 부서들간 협력이 필요해 빠른 대응이 힘들기 때문이다. 또 기능부서들이 서로 다른 관점이나 우선순위 그리고 업무처리방식을 갖게 되어 조직 전체 차원에서의 일체감이나 일관성 있는 업무행동양식을 갖추기가 어렵다. 이러한 기능조직의 장단점은 〈표 6-1〉과 같이 요약될 수 있다.

사업부조직

제품, 고객, 시장이 늘어나 사업영역이 넓어지면 기능조직으로는 다양한 고객들의 요구에 빠르게 대응하기 어려워진다. 이런 문제를 해결하기 위해 소비자, 제품 또는 지역을 중심으로 여러 기능영역을 한데 모아둔 사업부를 기본 축으로 조직을 설계하는 사업부조직(事業部組織; divisional organization)이 만들어진다. 〈그림 6-3〉과 같이 독립적으로 운영되는 사업부를 중심으로 조직을 편성함으로써 소규모 조직이 갖는 유연성도 갖추게 된다.

〈표 6-1〉 기능조직의 장·단점

장 점	단 점
• 기계설비나 장비와 같은 자원을 중복 투자 없이 효율적으로 활용할 수 있다. • 기능영역별 전문성이 높아지며, 기능훈련이 효과적으로 이루어진다. • 동료들 사이에 전문적 지식과 정보의 공유, 기능 전수가 쉽게 일어난다. • 부서 내 조정 필요성이 적다.	• 조직규모가 커지면 문제에 대한 반응이 느려진다. • 조직성과에 대한 책임소재가 불분명하다. • 부서 사이의 의사소통이나 조정에 어려워질 수 있다. • 총괄적인 관리능력을 갖춘 전문경영자 양성이 어렵다.

그림 6-3 사업부조직의 예

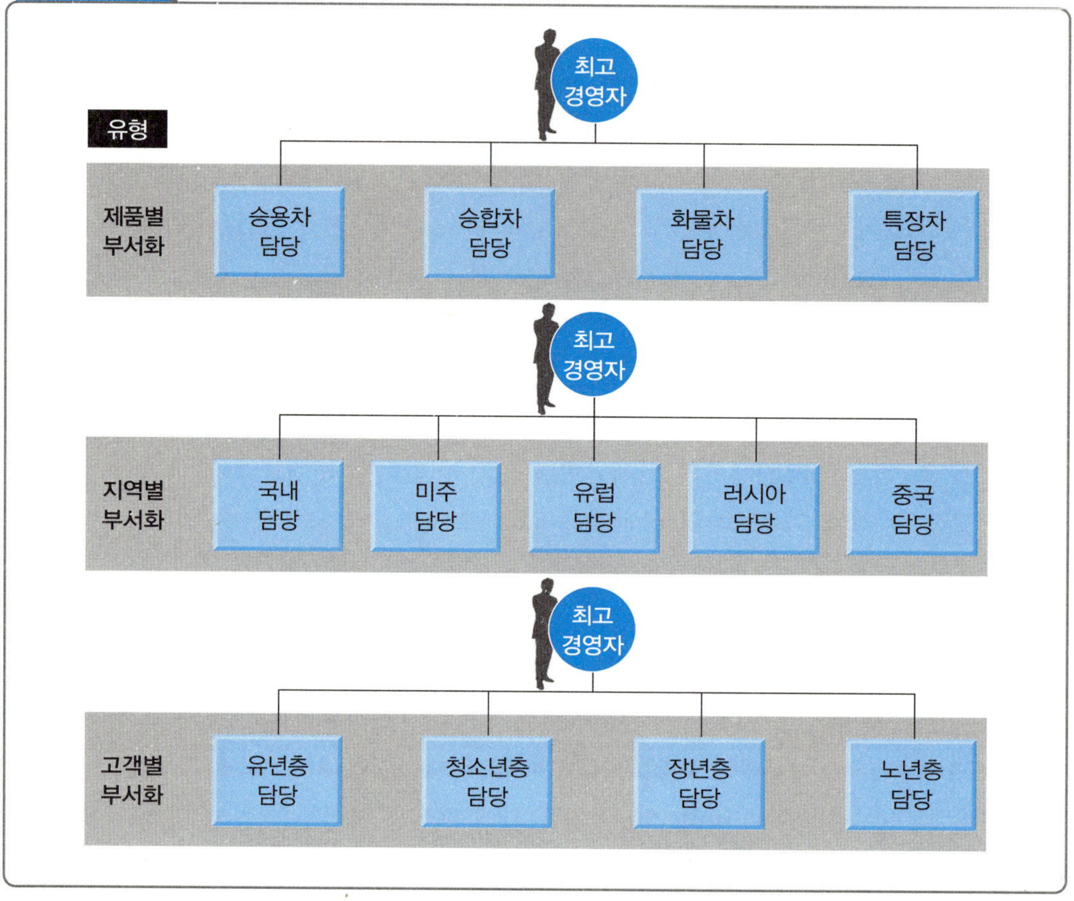

사업부는 보통 제품, 지역, 고객에 따라 구성된다. 각 사업부가 몇몇 제품의 생산·판매에 대해 전적으로 책임지는 제품별 사업부조직에서는 각 제품이 나름대로 특색이 있어 독특한 생산기술이나 마케팅 방법이 필요한 경우에 적합한 조직구조이다. 지역별 사업부조직은 특정 지역 안에서 이루어지는 업무를 한 사업부가 맡도록 여러 기능영역을 한데 모아두는 방법이다. 지역별로 고객의 요구가 다른 다양한 시장을 갖고 있거나 다국적기업과 같이 문화나 가치에서 큰 차이를 보이는 여러 나라의 시장을 상대하는 경우에 적합하다. 고객별 사업부조직은 특정 소비자 집단을 대상으로 이루어지는 모든 업무가 같은 사업부에서 수행될 수 있도록 만들어진다.

〈표 6-2〉 사업부조직의 장·단점

장 점	단 점
• 환경변화에 빠르게 적응할 수 있다. • 사업부 내 기능영역 사이에 원활한 협조가 이루어진다. • 성과에 대한 책임소재가 분명해져 업무에 대한 높은 주인의식을 유도할 수 있다. • 소비자의 독특한 요구, 제품이나 지역의 특수성 등이 적절히 반영될 수 있다. • 총괄적인 관리능력을 갖춘 전문경영자 양성이 가능하다.	• 시설이나 장비의 중복 투자로 자원활용 효율성이 낮아질 수 있다. • 자원배분을 둘러싼 정치화는 조직 전체 성과에 나쁜 영향을 줄 수 있다. • 사업부들 사이에 불필요한 경쟁관계가 형성되어 그들 간 협력이 어려워진다. • 조직 전체에 대한 관심보다 사업부 이해에 집착하는 경향이 생길 수 있다.

사업부조직은 여러 가지 장점을 갖고 있다. 무엇보다 제품이 갖는 고유한 속성이나 특정 지역 또는 고객집단이 갖고 있는 독특한 요구를 수용하여 전문성을 높일 수 있다. 또 생산이나 판매와 같이 서로 다른 영역의 기능을 맡은 사람들이 한 사업부에 속해 있어 그들 간의 협력이 원활히 이루어질 수 있다. 그리고 같은 사업부 내 구성원들 간 의사소통이나 정보교환이 쉬워 다양한 업무가 적절히 조정되고 높은 성과를 유지할 수 있다. 사업부별로 필요한 의사결정이 이루어져 시장이나 기술의 변화에 빠르게 대응할 수 있으며, 책임영역이 분명해져 각 사업부의 성과가 비교적 정확하게 평가된다는 장점도 있다.

그러나 각 사업부가 자신의 이해에만 집착해 사업부 간에 마찰이 생길 수 있고, 조직 전체의 목표나 장기적 계획이 뒷전으로 밀리는 문제가 발생할 수 있다. 그리고 생산설비와 같은 자원이 중복 투자되는 단점을 갖고 있다. 〈표 6-2〉은 사업부조직의 장단점은 요약하고 있다.

사례읽기 6-1 NH투자증권, '리테일 전문화 · IB사업부 확대'

NH투자증권은 코로나 이후 고객의 니즈 및 시장 환경 변화에 적극적으로 대응하기 위해 영업채널별 서비스를 전문화하고 성장사업 부문에 역량을 강화하는 조직개편을 단행했다. 먼저 리테일 부문에서는 영업채널을 프리미어블루(PB)/ WM/ 나무(Namuh) 등 3개로 채널로 전문화했다. 각 영업채널은 타깃고객에 적합한 서비스 및 가격 체계를 제공하고 영업역량을 육성할 수 있도록 각자 권한을 갖는다. 또 PB채널의 서비스 경쟁력을 위해 프리미어블루본부 산하에 패밀리오피스 지원부를 신설했다. 해당 부서는 VIP고객의 자산관리 컨설팅 강화를 전문적으로 맡을 예정이다.

디지털(Digital) 영업본부는 나무(Namuh)채널을 전담하고 본부 명칭도 나무 영업본부로 변경했다. 기존의 디지털 솔루션본부와 디지털 혁신본부는 플랫폼 혁신본부로 통합하고 데이터 기반의 플랫폼 혁신을 주도하도록 했다. 기업금융(IB) 사업부는 산업별 경쟁기반 변화에 따라 사업구조를 재편했다. M&A 자문 조직을 확대하기 위해 IB1 사업부 내에 Advisory본부를 신설했다. 또한 부동산개발PF 부문의 시장 확대 및 경쟁구도 변화에 대응해 IB2사업부 내 부동산금융본부 산하에 부동산금융4부를 새로 구성했다.

한편, Wholesale사업부는 시장이 급성장하는 Passive솔루션 조직을 확장해 패시브솔루션본부를 신설하고, ETF · ETN 등의 헤지 운용 및 위탁중개를 전담토록 했다. PrimeBrokerage본부 내에 수탁부를 신설해 수탁업을 본격 추진토록 했으며, OCIO사업부는 시장 확대에 대응해 산하에 전담 기획부서 및 운용부서를 신설해 전문적인 역량을 강화했다. 운용사업부는 운용 목적과 대상 자산을 감안한 전문 운용 구조로 변경하고, 파생본부의 운용 기능을 온전하게 복원해 상품 경쟁력 강화를 추진한다. 이밖에 ESG 경영 강화를 위해 경영전략본부 산하에 ESG추진부를 신설했으며, 고객 및 사업지원을 강화하고 업무효율성을 높이기 위해 팀 단위 업무 체계도 확대했다.

회사 관계자는 "이번 조직개편에서는 코로나 이후 리테일고객의 구성 및 행태가 완전히 달라진 점을 고려해 각 영업채널의 전문화를 꾀했고, 한편으론 ETF, OCIO, 사모펀드 수탁업무 등 시장의 구조적인 성장이 기대되는 부문의 대응 역량을 제고하는 방향으로 사업 리소스를 재편했다."고 전했다.

(자료: "NH투자증권, 리테일 전문화·IB사업부 확대' 조직개편 단행", 팍스경제TV, 임리아 기자, 2021.12.22. http://www.paxetv.com/news/articleView.html?idxno=134105 수정부분발췌)

매트릭스 조직

매트릭스 조직(matrix organization) 또는 행렬조직(行列組織)은 기능조직과 사업부조직을 결합하여 각각의 장점을 살리고 단점을 보완하기 위해 고안되었다. 고객의 요구와 기술의 빠른 변화에 보다 유연하게 대응하기 위한 조직 짜임새라고 할 수 있다. 행렬조직은 〈그림 6-4〉에서 볼 수 있듯이 우선 기능에 따라 부서를 만든 다음 특정 사업이나 프로젝트별로 다시 한번 부서를 만드는 복합적 구조를 갖고 있으며, 대부분의 의사결정이 프로젝트팀 내에서 이루어질 수 있도록 권

그림 6-4 매트릭스 조직의 예

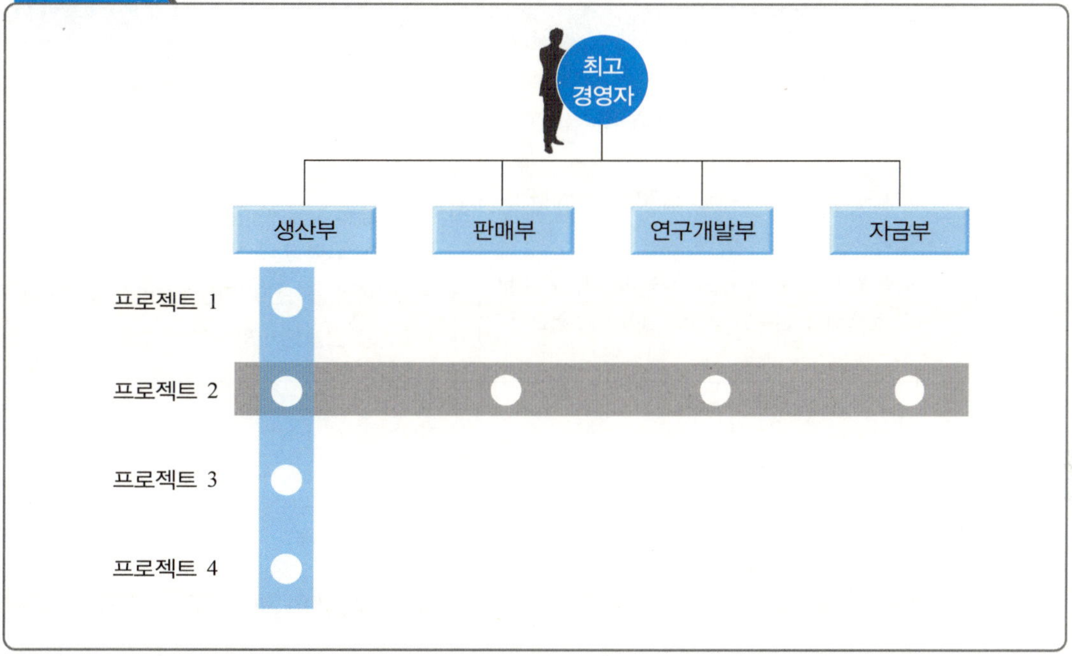

한이 위임된다. 신제품 개발속도가 빠른 IT제품 제조기업, 광고회사, 방송사, 건설회사 등에서 흔히 볼 수 있는 조직 형태이다.

매트릭스 조직에서는 복잡한 업무수행이나 문제해결에 필요한 여러 분야의 전문 능력을 효과적으로 활용할 수 있다. 특정 프로젝트를 수행하는데 필요한 기능과 경험을 지닌 종업원들을 한데 모아 일하게 함으로써 기능영역 간 상호조정 필요성이 줄어들며 협력이 증진되기도 한다. 또 일의 시작부터 끝까지 책임지고 수행하여 구성원들이 일에 대한 주인의식을 갖게 되고 다양한 기능을 습득할 수 있으며, 각 프로젝트에 꼭 필요한 인력만 배치해 인적자원의 효율적 활용 효과도 거둘 수 있다.

그러나 각 구성원이 두 명의 상급자를 갖게 되어 혼란을 겪을 수도 있으며, 프로젝트의 시작과 종료에 따라 모였다 흩어지는 과정이 반복되면서 응집력이나 사기가 떨어질 수도 있다. 그리고 전에 같이 일해본 적이 없는 다른 부서의 사람들과 함께 일해야 하는 경우가 많아 구성원들에게 상당 수준의 대인관계 기술이 요구된다. 매트릭스 조직의 이런 장단점은 〈표 6-3〉에 요약되어 있다.

〈표 6-3〉 매트릭스 조직의 장·단점

장 점	단 점
• 전문인력이 가장 필요한 곳에서 활용될 수 있다. • 구성원들이 부서의 업무에 대해 책임감과 주인의식을 가질 수 있다. • 기능영역 사이에 원활한 협력이 가능하다. • 조직이 유연성을 갖추게 된다. • 대부분의 업무관련 권한이 부서로 위임되어 보다 정확하고 신속한 의사결정이 이루어진다.	• 구성원들이 두 명의 상급자를 갖게 되어 혼란스러워할 수 있다. • 토론에 시간을 허비할 수 있다. • 프로젝트의 종료에 따른 재배치로 종업원들의 응집력이 떨어질 수 있다. • 구성원들의 능숙한 대인관계 기술이 요구된다. • 자원활용 효율성이 떨어질 수 있다.

팀조직

팀을 조직의 짜임새를 갖추는 데 활용하려는 배경은 크게 두 가지로 설명될 수 있다. 경영 현장에서는 오랫동안 개인을 일을 분담하는 기본단위로 삼아왔으며, 한 사람이 맡아 처리할 수 있는 직무를 구성하기 위해 일을 작게 나눌 수밖에 없었다. 이렇게 일을 작은 부분으로 나누는 것이 점점 많은 문제를 낳게 되었는데, 그중 하나가 직무단순화에서 공부한 것처럼 구성원들의 불만과 무력감을 높인다는 것이다. 근로자들이 더 많은 능력을 갖추고 의미 있는 일을 원하게 되면서 일을 좀 더 크게 나누어 맡길 수 있는 새로운 역할분담 단위로 집단이 강조되기 시작했다. 집단을 일을 분담하는 기본단위로 삼아 업무에 관한 재량권을 위임하면서 구성원들이 원하는 자율성과 의미감에 대한 기대를 충족시켜 줄 수 있는 길이 열리게 되었다.

일을 작게 나누는 것이 점점 힘들어졌다는 것이 조직설계에서 팀이 중요한 몫을 차지하게 된 두 번째 배경이다. 현대 조직에서 이루어지는 일들은 복잡한 정도가 과거와 비교할 수 없을 만큼 높아졌다. 단순한 일은 작게 나누기가 쉽지만 복잡한 일을 작은 부분으로 나누는 것은 무척 어렵다. 그리고 복잡한 일을 작게 나누어 분담하더라도 그 결과를 다시 모으는 과정 역시 힘들어진다. 이렇게 일을 크게 나눌 필요를 느낀 현대 조직의 경영자들은 일을 책임지고 수행하는 단위로 개인보다는 팀을 선호하게 되었다.

팀을 중심으로 조직을 설계하기 위해 복합기능 자율경영팀(cross-functional self-managed team)이 널리 활용되고 있다. 프로젝트별로 모였다 해체되는 매트릭스 조직의 약점을 극복하기 위해 목표와 책임을 공유하며 상호보완적인 업무능력을 발휘하여 업무를 수행하는 팀을 만들어 상시적으로 운영하는 조직 짜임새이다. 서로 다른 기능부서에 속해 있던 종업원들로 이루어져 복합기능팀이라 하며, 이들 대부분이 여러 가지 역할을 해낼 수 있는 멀티플레이어의 역량을 갖고 있다. 그리고 이전에는 경영자가 내렸던 많은 결정을 스스로 할 수 있도록 권한을 부여받기 때문에 자율경영팀이라고 부른다.

생산, 디자인, 광고, 유통, 재무 등 다양한 기능영역의 업무 능력을 갖춘 팀원들이 제품의 개발, 생산, 판매 등을 총괄적으로 책임지고 수행하는 팀의 활용은 기능조직이나 사업부조직에서 발생하기 쉬운 부서 이기주의나 편협한 관점을 벗어나 조직 전체의 목표달성에 대한 관심과 협력을 유도하는 효과를 거둘 수 있다. 그리고 구성원들의 자율성 욕구를 충족시키고 일에 대한 주인의식을 높여 동기유발과 성과를 크게 향상시키는 장점을 갖고 있다.

그림 6-5 팀조직의 예

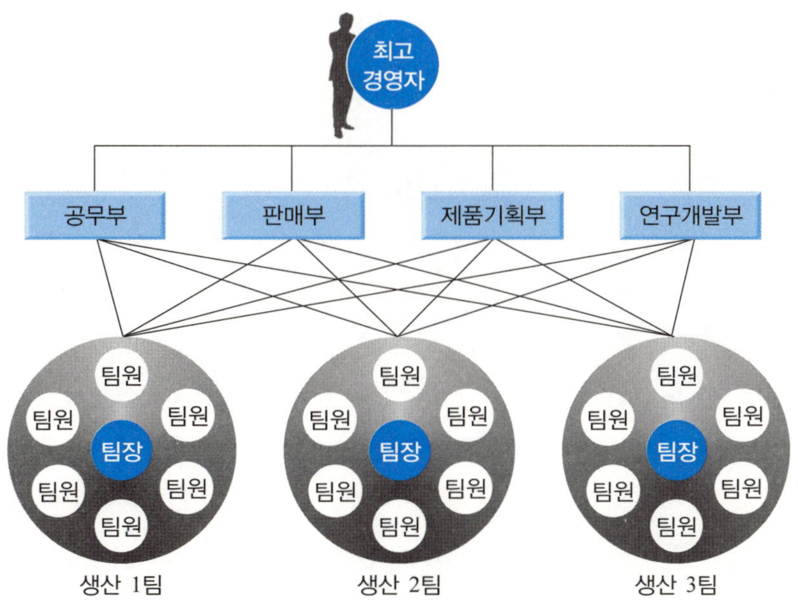

네트워크 조직

기업들 사이에 전략적 제휴나 아웃소싱이 폭넓게 활용되면서 〈그림 6-6〉과 같은 네트워크 조직이 빠르게 늘어나고 있다. 핵심 기능만 조직 내부에 두고 나머지 일들은 아웃소싱 계약을 맺고 있거나 전략적으로 제휴한 외부기업에 맡겨 처리하는 조직 형태이다. 핵심 기능을 담당하는 소수의 인력만을 유지하고 필요에 따라 쉽게 다른 기능 영역에서의 변화를 꾀할 수 있어 환경의 요구에 유연하게 대응할 수 있다. 예를 들면 나이키는 디자인과 광고 기능만을 본사가 담당하고 생산은 인건비가 싼 나라의 공장에게 아웃소싱 함으로써 높은 품질의 운동화를 낮은 원가에 만들어내고 있다. 만약 현재 아웃소싱 공장의 인건비가 올라간다면 재빨리 다른 나라로 생산기지를 옮길 수도 있다. 점차 많은 조직이 이런 형태를 택하고 있는데, 이는 폭넓은 창업 기회를 제공하기도 한다. 네트워크를 통해 필요한 일들을 그때그때 조직 밖에서 처리할 수 있다면 작은 자본과 소규모 인력으로도 새로운 사업을 시작할 수 있기 때문이다.

최근 융복합기술의 발전으로 조직 내 부서들 간 벽을 허물고 외부 조직과의 경계마저 분명하지 않은 무경계조직(無經界組織; boundaryless organization)이 빠

그림 6-6 네트워크 조직의 예

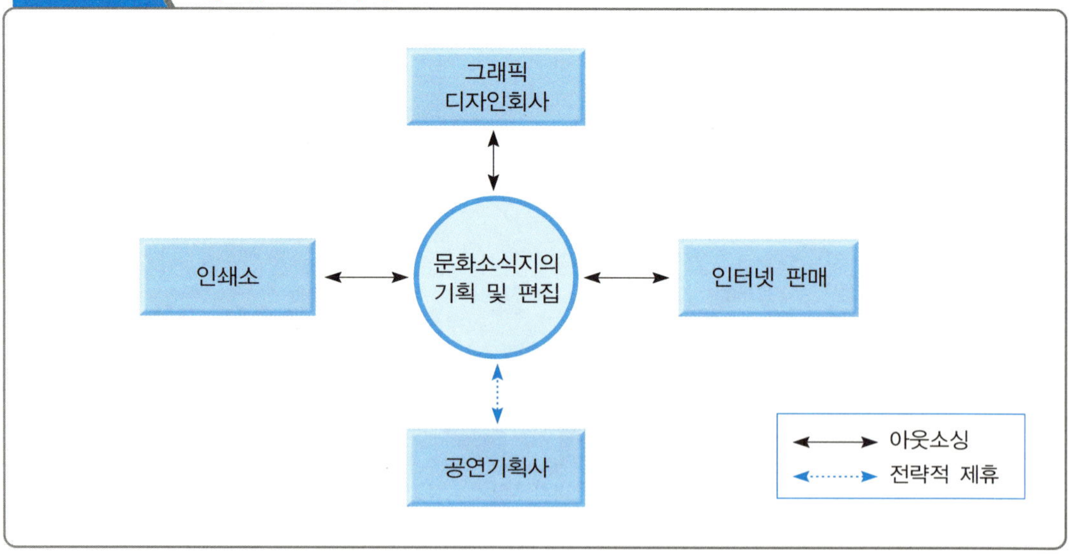

르게 늘고 있는데, 네트워크 조직과 팀조직을 결합한 형태라고 할 수 있다. 부서라는 틀에 얽매이지 않고 필요할 때마다 적임자들이 과업을 중심으로 모여 일하는 유연한 조직으로 구성원들 간 지식이나 정보의 공유가 핵심적 역할을 한다. 자발적인 팀워크와 의사소통이 전통적인 권한체계를 대체하며, 네트워크를 구성하는 외부 조직도 필요에 따라 빠르게 바꾸어 업무수행 역량을 높이기도 한다. 이렇게 특정 과업을 가장 잘 해낼 수 있는 구성원과 외부 조직의 연합체를 꾸려 빠른 환경변화에 대응하여 높은 성과를 이끌어내는 조직이 점점 늘어나고 있다.

지금까지 부서를 만드는 방식을 중심으로 조직구조의 유형에 관해 살펴보았다. 은행이 지역별로 지점을 나누고, 각 지점에서는 다시 기능별로 또는 고객별로 부서를 만들어 운영하는 것처럼 일반적으로 조직은 한 유형의 부서화를 택하기보다는 필요에 따라 여러 유형을 적절히 섞어서 사용한다.

권한배분

직무설계나 부서 만들기를 통해 업무수행 책임(責任; responsibility)이 구성원과 부서에 주어지면 그런 책임을 완수하는 데 필요한 권한도 함께 배분되어야 한다. 권한(權限; authority)은 합법적으로 주어진 업무관련 의사결정권을 의미하는데, 조직의 규모가 작을 때는 최고경영자가 모든 권한을 쥐고 의사결정을 도맡아 할 수 있다. 하지만 규모가 커지면 필요한 의사결정의 수도 늘어나는데 모두 최고경영자의 결재만 기다리고 있다면 그 조직은 비능률적이고 느려 결국 경쟁에 뒤지고 말 것이다. 따라서 책임을 제대로 맡기는 것과 함께 필요한 권한이 적절히 주어지도록 조직이 설계되어야 한다.

권한배분 원칙

권한배분을 위해 전통적으로 계층연쇄, 명령일원화, 책임-권한 균형의 원칙들이 활용되어 왔다.

계층연쇄 원칙

계층연쇄 원칙(階層連鎖原則; scalar principle)은 권한을 배분할 때 최고경영자에서 일반종업원에 이르는 각 계층이 명령체계에 의해 연속적으로 이어져야 한다는 것이다. 다시 말해 최고경영자의 지시가 일반종업원에게까지 전달되고, 말단사원의 업무 결과가 최고경영자에게 보고될 수 있도록 조직의 수직적 계층들이 중간에 끊어지지 않고 연결되는 권한체계를 갖추어야 한다는 것이다.

이런 원칙에 따라 권한이 배분되면 조직의 수직적 계층은 명령체계(命令體系; chain of command)를 통해 연결성을 갖게 된다. 이와 함께 계층에 따라 부여되는 권한 정도가 달라야 한다. 직위가 높을수록 더 많은 권한이 주어져야 한다는 것인데, 이렇게 되어야 명령-보고체계가 명확해지고 위계질서가 생겨 조직이 안정적으로 운영될 수 있다.

명령일원화 원칙

각 구성원은 오로지 한 명의 상급자로부터 지시를 받고 그 사람에게 자신의 업무처리 결과를 보고하도록 권한체계를 갖추어야 한다는 것이 명령일원화(命令一元化; unity of command) 원칙이다. 만약 여러 상급자로부터 업무지시를 받게 된다면 누구의 지시를 따라야 할지 또는 어떤 것을 먼저 해야 할지 정하기 힘들 것이며, 결과적으로 업무수행이 효과적으로 이루어지기 어려워질 것이다. 따라서 각 구성원이 두 사람 이상의 상급자로부터 업무지시나 명령을 받지 않도록 권한체계를 만들어야 한다는 원칙이다. 두 명의 상급자로부터 명령을 받을 가능성이 있는 매트릭스 조직에서나 기능부서 또는 사업부를 팀과 함께 두고 있는 팀조직에서는 팀의 책임자에게만 지시를 받도록 해 이 문제를 해결하기도 한다. 대부분 조직에서 명령일원화의 원칙은 지켜지지만 이런 원칙에 지나치게 얽매이게 되면 유연성이 떨어질 수도 있다.

책임-권한 균형 원칙

책임은 부여된 업무를 완수해야 할 의무를 말하며, 이를 수행하는 과정에서 여러 가지 의사결정이 필요하다. 책임-권한 균형 원칙(parity of responsibility and authority principle)은 책임에 상응하는 권한이 주어져야 한다는 것을 강조한다.

만약 업무처리책임은 부하 직원에게 넘기면서 업무 관련 권한은 여전히 상급자가 모두 갖고 있다면 이는 책임-권한 균형의 원칙에 어긋난 것이며, 권한배분이 제대로 이루어졌다고 볼 수 없다.

집권화와 분권화

의사결정 권한이 어떻게 나누어졌는지에 따라 조직의 집권화(集權化; centralization) 또는 분권화(分權化; decentralization) 정도가 달라진다. 상위계층 경영자 몇 사람에게 권한이 집중되어 있으면 집권화된 조직이며, 반대로 권한이 조직의 아래 계층까지 분산되어 있으며 분권화된 조직이다.

소규모 조직에서는 경영자가 모든 결정을 내리고 종업원들은 그 결정에 따르기만 하는 매우 집권화된 조직설계가 일반적이지만, 규모가 커지고 구성원들의 능력과 자율성 욕구가 높아지면 권한의 분산이 필요해진다. 특히 경영환경이 빠르게 변하면서 집권화된 구조의 느린 대응 때문에 생기는 문제는 점점 심각해졌다. 조직의 윗부분에 집중되었던 권한을 아래 계층으로 위임함으로써 보다 빠르고 정확한 의사결정을 기대할 수 있다. 이런 장점에도 불구하고 권한을 위임하면 업무에 대한 통제가 어려워질 수 있다는 생각 때문에 경영자들이 권한위임을 꺼리는 경우도 있다. 하지만 정보통신기술의 빠른 발전으로 부하직원들의 업무수행에 관해 빠르고 정확한 정보를 쉽게 확보할 수 있게 됨에 따라 분권화와 집권화의 긍정적 효과를 동시에 거둘 수 있게 되었다.

분권화 정도에 따라 조직의 경영자 계층의 수와 각 경영자가 책임지고 관리하는 부하직원의 수를 나타내는 관리의 폭(span of control)이 달라진다. 권한이 아래로 배분되어 분권화되면 일상적인 의사결정은 실무 담당자에 의해 이루어지고 경영자들은 비일상적인 의사결정과 종업원들을 지원하는 역할에 더 많은 시간을 보낼 수 있게 된다. 이렇게 되면 집권화되었을 때보다 적은 수의 경영자가 필요하고 경영자 계층의 수도 줄어든다. 뿐만 아니라 각 경영자가 책임지고 관리하는 종업원의 수가 많아져 관리의 폭이 넓어지면 조직은 위아래가 짧은 수평적 조직(flat organization)이 된다. 이와는 반대로 관리 폭이 좁으면 〈그림 6-7〉에서 볼 수 있듯이 위아래로 키가 큰 수직적 조직(tall organization)이 되어 경영자 계층과 수가 많아진다.

그림 6-7 관리의 폭과 경영자 계층

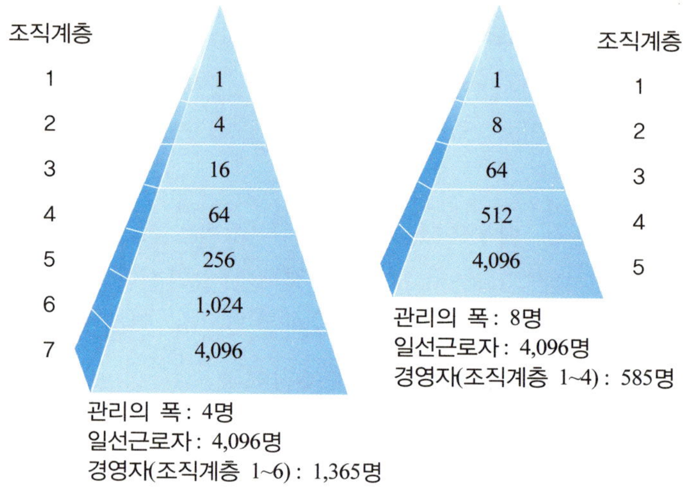

조정과 통합

앞에서 공부한 것처럼 조직은 시스템이며 그 속에는 많은 하위시스템들이 있다. 조직목표 달성에 필요한 일은 하위시스템인 개별구성원이나 팀이 나누어 책임지고 수행하지만 조직목표가 이루어지기 위해서는 각각의 업무수행 결과가 다시 모아져야 한다. 자동차 생산, 환자 치료, 협주곡 연주, 축구경기를 생각해 보면 나누어져 수행된 일들을 다시 잘 모으는 것이 얼마나 중요한지 짐작할 수 있을 것이다. 이렇게 구성원이나 팀의 노력이 조직목표 달성을 위해 적절히 통합(統合; integration)될 수 있도록 유도하는 과정을 조정(調整; coordination)이라 한다.

조직에서 수행되는 일들은 본래 복잡하게 얽혀져 있던 것이라 어떤 구성원이나 팀의 업무수행 방식이나 결과가 다른 구성원이나 팀의 업무에 많은 영향을 미치는 상호의존성(相互依存性; interdependence)을 갖고 있다. 예를 들어 생산부의 신제품 개발 업무는 소비자 기호조사와 같은 마케팅부의 업무에 많은 영향을 받으며, 두 부서 사이에는 잦은 의견 교환과 협력이 필요하다. 이처럼 조직에서 어떤 업무의 결과가 다른 업무에 영향을 주기 때문에 이들 간에 업무추진 일정과 방법 그리고 결과의 처리 등과 관련하여 적절한 조정이 필요하다.

조정이 필요하고 중요해지는 또 다른 이유는 분화(分化; differentiation)이다. 부서나 팀과 같이 조직의 하위시스템이 만들어지면 그 안에 나름대로의 목표, 문화, 업무처리방식 등이 형성되고 구성원들의 가치관이나 행동양식이 하위시스템에 따라 달라지는 것을 말하는데, 적절한 조정을 통해 그런 차이를 극복하지 못하면 조직 전체의 목표 달성이 어려워진다. 예를 들어 TV를 생산하는 회사에서 생산부의 활동은 주로 성능이 뛰어난 제품을 만들어내는 데 초점을 맞추지만 마케팅부는 디자인과 가격과 같은 소비자의 요구에 맞는 제품생산을 강조한다. 만약 생산부와 마케팅부가 서로 자신의 관점만 고집한다면 두 부서가 열심히 노력했다 하더라도 조직의 목표 달성은 어려워질 것이다. 따라서 경영자는 분화된 두 부서의 관심이나 업무 우선순위 등을 잘 조정하여 그들의 활동을 통합할 수 있어야 한다.

조정방법

조정은 다양한 방법을 통해 이루어질 수 있는데, 크게 공식적(公式的; formal)인 것과 비공식적(非公式的; informal)인 것으로 구분할 수 있다. 공식적인 것에는 지휘명령, 규칙과 절차, 계획과 목표의 활용과 같은 전통적인 관리기법을 통한 조정이 포함된다. 조직이 잘 짜여진 지휘명령체계를 갖추고 있으면 서로 다른 관점이나 업무처리 방식 때문에 생긴 구성원들 간 또는 부서 간 마찰을 줄이고 협력을 이끌어낼 수 있을 것이다. 그리고 업무를 처리하면서 따라야 하는 규칙이나 절차가 잘 마련되어 있다면 이 역시 업무와 관련된 갈등을 줄이고 통합을 유도할 수 있으며, 조직 전체의 목표나 계획을 강조함으로써 조직 내 여러 활동들을 한 방향으로 끌어모을 수도 있을 것이다.

조직이 커지고 그 구성이 복잡해지면 전통적 관리기법만으로는 충분한 조정이 어려워진다. 사업 영역이나 지역이 넓어져 부서의 수가 많아지면 전통적 관리기법 외에도 직접접촉, 연결 역할자, 팀조직이나 매트릭스조직, 경영정보시스템 등을 통해 조정능력을 높여야 한다. 직접접촉은 팀이나 부서의 책임자가 직접 만나 의견을 조율하는 것이며, 두 부서나 팀의 업무에 익숙한 구성원을 골라 연결 역할(連結役割; liaison role)을 전담시켜 문제를 사전에 해결하기도 한다. 그리고 프로젝트팀이나 복합기능팀(cross functional team) 역시 다양한 관점과 견해를 조정하는 데 효과적이다. 이와 함께 경영정보시스템을 통해 조직 전체의 목표 달성과 개별구성원 또는 팀들의 업무추진 상황 등에 관한 정보가 필요한 곳이 정확하게 전달되어 구성원들이 공유하게 되면 그들의 노력이 적절히 조정되어 통합될 가능성이 높아질 것이다.

구성원들 사이에 자연스럽게 이루어지는 다양한 접촉과 같은 비공식적 방법도 조정기능을 향상시킬 수 있다. 출퇴근길에 이루어진 다른 부서 동료와의 업무관련 대화가 그 예이다. 그리고 비공식적으로 형성된 인적 네트워크 역시 조정에 큰 몫을 할 수 있는데, 이를 통한 업무관련 정보의 교환은 서로에게 그리고 조직 전체에 도움이 될 수 있는 업무처리를 유도할 수 있다.

기계적 조직과 유기적 조직

지금까지 조직을 설계할 때 무엇을 결정해야 하는지를 살펴보았다. 직무의 설계와 부서 만들기, 권한배분, 조정과 통합에 관한 의사결정을 통해 조직은 나름대로의 특징을 지닌 구조를 갖추게 된다. 그런 특징을 이해하기 위해 두 가지의 대칭적인 조직구조를 생각해 볼 수 있다. 하나는 조직이 매우 엄격하고 딱딱한 짜임새를 갖추고 있는 경우로 Tom Burns와 G. M. Stalker는 기계적 조직(機械的 組織; mechanic organizations)이라고 불렀다. 그 반대편 유형은 유기적 조직(有機的 組織; organic organizations)으로 매우 유연하고 부드러운 짜임새를 갖고 있다.

〈그림 6-8〉과 같이 기계적 조직에서는 일이 명확하게 나누어지고 권한이 조직의 상층부에 집중되어 있다. 철저한 감독을 위해 경영자는 적은 수의 종업원을 관리하고, 엄격하게 적용되는 구체적인 규칙이나 절차를 많이 갖추고 있어 종업원들의 행동은 정해진 틀을 벗어나기 어렵다. 그리고 조정은 주로 공식적이며 비개인화된 방법을 통해 이루어진다.

이와 대비되는 유기적 조직에서는 일의 분할이 비교적 덜 엄격하고 권한이 분산되어 있다. 규칙이나 절차가 많지 않고 융통성 있게 적용되며, 한 경영자가

그림 6-8 기계적 조직과 유기적 조직

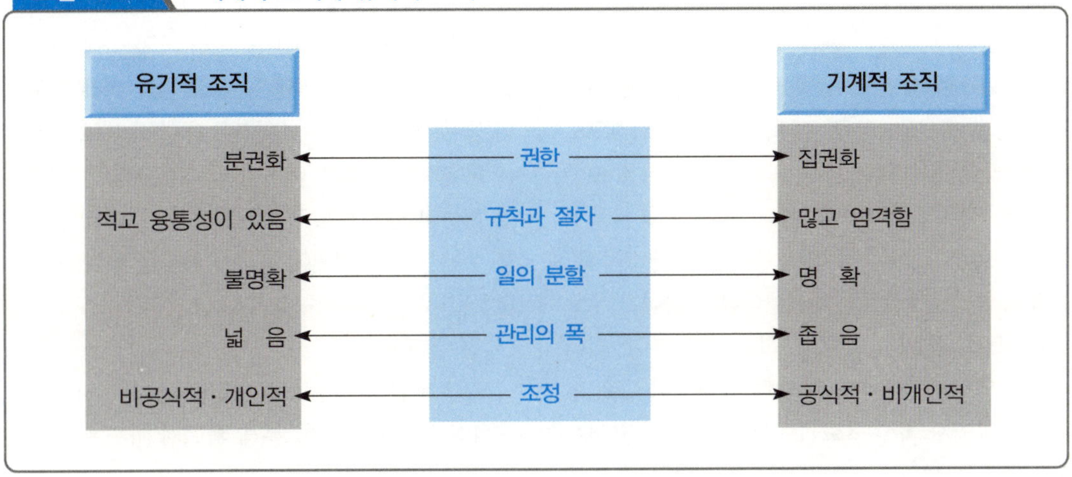

관리하는 종업원 수가 상대적으로 많다. 그리고 조정을 위해 비공식적인 방법을 적극적으로 활용한다.

기계적 조직과 유기적 조직 중 어느 것이 더 좋은 조직일까? 대부분이 유기적 조직이라고 생각하겠지만 항상 그렇다고 할 수 있을까? 군대와 같이 기계적 조직에 가깝게 조직을 설계하는 것이 바람직한 경우도 있는 것처럼 상황에 적합한 구조를 갖추도록 조직은 설계되어야 한다. 예컨대 외부환경이 안정적이고 변화가 거의 없는 경우에는 일관성을 갖춘 기계적 조직이, 반대로 불안정하고 변화가 심한 상황에서는 유연성을 갖춘 유기적 조직이 적합할 것이다. 변화의 속도가 빠르고 불확실성이 높은 현재의 경영환경에서는 많은 조직들이 유기적 구조에 가깝도록 조직을 바꾸어가고 있다.

사례읽기 6-2 한국은행의 조직 유연성 확보

한국은행은 대대적인 조직문화 쇄신에 나설 방침이다. 보수적이고 폐쇄적인 조직 문화는 젊은 직원들이 은행을 떠나는 주요 원인 중 하나로 꼽힌다. 소통 부재로 인해 관료주의적 성격이 두드러졌고 조직은 점점 수동적으로 운영됐다. 컨설팅 전문업체 머서는 이같은 조직체계를 전면 개편할 것을 조언했다. 환경 변화에 적시 대응하기 위해서는 조직 유연성을 확보할 필요가 있다고 했다. 협업과 소통, 자율 중심으로 회사가 아닌 구성원이 주도하는 시스템이 되어야 한다는 것이다.

지난해 컨설팅 전문업체 맥킨지가 한은 구성원 2,267명 중 1,359명을 대상으로 실시한 인터뷰 결과 한은의 '조직 건강도' 평점은 38점으로 나타났다. 글로벌 은행 벤치마크 대비 10% 수준이다. 서베이 결과는 부정적인 키워드로 가득했다. 보수적, 불통, 무기력, 관료주의, 권위주의, 폐쇄적, 전문성 부족, 비효율이라는 단어가 주요 키워드로 꼽혔다. 방향성, 혁신, 동기부여, 리더십 영역에서 개선이 필요하다는 판단이 나왔다.

'경영인사 혁신 프로젝트' 컨설팅을 맡은 머서는 빠르게 변화하는 환경에 즉각 대응할 수 있도록 유연성을 강화하고 현장 리더의 리더십 제고 등 방향성을 제시했다. 먼저 전행 차원의 성과 및 기능 책임을 강화하기 위해 '최고 책임자'를 운영하는 방안을 권고했다. 부총재보를 각각 연구통계, 경제정책, 금융시장, 금융안정, 경영관리 영역 최고 관리자로 임명해 책임경영을 강화한다는 취지다. 상위 조직과 하위 조직 간 조직 연계를 강화해 명확한 성과 관리 제고 효과를 기대할 수 있다. 아울러 기능별 최고책임자 역할 수행을 통해 교류가 필요한 과제에 대해 전행 차원의 관리가 가능할 것으로 봤다.

동일 단계 조직 간 서열을 방지하고 협업을 강화하기 위해 '국-실-팀' 조직 단계를 적용하는 혁신안도 제시됐다. 부총재보 산하 국과 실은 단위별 업무를 기획하는 역할을 맡고 가장 아래 단위인 팀은 애자일(agile, 민첩한) 방식 등으로 조직을 운영하는 안이다. 애자일 방식은 부서 간 경계를 허물어 필요에 맞게 소규모 팀을 구성해 업무를 수행한다. 구성원에게 의사 권한을 부여해 상명하달식의 수직적 구조가 아닌 수평적 조직 운영 방식이다.

조직 운영을 유연하게 가져갈 경우 전사 TFT 구성이 용이하고 이를 통해 빠르게 바뀌는 환경에 적극적으로 대응할 수 있다. 가령 고용안정 정책 TF를 꾸린다고 가정하면 조사국 동향분석팀, 금융안정국 안정연구팀, 기획조정국 전략추진팀 등에서 필요인력을 차출할 수 있다. 같은 실 내 애자일 조직은 팀원 임시 재배치를 통해 새로운 업무를 수행할 수 있다. 전사 TF의 경우 기능별 최고책임자 및 전략기획팀 주도 하에 과제 실행 및 평가가 가능해 적극적인 TFT 참여 유도 및 추진력 확보가 가능하다. 애자일 조직은 일의 변화에 따라 유연하고 빠른 대응을 가능하게 한다.

(자료: "컨설팅 업체의 조언 '책임성·유연성 혁신안 도입'", 더벨, 김규희 기자, 2022.04.11. http://www.thebell.co.kr/free/content/ArticleView.asp?key=202204051619511840107836&svccode=00&page=1&sort=thebell_check_time 수정부분발췌)

조직변화

조직은 내부요인과 외부환경의 특성에 맞도록 설계되어야 한다. 그리고 조직 안팎의 주요 요인들이 달라지면 조직도 그에 맞춰 바뀌어야 한다. 경영환경의 빠른 변화는 조직변화의 중요성을 한층 높이고 있다.

조직변화영역

조직변화는 초점에 따라 목표와 전략, 기술, 직무, 구조, 문화 그리고 구성원과 관련된 것으로 구분할 수 있다. 조직의 장단기 목표는 외부환경의 변화에 따라 바뀌어야 한다. 목표를 효과적으로 이루기 위해 수립되는 전략 역시 상황이 바뀌면 적절히 변화되어야 한다.

조직의 구조적 짜임새의 변경도 원하는 변화를 유도할 수 있는 중요한 수단이다. 일을 나누는 원칙, 부서화방식, 조정방법의 변화를 통해 조직구조를 바꿀 수 있다. 이와 함께 의사결정 권한을 업무담당자에게 위임해 분권화하고, 공식화 정도를 낮추어 업무처리 규정이나 절차를 유연하게 적용하는 것 역시 조직의 구조적 변화에 속한다. 단순히 생산설비를 교체하는 것에서부터 첨단 생산기술의 도입에 이르기까지 조직은 다양한 형태로 기술과 관련된 변화도 시도한다. 생산성 향상을 위하여 새로운 기계설비를 도입하거나 신기술을 사용하면 생산활동의 내용과 과정도 바뀌게 된다. 그 밖에도 정보처리체계의 변화나 자동화를 통해 조직의 기술변화가 이루어진다.

조직변화의 또 다른 영역은 인적자원과 관련된 것으로 두 가지 방향에서 이루어진다. 첫 번째는 채용이나 승진기준을 변경하여 인력구성을 새롭게 함으로써 조직이 강한 역량과 활력을 갖추게 하는 것이다. 두 번째는 기존 구성원들의 능력, 태도, 행동을 변화시켜 조직역량을 높이려는 변화인데, 구성원들의 긍정적 태도와 행동 유도는 조직개발을 통해 이루어진다. 조직개발(組織開發; Organizational Development, OD)은 행동과학의 지식이나 방법을 사용하여 구성원들의 행동이나 업무수행관계(working relationship)에 영향을 주는 요인들을 변화시켜서 조직 효과성을 향상시키려는 장기적이고 계획적인 노력이다. 조직개발이 다른 조직변화 노력과 구별될 수 있는 특징은 인본주의적인 가치를 추구하고 있다는 점이다. 즉 구성원들에게 보다 많은 재량권을 부여하고 문제해결 과정에 참여시켜 개인의 성장이나 만족감을 이끌어냄으로써 조직과 구성원들이 더욱 조화를 이루게 하려는 것이다.

이렇게 조직변화는 다양한 영역에서 이루어질 수 있는데, 이들은 서로 독립적인 것이 아니라 밀접하게 연관되어 있다는 점에 주의해야 한다. 한 부분에서의 변화는 다른 부분의 변화를 유도하며 더 나아가 조직 전체의 운영에도 영향을 준다. 예를 들어 차별화된 품질을 강조하는 방향으로 전략을 바꾸면 생산부서와 판매부서 간의 협력체계에도 그에 상응하는 변화가 필요하고, 새로운 협력체계가 마련되지 못하면 전략 변화는 성공하기 어렵다. 그리고 목표나 전략, 구조, 기술 등의 영역에서 변화가 성공적으로 추진되기 위해서는 그것을 뒷받침할 수 있는 구성원들의 변화가 필수적이라는 사실을 잊어서는 안 된다. 조직에서 변화를 계획하고 실천에 옮기는 주체는 바로 구성원들이기 때문에 그들이 변화필요성을 수용하고 적극적으로 참여하여 실천할 수 있는 능력과 자세를 갖도록 많은 노력을 기울여야 한다.

조직변화과정

조직변화를 성공적으로 이끌기 위해서는 변화가 어떤 과정을 거쳐 이루어지며, 그 과정에서는 어떤 문제가 발생하고, 그것을 어떻게 해결해야 하는지를 잘 알아야 한다. 조직변화과정의 단계, 변화에 대한 저항 그리고 그런 저항을 어떻게 극복할 수 있는지에 대해 살펴보자.

세 단계의 변화과정

K. Lewin이 제시한 것처럼 조직변화는 크게 해빙(解氷; unfreezing), 변화(變化; change), 재동결(再凍結; refreezing)의 3단계로 이루어지며, 각 단계마다 해결해야 할 중요한 과제가 있다. 〈그림 6-9〉에 제시된 이 과정은 얼음을 다른 모양으로 바꾸는 경우를 생각해 보면 쉽게 이해할 수 있을 것이다.

해빙단계 : 변화필요성 분석과 계획

조직변화를 위한 준비단계로 구성원들이 변화필요성을 느끼게 해주는 단계이다. 얼음을 다른 모양으로 바꾸기 위해 먼저 얼음을 녹이는 것처럼 조직특성이나 종업원들의 태도를 바꾸기 위해서는 그들이 기존의 특성이나 태도가 부적절하다는 것을 깨닫고 변화가 필요하다는 것을 느끼게 하는 노력이 먼저 이루어져야 한다. 이를 위해서는 체계적인 변화필요성 분석이 필요한데 정말 변화가 필요한지, 필요하다면 어떤 영역에서 어느 정도의 변화가 요구되는지를 파악해야 한다. 매출액, 시장점유율, 소비자의 불만, 수익성, 불량률, 이직률, 종업원들의 만족도 등

그림 6-9 조직변화단계

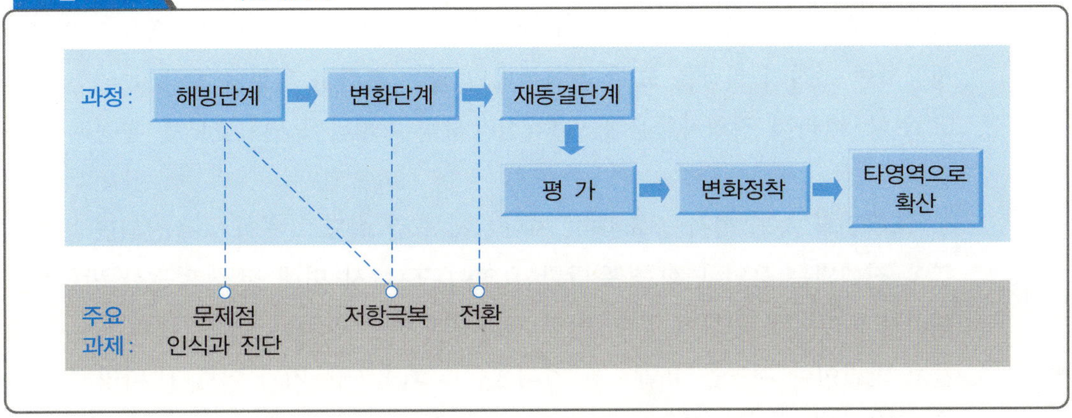

에서의 문제는 변화가 필요하다는 것을 알려줄 수 있다.

변화단계 : 변화기법의 선택과 실행

적절한 방법을 선택하여 변화를 시도하는 것이 두 번째 단계이다. 마치 얼음이 녹아 생긴 물을 다시 원하는 모양의 틀에 넣는 것과 같다. 이 단계에서 경영자들은 변화를 통해 갖추어야 할 조직구조, 구성원들의 행동양식 또는 기술이 어떤 것인지를 결정해야 하는데 이는 원하는 모양의 얼음이 어떤 것인지를 정하는 것과 같다.

이렇게 원하는 모양이 결정되면 물을 새로운 틀 속에 잘 부어 넣는 방법을 찾아야 하는 것처럼 조직변화를 효과적으로 이루기 위해서는 적절한 변화기법을 선택해서 실행해야 한다. 일반적으로 조직변화는 변화추진 시점, 변화규모, 변화속도 그리고 변화추진 전략 등을 고려하여 이루어져야 한다. 우선 여러 징후에 의해 변화필요성이 감지되면 언제 변화를 시작할지 결정해야 한다. 너무 느린 대응은 문제를 돌이킬 수 없을 정도로 악화시킬 위험이 있으며, 너무 빠른 대응은 불충분한 준비 때문에 실패할 가능성이 높다. 따라서 문제의 심각성과 변화추진 준비 정도를 고려하여 적절한 변화추진 시점을 선택해야 한다.

변화규모는 어느 정도의 크기로 변화를 시도할 것인지에 관한 것이다. 한두 개 직무나 부서에서의 변화만으로 충분할 수도 있지만, 어떤 경우에는 조직 전체의 변화가 요구되기도 한다. 소규모의 변화는 시간과 비용이 적게 드는 장점이 있지만, 한정된 부분에서만 효과를 거둘 수 있어 변화규모에 관계없이 드는 기본적 비용을 고려한다면 효율성이 떨어진다는 단점도 있다. 반면에 대규모 변화는 성공하면 조직의 역량을 크게 높여주지만 많은 혼란과 저항을 초래할 위험도 안고 있다. 따라서 경영자들은 문제의 심각성을 고려하여 변화규모를 결정해야 할 것이다.

조직변화 속도 역시 중요하다. 지나치게 느린 속도로 변화가 추진되면 변화노력이 진행되는 동안 변화를 유발한 요인이 또 다시 변해 결국 엉뚱한 방향으로 변화가 이루어질 위험이 있다. 반면 지나치게 빠른 변화는 구성원들의 적응이 힘들고 반발이나 저항을 유발시켜 기대했던 효과를 거두기가 어렵다. 따라서 변화추진 상황에 주의를 기울여 변화속도를 조절할 수 있어야 한다.

마지막으로 적절한 변화추진 전략이 선택되어야 하는데, 이는 강제적 접근, 실증적 접근 그리고 규범적 접근으로 구분된다. 강제적 접근은 조직의 규칙이나 권한에 의존해 변화를 실시하는 방법으로 흔히 정책적 기법이라고도 한다. 예를 들면 새로운 업무처리절차나 근무수칙을 만들고 규칙이나 권한을 통해 그것을 지키도록 강조하여 그런 절차가 조직 내에 자리 잡게 하는 방법이다. 이 방법은 경영자들에 의해 일방적으로 시행되기 때문에 구성원들의 저항을 받게 될 가능성이 높다. 실증 자료에 근거해 변화의 필요성과 방향을 제시하는 실증적 접근도 사용되는데, 정보적 기법이라고도 한다. 불량률이나 결근율에 관한 자료에 따라 직무능력 훈련이나 종업원 태도 변화를 시도하는 것이 그 예이다. 이 방법에서는 주로 조직 밖의 전문가들에 의해 문제점을 밝혀줄 수 있는 자료가 수집되고 그 자료에 근거하여 변화가 시행된다. 규범적 접근은 조직구성원들이 변화 필요성을 인식하고 변화노력에 주인의식을 가져 변화를 적극적으로 받아들이게 하는 참여적 기법이다. 주로 구성원들의 가치관을 변화시켜 그들의 태도나 행동이 자연스럽게 바뀌게 함으로써 조직성과 향상을 꾀하는 방법으로 집단규범이나 조직문화의 변화노력이 그 예가 될 수 있다.

조직변화를 계획하여 시행할 때 한 가지 접근만 고집하지 말고 여러 방법을 적절히 결합하여 사용하면 보다 효과적으로 조직변화를 이끌어낼 수 있을 것이다.

재동결단계 : 변화의 평가와 정착

조직이 의도했던 대로 변화했는지를 평가하고, 바람직한 변화가 조직 내에 안정적으로 자리 잡게 하기 위한 노력이 재동결단계에서 이루어진다. 새로운 틀에 부어진 물을 얼음으로 바꾸기 위해 다시 얼리는 것처럼 변화가 일시적인 것에 그치지 않고 지속적인 효과를 갖도록 노력하는 단계이다.

우선 기대했던 변화가 이루어졌는지를 평가해야 하는데, 이를 통해 추가적인 변화노력이 필요한지 다음에도 같은 변화기법이 활용될 수 있는지 판단할 수 있다. 이를 위해 변화결과에 관한 자료가 수집되어야 하는데, 생산량, 매출액, 불량률, 이직률 등의 객관적 자료와 함께 소비자 불만이나 종업원 만족도와 같은 주관적 자료도 활용된다. 이어서 측정된 변화결과를 변화목표와 비교함으로써 변화노력의 효과를 평가해야 한다.

새롭게 변한 조직의 특성이나 구성원들의 행동양식은 조직 내에 뿌리내릴 수 있어야 한다. 이를 위해 우선 피드백을 통해 변화성과를 조직구성원들에게 알려줄 필요가 한다. 변화를 통해 무엇이 얼마나 바뀌었고, 그 결과 조직은 어떤 역량을 갖추게 되었는지 알려줌으로써 조직의 변화된 모습에 대한 구성원들의 자신감과 협조를 이끌어내야 한다. 적절한 보상이나 자원배분 역시 변화 정착에 도움을 준다. 변화에 따라 새롭게 요구되는 행동이나 그 결과를 보상하고 필요한 자원을 할당해 줌으로써 변화가 안정적으로 자리 잡도록 해야 한다.

조직변화는 앞에서 살펴본 세 단계에 따라 추진되지만 항상 원하는 대로 이루어지는 것은 아니다. 구성원들이 변화를 거부하거나 반발해 변화노력이 방해받을 수 있는데, 이를 효과적으로 극복하지 못하면 조직변화 노력은 실패할 수밖에 없다.

요 약

1. 조직설계는 조직을 구성하는 기본 요소인 구성원과 업무들을 체계적으로 배열하여 조직이 구조적 짜임새를 갖추게 하는 과정이며, 그 결과로 갖추어진 비교적 안정적인 짜임새를 조직구조라고 한다.

2. 전체 업무를 나누어 개별 구성원이 담당할 직무를 만들기 위해 오랫동안 직무전문화 원칙이 사용되어 왔으며, 그 단점을 극복하는 방법으로 직무를 보다 다양한 업무들로 구성하는 직무확대가 시도되었지만 큰 효과를 거두지는 못했다. 근래에 와서 업무 다양성과 함께 재량권을 확대하는 직무충실화가 많이 사용되고 있다.

3. 서로 관련 있는 업무활동이 함께 이루어지도록 기능, 사업부, 행렬식 또는 팀을 중심으로 직무와 그 담당자들을 부서화하며, 핵심 기능만 조직 내부에 두고 나머지는 아웃소싱이나 전략적 제휴를 통해 외부기업에 맡겨 처리하는 네트워크 조직이 활용된다.

4. 업무를 수행하는 데 필요한 의사결정권은 권한위임을 통해 조직 내에 배분되어야 한다. 계층연쇄, 명령일원화, 책임-권한 균형 원칙에 따라 권한배분이 이루어진다.

5. 나누어져 수행되는 일들이 잘 어우러져 조직목표 달성의 방향으로 통합될 수 있도록 조정이 필요하다. 이를 위해 지휘명령체계, 규칙과 절차, 계획과 목표를 활용하는 전통적 관리기법과 함께 경영정보시스템이나 업무수행관계 향상 기법이 사용된다.

6. 기계적 조직은 엄격하고 딱딱한 짜임새를 갖추고 있으며, 유기적 조직은 유연하고 부드러운 짜임새를 갖고 있다. 이들 두 조직은 일의 분할, 권한의 집중 정도, 관리의 폭, 규칙이나 규정의 정도, 조정체계 등에 있어서 차이가 난다.

7. 조직의 효과성을 높이기 위해 구성원, 직무, 기술, 구조와 같은 조직구성요소들의 일부 또는 전부를 변화시키는 노력을 조직변화라고 한다.

8. 조직의 생존과 성장에 중요한 영향을 미치는 조직변화는 해빙단계, 변화단계 그리고 재동결단계를 통해 이루어진다.
   - 해빙단계는 조직변화를 위한 준비단계로 구성원들이 변화 필요성을 느끼도록 해야 한다.
   - 변화단계에서는 변화기법을 사용하여 실제로 여러 가지 변화를 시도한다.
   - 재동결단계에서는 시도된 변화가 조직 안에 안정적으로 자리 잡도록 노력한다.

토의과제

1. 여러분이 다니는 대학의 조직도와 어떤 기업의 조직도를 비교해 보고 그 두 조직이 어떤 점에서 서로 다르게 설계되었는지 설명해 보자.

2. 주변에서 단순하게 만들어진 직무와 충실하게 만들어진 직무를 하나씩 찾아보고 왜 그렇게 평가하는지 발표해 보자.

3. 다음 조직들이 주로 택할 것 같은 부서화는 어떤 방식이고 그 이유는 무엇인지 생각해 보자.
   - TV 방송 보도국
   - TV 조립공장
   - 케이블 TV 방송회사

4. "권한은 없고 책임만 있다" 또는 "누군가가 권한을 갖고 결정했지만 아무도 책임지는 사람이 없다"라고 불평하는 경우가 많다. 서로 상반되는 두 가지 상황 각각을 나타내 줄 수 있는 신문기사를 사회면이나 정치면에서 찾아보고 그 해결책을 생각해 보자.

5. 주변에서 기계적 조직과 유기적 조직에 해당되는 조직을 찾아 왜 그런 특성을 갖고 있는지 서로 비교해 보자.

6. 5년 단위로 우리나라 30대 기업을 매출액 기준으로 적어보고 그 변화를 살펴보자. 그리고 왜 기업들의 순위가 바뀌었는지 조사해 보자.

7. 초우량기업들의 조직변화 노력에 대한 사례를 찾아 조직변화의 3단계에 따라 설명해 보자.

07 CHAPTER

리더십과 대인관계관리

뛰어난 리더가 이끄는 조직은 활력이 넘치며 높은 성과를 올린다. 리더십의 핵심은 구성원들로부터 자발적 복종을 이끌어내는 것이며, 좋은 리더가 될 때 경영자는 성공할 수 있다. 리더는 어떤 자질을 갖추어야 하며 어떻게 행동하여야 할까? 경영자는 상황에 적합한 리더십을 통해 종업원들을 조직목표 달성에 기여할 수 있도록 이끌어야 한다. 그러기 위해서는 다른 사람과 원만한 관계를 맺고 유지하는 능력을 갖추어야 한다.

효과적인 리더십과 대인관계관리에 관해 다루고 있는 이 장을 공부한 후 다음에 관해 이해할 수 있어야 한다.

Understanding Business Management

- 리더가 갖고 있는 특성들
- 리더의 행동스타일
- 상황에 적합한 리더십 스타일
- 변혁적 리더십의 역할과 특징
- 갈등관리와 협상전략

시작이야기 퍼스트 무버 현대차의 정의선 리더십

정의선 현대자동차그룹 회장이 미래 먹거리 선점을 위한 경영 활동에 박차를 가하고 있다. 특히 주요 사업 영역에서 정의선 회장 특유의 '퍼스트 무버(개척자)' 전략이 성과로 이어지면서 그의 리더십에 대한 기대감이 점차 높아지고 있다. 현대차그룹은 미국 뉴욕오토쇼 현장에서 열린 '2022 월드카 어워즈' 시상식에서 주요 부문상을 휩쓸었다. 아이오닉 5가 '세계 올해의 차', '세계 올해의 전기차', '세계 올해의 자동차 디자인' 등 자동차에 시상하는 6개 부문 가운데 3개 부문에서 성과를 냈다. 지난 2월에는 기아 전용 전기차 EV6를 통해 '2022 유럽 올해의 차'를 수상한 바 있다. 이로써 현대차그룹은 전기차 시장 리더십을 증명하게 됐다.

완성차 업계에서는 현대차그룹 전기차 모델을 향한 전문가와 소비자들의 호평이 이어진 배경으로 정의선 회장의 리더십을 꼽는다. 그동안 "내연기관차 시대에는 우리가 패스트 팔로어였지만, 전기차 시대에는 모든 업체가 공평하게 똑같은 출발선상에 서 있다. 경쟁 업체를 뛰어넘는 압도적인 성능과 가치로 전 세계 전기차 시장을 선도하는 퍼스트 무버가 돼야 한다."고 내부적으로 독려하면서 전기차 시장 선점 계획을 추진해왔다. 개발 과정에서 다양한 전기차용 신기술을 직접 점검했고, '퍼스트 무버' 전략에 따라 현대차그룹 최초 전기차 전용 플랫폼 'E-GMP'를 성공적으로 개발했다.

정의선 회장의 경영 능력은 해외에서도 인정받고 있다. 최근 글로벌 시사주간지 뉴스위크는 '올해의 비저너리(선지자)'로 정의선 회장을 선정했다. '올해의 비저너리'는 향후 30년 이상 자동차 산업 미래에 막대한 영향을 미칠 업계 리더에게 수여하는 상으로, 정의선 회장이 최초 수상자로 이름을 올렸다. 뉴스위크는 "정 회장은 자동차 산업에서 현대차와 기아의 성장에 지대한 공헌을 했으며, 현대차그룹은 그의 리더십과 미래를 향한 담대한 비전 아래 모빌리티의 가능성을 재정립하고, 인류에 '이동의 자유'를 제공하고 있다."고 밝혔다.

전기차뿐만 아니라 로보틱스, 자율주행차, 수소차, 미래항공모빌리티(AAM) 등을 미래 먹거리로 낙점하고 '퍼스트 무버' 전략을 실행 중이다. 뉴욕에서 가진 간담회를 통해서는 "로보틱스, 자율주행, 수소차 모두 놓치지 않겠다."는 의지를 드러냈다. "로보틱스는 로봇 기술의 브레인이 되는 기술들을 가진 곳들과 협업 등 다양한 방식을 검토하고 있다."며 "산업용·개인용 로봇 모두 고려하고 있다."고 말했다. 자율주행에 대해선 "자율주행은 2026년까지 레벨3를 완벽하게 구현하고 레벨4도 테스트하고 있지만, 레벨4를 시작하는 게 중요한 것이 아니라 얼마나 완성도가 있는 것이냐가 중요하다."며 "미국 기준으로 레벨4는 2026년에 차를 만들어 생산·판매가 가능하지 않을까 생각한다."고 했다.

이어 정의선 회장은 "도심항공모빌리티(UA

M)가 나오면 하늘길은 돌발 변수가 적기 때문에 차보다 더 안정적이고 빠르게 정착되지 않을까 싶다."며 "기술상으로는 2026년에 실현할 수 있지만 법규·규제 때문에 실제 활용까지는 시간이 걸릴 것으로 본다."고 설명했다. 수소차 개발과 관련해서는 "수소전기차는 원하는 목표가 있지만, 달성하는데 조금 지체될 수 있다."며 "시행착오를 겪고 있지만, 최대한 시점을 당기고 있다. 수소전기차를 안 하지는 않을 것이고, 부족한 부분을 수정하는 게 시급하고 중요하다."고 말했다.

재계는 현대차그룹의 주요 미래 사업이 구체화될수록 정의선 회장의 리더십에 대한 주목도가 한층 더 높아질 것으로 보고 있다. 판이 바뀌는 시기에 선제적으로 대응하는 '퍼스트 무버' 전략으로 영향력을 확대해나가는 동시에 그간 중시해온 '품질 경영'을 더욱더 강화해나간다는 방침이다.

정의선 회장은 "미래의 획기적인 공간 이동 개념이 나오기 전까지는 사람과 사람 사이 만남을 편안하게 해드리는 것이 저의 목표다. 그 안에서 자동차, AAM, 로보틱스 등의 영역이 나올 수 있는 것이라 생각하고 다양한 분야에서 노력할 것"이라며 "일단 품질이 중요하다. 아무리 전자 장치가 많아지고 자율주행이나 편의성이 높아지더라도 문제가 생기면 안 된다. 기본기를 다지는 게 우리가 성공하는 길이고, 아직 갈 길이 멀다."고 밝혔다.

(자료: "현대차그룹은 퍼스트 무버 정의선 리더십", THE FACT, 이성락 기자, 2022.04.15. http://news.tf.co.kr/read/economy/1931533.htm 수정부분발췌)

리더십과 권력

리더십(leadership)은 다른 사람에게 영향력을 행사하여 그들로부터 조직목표 달성에 기여할 수 있는 행동을 이끌어내는 과정이다. 따라서 리더십의 근원은 영향력 또는 권력(權力; power)이라고 할 수 있으며, 권력은 지위와 관련된 것(positional power)과 개인의 특성 때문에 생기는 것(personal power)으로 구분된다.

보상 권력(reward power), 강압 권력(coercive power), 합법 권력(legitimate power)은 리더의 공식적인 지위와 관계가 깊다. 보상 권력은 다른 사람이 원하는 보상을 줄 수 있기 때문에 생긴다. 경영자가 임금인상이나 승진을 결정한다면 그것을 원하는 구성원에게 보상 권력을 갖게 된다. 경영자는 흔히 처벌이라고 말하는 여러 가지 것들, 즉 꾸지람, 감봉, 좌천, 해고 등을 결정할 수 있기 때문에 구성원들에게 영향력을 갖게 되는데, 이를 강압 권력이라고 한다. 합법 권력은 권한배분에 의해 지위에 부여된 공식적인 권한(formal authority)에 근거한 것이다. 어떤 부서의 과장이 승진이나 임금인상에 관해 최종 결정권이 없더라도 업무와 관련해 과원들을 지휘·명령할 수 있는데, 이는 과장이라는 직책에 공식적으로 부여된 합법적 권력 때문이다.

전문 능력, 정보나 인맥, 도덕성 등과 같은 개인적 특성에 바탕을 둔 권력 때문에 같은 지위에 있는 리더라도 영향력은 달라진다. 전문 권력(expert power)은 전문지식이나 능력을 갖고 있기 때문에 생기는데, 업무를 처리하면서 경영자의 전문능력이나 지식의 도움이 필요한 구성원은 그 경영자를 따르게 된다. 여기서 왜 경영자들이 배움을 게을리 해서는 안 되는지를 알 수 있다. 그리고 리더가 요긴한 정보나 인맥을 갖고 있을 때도 영향력을 갖게 되는데, 이를 정보/인맥 권력(information & networking power)이라 한다. 중요한 정보에 접근할 수 있고 강한 사회적 네트워크의 중심에 있는 경영자는 부하직원들이 신뢰하고 가까이 하고 싶어하기 때문에 생기는 것이다. 이와 함께 구성원들이 리더에게 호감을 느껴 자신을 리더와 동일시(同一視; identification)하려는 경향 때문에 생기는 준거 권력(referent power)도 있다. 존경심, 호감 또는 카리스마적 기질 때문에 구성원들은 리더가 원하는 방향으로 행동하게 된다. 경영자들이 도덕적이며 존경받도록 행동해야 하는 것도 바로 이 때문이다.

그림 7-1 리더십 원천으로서의 권력유형

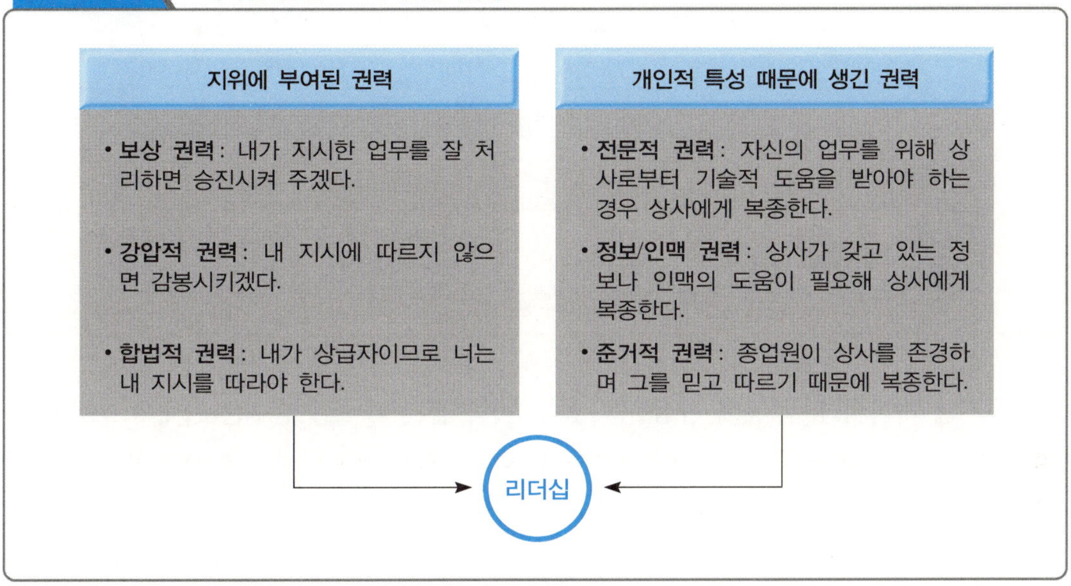

지금까지 리더십의 근원이 되는 권력에는 어떤 유형이 있는지 살펴보았는데, 그 내용은 〈그림 7-1〉에 요약되어 있다. 일반적으로 경영자들의 권력은 지위에 부여된 권력과 개인적 특성 때문에 얻어진 권력의 합이라고 할 수 있으며, 갖고 있는 권력의 종류와 정도는 경영자들마다 차이가 있을 것이다. 지위에 부여된 권력은 경영자가 차지하고 있는 공식적 지위 때문에 생긴 것이므로 그것의 획득보다는 효과적 사용에 더 많은 관심을 가져야 한다. 그러나 개인적 특성에 근거한 권력은 주어지는 것이 아니라 스스로 만들어가는 것이므로 경영자는 항상 자신의 전문 능력을 향상시키고 구성원들로부터 신뢰와 존경을 받도록 노력해야 한다.

리더십에 대한 관점들

사회학, 심리학, 정치학과 함께 경영학에서도 리더십을 체계적으로 이해하려는 노력이 활발히 이루어져 왔다. 특히 리더가 갖고 있는 특성이나 역량, 리더의 행동 스타일, 상황에 적합한 리더십 스타일, 조직을 획기적으로 변화시킬 수 있

그림 7-2 리더십 연구의 흐름

1940년대 1950년대 1960년대 1970년대 1980년대 1990년대

접근	특성이론	행동이론	상황이론	변혁적 리더십이론
관심	리더의 개인적 특성	리더의 행동유형	상황에 적합한 리더의 행동유형	획기적 변화를 이끌어 낼 수 있는 영향력

는 리더의 능력 등에 관심을 가졌다. 이와 같은 리더십 연구는 시대의 흐름에 따라 그 초점과 주장이 변해왔는데, 〈그림 7-2〉와 같이 특성이론, 행동이론, 상황이론, 변혁적 리더십이론으로 나누어 살펴볼 수 있다.

리더의 특성과 역량 : 리더십 특성이론

초기 리더십 연구는 리더의 남다른 특성에 관심을 가졌는데, 이를 특성이론(特性理論; trait theory)이라고 부른다. 특성은 지능, 체격이나 생김새, 성격과 같이 타고나거나 어린 시절에 결정되는 경향이 큰 개인의 속성을 말하는데, 남다른 특성을 갖고 있어야 리더가 될 수 있다고 주장하였다.

세종대왕은 어떤 특성을 가졌기에 역사에 오래 기억되는 훌륭한 지도자가 될 수 있었을까? 어렸을 때 읽었던 위인전을 다시 읽어보면 그런 특성을 찾아낼 수 있을 것이다. 그래서 이런 관점을 위인이론(great men theory)이라고 부르기도 한다. 뛰어난 리더로 평가받는 사람들은 〈표 7-1〉에 나열된 특성을 갖고 있는 것으로 나타났다. 이를 종합해 보면 좋은 리더는 뛰어난 지적 능력과 강한 열정, 자신감을 갖고 있어야 한다. 그리고 책임감과 목표를 이루겠다는 의욕, 성실성과 정직성, 불확실성이나 좌절을 극복할 수 있는 의지를 갖추어야 한다.

이와 같은 특성이 리더와 리더가 아닌 사람을 그리고 뛰어난 리더와 그렇지 못한 리더를 구분해 주기도 한다. 그러나 특성이론은 리더십을 이해하고 리더를 양성하는 데 몇 가지 한계를 지니고 있다. 우선 상황에 상관없이 어떤 특성을 갖고 있으면 리더가 된다는 가정은 받아들이기 어려울 때가 많다. 예를 들어 남보

〈표 7-1〉 뛰어난 리더의 특성

특 성	내 용
지능	복잡한 문제를 이해하고 해결방안을 모색하는 데 도움이 된다.
지식과 전문적 능력	능률과 효과성이 향상되도록 뛰어난 의사결정을 내리고 문제에 적절한 해결책을 찾아낼 수 있게 해준다.
남보다 우위에 서려는 성향	구성원들이 조직의 목표달성을 위해 열심히 노력하도록 영향을 주는 데 도움이 된다.
자신감	리더가 구성원들의 복종을 이끌어내고 난관에 굴하지 않고 계획했던 일을 추진하는 데 기여한다.
열정	리더에게 부과되는 많은 일을 처리할 수 있게 해준다.
스트레스를 극복할 수 있는 힘	불확실한 상황에 대처하고 어려운 결정을 내리는 데 도움이 된다.
도덕성과 정직	리더가 윤리적으로 행동하여 구성원들로부터 존경과 신뢰를 받게 해준다.
성숙성	리더가 이기적으로 행동하지 않고 자신의 감정을 잘 조절하며 자신의 실수를 인정할 수 있게 해준다.

자료 : G. R. Jones, J. M. George, and C. W. L. Hill (2000), *Contemporary Management*, New York : McGraw-Hill, p. 470.

다 우위에 서려는 성향이 강한 사람은 군대와 같은 조직에서는 리더가 될 가능성이 높지만 각자가 독특한 능력을 갖춘 연구원집단에서는 리더가 되기 어려울 수도 있다. 다음으로 그런 특성 때문에 리더가 된 것인지, 아니면 '자리가 사람을 만든다'는 말처럼 리더가 된 다음 그런 특성을 갖추게 된 것인지 불분명한 경우도 많다. 예컨대, 판단력이나 자신감 때문에 리더가 될 수도 있겠지만 리더가 되고 나서 그런 특성이 개발되었을 가능성도 있다. 그리고 리더가 어떤 특성을 갖고 있는지를 알려주기는 하지만 그런 특성을 통해 어떻게 리더십이 형성되는지를 충분히 설명하지 못해 리더를 양성하는 데 큰 도움을 주지 못한다.

이런 한계에도 불구하고 최근 리더의 개인적 특성에 대한 관심이 되살아나고 있다. 성공적인 리더들이 갖고 있는 역량(力量; competence)을 강조하고 있는데, 배워서 늘릴 수 있고 상황에 적합한 능력에 초점을 맞춘다는 점에서 기존의 특성이론과는 차이가 있다. 성공적 리더는 문제해결, 사회적 판단, 지식과 같은 개인역량을 발휘해 조직에서 일어나는 여러 문제를 효과적으로 해결함으로써 조직성과를 높인다는 것을 발견하고, 그와 같은 역량을 키워 리더십을 갖추는 경영자들의 노력을 강조하고 있다.

사례읽기 7-1 푸틴과 젤렌스키의 리더십

우크라이나와 러시아는 전쟁 중이다. 전쟁에서 소통은 혈관을 타고 흐르는 피와 같다. 군 통수권자인 대통령과 군의 지휘관, 말단 병사와 국민들까지 원활한 소통 없이는 전쟁의 승리를 장담할 수 없다. 젤렌스키와 푸틴은 시간이 지날수록 리더십의 극명한 차이를 보이고 있다.

"나에게 필요한 것은 도망갈 비행기가 아니라 싸울 무기와 탄약입니다." 젤렌스키 대통령은 개전 초기 미국의 망명 제안에 위와 같이 말했다. 그리고 수도 키에프에서 자신이 군을 지휘하고 있음을 SNS로 소통했다. 그를 제거하려는 수많은 위협에도 불구하고 전투에서 부상당한 병사들을 찾아 위로하고 감사를 표했다. 세계 각국 의회에서 화상 연설을 통해 지원을 호소하며 국제여론을 유리하게 조성하고 있다. 우크라이나 국민의 90%가 그를 지지하며 가는 곳마다 환호하며 반긴다. 그는 우크라이나를 하나로 묶는 구심점이 되고 있다.

반면에 러시아의 푸틴은 그의 핵심 참모들과의 소통도 6M 이상 거리를 두고 할 만큼 권위적이고 독선적이다. 참모들이 가까이 다가갈 수 없는 상태에서 지시하고, 다그치며, 책임을 묻는 모습이 연일 보도되고 있다. 러시아는 푸틴을 존경해서 따르는 것이 아니라 겁을 내며 따르는 모양새다. 세계 2위의 군사력을 가진 강대국 러시아가 우크라이나에서 고전을 면치 못하는 이유로 푸틴의 리더십이 문제라는 주장이 증가하고 있다.

미국의 로널드 레이건 대통령은 놀라운 소통 능력으로 사람들의 마음을 움직인 리더였다. 그가 긴 여행을 마치고 백악관으로 돌아올 때 헬리콥터가 잔디밭에 착륙하는 소리가 들리자 백악관 직원들이 하던 일을 멈추고 "아빠가 돌아오셨다(Dady's home!)."며 기쁘게 대통령을 맞이했다고 한다. 조직의 구성원이 반길 수 있는 리더, 진심으로 소통하는 리더가 위기에서 조직을 구하는 리더가 될 수 있다. 이런 면에서 젤렌스키는 푸틴보다 몇 수 위의 리더십을 발휘하고 있다.

우크라이나 마리우폴을 사수하고 있는 부대 중에 '아조우(Azov)'라는 부대가 있다. 처음에는 수백 명의 민병대로 출발했는데 지금은 연대급으로 확대되어 국가경비대의 일원으로 편입돼 정규군의 지위를 얻은 부대다. 아조우 연대(Azov Regiment)는 러시아군 소장을 교전 중 사살하는가 하면, 매복공격으로 러시아군 전차와 장갑차를 격파하는 등 주요 격전지에서 혁혁한 전과를 올리고 있다. 우크라이나군은 '아조우 연대(Azov Regiment)'처럼 소부대 위주의 게릴라전으로 곳곳에서 러시아군에 맞서 싸우고 있다.

이러한 우크라이나의 소부대들은 현장 지휘관의 상황판단과 작전지휘에 따라 생사가 좌우된다. 그래서 현장 지휘관에게 많은 권한이 위임될 수밖에 없다. 우크라이나군은 열세한 전력의 악조건을 '권한위임의 리더십'으로 극복하고 있다.

러시아군은 어떠한가? 공산주의 국가에서는 군 작전을 간섭하는 정치지도원이 있다. 당에서 파견한 정치지도원의 승인이 있어야 작전을 진행할 수 있다. 정치지도원이 군 지휘관의 판단과 작전지휘에 정치적으로 간섭하기 때문에 군 지휘관은 늘 눈치를 볼 수밖에 없다.

불행하게도 2022년의 러시아군은 80년 전 스탈린의 잘못된 유산을 그대로 물려받았다. 일선 지휘관들은 책임지지 않으려는 소극적인 작전 수행으로 목표를 달성하지 못하고 사상자만 늘어나고 있다. 권한을 독점하고 위임하지 않는 푸틴 리더십의 한계를 잘 보여준다.

리더는 구성원들을 믿고 자신이 가진 힘을 기꺼이 나누어줄 수 있을 때 더 큰 성취를 이룰 수 있다. 미국의 부통령 후보였던 제임스 스톡데일 해군 제독의 말을 되새겨 보자. "위대한 리더들은 권위를 버림으로써 권위를 얻는다. 위대한 리더가 되기를 바란다면 권한위임의 법칙을 따라야 한다."

(자료: "푸틴과 젤렌스키의 리더십", 한국뉴스투데이, 송은섭 작가, 2022.04.13. http://www.koreanewstoday.co.kr/news/articlePrint.html?idxno=67235 수정부분발췌)

리더의 행동 스타일 : 리더십 행동이론

어떤 상황에서나 일관성 있게 리더십 효과를 설명해 줄 수 있는 특성을 찾기 어려워지자 리더는 태어나는 것이 아니라 만들어질 수 있다는 생각이 강조되기 시작했다. 특히 제2차 세계대전의 발발로 부족한 초급지휘관을 단기간에 양성해야 할 필요가 생기면서 미국을 중심으로 어떻게 리더를 양성할 것인지에 대해 관심이 높아졌다.

'어떻게 리더를 만들 것인가'라는 질문의 당연한 답은 리더의 역할을 잘 해낼 수 있도록 만들어야 한다는 것이다. 리더의 역할은 어떤 것이며 그런 역할을 잘 해내기 위해 무엇을 해야 하는지를 밝히는 손쉬운 방법은 이제 막 만들어진 집단에서 누가 리더가 되고 또 그 사람은 주로 어떤 행동을 하는지 살펴보는 것이다. 예컨대, 팀과제를 준비하기 위해 모인 학생들을 자세히 관찰한다면 누가 리더가 될지 예측할 수 있을 것이다. 과제와 관련해 아이디어를 많이 내는 사람이 자연스럽게 리더가 되는 것처럼 집단에게 맡겨진 일을 해내는 데 도움이 되는 행동은 어떤 사람을 리더가 되도록 만든다. 집단에서 누가 리더가 될지 파악하기 위한 다른 방법은 구성원들이 그들 중 누구에게 가장 호감을 갖고 있는지 파악해보는 것이다. 구성원들을 잘 이해하고 배려하며 갈등이나 대립을 원만히 해결해 신뢰와 존경을 받는 사람이 리더가 될 가능성이 높다.

이와 같이 집단이 맡겨진 일을 잘 해내도록 그리고 구성원들에 대한 배려를 통해 집단이 흔들리지 않고 유지되도록 하는 것이 리더가 맡아야 할 두 가지 핵심 역할이다. 따라서 집단의 과업수행을 주도하거나 다른 구성원들과의 관계가

그림 7-3 리더십 스타일

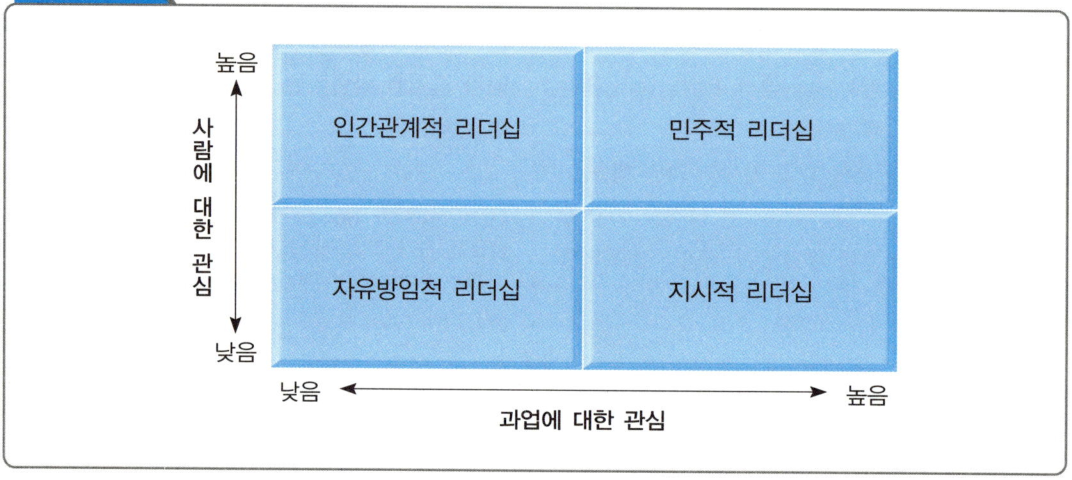

원만한 사람이 리더가 될 것이며, 과업과 관계 중 어느 것에 더 많은 관심과 노력을 기울이는지에 따라 리더십 스타일을 구분할 수 있다. 리더십 스타일(leadership style)은 리더가 집단을 이끌어 나갈 때 주로 나타내는 행동패턴을 의미하는데, 〈그림 7-3〉과 같이 과업수행과 구성원들과의 원만한 관계유지라는 두 축을 중심으로 이해할 수 있다. 직무중심(職務中心; job centered) 또는 구조주도(構造主導; initiating structure) 그리고 종업원 중심(從業員中心; employee centered) 또는 배려(配慮; consideration)로 불리기도 하는데, 이들 각각을 위한 행동을 얼마나 자주 하는지에 따라 리더십 스타일이 구분된다.

과업수행을 강조하는 리더는 집단에게 맡겨진 과업을 명확하게 규정하고, 그것을 달성하기 위해 계획을 세우며 필요한 일을 구성원들에게 분담시켜 책임소재를 분명히 하는 데 더 많은 시간을 보낸다. 그리고 과업을 수행하면서 따라야 할 절차를 만들고 맡은 임무를 구성원들이 달성할 수 있도록 독려하며 결과를 주의 깊게 관찰해 필요한 제재를 가하는 것도 주저하지 않는다. 이에 반해 구성원들을 배려하는 데 더 큰 관심을 갖는 리더는 구성원들과 친밀한 관계를 유지하고 그들의 입장과 감정을 존중한다. 뿐만 아니라 구성원들에 대해 개인적 관심을 기울이고 상호 신뢰감을 강조한다.

실제 경영자들은 이 두 행동패턴이 결합된 리더십 스타일을 갖게 되는데, 〈그림 7-3〉과 같이 자유방임적(自由放任的; laissez-faire) 리더십, 지시적(指示的; directive) 리더십, 인간관계적(人間關係的; human relations) 리더십, 민주적(民主的; democratic) 리더십의 네 가지 유형으로 나눌 수 있다. 이 네 가지 스타일 중 어떤 리더십이 가장 효과적일까? 많은 사람들이 구성원에 대한 배려와 과업달성을 위한 행동 둘 다를 높게 나타내는 민주적 리더십이 가장 바람직한 스타일이라고 생각할 것이다. 그러나 민주적 리더십이 항상 효과적인 것은 아니라는 것이 많은 연구를 통해 밝혀졌다. 어떤 경우에는 지시적 리더십이, 다른 경우에는 인간관계적 리더십이 오히려 더 효과적인 것으로 나타났다. 군대나 경찰에서 효과적인 리더십 스타일이 대학이나 연구소에서도 반드시 성공적일 것으로 기대하기는 어렵다.

과업지향적인 행동이나 관계지향적인 행동 모두 리더에게 시간과 노력을 요구하기 때문에 상대적으로 더 필요한 행동을 더 많이 한다면 효과적인 리더십을 갖추게 될 것이다. 예컨대, 구성원들이 뛰어난 업무능력과 열심히 하려는 자세를 갖고 있다면 리더가 구태여 과업수행과 관련된 지시나 감독에 시간을 보낼 필요가 없을 것이다. 대신 그들과의 우호적인 관계형성을 위해 더 노력하는 것이 바람직할 것이다.

상황과 리더십 스타일 : 상황적 리더십이론

한 스타일의 리더십이 항상 효과적인 것이 아니라면 다음 질문은 '어떤 상황에서 어떤 리더십 스타일이 효과적인가?'일 것이다. 그리고 그 답은 리더십이 행사되는 상황과 리더십 스타일과의 연관성을 리더십 효과성에 초점을 맞추어 살펴봄으로써 찾을 수 있다. 이와 같이 리더십이 이루어지는 상황을 여러 가지 특징에 따라 분류하고, 각 상황에 가장 적합한 리더십 스타일을 찾아내는 노력은 몇 가지 상황적 리더십이론으로 정리되었다.

상황이 리더에게 유리한 정도와 리더십 스타일 : Fiedler의 상황이론

미국의 경영학자 Fred Fiedler는 〈그림 7-4〉와 같이 리더십이 이루어지는 상황이 리더에게 유리한 정도(situational favorableness)에 따라 효과적인 리더십 스타일이 달라진다고 주장하였는데, 그 내용을 좀 더 자세히 살펴보자.

그림 7-4 Fiedler의 상황이론모형

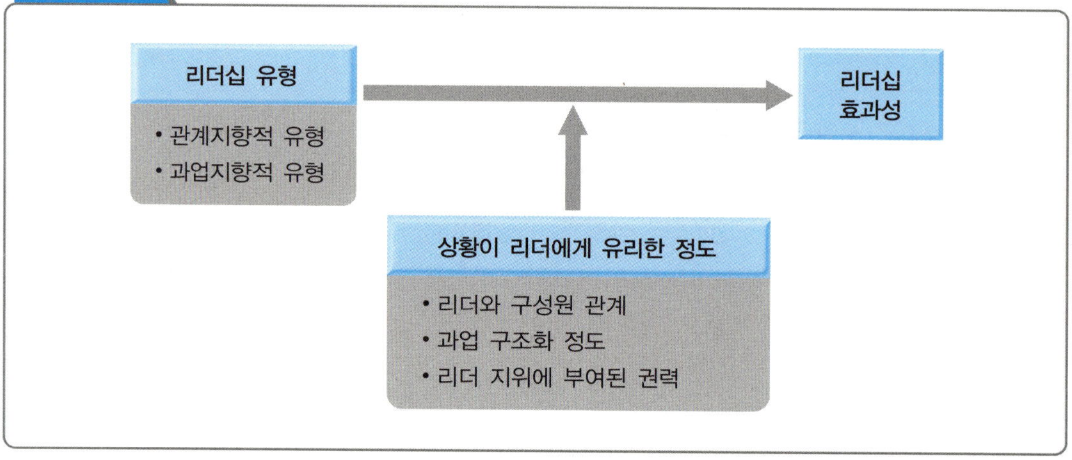

리더십 스타일

Fiedler는 리더십을 과업지향적(課業指向的; task oriented)인 스타일과 관계지향적(關係指向的; relationship oriented)인 스타일로 구분하고, 어떤 스타일의 리더십을 갖고 있는지 알아내기 위해 '함께 일하기 가장 싫은 동료(least-preferred co-worker, LPC)'라는 개념을 개발하였다. 만약 리더가 '함께 일하기 가장 싫은 동료'임에도 불구하고 그 사람을 긍정적으로 평가하면 관계지향적인 리더십 스타일을 갖고 있으며, 반대로 부정적으로 평가하면 과업지향적인 리더십 스타일이다.

〈표 7-2〉는 리더의 LPC 점수를 측정하기 위해 사용되는 설문지이다. 여러분도 각자 동아리 행사나 아르바이트 때 '함께 일하기 가장 싫었던 사람'을 떠올려 그 사람의 특성을 평가해 보면 자신의 리더십 스타일을 알 수 있을 것이다. 총점수가 64점 이상이면 비록 함께 일하기 싫은 사람이지만 긍정적으로 평가하는 경향이 있어 관계지향적인 리더십 스타일을 갖고 있다고 할 수 있다. 57점 이하이면 함께 일하기 가장 싫은 사람을 부정적으로 평가하는 편이라 과업지향적 리더십 스타일을 갖고 있다. Fiedler는 58점 이상 63점 이하인 경우에는 자신이 스스로 어느 쪽에 가까운지를 평가하는 것이 좋은 방법이라고 하였다.

상황이 리더에게 유리한 정도

상황이 리더에게 얼마나 유리한지는 세 요인에 의해 결정된다. 첫 번째는 리더

〈표 7-2〉 Fiedler의 LPC 척도

돌이켜 보면 여러분은 다양한 사람들과 함께 어떤 목표를 달성하기 위해 일해본 경험이 있을 것이다. 어떤 동료들은 같이 일하기가 매우 어렵고 불유쾌했을 것이다. 그러면 같이 일해본 적이 있는 사람들 중에서 함께 일하기가 가장 싫었던 사람을 생각해 보자. 그 사람이 지금 함께 일하는 사람이라도 좋고 과거에 함께 일한 경험이 있는 사람이라도 좋다. 그러나 개인적으로 또는 감정적으로 가장 싫어한 사람일 필요는 없고, 다만 함께 일하기가 가장 어려웠거나 어려운 사람이어야 한다. 다시 말해서 함께 일을 가장 잘할 수 없었던 사람을 생각하면 된다. 그래서 그 사람의 여러 가지 측면에 대하여 다음 설문의 해당된 곳에 ○표를 하고, 각 문항을 하나도 빠뜨리지 말고 가능한 빠른 속도로 답해야 한다. 각 문항에 대해 맨 처음 생각난 답이 가장 정확한 답일 가능성이 많기 때문이다. 자, 그러면 다음 LPC 척도의 각 문항에 답해보자.

LPC 척도(Least Preferred Co-worker Scale)

			점수
쾌활한 사람	8 7 6 5 4 3 2 1	쾌활하지 못한 사람	_____
친절하고 다정한 사람	8 7 6 5 4 3 2 1	불친절하고 다정하지 못한 사람	_____
거부적인 사람	1 2 3 4 5 6 7 8	수용적인 사람	_____
긴장하고 있는 사람	1 2 3 4 5 6 7 8	긴장을 풀고 여유 있는 사람	_____
거리를 두는 사람	1 2 3 4 5 6 7 8	친근한 사람	_____
냉정한 사람	1 2 3 4 5 6 7 8	다정한 사람	_____
지원적인 사람	8 7 6 5 4 3 2 1	적대적인 사람	_____
따분해 하는 사람	1 2 3 4 5 6 7 8	흥미를 잘 느끼는 사람	_____
싸우기 좋아하는 사람	1 2 3 4 5 6 7 8	화목하고 잘 조화하는 사람	_____
우울한 사람	1 2 3 4 5 6 7 8	늘 즐거워하는 사람	_____
거침없고 개방적인 사람	8 7 6 5 4 3 2 1	주저하고 폐쇄적인 사람	_____
험담을 잘하는 사람	1 2 3 4 5 6 7 8	너그럽고 관대한 사람	_____
신뢰할 수 없는 사람	1 2 3 4 5 6 7 8	신뢰할 만한 사람	_____
사려 깊은 사람	8 7 6 5 4 3 2 1	사려 깊지 못한 사람	_____
심술궂고 비열한 사람	1 2 3 4 5 6 7 8	점잖고 신사적인 사람	_____
마음에 맞는 사람	8 7 6 5 4 3 2 1	마음에 맞지 않는 사람	_____
성실하지 않은 사람	1 2 3 4 5 6 7 8	성실한 사람	_____
친절한 사람	8 7 6 5 4 3 2 1	불친절한 사람	_____

자료 : F. E. Fiedler (1976), *Improving Leadership Effectiveness*, New York : John Wiley & Sons Inc., pp. 6-24

와 구성원의 관계로 구성원들이 리더를 지원하고 있는 정도를 나타낸다. 두 번째 요인은 구성원들에게 맡겨진 일이 구조화되어 있는 정도인데, 과업의 목표나 업무 처리 절차와 방법 등이 구체적으로 정해져 있을수록 구조화되어 있다고 한다. 구성

〈표 7-3〉 Fiedler의 상황이론

상황이 유리한 정도	유리 ◄							► 불리
리더와 구성원 관계	좋 음				나 쁨			
과업의 구조화 정도	구조화		비구조화		구조화		비구조화	
리더 지위권력	강함	약함	강함	약함	강함	약함	강함	약함
상 황	I	II	III	IV	V	VI	VII	VIII
효과적 리더십유형	과업지향적 리더십			관계지향적 리더십			과업지향적 리더십	

원들에게 보상을 주거나 처벌할 수 있는 리더의 재량권 정도를 나타내는 지위에 부여된 권력이 세 번째 요인이다. 이 세 요인을 결합하면 〈표 7-3〉과 같이 리더에게 유리한 정도를 여덟 가지 상황으로 구분할 수 있다.

효과적인 리더십 스타일

Fiedler는 대학의 스포츠팀, 기갑부대의 팀, 제조업체의 작업팀과 같은 1,200여 개의 집단을 대상으로 상황적 특성과 리더십 스타일의 관계를 분석하였다. 그 결과 〈표 7-3〉과 같이 상황이 리더에게 유리하거나 아주 불리한 경우에는 과업지향적 리더십이 효과적이며, 상황이 리더에게 중간 정도 유리하거나 썩 나쁘지 않은 경우에는 관계지향적 리더십이 효과적인 것으로 밝혀졌다.

예를 들어, 한 제조업체 생산팀장이 어떤 리더십을 보여야 효과적인지 살펴보자. 만약 팀원들이 팀장을 좋아하고 잘 따르며(리더와 구성원 간의 관계가 좋고), 팀원들의 업무가 틀에 박힌 것이 아니라 무슨 일을 어떻게 처리해야 하는지가 그때그때 달라지고(과업이 비구조화되어 있고), 팀원들의 승진이나 임금인상 결정에 팀장의 평가가 결정적 영향을 준다면(리더의 지위권력이 강하다면) III 상황에 해당되어 과업지향적인 리더십을 보일 때 효과적으로 팀을 이끌어갈 수 있을 것이다.

실제 적용

상황에 따라 리더십 스타일이 달라져야 한다는 Fiedler의 주장은 관리자를 새로 임명해야 할 때나 리더십과 상황이 서로 적합하지 않은 문제를 해결하는 데 활용될 수 있다. 리더가 갖고 있는 동기적 경향(動機的 傾向; motivational orientation)에 따라 그 사람의 리더십 스타일이 결정된다. 한 사람이 무엇을 더 원하는지를 나타내는 동기적 경향은 오랜 기간을 거쳐 형성된 것이라 쉽게 바뀌지 않는다. 따라서 리더십 스타일을 변화시키려는 리더십 훈련은 효과가 적으며, 상황에 적합한 리더십을 갖춘 사람을 새롭게 리더로 임명하거나 기존 리더의 리더십 스타일에 맞도록 상황을 바꾸는 노력이 오히려 효과적이라고 주장한다. 예를 들면, 최고경영자가 어떤 부서의 책임자를 정할 때 우선 대상자들의 리더십 스타일을 파악하여 관계지향적인 사람은 리더에게 중간 정도로 호의적인 상황을 갖춘 부서의 책임자로, 과업지향적인 사람은 호의적이거나 아주 비호의적인 상황의 부서 책임자로 배치해야 한다는 것이다. 따라서 Fiedler의 이론은 새로운 경영자를 발굴하여 배치할 때 적절히 활용될 수 있다.

그리고 리더십 스타일이 집단의 상황조건에 적합하지 않아 문제가 있는 경우에는 우선 집단의 상황조건을 리더십 스타일에 적합하도록 변화시키는 것이 바람직하다. 바꾸기 어려운 리더십 스타일의 변화를 시도하기보다는 리더와 구성원의 관계, 과업의 구조화 정도, 리더의 지위에 부여된 권력을 변화시켜 리더십 스타일과 상황적 특성이 어긋나지 않도록 해야 한다.

구성원의 성숙도와 리더십 스타일 : Hersey와 Blanchard의 상황이론

Paul Hersey와 Kenneth Blanchard는 구성원들의 성숙도(成熟度; readiness)에 따라 리더십 스타일이 달라야 한다는 상황적 리더십이론을 주장하였다. 이들에 따르면 구성원들이 리더십을 어떻게 받아들이는지에 따라 리더십 효과는 크게 달라지며, 구성원들의 성숙도가 변하면 그들이 쉽게 받아들일 수 있는 리더십 스타일도 달라진다. 〈그림 7-5〉와 같이 구성원들의 성숙도를 네 단계로 나누고 각 단계에 적합한 리더십 스타일을 제시하였다. 그리고 시간이 지나면 구성원들은 점차 성숙해지고 그에 맞춰 리더십 스타일도 변해야 한다는 점을 강조하고 있어 리더십 수명주기 이론(leadership life cycle theory)으로 불린다.

리더십 스타일

과업지향적 행동과 관계지향적 행동의 두 차원에 따라 리더십을 다음과 같이 네 가지 스타일로 구분하였다.

그림 7-5 Hersey와 Blanchard의 상황이론모형

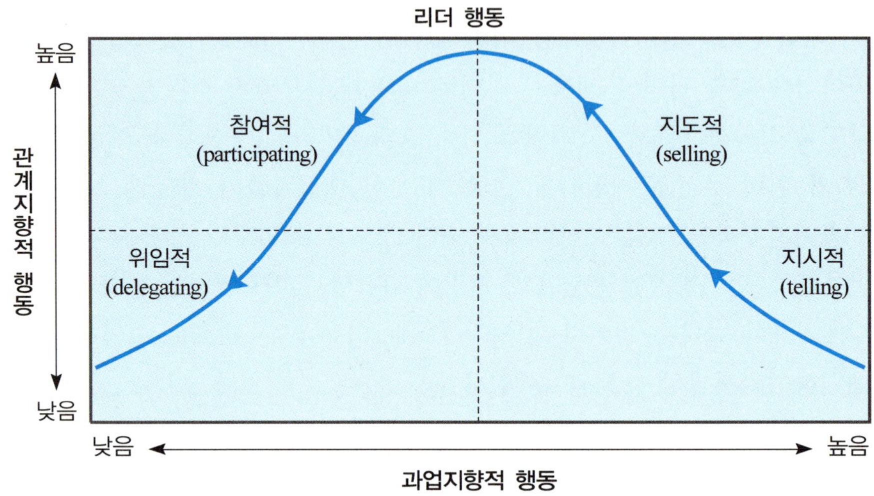

	R_4 (높음)	R_3 (약간 높음)	R_2 (약간 낮음)	R_1 (낮음)
구성원의 성숙도	능력과 의욕을 모두 갖고 있음	능력은 갖고 있지만 의욕이 없음	능력은 부족하지만 의욕은 있음	능력이 부족하고 의욕도 없음
리더의 행동	책임 위임 결정 위임	정보 공유 공동 결정	지도·설득	구체적 지시 밀착 감독

지시형(telling) 집단의 과업을 성공적으로 수행하는 데 관심을 갖고 노력을 집중하는 리더십 스타일로 구성원들이 해야 할 일을 구체적으로 지시하고 높은 성과를 낼 수 있도록 꼼꼼하게 감독한다.

지도형(selling) 과업의 성공적 수행뿐만 아니라 구성원들과의 원만한 인간관계를 위해서도 노력하는 스타일이다. 일방적인 지시나 명령보다는 구성원들이 그것을 수용할 수 있도록 과업수행 목표와 방향을 충분히 설명하고 설득한다. 감독자로서가 아니라 코치로서 구성원들의 업무수행을 도와주는 역할에 중점을 두는 리더십 스타일이다.

참여형(participating) 정보나 아이디어를 구성원들과 나눠 갖고 그들의 의견이 반영될 수 있도록 참여를 허용하는 리더십 스타일이다. 리더는 구성원들의 업

무수행에 직접 관여하지 않는 대신 성과향상을 유도할 수 있는 분위기를 조성하고 업무수행과 관련된 어려움을 해결해 주는 데 많은 노력을 기울인다.

위임형(delegating) 업무와 관련된 의사결정 대부분을 구성원들에게 맡기고 그들과의 인간관계에 대해서도 별다른 관심과 노력을 기울이지 않는 스타일이다. 구성원들의 능력과 성실성을 믿고 그들이 업무를 자발적으로 수행하도록 맡겨둔다.

구성원들의 성숙도

Hersey와 Blanchard의 이론에서는 상황을 구성원들의 성숙도에 따라 구분하는데, 구성원들이 자신의 업무를 책임지고 수행할 수 있는 능력을 나타내는 직무관련 성숙도(job maturity)와 열심히 하려는 의욕에 초점을 맞춘 심리적 성숙도(psychological maturity)에 따라 평가된다.

직무관련 성숙도는 주어진 업무를 감당하기에 충분한 능력, 지식, 경험을 갖추어 다른 사람의 지시나 도움 없이도 일을 잘 해낼 수 있는 정도를 의미한다. 그리고 심리적 성숙도는 맡은 업무를 잘 해내려는 의지와 의욕 정도를 말하는데, 상사의 감독 없이도 스스로 맡은 일을 잘 수행하려는 적극적인 자세를 갖고 있으면 심리적 성숙도가 높다고 할 수 있다. 이 두 유형의 성숙도에 따라 상황을 네 단계로 나누어 각 단계에 적합한 리더십 스타일을 제시하였다.

성숙단계 1 구성원들이 직무관련 성숙도와 심리적 성숙도가 모두 낮은 단계로, 주어진 업무를 수행하는 데 필요한 능력도 부족하고 의욕도 모자라는 상황이다.

성숙단계 2 구성원들이 심리적으로는 성숙되었지만 직무관련 성숙도는 여전히 낮은 단계이다. 직무수행능력은 아직 높지 않지만 열심히 노력하려는 자세를 갖고 있다.

성숙단계 3 구성원들의 직무관련 성숙도는 높지만 심리적 성숙도가 떨어진 상황이다. 맡은 일을 해낼 수 있는 능력은 갖추었지만 열심히 해보려는 의지나 의욕은 처음보다 떨어진 단계이다.

성숙단계 4 구성원들이 직무와 관련해서뿐만 아니라 심리적으로도 성숙된 단계이다. 맡겨진 일을 잘 해낼 수 있는 능력과 함께 열심히 하려는 의욕도 다시 높아진 상황이다.

효과적인 리더십 스타일

리더십의 효과는 구성원들이 그것을 어떻게 받아들이는지에 따라 결정되며, 받아들이기 쉬운 리더십 스타일은 구성원들이 성숙함에 따라 달라진다. 〈그림 7-5〉에 나타나 있듯이 우선 직무수행능력이 모자라고 의욕마저 부족한 첫 번째 성숙단계의 구성원들에게는 무엇보다 직무와 관련된 명확하고 구체적인 지시가 필요하다. 따라서 업무수행을 지시하고 꼼꼼히 감독하며 독려하는 지시적(telling) 리더십 스타일이 적절하다.

구성원들이 능력은 부족하지만 의욕과 자신감을 갖춘 두 번째 성숙단계에서는 업무수행뿐만 아니라 구성원들과의 원만한 관계형성을 위해서도 노력하는 지도적(selling) 리더십 스타일이 바람직하다. 지도적 리더십을 통한 과업지향적 행동은 구성원들의 부족한 직무수행능력을 보완해 주는 역할을 하며, 관계지향적 행동은 리더가 설정한 과업목표나 수행방법을 구성원들이 쉽게 받아들일 수 있게 해준다.

세 번째 성숙단계에서는 능력을 갖춘 구성원들의 낮아진 의욕을 해결하기 위해 동기유발에 효과적인 참여적(participating) 리더십 스타일이 적절하다. 정보를 공유하고 참여를 유도하여 구성원들의 동기를 북돋는 리더십이 필요하다.

마지막으로 구성원들이 충분한 직무수행능력과 의욕을 모두 갖추고 있는 네 번째 성숙단계에서는 과업지향적 행동이나 관계지향적 행동 모두를 최소화하는 위임적(delegating) 리더십이 효과적이다.

실제 적용

Hersey와 Blanchard의 리더십 이론을 효과적으로 적용하기 위해서는 우선 구성원들의 성숙도를 정확히 파악해야 한다. 리더는 구성원들이 어느 정도의 능력을 갖고 있으며 얼마나 성숙된 자세로 맡은 일에 임하고 있는지를 잘 판단하여야 한다. 그리고 비록 처음에는 성숙도가 낮더라도 그에 적합한 리더십을 행사하면 구성원들의 직무수행능력은 향상되고 심리적으로도 성숙된다. 따라서 리더는 구성원들의 성숙도 변화를 정확하게 파악하여 그에 맞춰 자신의 리더십 스타일을 변화시킬 수 있어야 한다.

리더십과 조직변화 : 변혁적 리더십이론

지금까지 리더가 갖는 남다른 특성을 밝히려는 특성이론, 바람직한 리더의 행동유형에 초점을 맞춘 행동이론, 상황에 적합한 리더십 스타일을 제시하려는 상황이론에 관해 살펴보았다. 이들 이론이 갖고 있는 가정이나 초점은 서로 다르지만 리더십을 거래(transaction)로 파악하는 공통점을 갖고 있다. 즉, 리더와 구성원들 사이의 관계를 일상적인 업무수행과정에서 복종과 보상을 주고받는 거래로 파악하고, 이 거래관계를 효과적으로 형성하고 유지하는 것이 리더십의 핵심이라는 생각을 공통적으로 갖고 있기 때문에 이들을 거래적 리더십이론(transactional leadership theory)이라는 이름으로 한데 묶을 수 있다. 또한 목표달성을 위해 구성원들이 무엇을 해야 하는지 결정해 주고 적절한 보상을 통해 그들이 주어진 업무를 성실히 수행하도록 유도하는 리더의 역할을 강조하였다.

그러나 리더는 그 이상의 역할을 할 수 있어야 한다는 주장이 제기되기 시작했다. 불확실성이 높고 변화가 심한 경영환경에 적응하기 위해서는 조직 역시 과감한 변신이 요구된다. 이렇게 과거의 틀에서 벗어나 새로운 경쟁력을 갖출 수 있도록 조직 전체를 획기적으로 탈바꿈시키기 위해서는 단순히 복종과 보상의 교환에 의존하는 리더십이 아니라 구성원들의 의식과 행동을 폭넓게 변화시킬 수 있는 더 큰 영향력의 리더십이 요구되고 있다. 새로운 비전을 제시하고 구성원들이 그 비전을 향해 혼신의 노력을 쏟도록 변화시킬 수 있는 영향력으로 변혁적 리더십(transformational leadership)이라 한다. 구성원들이 자신의 이해보다는 조직목표 달성을 위해 헌신적으로 행동하도록 변화를 이끌어내는 능력이 변혁적 리더십의 기초가 된다.

변혁적 리더십과정

변혁적 리더는 구성원들의 목표, 가치, 욕구, 신념, 열망 등을 바꿈으로써 그들을 근본적으로 변화시킨다. 그때그때마다 적절한 보상을 통해 구성원들의 복종을 유도하는 거래적 리더십에서는 구성원들의 관심이 자신의 이해에 머물러 있어 마음속 깊은 곳에서 우러나는 조직을 위한 열정과 헌신을 기대하기 어렵다. 반면에 변혁적 리더십은 구성원들의 목표, 가치, 신념에 크게 영향을 미침으로써 자신의 역할, 능력, 조직과의 관계 등에 관한 생각을 건전한 방향으로 변화시켜

그림 7-6 변혁적 리더십과정

리더 행동 →	구성원의 자신에 대한 생각 →	동기유발과정 →	구성원 개인에게 나타나는 결과
• 리더의 비전 설정 • 높은 성과목표 설정과 구성원들이 비전 달성에 충분한 능력을 갖고 있다는 강한 믿음 표현 • 비전 실현에 필요한 바람직한 가치, 신념, 행동을 솔선수범하여 실천	• 구성원의 동기유발, 성취지향, 목표 추구 • 리더와 전체 구성원의 관심을 적극 수용 • 구성원들의 자긍심과 자신감	• 노력과 목표의 내적 가치 증가 • 노력하면 성과를 높일 수 있다는 확신 • 목표달성의 내적 가치 증가	• 리더와 비전에 대한 헌신 • 자기희생적 행동 • 과업의 의미감과 만족감 • 성과 향상

보다 헌신적이며 열정적인 노력을 이끌어낼 수 있다. 이와 같은 과정은 〈그림 7-6〉과 같이 나타낼 수 있는데 이에 관해 살펴보자.

변혁적 리더의 행동

비전 설정 변혁적 리더는 구성원들이 공감할 수 있는 미래에 대한 비전을 설정한다. 비전은 조직의 꿈으로, 실현가능하고 매력적이며 호소력 있는 조직의 미래 상태라고 할 수 있다. 바르게 설정된 비전은 구성원들이 목적의식과 희망을 갖게 하고 그들의 행동방향을 안내하는 등댓불과 같은 역할을 한다.

구성원들이 공감하고 수용할 수 있는 비전은 조직의 이상적인 모습과 현재 상태 사이의 차이를 좁히는 데 필요한 헌신적 노력을 이끌어내는 역할을 하며, 나아가 구성원들이 보람을 느낄 수 있도록 해준다. 급변하는 경영환경에서 잠시라도 주의를 게을리 하면 조직은 경쟁력을 잃고 침체에 빠지기 쉽다. 조직이 그런 수렁에서 헤어나 활력을 되찾을 수 있는 힘 역시 잘 설정된 비전에서 찾을 수 있으며, 변혁적 리더는 그런 비전을 만들어내고 구성원들의 강한 공감대를 이끌어내는 역할을 한다.

높은 성공목표 설정과 지적 자극 변혁적 리더는 목표가 갖는 동기유발능력을 잘 활용한다. 또한 높은 수준의 조직성과 목표를 제시하고 그것을 기필코 달성하겠다는 구성원들의 의욕을 지속적으로 높일 수 있는 능력을 갖고 있다. 특히, 새로운 비전을 효과적으로 달성하기 위해 조직이 당면한 문제, 이슈, 전략 등을 새로운 각도에서 바라보고 창의적인 해결책을 모색할 수 있도록 지적 자극(知的 刺戟; intellectual stimulation)을 제공한다.

구성원들의 능력에 대한 강한 믿음과 개인적 배려 구성원들의 능력에 대해 높은 신뢰를 표시함으로써 변혁적 리더는 구성원들 스스로가 목표를 이룰 수 있다는 자신감을 갖게 만든다. 그리고 구성원 각자가 고유한 능력과 가치를 지닌 사람이라는 사실을 강조하고 그들의 발전과 성장에 관심을 갖고 도움을 준다.

솔선수범과 자기희생 변혁적 리더는 스스로가 좋은 본보기 역할을 한다. 비전을 실현하는 데 필요한 행동을 남보다 앞서 실천하고 희생도 감수한다. 또한 비전에서 제시된 가치와 신념을 몸소 실천함으로써 구성원들이 조직가치를 적극 수용하고 건전한 신념을 가질 수 있도록 한다.

구성원들의 스스로에 대한 생각 변화

변혁적 리더십을 통해 스스로에 대해 갖고 있는 구성원들의 생각이 크게 바뀐다. 우선 높은 수준의 동기가 유발되고 성취지향적인 행동이 유도되어 목표달성을 위해 보다 적극적으로 노력하게 된다. 뿐만 아니라 리더가 제시한 비전을 수용함으로써 리더와 자신을 한 운명체로 동일시한다. 그리고 조직구성원 전체의 이해와 관심을 적극적으로 수용하여 그들의 노력에 동참한다. 이와 함께 자신감이 크게 높아지고 자신을 보다 가치 있는 사람으로 인식하여 자긍심을 갖게 된다.

동기유발

구성원들의 동기를 자극하여 높은 의욕을 갖게 만든다. 변혁적 리더십을 통해 목표와 노력이 갖는 내재적 가치와 노력하면 성과를 높일 수 있다는 믿음을 갖게 해주기 때문이다. 변혁적 리더십을 통해 리더의 비전을 공감하고 수용하게 됨으로써 구성원들이 조직목표와 그것을 달성하기 위한 노력에 높은 가치를 부여하며, 결과적으로 더 의욕적으로 일하게 된다는 것이다. 그리고 자신의 능력과 가치를 높게 평가함으로써 노력하면 목표를 이룰 수 있다는 자신감과 확신을 갖게 되는데, 이 역시 구성원들을 더욱 열심히 노력하게 만든다.

대인관계관리 : 갈등과 협상

경영은 다른 사람과 함께 목표를 이루어내려는 노력이다. 따라서 원만한 대인관계를 맺고 유지할 수 있는 능력은 경영자나 리더가 갖추어야 할 필수적인 요건이다. 이를 위해서는 조직이나 집단에서 일어나는 갈등을 적절히 관리하고 원만한 협상을 유도할 수 있어야 한다.

갈등관리

갈등(葛藤; conflict)은 구성원이나 집단들 사이에 이해가 상충되거나 상대가 자신이 원하는 것을 얻는 데 방해가 된다고 인식할 때 일어나는 현상이다. 성격, 태도, 목표, 담당업무 등이 다른 다양한 구성원들로 이루어진 조직에서는 서로의 이해가 어긋나 많은 영역에서 갈등이 유발된다. 노사갈등, 사무직과 생산직의 갈등, 생산부와 판매부의 갈등과 같이 그 종류도 매우 다양하다.

구성원들 사이에 지나친 의견대립이나 다툼으로 적대적인 관계가 형성되면 조직이나 집단의 전체적 성과에 해가 된다. 그렇지만 〈그림 7-7〉에서 볼 수 있듯이 갈등이 항상 조직의 성과에 해로운 것은 아니라는 사실에 유념해야 한다. 다시 말해 어떤 경우에는 갈등이 조직의 성과나 건강에 도움이 될 수 있다는 것이다. 갈등은 조직이나 집단이 자신을 살펴봄으로써 문제점을 발견하여 고치도록 유도하고, 어느 정도의 긴장을 조성하며 때로는 창의성을 발휘하게 만드는 효과도 갖는다. 갈등이 너무 적으면 침체되고, 너무 많으면 분열되어 에너지가 낭비되는 결과를 초래한다. 따라서 경영자는 갈등수준이 지나치게 높으면 적절히 해소하고 너무 낮으면 갈등을 어느 정도 촉발시킴으로써 조직이나 집단 내에 적정수준의 갈등이 유지되도록 노력해야 하는데 이를 갈등관리(conflict management)라고 한다.

그림 7-7 갈등과 조직성과

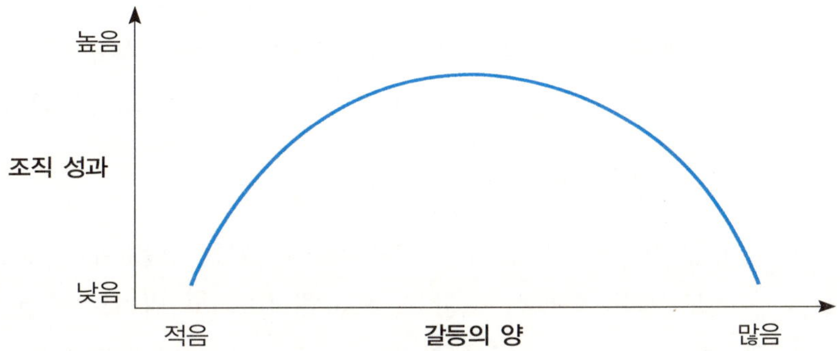

갈등 과소	적정수준	갈등 과다
무사안일 획일성 적응력 둔화 포기·침체	변화지향 창조적, 다양성 도전적 자세 목표실천 행동	혼란, 분열 투쟁, 비협조 불안, 위협 목표의식 결여

자료 : L. D. Brown (1986), *Managing Conflict of Organizational Interfaces*, Addison-Wesley, p. 8.

갈등해소

갈등이 심해 조직성과에 부정적 영향을 준다면 갈등을 해결하여 그 수준을 낮추어야 한다. 이를 위해 경영자는 우선 갈등 당사자와 상황을 이해하고 갈등을 유발하는 원인과 해결책을 찾아야 한다.

갈등원인 파악

조직에서 발생하는 갈등은 일반적으로 의사소통에서의 차이, 구조적 분화(differentiation), 개인적 차이의 세 가지 원인에 기인한다. 어휘나 문맥에 대한 해석 차이, 여러 방해요인들, 지위의 차이 등으로 인해 같은 메시지를 서로 다른 의미로 해석할 때 갈등이 발생할 수 있다. 그리고 다른 기능을 담당하는 부서나 집단들의 목표, 가치, 업무수행방식, 문화 등이 달라지면 갈등이 발생하기도 한다. 이와 함께 각 개인의 성장배경, 성격, 가치와 같은 고유한 속성의 차이 때문에 조화가 어려워 갈등이 일어날 수도 있다.

갈등 당사자들에 대한 이해

갈등 당사자들의 입장을 잘 이해할수록 갈등해결은 쉬워진다. 따라서 갈등해소를 위해 구체적인 행동을 취하기 전에 그들이 누구이며 누구의 이익을 대변하고 있고, 어떤 가치, 성격, 감정, 자원 등을 갖고 있는지 파악하여야 한다.

선별적 갈등해소

조직에서 일어나는 갈등이 모두 조직에 해가 되는 것은 아니며, 긍정적인 역할을 하는 것도 많다. 따라서 모든 갈등을 해결하려고 덤벼드는 것은 어리석은 일이며, 중요하고 급히 해결해야 할 부정적 갈등을 선별해 그것을 해소하는 데 노력을 집중하는 전략을 사용해야 한다.

그리고 해결이 필요한 갈등이라도 실제로 풀기 어려운 경우도 많다. 적대감이 너무 깊거나 감정이 지나치게 격앙되어 있어 갈등을 해소하려는 노력이 성공을 거두기 어렵다면 일단 그대로 놔두고 점차 줄어들길 기다려보는 방법이 오히려 효과적일 수도 있다.

갈등해소책의 선택과 실행

M. A. Rahim은 〈그림 7-8〉과 같이 자신의 입장 고수와 타인 입장의 배려 정도에 따라 구분되는 다섯 가지 유형의 갈등해소책을 제시하였다.

① 협력형(協力形; collaborating)은 자신뿐만 아니라 타인의 관심을 함께 만족시킬 수 있는 통합적 대안을 찾아내는 방법이다. 자신과 상대가 모두 이익을 얻을 수 있다는 상생(相生; win-win)전략을 추구하는 것으로, 부족한 자원이나 서로 다른 가치관 때문에 갈등이 발생한 경우에는 부적절하지만, 갈등의 원인이 여러 가지고 복잡한 경우에 장기적인 해결책으로 유용하다.

② 배려형(配慮形; accommodating)은 타인의 관심을 우선적으로 배려하는 수용적 방법이다. 협동을 가능하게 해준다는 장점을 갖고 있지만 중요한 문제는 소홀히 다룰 수 있으며 갈등의 원인이 복잡하거나 갈등이 악화된 경우에는 사용할 수 없다.

③ 회피형(回避形; avoiding)은 자신의 관심과 타인의 관심 모두를 무시하는데, 갈등으로 인한 문제가 사소한 경우에 적절한 방법이다. 해결하기 어려운 문

그림 7-8 갈등해소책 유형

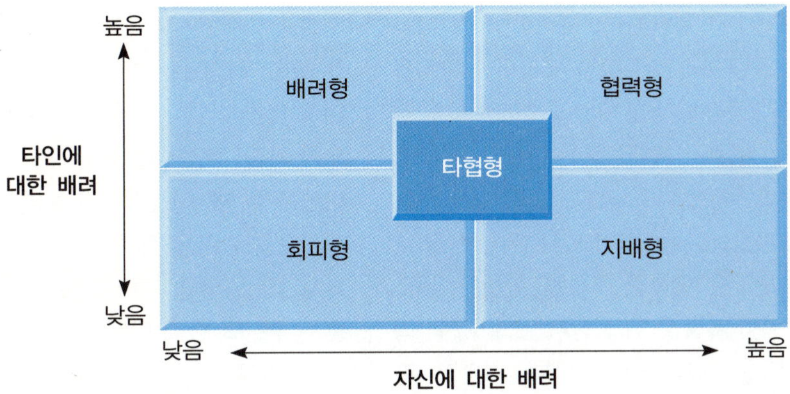

자료 : M. A. Rahim (1985), "A strategy for managing conflict in complex organization," *Human Relations*, January, p. 84.

제에 부딪혔을 때 유용하지만 그 문제가 중요하다면 오히려 부적절한 대응이 될 수 있다.

④ 지배형(支配形; forcing)은 상대의 입장에 대해서는 관심을 기울이지 않고 오직 자신의 관심만 충족시키려는 방법이다. 주로 공식적인 권한을 사용해 복종을 유도하는 경우가 많기 때문에 강압형이라고도 하는데, 상대가 받아들이기 어려운 대안을 제시했을 때 주로 사용된다. 빠른 해결이 가능하다는 장점을 갖고 있는 데 반해 상대의 분노와 적대감을 초래할 위험이 있다.

⑤ 타협형(妥協形; compromising)은 서로가 자신의 입장을 양보함으로써 합의를 이끌어내려는 방법이다. 협상, 표결, 제3자의 중재 등을 통해 쌍방이 어느 정도 만족할 수 있는 차선책을 모색하는 방법으로 서로가 비슷한 협상력을 갖고 있을 때 적절하다. 민주적인 해결 스타일이라는 평가도 있지만 때로는 우유부단하다는 비난을 받거나 창조적인 해결방법을 찾아내지 못하는 단점도 갖고 있다.

이렇게 구분되는 갈등해소방법은 어느 하나가 가장 좋다고 할 수 없으며 상황에 적합한 갈등해결방법을 사용할 수 있어야 한다.

사례읽기 7-2 직장 내 세대갈등 해결 '노사가 한뜻으로'

SK이노베이션 울산Complex(울산CLX)에서 '세대공감 클랜'이라는 특별한 조직이 해단식을 가졌다. '세대공감 클랜'은 SK이노베이션 특히 울산CLX 구성원들 간 세대공감을 만들기 위해 조직과 문화를 바꾸겠다고 자발적으로 나선 구성원 대표 27명으로 구성되어 있다. 지난해 SK이노베이션 노사는 '행복한 구성원, 행복한 일터, 더불어 행복한 세상'을 위해 상시 협의기구인 행복협의회를 출범했다. 행복협의회는 회사가 직면한 다양한 이슈에 대해 구성원이 중심이 되어 스스로 해결책을 만들어 나가는 것이 특징이며, 그 첫 번째 발걸음으로 '세대공감'을 선정했다.

SK이노베이션 울산CLX는 입사 1년차부터 약 40여 년 가까이 직장생활을 하고 퇴직을 앞둔 직원들까지 그 연령대가 다양하다. 특히 1년 365일 가동되는 공장 특성상, 4조3교대제 교대근무로 인해 다양한 연령대가 밀접하게 섞여 일하게 된다. 자연스럽게 세대 간 갈등 문제에 노출이 쉬운 구조다.

세대공감 클랜은 지난해 7월부터 시작, 격주로 워크숍을 통해 세대갈등의 근본적인 원인과, 해결방법에 대해 심도 깊게 논의해 개선안을 만들어 왔다. 이들은 약 8개월간의 활동을 통해 기대 역할 및 관계에 대한 인식 차이, 교육 및 일하는 방식에 대한 오해, 조직 문화에 대한 이해 차이를 대표적 문제점으로 도출했다. 이를 해결하기 위해 다름을 인정, 상호 존중을 약속, 오해를 이해로, 함께하는 성장, 세대공감 지속 추진 시스템(System) 구축의 세 가지 방향성과 함께 '세대공감 캠페인, 교육체계 개선, 공감 코디네이터' 등 7개의 개선과제를 제시했다.

해단식에서는 활동상을 담은 "우리 손으로 만든 행복, 세대공감 스토리" 제목의 책자를 출간해 의미를 더했다. 책자는 그동안의 문제 도출, 토론 과정, 해결 방안 등을 담고 있다. SK이노베이션은 이 책자를 국내 및 해외 사업장, 내외부 노사문화 관련 조직들에게도 제공할 예정이다. 노사간의 협의를 거쳐 확정된 7개의 개선과제는 순차 추진되며, SK이노베이션의 고유한 문화로 정착되도록 노사가 함께 적극적으로 지원할 계획이다. SK이노베이션은 구성원 스스로 기업문화를 개선하며 회사와 함께 성장하는 기회였고, 이에 더해 세대 갈등 문제 해결을 위해 업계 최초로 노사가 뜻을 모았다는 점에서 큰 의미가 있다고 설명했다.

SK이노베이션 김준 총괄사장은 "SK이노베이션은 구성원이 직접 참여해 스스로 행복을 만들어가는 행복협의회라는 새로운 도전을 하고 있다."라며, "'세대공감 클랜'이 제시한 해결책은 앞으로 New SK이노베이션의 새로운 문화를 만드는 토대가 될 것"이라고 말했다. 이성훈 노동조합위원장은 "울산CLX 행복협의회의 첫 번째 주제인 '세대공감'은 어려운 숙제였지만 충분히 논의하여 의미있는 결과를 만들어 냈고, 앞으로도 구성원의 행복과 관련한 새로운 고민을 찾아내 클랜 활동을 이어갈 계획이다."면서, "노사간 상생을 통해 모두가 행복한 울산CLX를 만들도록 노력하겠다."고 말했다.

(자료: "SK이노베이션, 기업 최초로 직장 내 세대갈등 해결 '노사가 한뜻으로'", 웹이코노미, 김영섭 기자, 2021.05.09. https://www.webeconomy.co.kr/news/article.html?no=110107 수정부분발췌)

갈등유도

갈등수준이 지나치게 낮으면 조직은 침체되고 무비판적이며 활력을 잃을 수 있다. 그럴 경우 갈등을 촉진시켜 적정수준으로 유지하는 노력이 필요한데, 이를 위해 외부인력의 영입을 활용할 수 있다. 기존 구성원들과는 다른 관점, 가치, 능력을 갖춘 사람을 영입해 비능률적이고 구태의연한 제도를 고치고 조직분위기를 쇄신하는 효과를 거둘 수 있다.

조직구조의 변화를 통해서도 갈등을 유도할 수 있다. 일의 분할, 부서화, 권한 배분, 조정방식을 변경하거나 팀제나 새로운 임금제도의 도입을 통해 기존 질서와 마찰을 일으킴으로써 유익한 갈등을 이끌어낼 수 있다. 조직문화의 변화 역시 갈등을 촉진시킬 수 있는 방법이다. 기존의 가치, 규범, 가정에 도전하는 새로운 문화를 형성함으로써 필요한 수준의 갈등을 유도할 수 있기 때문이다.

협상관리

리더나 경영자는 협상(協商; negotiation)능력을 갖추어야 한다. 원자재 공급자와의 가격협상, 노사 간의 임금협상, 구성원들 간의 갈등해소를 위한 협상 등 경영자가 주도하거나 관여해야 할 협상은 매우 다양하다. 협상은 제품 또는 서비스를 거래하는 사람이나 집단들이 그 거래가 어떻게 이루어져야 하는지에 대해 합의를 도출하는 과정을 일컫는다. 조직이 다양한 관점과 특성을 지닌 구성원들로 이루어지고 거래관계를 맺고 있는 상대가 많아질수록 경영자의 협상능력은 더욱 중요해진다.

협상전략

협상에는 일반적으로 분배적 협상(distributive negotiation)과 통합적 협상(integrative negotiation)의 두 가지 전략이 사용되는데, 그 특징은 〈표 7-4〉에 요약되어 있다.

분배적 협상

물건을 사러 가서 가게주인과 흥정하는 것은 분배적 협상에 해당된다. 물건

〈표 7-4〉 분배적 협상과 통합적 협상

협상의 특성	분배적 협상	통합적 협상
자 원	그 양이 고정된 자원을 나눔	그 양이 변동 가능한 자원을 나눔
참여자의 주 관심	나는 이기고 상대는 짐	나도 이기고 상대도 이김
참여자의 이해	서로의 이해가 상충됨	서로의 이해가 공통분모를 갖고 있음
관계의 지속성	단기적	장기적

값을 깎으면 사는 사람에게는 이익이지만 그만큼 가게주인에게는 손해가 된다. 다시 말해 한쪽이 더 많이 가지면 다른 한쪽은 적게 가질 수밖에 없는 것이 분배적 협상의 특징이다. 그래서 '합이 영인 게임(zero-sum game)'이라고 하는데, 이런 상황에서는 보다 많은 것을 얻기 위해 반드시 상대를 꺾어야 한다는 입장을 취하게 된다. 임금인상 폭을 둘러싼 협상이 그 예가 될 수 있다. 임금을 더 올려 받으려는 노동조합의 주장이 받아들여지면 사용자는 그만큼 더 많은 비용을 부담해야 한다.

상대가 제시한 안보다는 자신이 목표했던 안에 근접해서 협상이 타결되도록 다양한 전술을 구사할 수 있다. 우선 자신의 힘을 과시할 수 있는데, 노동조합이 부분적으로 파업함으로써 사용자가 자신의 안을 받아들이도록 압력을 가하는 것이 그 예가 될 수 있다. 그 밖에도 자신의 안이 보다 타당하다는 것을 상대에게 설득하거나 상대가 보다 너그럽게 협상에 임하도록 감정에 호소하는 방법을 사용하기도 한다.

통합적 협상

분배적 협상과는 달리 통합적 협상은 참여자 모두에게 이득이 되는 해결책이 있을 때 가능하다. 감원을 통해 비용을 줄이려는 경영자와 이를 저지해 고용안정성을 지키려는 노동조합의 협상에서 서로가 만족할 수 있는 해결책을 찾는 것이 불가능한 것은 아니다. 협상을 통해 종업원들의 생산성을 높이고 시장을 확대하는 방안을 찾아낸다면 비용절감과 안정적 고용이라는 두 마리 토끼를 잡을 수 있다.

승자와 패자가 갈리는 분배적 협상과는 달리 통합적 협상은 모두 승자가 됨으로써 보다 오래 유지될 수 있는 관계가 형성되고 협조 역시 촉진되는 장점이 있다. 그럼에도 불구하고 경영현장에서 통합적 협상전략을 택하는 경우를 찾아보기 힘들다. 그 이유는 협상이 통합적으로 이루어지기 위한 조건이 갖추어져 있지 않기 때문이다. 통합적 협상이 이루어지기 위해서는 우선 협상 당사자들이 자신의 목표와 관심에 대해 솔직하고 정확한 정보를 제공해 주어야 한다. 그리고 상대를 신뢰할 수 있어야 하며, 자신의 주장만을 고집하는 경직된 자세를 버리고 상대의 요구에 귀 기울일 줄 아는 유연한 자세를 갖추어야 한다.

협상능력 향상

협상능력을 키우기 위해서 여러 방법이 활용된다. 먼저 협상상대를 연구해야 한다. 상대의 관심이나 목표에 관해 많은 정보를 갖고 협상에 임해야 한다. 상대가 대표하는 사람들이 누구이며 어떤 전략을 사용하는지 알고 상대의 입장을 이해하면 그들의 행동뿐만 아니라 자신의 제안에 대한 상대의 반응도 쉽게 예측할 수 있다. 그렇게 되면 상대가 받아들일 수 있는 수정안도 어렵지 않게 만들 수 있을 것이다.

또는 먼저 조금 양보하는 방법을 택하기도 한다. 양보하면 상대 역시 그만큼 물러날 것이며 이는 합의를 도출하는 데 도움이 된다. 따라서 먼저 조금 양보해 긍정적인 수정 제안을 하고, 상대가 양보하면 그에 상응하여 양보하는 자세가 필요하다. 그리고 협상이 진행되는 동안 협상중인 문제에만 초점을 맞추어야 한다. 특히, 협상이 난관에 봉착했을 때 상대를 인신공격하는 실수를 범해서는 안 된다. 받아들일 수 없는 것은 상대의 제안이지 사람 그 자체가 아니라는 것을 잊지 말아야 한다. 또 최초의 제안에 대해 너무 과민하게 대응해서는 안 된다. 협상에서 최초 제안은 양보를 전제로 이루어진다는 점을 명심하고 그것에 대해 너무 민감하게 대응할 필요는 없다.

그리고 모두가 승자가 되는 해결책을 찾으려고 노력해야 한다. 상대를 꺾어야만 내가 이길 수 있다는 생각 때문에 협상이 실패하는 경우가 많다. 그러나 모두 승리할 수 있는 방법이 존재하며 그것을 찾기 위해 최선을 다하는 자세를 가져야 한다. 협상이 어려울 때는 상대의 입장에서 대안을 찾아봄으로써 통합적 협상을 유도하기도 한다. 이와 함께 개방적이고 신뢰할 수 있는 분위기를 만들어야 한다. 상대의 말을 귀담아듣고 그 주장에 주의를 집중하며 솔직하게 물어보기도 해야 한다. 상대를 자극할 수 있는 말을 피해야 하며 지나치게 방어적인 자세를 가져서도 안 된다. 마지막으로 필요하다면 제3자의 도움을 받을 수도 있다는 자세를 가져야 한다. 협상이 결렬되어 서로가 큰 피해를 입게 된다면 중립적인 제3자의 도움을 요청할 필요가 있다. 서로가 자신의 제안에만 빠져 미처 생각하지 못했던 통합적 대안을 찾는 데 제3자의 도움이 큰 역할을 할 수 있다.

요 약

1. 경영자는 구성원들의 태도와 행동에 영향을 주는 리더십을 통해 지휘기능을 수행한다. 밝은 비전을 제시하고 구성원들의 노력을 이끌어낼 수 있다면 조직의 성과는 크게 높아질 것이다. 리더십은 권력에 기반을 두고 있으며, 경영자가 갖는 리더십 정도는 지위에 부여된 권력과 개인적 특성에 바탕을 둔 권력의 합에 의해 결정된다.

2. 리더십에 관한 연구는 특성이론, 행동이론, 상황이론, 그리고 변혁적 리더십이론으로 구분할 수 있다. 리더십에 관한 초기 관점인 특성이론에서는 리더가 태어난다고 가정하고 그들이 갖고 있는 남다른 특성을 밝히려고 노력했지만, 모든 상황에서 일관성 있게 리더십을 설명하는 특성을 찾지는 못했다.

3. 행동이론은 리더가 만들어질 수 있다는 가정 아래 좋은 리더의 행동스타일을 밝히는 데 초점을 맞추었다. 리더의 행동은 과업달성에 대한 관심과 구성원들에 대한 관심에 따라 달라진다. 실제 대부분 경영자들은 이 두 가지 관심이 적절히 결합된 리더십 스타일을 갖고 있다.

4. 어떤 상황에서나 항상 효과적인 리더십 스타일은 없다는 것을 알게 되면서 리더십 효과는 상황에 적합한 리더십 스타일을 발휘할 때 높아질 수 있다는 상황적 리더십이론이 주장되었다.
   - Fiedler는 상황이 리더에게 유리한 정도에 따라 과업지향적 스타일과 관계지향적 스타일 리더십이 갖는 효과가 다르다고 주장하였다.
   - Hersey와 Blanchard는 부하들의 직무관련 성숙도와 심리적 성숙도에 따라 구분되는 네 가지 상황에 따라 지시형·지도형·참여형·위임형 리더십이 효과적이라고 주장하였다.

5. 변혁적 리더십이론은 구성원들의 목표, 가치, 욕구, 신념, 열망 등을 크게 변화시킴으로써 자신의 이해보다는 조직목표 달성을 위해 헌신적이며 열정적으로 노력하도록 탈바꿈시킬 수 있는 리더 능력의 중요성을 강조한다.

6. 경영은 다른 사람과 함께 무엇인가를 이루어내려는 노력이다. 따라서 경영자는 원만한 대인관계를 맺고 유지하는 능력을 갖추어야 한다. 이를 위해서는 조직이나 집단에서 일어나는 갈등을 적절히 관리하고 효과적인 협상을 유도할 수 있어야 한다.

- 조직이나 집단에 갈등이 너무 적으면 침체되고, 너무 많으면 분열되어 에너지가 낭비되는 결과를 초래한다. 따라서 갈등수준이 지나치게 높으면 갈등을 해소하고, 너무 낮으면 어느 정도 촉발시킴으로써 조직이나 집단 내에 적정 수준의 갈등이 유지되도록 노력하는 갈등관리가 요구된다.
- 제품 또는 서비스를 서로 거래하는 사람이나 집단들이 그 거래가 어떻게 이루어져야 하는지에 대해 합의를 도출하는 과정을 일컫는 협상을 효과적으로 이끌어갈 수 있는 능력은 성공적인 경영자가 갖추어야 할 필수조건이다. 협상에는 분배적 협상전략과 통합적 협상전략이 사용될 수 있다.

토의과제

1. 자신이 존경하는 리더 한 사람을 골라 그 사람이 왜 좋은 리더인지를 설명해 보자. 그리고 그런 설명이 어떤 리더십이론과 일치하는지 생각해 보자.
2. "리더는 태어난다"는 말과 "리더는 만들어진다"는 말 중 어느 것이 더 옳다고 생각하는지 그 이유를 정리하여 발표해 보자.
3. 자신이 속한 동아리 또는 학과의 대표가 갖추어야 할 리더십 스타일을 Fiedler의 상황이론에 따라 설명해 보자.
4. 좋아하는 스포츠의 프로팀 감독들의 리더십 유형과 그 팀의 성적을 조사해 그 둘 사이의 관계를 알아보고, 왜 그런 관계가 나타났는지에 대해 리더십이론을 사용하여 설명해 보자.
5. 국내외 기업의 경영자들 중 변혁적 리더로 평가받는 사람을 찾아 그 이유를 밝혀보자.
6. 우리나라 기업풍토에 적합한 리더십 스타일은 어떤 것이라고 생각하는지 급우들과 의견을 교환해 보자.
7. 여러분이 대인관계에서 어려움을 겪었던 경우를 생각해 보고 왜 그런 어려움이 생겼는지 발표해 보자.
8. "때로는 갈등이 유익한 결과를 초래한다"는 말을 잘 보여주는 사례를 찾아보고 발표해 보자.
9. 우리나라 사람들은 협상능력이 부족하다고 한다. 그 이유는 무엇이고, 어떻게 협상능력을 높일 수 있을지 서로 의견을 교환해 보자.

08 CHAPTER

동기유발과 의사소통

신이 나서 열성적으로 일하는 종업원들은 기업의 가장 큰 자산이다. 그들이 얼마나 의욕적으로 일하는지에 따라 조직의 성과가 크게 달라지기 때문이다. 따라서 경영자는 종업원들의 의욕을 북돋고 사기를 높여 조직목표 달성을 위한 헌신적 노력을 이끌어낼 수 있어야 한다. 그리고 효과적인 의사소통은 조직목표를 향해 종업원들을 이끌고 나가는 데 필수적이다. 요긴한 정보가 제때 필요한 곳으로 정확하게 전달되어야 종업원들의 노력이 한데 어우러질 수 있다.

이 장을 공부한 후 다음 내용을 설명할 수 있어야 한다.

Understanding Business Management

- 동기유발과 성과의 관계
- 동기유발요인
- 동기유발과정
- 동기유발기법
- 의사소통의 과정과 유형
- 의사소통 효과 향상

시작이야기 어서와, 이런 복지는 처음이지?

카카오와 토스 등 핀테크 기업들의 공세가 이어지면서 국내 금융 플랫폼 시장에서 살아남기 위한 경쟁이 치열해지고 있다. 카카오뱅크와 토스는 MZ세대(1980년대 초~2000년대 초 출생한 밀레니얼 세대와 1990년대 중반~2000년대 초반 출생한 Z세대를 통칭)를 등에 업고 4대 금융지주와 비견될 수준까지 급성장했다. 카카오는 카카오뱅크로 은행업에 진출한데 이어 카카오페이증권, 카카오페이손보 등 전방위적으로 금융 영역을 확대하고 있다. 토스 역시 뱅크, 증권, 보험을 토스앱 하나로 연결한 '슈퍼앱' 전략으로 폭발적인 성장세를 기록 중이다. '금융 메기'의 등장에 기존 금융사들은 디지털 전환에 가속 패달을 밟는 등 고객 사수에 사활을 걸고 있다. 이들 기업은 '워라벨'(work and life balance)을 추구하면서도 업계 최고 대우는 물론 파격적이고 이색적인 복지를 내세워 주목받고 있다. 특히 'MZ세대'를 겨냥해 자유롭고 개방적이면서 유연한 조직문화를 만드는 데도 힘쓰고 있다.

카카오·토스 사내 문화 및 주요 복지 자료 : 각 사

kakao		toss
신충헌(신뢰·충돌·헌신)	사내 문화	자율과 책임
·안식휴가 ·대출지원 ·의료비 지원 ·동호회 지원 ·직장 어린이집 ·가장돌봄휴가 ·복지포인트	주요 복지	·점심 및 저녁 식대 제공 ·반기별 팀 성과에 따른 성과금 지급 ·직장 단체보험 제공 및 연 1회 종합건강검진 제공 ·사내 카페, 편의점, 헤어살롱 무료 이용 ·주택자금 대출 무이자 1억 지원 등의 복리후생 혜택

그래픽=김은옥 기자

카카오는 수평적 조직문화로 잘 알려져 있다. 구성원을 크루(Krew)라고 부르는가 하면 직급이 없고 직책만 있어 서로 영어 이름을 부르면서 수평적인 기업문화를 조성하고 있다. 크루란 카카오(Kakao)라는 한 배를 탄 선원이자 가보지 않은 길을 함께 항해하는 동료들을 상징하는 표현을 일컫는다. 모든 크루는 영어 호칭을 사용한다. 남궁훈 카카오 대표이사 역시 '대표'란 호칭 대신 'Nkay'(엔케이)라는 영어 이름으로 불린다. 영어 호칭 사용을 통해 경력, 연차, 나이에 관계 없이 솔직하게 의견을 제시하고 토론하며 혁신적인 서비스를 만들 수 있었다는 게 회사 측 설명이다.

카카오페이, 카카오뱅크 등 각 계열사별로 세부 복지 사항 등 일부 차이가 있긴 하지만 큰 틀에서 카카오가 추구하는 전략은 비슷하다. '신충헌'(신뢰·충돌·헌신)이란 카카오만의 독특한 기업문화가 대표적이다. 신충헌이란 반대 의견을 제시해도 불이익이 없다는 신뢰를 바탕으로 다양성에 기반해 충돌하고 그 과정에서 새로운 아이디어를 만들어가며 그렇게 만들어진 결론엔 모두가 헌신한다는 뜻이다.

카카오의 주요 복지로는 안식 휴가, 대출 지원, 의료비 지원, 동호회 지원, 직장 어린이집 운영, 톡테라스, 톡클리닉, 가족사랑 지원제도, 복지 포인트, 가족 돌봄 휴가 등이 꼽힌다. 그중에서도 안식 휴가는 카카오를 대표하는 복지 중 하나다. 카카오는 크루들의 재충전을 위해 매 3년 근속 시마다 한 달간의 안식 휴가를 부여한다. 이 기간 급여와 함께 휴가비 200만 원은 별도다.

카카오는 성과에 따라 보상도 확실하게 해주는 것으로도 유명하다. 카카오페이는 올해 연봉

조정 대상 임직원 모두에게 연봉 1,000만 원을 일괄 인상하기로 했다. 개인별 성과에 따른 성과급을 별도로 제공하는데 더해 스톡옵션(주식매수청구권) 차등 배분도 검토 중이다.

토스는 '몰입'을 통한 혁신에 방점을 두고 있다. 임직원들이 불필요한 일에 시간을 쓰지 않고 업무에만 몰입할 수 있도록 다양한 서비스를 제공해 '자유로운 기업문화의 대명사', '복지 천국'이란 별명이 붙었다. 가장 눈에 띄는 복지는 지난해 연말부터 정례화된 겨울방학 제도다. 겨울방학은 성탄절을 전후해 약 10일간의 전사 휴무를 갖는 제도로 고객센터 등 일부 필수 인력을 제외하고 모든 팀원이 쉬는 것을 원칙으로 한다. 이는 토스뱅크, 토스증권, 토스페이먼츠 등 주요 계열사에 모두 동일하게 적용되며 신뢰에 기반한 자율과 책임, 높은 퍼포먼스 지향의 문화라는 핵심 원칙에 기인한다. 토스 관계자는 "토스의 사내 문화는 자율과 책임이란 두 키워드로 요약되는데 토스팀은 '모든 구성원을 높은 역량과 책임감을 갖춘 어른으로 대한다'는 데에서 시작한다."며 "세세한 업무 지침이나 관리가 필요 없는 인재를 채용하고 그렇게 채용된 팀원에게는 모든 정보를 투명하게 공유하고 자율성을 부여하는 것이 조직 운영의 대원칙"이라고 설명했다.

특히 토스는 팀원들이 업무에 집중할 수 있는 환경을 조성하기 위해 커뮤니티 팀을 별도로 만들기도 했다. 커뮤니티 팀은 토스 내 구성원들이 오직 업무에 몰두할 수 있도록 하는 동시에 회사 생활 외적인 부분에서 받는 스트레스를 없애주기 위해 맛집 추천, 가사 도움 등 다양한 서비스를 제공 중이다. 이외에도 입사자들에게 점심·저녁 식대 제공, 반기별 팀 성과에 따른 성과급 지급, 직장 단체보험 제공과 연 1회 종합건강검진 제공, 사내 카페 · 편의점 · 헤어살롱 무료 이용, 주택자금 대출 무이자 1억 원 지원 등의 복리후생 혜택을 제공하고 있다.

복지뿐 아니라 연봉도 업계 최고 수준이다. 앞서 토스는 지난해 파격적인 연봉과 워라밸 등의 조건을 앞세워 대규모 인력 채용에 나섰다. 경력 입사자를 대상으로 한 채용에선 전 직장의 최대 1.5배 연봉, 1억 원 어치 스톡옵션(주식매수선택권)을 적용, 눈길을 끌었다. 입사자들은 각종 보너스와 스톡옵션 등의 다양한 인센티브를 챙겼다.

(자료: "진격의 카카오 · 토스··· 핀테크 금융전쟁", 머니S, 안서진 기자, 2022.04.25. https://moneys.mt.co.kr/news/mwView.php?no=2022042215158051022 수정부분발췌)

동기유발이란?

조직성과는 구성원들이 맡은 일을 잘 해낼 때 높아진다. 맡은 일을 잘하기 위해서는 무엇보다 그 일을 제대로 처리할 수 있는 능력을 갖추어야 하고, 구체적인 업무지침과 제대로 된 재료나 설비도 필요하다. 그러나 아무리 능력이 뛰어나고 좋은 재료와 설비를 갖고 있어도 열심히 하려는 의욕이 없다면 높은 성과를 기대할 수 없을 것이다. 따라서 조직구성원들이 맡은 일을 열심히 해야겠다는 높은 의욕을 갖도록 동기를 유발하는 것은 경영자의 중요한 임무 중 하나이다.

동기(動機; motive)는 사람이 갖고 있는 욕구(要求; needs)나 충동(衝動; drive)을 활성화하여 행동을 유도하는 심리적 힘으로, 그것이 어떻게 유발되는지에 따라 한 사람이 기울이는 노력의 방향(direction), 정도(intensity) 그리고 지속성(persistence)이 결정된다. 동기유발(動機誘發; motivation)은 목표지향적인 성격을 갖고 있어 노력이 이루어지는 방향을 살펴보아야 한다. 사람들이 동기유발되었다는 것은 무엇인가를 이루거나 갖기 위해 노력한다는 것으로, 목표로 삼는 것이 무엇인지에 따라 동기유발에 큰 차이가 있다. 비록 강하고 지속적으로 노력한다 하더라도 그런 노력이 조직목표와는 상관없는 방향으로 이루어진다면 기대했던 효과를 거둘 수 없다.

동기유발은 강도에 따라서도 분석될 수 있는데 이는 노력의 정도를 나타낸다. 동기가 강하게 유발되면 목표를 이루기 위해 더 많은 에너지와 시간을 들여 노력하게 된다. 이와 함께 그런 노력이 얼마나 지속적으로 이루어지는지도 동기유발 정도를 나타내는 특성 중 하나이다. 무엇인가를 이루기 위해 노력하는 과정에서 부딪치는 어려움에 굴하지 않고 지속적으로 노력을 기울일 때 제대로 동기유발되었다고 말할 수 있다. 따라서 누군가를 동기유발한다는 것은 그 사람이 주어진 목표를 향해 열심히 그리고 지속적으로 노력하게 만든다는 것을 의미한다.

경영학에서 동기유발은 조직구성원들이 조직목표 달성을 위해 열심히 그리고 지속적으로 노력하게 유도하는 과정을 말한다. 어떤 업무목표가 주어지면 구성원은 그 목표가 노력해서 달성할 만한 가치가 있는 것인지를 평가하는데, 목표 달성에 따라 주어지는 여러 보상이 그 사람이 갖고 있는 욕구를 충족시켜 줄 때 목표의 가치를 높이 평가할 것이다. 따라서 조직구성원들이 갖고 있는 욕구를 파악하고, 조직목표 달성에 필요한 여러 일들과 보상을 적절히 연계시켜야만 구성원들을 효과적으로 동기유발시킬 수 있을 것이다.

동기유발에 영향을 주는 요인들

조직목표를 향해 구성원들이 노력하는 이유는 다양하다. 더 많은 돈을 벌기 위해 열심히 일하는 사람도 있지만 돈보다는 일이 재미있어 열심히 하는 사람도 많다. 노동조합의 지도자들은 더 높은 임금, 짧은 근무시간 그리고 쾌적한 근무환경에 의해 종업원들이 동기유발된다고 주장한다. 그리고 많은 재량권이나 책임을 부여할 때 동기유발이 이루어질 수 있다고 강조하는 경영학자들도 있다. 조직구성원들의 동기유발에 영향을 주는 요인은 〈표 8-1〉과 같이 개인, 직무, 조직의 특성과 관련된 세 가지 범주로 나누어 살펴볼 수 있다.

개인의 특성

욕구(need), 태도(attitude), 흥미(interest)와 같은 개인 특성들이 동기유발에 영향을 준다. 동기유발은 사람이 갖고 있는 욕구를 충족시키는 과정을 통해 이루어진다. 욕구는 무엇인가를 갖거나 이루고 싶어하는 마음으로, 그것이 채워지지 않으면 긴장이 유발되고 사람들은 그 긴장을 줄이기 위해 욕구를 충족시킬 수 있는 방법을 찾아 행동하게 된다. 따라서 충족되지 못한 욕구 때문에 발생하는 긴장이 클수록 구성원의 노력 정도는 강해질 것이다. 조직목표 달성을 위해 노력함으로써 구성원들이 원하는 욕구가 충족된다면 조직목표 달성을 향한 강하고 지속적인 노력을 기대할 수 있을 것이다.

개인의 태도에 따라서도 동기유발은 달라진다. 자신, 조직, 일 그리고 성과에

〈표 8-1〉 동기유발에 영향을 주는 요인들

구 분	요 인
개인의 특성	욕구, 가치, 목표, 태도, 흥미
일의 특성	다양성, 재량권, 피드백, 난이도
업무환경의 특성	함께 일하는 사람들 : 동료, 상사, 부하 조직과 관련된 상황 : 보상정책과 제도, 훈련 및 개발 기회, 업적평가 기준과 방법

대한 태도는 구성원들의 동기유발에 많은 영향을 준다. 예를 들어, 노력하면 어떤 일이라도 이루어낼 수 있다는 자신감을 갖고 있다면 그렇지 않은 경우보다 쉽게 동기유발될 것이다. 그리고 조직에 강한 애착을 갖고 있거나 자신의 일을 사랑한다면 조직목표를 향한 동기유발이 이루어질 가능성이 높다.

동기가 유발되는 정도는 개인이 갖고 있는 흥미에 따라서도 달라진다. 흥미를 느끼는 일을 할 때 우리는 시간이 어떻게 흘렀는지도 모르게 일에 흠뻑 빠져 혼신의 힘을 다한다. 등산을 좋아하는 사람들이 온갖 어려움을 참고 험준한 산에 오르기 위해 들이는 노력을 생각해 보면 흥미가 동기유발에 얼마나 중요한 역할을 하는지 이해할 수 있을 것이다.

일의 특성

맡은 일의 속성에 따라서도 동기유발 정도가 달라진다. 다양성, 재량권, 피드백 등을 갖추어 충실하게 만들어진 직무는 그 담당자가 자신의 일에 대해 느끼는 의미감과 책임감을 높여줌으로써 더 많은 노력을 지속적으로 기울이게 한다. 그리고 적정 수준의 난이도를 지닌 일은 도전정신을 자극해 강한 동기유발을 이끌어낼 수 있다.

업무환경의 특성

일을 하면서 접하게 되는 주변여건 역시 동기유발에 영향을 주는데, 그 중 함께 일하는 사람들이 중요한 역할을 한다. 상사가 상황에 적합한 리더십 스타일을 갖추고 있으면 구성원들로부터 높은 수준의 동기를 유발할 수 있다. 그리고 동료나 부하 직원들 역시 동기유발에 영향을 주기 때문에 경영자들은 열심히 업무를 수행하는 분위기나 조직문화를 형성하는 데 관심을 가져야 한다.

조직의 성과평가기준이나 보상정책은 어떤 행동과 어느 정도의 성과가 높게 평가받고 보상받을 수 있는지를 정함으로써 구성원들의 동기유발에 영향을 준다. 그리고 필요한 훈련 및 개발 프로그램이 제공되면 구성원들이 자신의 능력에 대해 확신을 갖게 되어 결과적으로 높은 수준의 동기가 유발될 수 있다.

동기유발요인

조직구성원의 동기유발에 영향을 주는 요인들에 관해 여러 이론들이 설명하고 있는데, 그 초점에 따라 내용이론과 과정이론으로 구분할 수 있다. 내용이론(content theory)은 무엇이 동기를 유발하는지에 초점을 맞추고 있으며, 과정이론(process theory)은 어떤 과정을 통해 동기가 유발되는지를 설명한다. 먼저 동기유발요인을 규명하는 내용이론 중 욕구와 동기유발 간의 관계를 밝힌 욕구계층이론과 직무관련 요인의 중요성을 강조한 두 요인이론의 주장과, 이들 주장이 경영현장에서 어떻게 적용될 수 있는지 알아보자.

욕구계층이론

Abraham Maslow는 사람들이 갖고 있는 여러 가지 욕구를 분류하여 동기유발과의 관계를 밝힌 욕구계층이론(慾求階層理論; need hierarchy theory)을 주장하였다. 사람은 욕구를 충족시키기 위해 동기유발되는데, 그런 욕구들은 중요도에 따라 계층을 이루고 있다는 것이다.

다섯 단계의 욕구계층

사람들의 욕구는 〈그림 8-1〉과 같이 다섯 단계의 계층적 구조를 이루고 있다. 가장 낮은 단계에 자리잡고 있는 생리적 욕구(生理的 慾求; physiological needs)는 먹을 것이나 마실 것 그리고 숨쉴 수 있는 맑은 공기 등과 같이 생존을 위해 꼭 충족되어야 할 생물학적 욕구들이다. 임금은 기본적으로 근로자들의 생리적 욕구를 충족시켜 주는 역할을 한다. 그 다음 단계의 욕구는 안전이나 안정(安全 安定; safety and security)에 관한 것으로 물리적 위협이나 경제적 어려움으로부터 벗어나고 싶어하는 것이다. 안전한 작업환경이나 안정적인 노후생활을 바라고 안정적 고용이 보장되는 직장을 원하는 것이 그런 욕구에 속한다. 세 번째 단계의 소속 욕구(所屬 慾求; belongingness needs)는 사람들과의 관계를 통해 충족될 수 있는 것으로, 다른 사람들과 가까이 지내고 서로 사랑을 주고받길 원하는 것이다. 어떤 집단에 속하고 싶어하며 동료들로부터 따돌림 받지 않고 받아들여지길 원하

그림 8-1 Maslow의 욕구계층이론

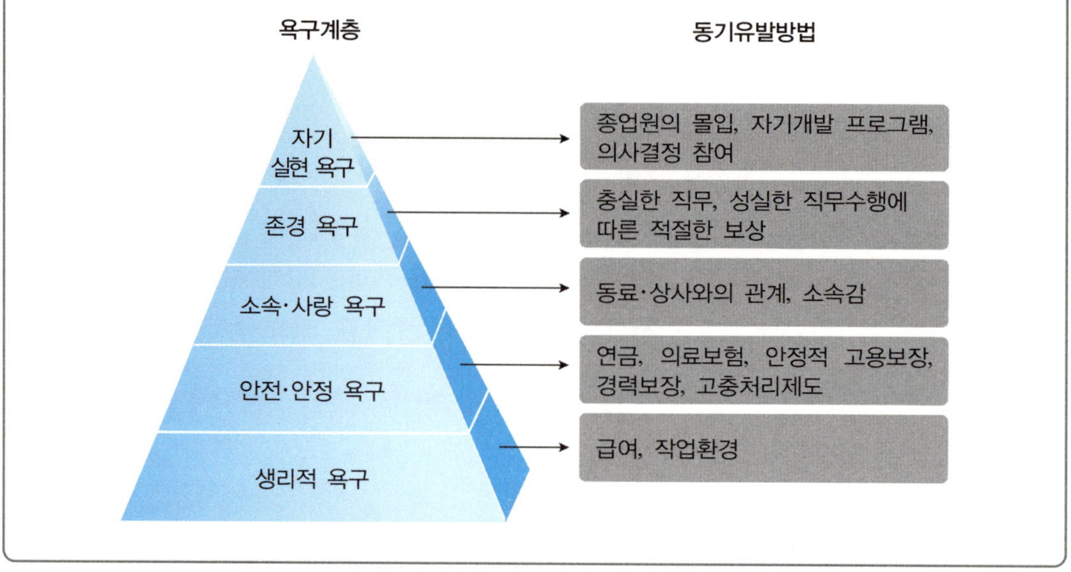

는 것도 소속 욕구이다. 다음 단계의 존경 욕구(尊敬 慾求; esteem needs)는 자신에 대해 긍정적으로 평가할 수 있기를 바라며 또 다른 사람들로부터 인정이나 존경받길 원하는 것이다. 욕구계층에서 가장 높은 곳에 있는 것은 자기실현(自己實現; self-actualization) 욕구로 자신이 갖고 있는 잠재능력을 충분히 발휘하여 지속적으로 성장하길 원하는 것이다.

Maslow의 이론에 따르면 사람들의 욕구는 가장 낮은 단계에서 출발하여 제일 높은 단계에 이르는 계층을 형성하고 있다. 사람들은 우선 충족되지 않은 욕구 중 가장 낮은 단계의 것을 만족시키기 위해 행동하며, 그 단계의 욕구가 채워지면 바로 윗 단계의 욕구충족을 위해 행동한다. 이렇게 아래 단계의 욕구가 채워지고 나면 바로 다음 단계의 욕구 충족을 위한 노력이 이어지는 것을 만족-진행(滿足-進行; satisfaction - progression) 원칙이라 하며, 가장 높은 단계의 자기실현 욕구가 충족될 때까지 계속 적용된다.

이론의 적용

현재 그 사람을 지배하고 있는 욕구의 단계가 구성원에 따라 다르다는 점을 강조하는 Maslow의 욕구계층이론을 경영 현장에 적용하기 위해서는 먼저 각 구성원이 현재 어떤 단계의 욕구를 갖고 있는지 파악하여야 한다. 그런 다음 그것을 충족시켜줄 수 있는 방법을 선택하여 시행함으로써 그들로부터 조직목표 달성을 위한 지속적인 노력을 이끌어내야 한다.

생리적 욕구의 충족을 위해서는 〈그림 8-1〉에 제시된 것처럼 생계유지에 충분한 임금이 주어져야 한다. 그리고 작업장의 온도, 환기, 그리고 조명 등이 적절히 유지되어야 한다. 안전이나 안정에 대한 욕구는 우선 안전한 작업환경과 안정적인 고용보장에 의해 충족될 수 있다. 그리고 의료보험, 퇴직연금, 부당한 대우를 방지해 줄 수 있는 고충처리제도 등이 마련되면 조직구성원들의 안전에 대한 욕구가 충족될 수 있다.

소속 욕구는 동료들과 원만한 관계를 형성할 수 있는 기회를 통해 충족될 수 있다. 이를 위해 구성원들 간에 또는 부서 간에 원활한 의사소통과 협력이 유도될 수 있는 조직 짜임새가 필요하다. 그리고 구성원들이 속한 팀이나 부서에서 동료들과 쉽게 어울릴 수 있는 분위기를 만들어주어야 하며, 동아리나 체육대회와 같은 사회적 모임을 지원해 주는 방법도 있다.

구성원들이 일을 통해 성취감이나 의미감을 느낄 수 있도록 해줌으로써 존중 욕구를 만족시켜 줄 수 있다. 내용이 충실한 업무를 맡기거나 성과에 따라 승진이나 적절한 포상이 이루어져 구성원들이 자긍심을 갖도록 해주어야 한다. 욕구계층의 꼭대기에 있는 자기실현욕구는 잠재력을 개발하여 활용하려는 구성원 스스로의 끊임없는 노력에 의해 충족된다. 경영자들은 구성원들의 자기실현욕구가 충족될 수 있는 여건을 마련해 주어야 하는데, 새로운 지식이나 기술을 배울 수 있는 기회를 제공하여 스스로의 역량을 키우게 하고 업무와 관련된 의사결정에 구성원들을 참여시키는 것이 그 예가 될 수 있다.

두 요인이론

Frederick Herzberg가 주장한 두 요인이론(二要因理論; two-factor theory)도 구성원들이 일을 통해 얻으려고 하는 것들을 밝힘으로써 동기유발을 설명하고 있다. 미국 피츠버그를 중심으로 회계사와 엔지니어 200여 명에게 자신의 일에 아주 만족하여 일할 의욕을 강하게 느꼈을 때와 반대로 아주 불만족하여 일할 의욕

〈표 8-2〉 Herzberg의 동기요인과 위생요인

동기요인	위생요인
성취감	임금
칭찬이나 인정받을 수 있는 기회	안정적 고용보장
일 자체의 도전감	감독자
성장가능성	작업조건
책임감	회사의 정책과 경영방식
승진가능성	인간관계

을 잃어버린 때는 어떤 경우인지 물어보았다. 그 대답을 살펴보니 일에 대한 만족감을 유발하여 동기유발 정도를 높이는 요인들과 일에 대해 불만족감을 유발하여 동기유발 정도를 낮추는 요인들이 서로 구분되어 나타났다.

동기요인과 위생요인

〈표 8-2〉에서 볼 수 있듯이 일을 통해 얻을 수 있는 성취감, 다른 사람들의 인정, 내용이 알찬 직무, 책임감 그리고 승진이나 성장과 같은 요인들이 일을 통해 느낄 수 있는 만족감과 동기유발 정도를 높이는 것으로 나타났는데, 이들을 동기요인(動機要因; motivator)이라 불렀다. 반면에 감독자, 작업조건, 인간관계, 임금, 고용안정성 그리고 회사정책이나 경영방식 등과 같은 요인은 만족감이나 동기유발 정도를 높이기보다는 불만족감을 높이거나 동기유발 정도를 낮추는 역할만 하는 것으로 나타났다. 즉, 그런 요인들이 잘 갖추어져 있지 않으면 조직구성원들은 불만족감을 느껴 동기유발 정도가 낮아지지만, 적절히 갖추어진다 해도 동기를 높은 수준으로 유발할 수는 없다는 것이다. Herzberg는 이런 요인들을 위생요인(衛生要因; hygiene factors)이라고 불렀다. 마치 위생적인 주변환경이 우리가 질병에 걸리지 않도록 예방해 줄 뿐이지 사람들을 더 건강하게 만들지는 못하는 것과 비슷하다고 하겠다.

동기요인과 위생요인을 비교해 보면 동기요인은 주로 일 자체를 통해 충족될 수 있는 것들이지만 위생요인은 일 자체보다는 일과 관련된 주변환경에서 발견할 수 있는 것들이라는 점을 알 수 있다.

이론의 적용

Herzberg의 두 요인이론에 따르면 경영자들은 두 단계를 거쳐 조직구성원들을 동기유발할 수 있다. 첫째로 위생요인들을 적절한 수준으로 유지하여 구성원들이 불만을 느끼지 않도록 해야 한다. 즉, 적정수준의 임금을 지급하고 부당한 해고로부터 보호받을 수 있도록 해주어야 한다. 그리고 안전하고 쾌적한 작업환경을 만들어주고, 감독자들은 적절한 리더십을 발휘하도록 노력해야 한다. 뿐만 아니라 회사의 정책이나 경영방침이 구성원들에게 받아들여지고 그들 간에 원만한 대인관계가 이루어질 수 있도록 해주어야 한다. 이와 같은 노력들이 이루어지면 조직목표 달성을 향해 구성원들을 그럭저럭 이끌고 나갈 수 있을 것이다. 그러나 그들에게서 보다 열정적이며 헌신적인 노력을 이끌어낼 수는 없다. 마치 말을 물가까지는 끌고 갔지만 억지로 물을 먹일 수는 없는 것과 같다고 하겠다.

그래서 동기요인을 개선하는 두 번째 단계가 필요하다. 즉, 구성원들이 일을 통해 성취감을 느끼고 인정받을 수 있고, 직무내용을 보다 충실하게 만들어 구성원들이 일 자체를 즐기고 강한 책임감을 느낄 수 있도록 해야 한다. 이렇게 되면 구성원들은 맡은 일에 보다 높은 의욕을 갖고 노력하여 조직성과 역시 높아질 수 있다.

지금까지 욕구와 직무를 중심으로 동기유발요인을 밝힌 욕구계층이론과 두 요인이론을 살펴보았다. 그런데 사람들이 모두 같은 욕구의 충족을 위해 행동하는 것은 아니며, 같은 욕구가 동기를 유발하더라도 동기유발되는 정도가 다를 수 있다. 어떤 사람은 돈을 많이 갖겠다는 경제적 욕구에 의해 동기유발되지만 다른 사람은 돈보다는 성취감을 더욱 중요하게 생각하기도 한다. 또 같은 회사에서 같은 근로조건 아래 일하더라도 두 종업원이 동기유발되는 정도는 서로 다를 수 있다. 왜 그와 같은 차이가 발생하는지를 이해한다면 보다 효과적으로 구성원들의 동기를 유발할 수 있을 것이다.

동기유발과정

사람들이 왜 서로 다른 요인에 의해 동기유발되고 또 동일한 요인에 의해서도 서로 다른 정도로 동기유발되는지를 밝히려는 노력은 동기유발 과정이론(過程理論; process theory)의 발전으로 이어졌는데, 대표적인 것으로 기대이론과 형평이론이 있다.

기대이론

기대이론(期待理論; expectancy theory)은 어떤 일을 통해 자신이 원하는 것을 얻을 수 있다고 믿을 때 그 일을 위해 열심히 노력할 것이라는 사실을 강조한다. 예를 들어보자. 만약 여러분이 졸업 후 직장을 구하려고 하는데 연봉 2억 원을 받을 수 있는 최고경영자를 찾는다는 구인광고를 보았다고 하자. 비록 여러분이 그 일자리에 크게 매력을 느끼지만 실제로 지원하지는 않을 것이다. 그 이유는 대학을 갓 졸업한 사람이 지원해 봤자 채용될 가능성이 거의 없기 때문이다. 반대로 채용가능성은 높지만 자신의 적성에 맞지 않는 일을 해야 하는 경우에도 지원하지 않을 것이다. 그 일자리 자체를 원하지 않기 때문이다. 그러나 평소 관심을 갖고 취업 준비를 해왔던 유망한 중견기업의 신입사원 채용에는 열심히 준비해 합격할 수 있도록 노력할 것이다. 그 일자리를 원하고 또 지원하여 선발될 가능성이 있기 때문이다. 이렇게 사람들이 어떤 일에 대해 동기유발되는 정도는 그 일이 이루어지는 것을 얼마나 원하며 또 그 일을 실제 이루어낼 수 있을 것이라고 믿는 정도에 따라 달라진다는 것이 기대이론의 핵심 주장이다.

기대이론은 〈그림 8-2〉에 제시된 것처럼 사람들이 어떤 일을 위해 동기유발되는 정도를 노력-성과 기대(effort-performance expectancy), 성과-보상 기대(performance-outcome expectancy), 성과와 보상을 원하는 정도를 통해 설명한다.

노력-성과 기대

노력-성과 기대는 노력하면 어떤 수준의 성과를 이루어낼 수 있을 것이라는 생각 또는 기대정도(expectancy)를 말한다. 노력하면 높은 성과를 이룰 수 있다고

그림 8-2 기대이론모형

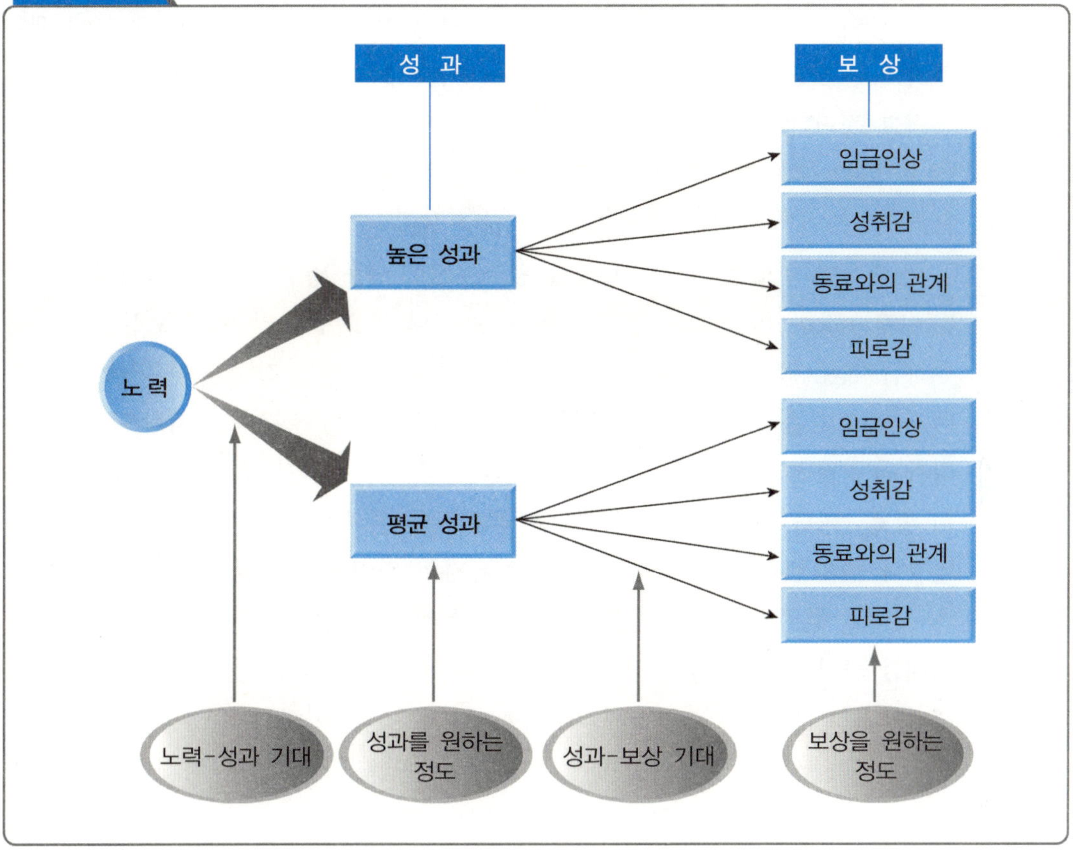

믿는 정도는 사람에 따라 다르다. 자신이 충분한 능력을 갖고 있고 조직으로부터 필요한 지원을 받을 수 있다고 생각하면 노력해서 원하는 성과를 달성할 수 있다는 자신감을 갖게 되지만, 능력이 떨어지고 조직의 지원 역시 부족하다고 판단하면 노력해도 원하는 성과를 이루기 어렵다고 생각해 노력-성과 기대는 낮아진다.

성과-보상 기대

성과-보상 기대는 목표 성과를 달성하면 보상이 주어질 가능성을 의미하며, 수단성(手段性; instrumentality)이라고 부르기도 한다. 예를 들어, 어떤 판매사원이 열심히 일해 높은 성과를 달성하였을 때 그해 말 상여금(보상)을 받을 가능성이 50% 정도라고 생각한다면, 이때 성과-보상 기대 또는 높은 업적이 상여금에 대해 갖는 수단성은 0.5가 된다. 만약 높은 성과를 이루어내면 어김없이 상여금을 받을 것이라고 믿는다면 수단성의 1.0이 될 것이다. 자신이 원하는 보상에 대한 성과의 수단성이 0.5일 때보다 1.0일 때 사람들은 성과를 높이기 위해 더 열심히 노력할 것이다.

성과와 보상을 원하는 정도

동기유발 정도는 성과와 보상을 원하는 정도에도 영향을 받는데, 이를 유인값(誘引價; valence)이라고도 한다. 개인의 욕구나 목표에 따라 어떤 보상을 얼마나 원하는지는 사람들마다 다르다. 많은 월급보다 안정적인 직장을 더 원할 수 있으며, 승진보다는 동료들과의 원만한 관계를 더 값지게 생각하는 사람도 있다. 성과가 높아지면 승진이나 임금 인상과 같은 긍정적 결과가 주어지지만 그 과정에서 피로감이나 동료들의 질시와 같은 부정적인 결과가 따를 수도 있으며, 그것을 얼마나 원하는지 또는 피하고 싶어 하는지는 개인의 가치관에 따라 달라진다.

성과를 원하는 정도는 성과와 연계된 각각의 보상을 원하는 정도와 성과-보상 기대를 곱하여 모두 합한 값이다. 즉, 성과를 원하는 정도=∑(성과-보상 기대×보상을 원하는 정도)의 공식에 따라 계산될 수 있다. 이렇게 계산된 '성과를 원하는 정도'는 성과가 구성원에게 얼마나 매력적으로 비춰지는지를 나타낸다. 만약 높은 성과에 따라 구성원이 강하게 원하는 것들이 주어질 가능성이 크다면 높은 성과를 원하는 정도의 값, 즉 유인값은 커져 동기유발 정도가 높아질 가능성이 있다.

기대이론의 개념을 보다 쉽게 이해하기 위해 예를 살펴보자. 〈그림 8-3〉을 통해 어떤 구성원이 높은 성과를 위해 노력할 것인지 아니면 평균 정도의 성과만을 유지하려고 할 것인지를 알아보자. 성과에 따라 주어지는 보상으로 월급인상과 승진을 생각할 수 있다. 그 사람이 월급인상을 원하는 정도가 0.5이고 승진을 원하는 정도가 0.7이며, 성과가 높아지면 월급이 인상될 가능성은 40%이고 승진이 될 가능성은 20% 정도로 기대하고 있다. 그리고 평균 정도의 성과를 내면 월급이 인상될 가능성은 20% 정도이고, 승진될 가능성은 10% 정도일 것이라고 기대하고 있다. 또 자신이 노력해서 성과를 높일 수 있는 가능성은 30% 정도이고 평균 정도의 성과를 유지할 가능성은 90%로 보고 있다고 가정하자.

우선 높은 성과와 평균 정도 성과 각각을 원하는 정도를 구해보자. 높은 성과

그림 8-3 기대이론모형의 예

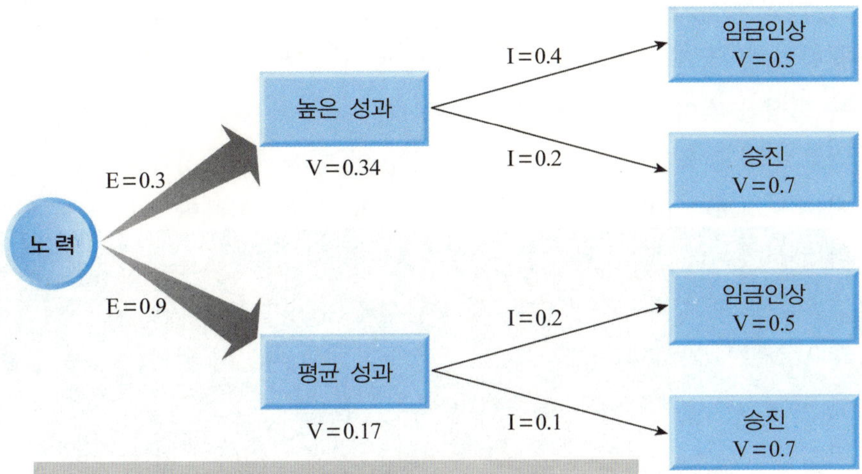

- '높은 성과'의 유인값=(0.5×0.4)+(0.7×0.2)=0.34
- '평균 성과'의 유인값=(0.5×0.2)+(0.7×0.1)=0.17
- '높은 성과'를 향해 동기유발되는 정도=0.34×0.3=0.102
- '평균 성과'를 향해 동기유발되는 정도=0.17×0.9=0.153

를 통해 임금이 인상되고 승진될 가능성이 각각 0.4와 0.2이기 때문에 (0.5×0.4)와 (0.7×0.2)를 합한 0.34가 높은 성과를 원하는 정도이며, 평균 정도 성과를 원하는 정도는 (0.5×0.2)+(0.7×0.1)=0.17이다. 그러면 이 사람은 어떤 성과를 선택하겠는가? 높은 성과를 위해 동기유발되는 정도는 그것을 원하는 정도 0.34와 노력-성과 기대 0.3을 곱해서 구해진 0.102이다. 그리고 평균 정도 성과에 대해 동기유발되는 정도는 0.17×0.9=0.153이다. 따라서 이 사람은 높은 성과를 달성하기 위해 노력하기보다는 적당히 일해 평균 정도의 성과를 유지하려고 할 것이다.

여러분도 좋은 학점과 낮은 학점에 대해 각자 어느 정도 동기유발 되는지를 여러 가지 보상들(예 : 장학금, 부모님으로부터의 칭찬, 성취감, 좋은 직장을 얻을 가능성 등)을 원하는 정도와 성과-보상 기대 그리고 좋은 학점이나 낮은 학점을 받을 수 있다고 생각하는 가능성인 노력-성과 기대 등을 이용하여 계산해 보면 기대이론의 내용을 보다 잘 이해할 수 있을 것이다.

이론의 적용

앞의 예에서 어떻게 하면 높은 성과를 위해 노력하도록 변화시킬 수 있을까? 우선 높은 성과를 원하는 정도를 높여야 한다. 이를 위해 그 사람이 강하게 원하는 보상을 찾아 성과와 연계시켜야 하는데, 일을 통해 무엇을 얻으려 하는지 그리고 어떤 것을 가치 있게 여기는지 알아야 한다. 높은 성과를 이룰 때 현재 주어지는 보상보다 10배 더 강하게 원하는 보상이 주어진다면 노력 정도 역시 그만큼 차이날 것이다.

다음으로 성과-보상 기대, 즉 수단성을 높여야 한다. 성과와 구성원들이 원하는 보상들을 강하게 연계시켜 높은 성과를 내면 자신이 원하는 것을 얻을 수 있다고 굳게 믿을 수 있도록 해야 한다. 높은 성과를 올려도 자신이 원하는 것이 주어지지 않는다면 구성원은 성과를 높이려고 애써 노력하지 않을 것이다. 예를 들어, 일 잘하는 사람이 반드시 승진되는 기업과 높은 자리는 낙하산 인사들이 다 차지해버리는 기업의 구성원들이 열심히 일하는 정도는 크게 차이가 날 것이다.

마지막으로 노력하면 높은 성과를 이룰 수 있다는 확신이나 자신감을 갖도록 해 노력-성과 기대를 높여야 한다. 높은 성과가 아무리 매력적으로 보이더라도 그것을 이루는 것이 불가능하다면 열심히 노력하지 않을 것이다. 따라서 지속적인 교육과 훈련을 통해 업무능력을 높여 맡겨진 업무를 잘 해낼 수 있다는 자신감을 갖게 해주어야 한다. 그리고 생산성을 높일 수 있도록 적절한 생산설비와 업무절차도 마련되어야 한다. 이와 함께 업무를 처리하면서 부딪치는 문제나 장애요인을 경영자가 관심을 갖고 해결해 줌으로써 업무담당자들이 성과는 자신이 하기에 달려 있다는 생각을 갖도록 해야 한다.

요컨대, 구성원들의 근로의욕을 높이기 위해서는 노력하면 성과를 높일 수 있고 그에 적절한 보상이 주어져 자신이 바라는 결과를 얻을 수 있다는 확신을 갖도록 해주어야 한다.

형평이론

형평이론(衡平理論; equity theory) 또는 공정성이론 역시 어떻게 동기유발되는지를 설명한다. 욕구가 동기를 유발시키면 사람들은 어떤 목표를 향해 노력하게 된다. 그런 노력의 결과로 무엇인가를 얻게 되면 그것을 자신의 노력 정도나 다른 사람들이 받은 보상 정도와 비교하여 공정한 대우를 받고 있는지를 평가하며, 그 결과에 따라 동기유발되는 정도가 달라진다.

Stacy Adams에 의해 개발된 형평이론은 자신의 노력 결과에 따라 주어지는 보상이 불공정하다고 느끼면 사람들은 그런 불공정을 줄일 수 있는 방향으로 동기유발된다고 주장한다. 여러분이 아르바이트를 하면서 다른 친구만큼 열심히 일했는데도 더 적은 급여를 받았다면 불공정하다고 생각할 것이다. 이런 경우 사람들은 공정한 대우를 이끌어내 수 있는 방법을 찾아 그것이 실현될 수 있도록 노력한다는 것이 형평이론이 주장이다.

형평성 판단

자신이 공정하게 대우받고 있는지를 어떻게 판단하는지 살펴보자. 구성원들은 맡은 업무를 처리하기 위해 지식, 기술, 경험, 시간, 노력 등을 사용하게 되는데, 이를 투입(input)이라고 한다. 여러 가지를 투입하여 업무를 수행한 대가로 월급, 승진, 인정, 동료나 상사와의 원만한 관계, 성취감 등과 같은 결과를 얻게 되는데 이를 산출(outcome)이라고 한다. 구성원은 단순히 자신의 산출이 남보다 많은지 적은지를 따지는 것이 아니라 자신의 투입과 산출 간의 비율을 다른 사람의 투입과 산출 간의 비율과 비교하여 자신이 공정하게 대우받고 있는지를 판단한다. 즉, [자신의 산출/자신의 투입]과 [타인의 산출/타인의 투입]을 비교하는데 이는 정확하게 계량화되기 어렵고 주관적이어서 부정확할 때도 있다. 그렇지만 구성원들은 그런 비교를 자주 하며 그 결과에 따라 동기유발되는 정도가 달라진다.

비교 결과 자신의 비율과 비교대상의 비율이 비슷하다면 공정하게 느낀다. 비록 자신의 산출이 다른 사람의 산출에 비해 적더라도 공정하게 느낄 수 있다. 예를 들면, 자신의 월급이 250만 원이고 다른 사람은 300만 원을 받는다 해도 그 사람에 비해 자신의 경력이 그만큼 짧다면 불공정하게 느끼지는 않을 것이다. 그런데 다른 사람에 비해 불공정하게 적은 보상을 받거나 많은 보상을 받게 되면 그런 불공정 상태를 줄이기 위해 동기유발된다. 만약 불공정하게 적은 보상을 받고 있다고 생각하면 직무에 대해 덜 노력함으로써 투입을 줄이거나 더 많은 보상을 요구해 산출을 높이려고 한다. 그래도 여전히 불공정성이 개선되지 않으면 비교대상을 바꾸거나 조직을 떠나게 된다. 여러분들도 아르바이트를 하면서 유사한 경험을 한 적이 있을 것이다. 예를 들어, 비슷하게 노력한 친구에 비해 적은 급여를 받은 경우 비교대상이 되는 친구를 바꾸거나 다음부터 그곳에서 아르바이트를 하지 않기로 마음먹기도 한다.

다른 사람에 비해 불공정하게 많은 보상을 받고 있다고 생각하는 경우에는 적은 보상을 받을 때만큼 불만을 느끼지는 않겠지만 역시 불공정 상태를 줄이기 위해 동기유발된다. 불공정성을 줄이기 위한 구체적인 방법으로 노력이나 능력과 같은 자신의 투입을 늘리는 것을 들 수 있다. 그리고 처음 생각했던 자신이나 다른 사람의 투입과 산출을 의도적으로 재평가해 공정한 상태를 이끌어내는 방법도 있다. 자신의 투입 정도를 처음 생각했던 것보다 높은 수준으로 평가함으로써 자신이 공정하게 보상받았다고 생각하는 것이 그 예가 될 수 있다.

사례읽기 8-1 성과급의 공정성 논란

SK하이닉스에서 촉발된 '성과급' 논란이 삼성전자, LG화학 등 또 다른 대기업으로까지 번지고 있다. 돈 잘 버는 일부 대기업이나 특정 사업부의 문제가 아니라 불공정하고 불투명한 것을 참지 못하는 2030세대의 특성이 고스란히 반영된 것이라는 진단이 나온다.

이들은 성과급을 '가욋돈' 같은 보너스가 아니라 정당한 보상의 한 종류로 여기고 있었다. 회사 마음대로 주는 성과급이 아니라, 납득할 만한 기준에 따른 '공정한 급여'로 책정되길 요구하는 목소리가 높았다.

국내 4대 그룹(대기업집단)에 근무하는 2030세대의 얘기를 들어 보니, 이들은 성과급에 대한 인식이 기성세대와는 근본적으로 달랐다. 기성세대는 성과급을 '부수적으로 추가된 소득'으로 여겨온 반면 이들은 성과급이 연봉 차이를 만드는 핵심 요소라고 생각했다. 서울에서 대기업에 8년째 다니는 A씨는 "대기업이라고 해서 기본급이 생각보다 높지 않다."며 "회사가 기본급은 억누르고 성과급을 늘려 불만을 불식시켜 왔는데, 최근엔 기업별로, 기업 내부에서도 사업부별로 성과급 차이가 커지다 보니 불만이 쌓이는 것 같다."고 말했다.

이들은 지금 다니는 대기업이 '평생직장'이라는 인식도 희박했다. 국내 유수의 대기업에 10년째 다니는 B씨는 "선배들은 지금 성과급이 적어도 나중에 회사가 잘되면 더 크게 보상해줄 거라고 믿었다는데, 우리는 '이번에 못 받으면 나중은 없다'는 걸 잘 알고 있다."고 말했다. 이들 사이에서는 '지금 받는 보상이 적으면 기회가 될 때 언제든 이직할 수 있다'는 생각도 강하다.

정보가 투명하게 공개되다 보니 비교도 많이 하게 된다. 다른 회사 성과급에 대한 정보를 뉴스나 온라인 커뮤니티를 통해 손쉽게 접할 수 있기 때문이다. 주로 성과급이 높은 회사들이 알려지다 보니 그에 따른 불만도 쌓인다. 자동차 업계에서 일하는 C씨는 "대학이나 학점은 노력에 따른 결과라고 생각하는데, 대기업 입사는 '내가

이 기업에 왜 붙었는지, 왜 떨어졌는지' 설명도 잘 안 되고 우연적인 요소가 많다."며 "그런데 어느 회사에 입사했느냐가 몇 년 뒤에 엄청난 성과급 차이로 벌어지니 부당하단 생각이 든다."고 했다. 기본급은 액수가 적더라도 '그 정도 수준을 받아들이고 입사했다'고 생각해 상대적으로 불만이 적은 편이다. 하지만 성과급은 입사 후 '나의 노력에 대한 평가나 보상'이라고 생각해 더욱 민감할 수밖에 없다고도 했다.

젊은 세대들은 무엇보다 성과급이 명확한 기준 없이 경영진의 자의적 판단으로 결정된다는 데 불만이 컸다. 디스플레이 대기업 5년차인 D씨는 "요즘은 적자라 성과급이 거의 없지만 몇 년 전에 입사 이후 최대 영업이익이 났을 때에도 '업계 전망이 나쁘다'면서 조금밖에 안 주더라."며 "영업이익이 다르면 성과급도 달라야 하는데, 동료들끼리도 '납득하기 어렵다'는 말을 많이 했다."고 말했다. D씨는 "당장 성과급 얼마 더 주는 것보다, 올해 조금 받더라도 회사가 명확한 기준을 제시했으면 좋겠다."고 했다.

이는 대학수학능력시험(수능) 점수나 자격시험 등 명확한 기준에 따른 평가가 공정하다고 믿는 젊은 세대의 전반적인 인식과도 맞닿아 있다. SK하이닉스의 사례를 보면, 입사 4년차 직원이 사장에게 보낸 전체 공개 메일에서 성과급 지급 기준을 밝히라고 요구한 것이 논란을 키웠다. 결국 SK하이닉스는 지난 4일 내년부터 성과급을 영업이익과 연동 책정해 예측 가능성을 높이기로 노조와 합의했다.

대기업들은 성과급 책정 권한이 회사에 있고, 책정 기준은 회사 기밀이라 밝힐 수 없다는 입장이 강하다. 그러나 경영진이나 사측이 기존의 고정관념에서 벗어나 젊은 세대를 납득시키려 노력해야 한다는 지적이 나온다.

(자료: "SK하이닉스발 성과급 논란...2030은 부모세대와 다르다", 경향비즈, 조미덥 기자, 2021.02.07. http://biz.khan.co.kr/khan_art_view.html?artid=202102072102005&code=920100 수정부분발췌)

이론의 적용

이 이론에 따르면 경영자가 가장 관심을 가져야 할 것은 구성원들에 대한 보상이 항상 형평의 원칙에 어긋나지 않도록 이루어져야 한다는 것이다. 비록 많은 보상이 주어진다 해도 그것이 공정하게 배분되지 않으면 구성원들의 동기를 유발하기는 어렵다. 따라서 노력이나 성과에 따라 공정한 보상이 이루어지도록 해야 한다.

공정성을 높이기 위해서는 보상 배분과정에 구성원들의 의견이 반영될 수 있는 기회를 마련해 두어야 한다. 그리고 제도나 규칙은 누구에게나 똑같이 적용되어야 하며, 결과가 불공정하다고 느낄 때 이의를 제기할 수 있어야 한다. 이와 함께 경영자들은 종업원들을 존중하고 결정내용을 이해할 수 있도록 충분히 설명할 필요도 있다.

그림 8-4 Porter와 Lawler의 동기유발모형

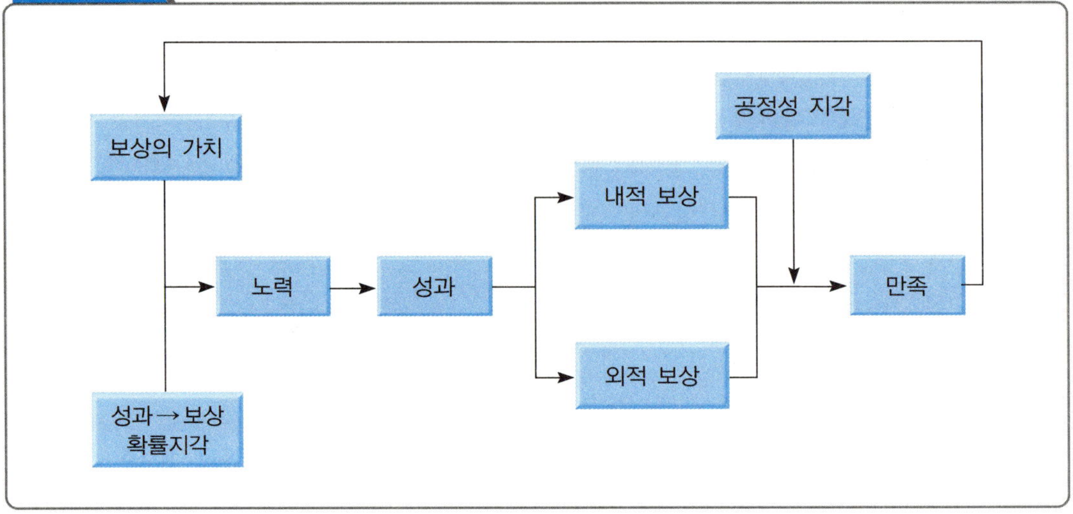

그리고 경영자들은 구성원들이 자신의 투입과 산출 간의 비율을 비교하는 대상을 어떻게 선택하는지에 대해서도 관심을 가져야 한다. 만약 기술수준이나 경험에서 현격하게 차이가 나는 동료를 비교대상으로 삼는다면 늘 불만을 갖게 되어 동기유발에 어려움을 겪게 될 것이다.

기대이론과 형평이론의 결합

미국의 경영학자 Lyman Porter와 Edward Lawler는 기대이론과 형평이론을 한데 모아 동기가 유발되는 과정을 <그림 8-4>와 같이 설명하였다. 성과에 따라 보상이 주어질 가능성과 그 보상의 가치에 따라 노력 정도가 결정되며 이는 성과로 이어지게 된다. 성과에 따라 주어지는 보상은 임금이나 승진과 같이 경제적 성격을 갖고 다른 사람에 의해 주어지는 외적 보상과 성취감이나 자부심과 같이 직무수행 자체에서 생기는 내적 보상으로 나누어진다. 구성원들은 이런 보상에 대해 느끼는 만족 정도는 자신의 노력과 성과에 비해 보상이 공정하게 이루어졌는지에 대한 평가에 따라 달라진다. 보상에 대한 만족 정도는 다시 보상을 원하는 정도에 영향을 미쳐 성과-보상 기대와 함께 노력 정도를 결정한다.

동기유발기법

지금까지 동기를 유발하는 요인과 동기가 유발되는 과정을 다룬 이론들을 살펴보았다. 이들 이론에 근거해 다양한 동기유발기법이 활용되고 있는데, 그 초점에 따라 경제적 보상(economic incentive), 직무충실화(job enrichment), 목표설정(goal setting) 그리고 효과적 의사소통으로 나누어 살펴볼 수 있다.

경제적 보상

월급, 상여금, 복지후생을 포함하는 경제적 보상은 오랫동안 근로자들을 동기유발시키는 데 폭넓게 사용되어 왔다. Maslow의 욕구계층이론에 따르면 경제적 보상은 생리적 욕구와 안전·안정에 대한 욕구를 충족시켜 주며, 기대이론에서는 성과에 따라 경제적 보상을 달리 줌으로써 성과-보상 기대를 높여 구성원들을 동기유발시킬 수 있다고 본다. 따라서 많은 조직에서 구성원들을 동기유발시키기 위해 경제적 보상을 적극적으로 이용하고 있다. 육체근로자의 경우는 능률급(能率給; piece rate)제도를 그리고 정신근로자의 경우는 성과급(成果給; merit pay)제도를 사용하는데, 기업에서 생산직 사원들의 임금을 생산량에 따라 지급하거나 관리직 사원을 대상으로 실시하고 있는 연봉제가 각각의 예에 해당한다.

동기유발을 위해 경제적 보상을 활용할 때 자주 발생하는 문제와 해결책에 관해 살펴보자. 생산량이나 능률에 상관없이 일정한 작업시간만을 채우면 고정적으로 임금을 지급하는 시간급의 한계를 극복하기 위해 도입되는 능률급제도에서는 많이 생산하면 더 많은 임금을 받을 수 있기 때문에 일반적으로 구성원들은 열심히 일해 생산성을 높이려고 할 것이다. 그러나 여러 요인이 그런 효과를 낮출 수 있는데, 우선 생산량만을 고려하는 경우 품질이 떨어질 수 있다. 이런 문제를 해결하기 위해서는 생산량뿐만 아니라 품질이나 불량률도 함께 고려하는 능률급이 활용되어야 한다. 그리고 개별구성원의 성과나 생산성이 자신의 노력 이외의 다른 요인에 의해 많은 영향을 받으면 능률급을 통한 동기유발 효과를 기대하기 어려워진다. 예를 들어, 생산작업에서 사용하는 기계설비나 장비의 성능이 구성원들마다 달라 작업자의 생산성에 큰 차이가 발생한다면 능률급이 실제 의도했던 효과를 거두기 어렵다. 구성원의 생산성이 그 사람의 노력 이외의 요인에 의해 결정되는 정도가 낮을 때 능률급의 동기유발 효과는 높아진다.

성과급이나 능률급을 사용할 때 자주 발생하는 또 다른 문제는 개인의 성과가 지나치게 강조되어 구성원들 간의 협력이 어려워진다는 것이다. 개인의 성과에 따라 임금이 결정되면서 자신의 능률과 직접 관계없는 일에 대해서는 관심을 갖지 않게 되어 동료들 간 팀워크나 협조가 이루어지기 어렵다. 만약 구성원들의 업무가 상호의존되어 있어 협력이 필수적이라면 개인의 성과에 따른 임금보다는 집단의 성과에 따라 보상이 이루어지는 집단성과급제도가 더 효과적일 것이다.

사무직, 전문직 그리고 경영자와 같은 정신근로자들의 경우는 생산직 근로자에 비해 성과를 객관적이고 정확하게 평가하기 어려워 성과급제도의 사용에 더 많은 주의가 필요하다. 무엇보다 성과를 정확하게 평가할 수 있는 객관적인 지표가 마련되어 구성원들이 자신의 성과에 따라 경제적 보상이 달라진다는 것을 확신할 수 있도록 해야 한다. 그리고 성과급을 기본급에 추가로 지급하는 경우 전체 임금에서 성과에 따라 주어지는 금액이 차지하는 비율이 너무 낮으면 구성원들의 동기를 유발하기 어려울 것이다.

조직에서 일반적으로 성과급제도에 따른 보상배분 결과가 공개되지 않기 때문에 성과급의 동기유발 효과가 떨어지기도 한다. 누가, 무엇 때문에, 얼마만큼의 성과급을 받았는지 알 수 없다면 공정한 대우를 받고 있는지 판단하기 어려워 동기유발 효과가 낮아질 수 있다.

직무충실화

단순하고 반복적인 일보다는 의미 있고 책임감을 느낄 수 있는 일이 동기유발 효과가 높다. 따라서 경영자들은 구성원들에게 맡겨진 직무의 내용을 보다 충실하게 만들어주어야 하는데, 이를 위해서는 다음과 같은 기법이 사용된다.

업무를 결합한다 나누어져 여러 사람이 처리하던 몇몇 업무를 한 사람에게 모두 맡기는 방법이다. 예를 들어, 책상을 만드는 공장에서 나무를 잘라 필요한 부분을 만드는 작업, 조립작업, 거친 부분을 매끄럽게 하는 작업 그리고 칠을 해서 마무리하는 작업을 네 사람이 하나씩 맡아 하던 것을 한 사람이 모두 맡아 처리하게 하는 방법이다. 이렇게 되면 구성원들은 보다 다양한 기능을 발휘할 수 있고 한 제품의 생산을 시작에서 끝까지 자신이 책임지고 맡아 처리함으로써 일에 대한 책임감과 주인의식이 높아질 것이다. 그 결과 맡은 일에 대해 보다 높은 의욕을 갖게 된다.

외부고객과의 관계를 형성한다 구성원들에게 외부고객과 접촉할 수 있는 기회를 보다 많이 제공함으로써 동기를 유발시키는 방법이다. 가전제품 제조회사에서 생산직 종업원들을 주기적으로 품질보증 서비스 업무에 투입함으로써 품질에 관한 고객의 다양한 반응을 직접 경험할 수 있게 하는 방법이 그 예가 될 수 있다. 이렇게 되면 자신의 일처리가 고객에게 얼마나 중요한 영향을 주는지 알게 되고 업무처리 결과에 대해서도 적절한 정보를 받을 수 있어 보다 의욕적으로 일하게 된다.

내부고객과의 관계를 형성시킨다 자신의 업무처리 결과를 사용하는 조직 내 다른 구성원들과의 관계형성 기회를 늘려 동기유발 정도를 높이려는 것이다. 예를 들면, 생산담당자와 보증서비스 담당자가 정기적으로 만나 품질에 관한 정보를 교환할 수 있는 기회를 갖게 하는 것이다. 그렇게 되면 자신의 역할이 다른 구성원에게 얼마나 중요한지를 깨달을 수 있을 뿐만 아니라 자신의 업무처리 결과에 대해서도 정확한 정보를 얻을 수 있어 구성원들의 동기유발 수준이 높아진다.

스스로가 결정할 수 있게 한다 구성원 각자가 보다 많은 자율성이나 일에 대한 결정권을 갖게 함으로써 동기유발 정도를 높이는 방법이다. 사람들은 자신이 주도적인 역할을 하고 스스로 결정한 것에 대해 더 많은 관심과 노력을 기울인다. 예컨대 사무직 종업원에게 자신의 업무처리방식을 스스로 평가하여 보다 나은 방향으로 수정할 수 있는 재량권을 부여하면 상급자가 일방적으로 결정하는 경우에 비해 더욱 높은 의욕을 갖고 일하게 될 것이다.

업무처리결과에 대해 보다 직접적인 정보를 제공한다 자신의 업무처리결과에 관해 정확하고 직접적인 정보를 받을 수 있을 때 구성원들은 열의를 갖고 일하게 된다. 어떤 부분이 잘 처리되었고 어떤 부분에 보완이 필요한지를 정확히 알게 되면 원하는 결과를 얻기 위해 어떤 노력이 필요한지 판단할 수 있어 보다 강하게 동기유발된다. 한 트럭 제조회사에서 구매한 트럭을 사용하면서 문제가 있을 때 소비자가 그것을 조립한 팀에게 연락을 취해 직접 서비스를 받게 함으로써 업무처리결과에 대해 보다 직접적인 정보를 제공해 준 것이 그 예가 될 수 있다.

목표설정

조직목표가 구성원 각자의 업무목표로 전환되고 적극적으로 수용될 때 조직목표는 달성될 수 있다. 자신의 역할이 무엇이고 그것이 조직의 목표와는 어떻게 연계되는지를 분명히 이해하지 못한다면 구성원은 의욕적으로 일하기 어려울 것이며 조직의 목표달성도 기대할 수 없다. 따라서 경영자는 구성원 각자가 조직의 목표달성에 기여할 수 있는 명확한 업무목표를 갖도록 해줌으로써 동기를 유발시켜야 한다. 목표가 동기유발 효과를 갖기 위해서는 어떤 특성을 갖추어야 하는지 알아보자.

구체성 목표는 구체적이어야 한다. 무엇을 이루어야 하는지 명확하고 그것을 달성해야 할 기간 역시 분명해야 한다. 예를 들어, "최선을 다하자", "시장점유율을 높이자" 등과 같은 목표는 이루어야 할 성과 정도나 달성기간이 분명하지 않아 구체적인 목표가 될 수 없다. 그러나 "올 연말까지 시장점유율을 5% 증가시키겠다" 또는 "이번 학기에 7과목을 수강하여 모든 과목에서 A 이상의 학점을 받겠다"와 같은 목표는 구체성을 갖추고 있어 필요한 노력을 제대로 이끌어 낼 수 있다.

적정수준의 난이도 목표가 동기유발 효과를 갖기 위해서는 도전해 볼 만해야 한다. 목표가 지나치게 높게 세워져 달성 불가능하거나 너무 낮게 설정돼 쉽게 이룰 수 있으면 동기유발 효과를 갖지 못한다. 물론 목표의 난이도는 개인의 능력이나 기술 수준에 따라 달라져야 한다. 경영자들이 구성원들의 업무와 관련된 목표를 세울 때 사용할 수 있는 방법 중 하나는 과거의 업적을 바탕으로 목표의 난이도를 조정해 나가는 것이다. 지난해의 생산량이나 판매액을 고려하여 올해의 목표생산량이나 목표판매액을 책정한다면 적정수준의 난이도를 갖춘 목표를 설정할 수 있을 것이다.

수용가능성 목표가 명확하고 적당한 난이도를 갖추었더라도 구성원이 그 목표를 받아들이지 않으면 동기유발 효과를 갖기 힘들다. 진정으로 받아들여지지 않은 목표는 목표로서의 구실을 하기 어렵다. 목표의 수용도를 높이기 위해서 목표를 세울 때 구성원들을 참여시키는 방법이 사용된다. 자신의 업무 목표를 정할 때 참여하여 의견을 제시하고 그것이 반영된다면 구성원은 그 목표를 자신이 노력해 달성해야 할 목표로 받아들일 가능성이 높아진다.

이 세 가지 조건이 갖추어진 목표가 세워지면 구성원들은 그 목표를 달성하기 위해 동기유발될 가능성이 높아지는데, 이와 함께 목표달성과정에서 항상 적절한 피드백, 즉 노력의 결과에 대한 정보가 주어질 수 있도록 해야 한다. 이런 정보가 주어져야 구성원이 자신의 목표달성 정도와 목표 간의 차이를 인지할 수 있으며, 만약 목표달성 정도가 낮으면 그것을 해결하기 위해 보다 많은 노력을 기울이게 될 것이다.

경영자의 효과적 의사소통

원활한 의사소통은 조직구성원들을 동기유발시키는 데 기초적 역할을 한다. 경영자와의 의사소통을 통해 인정, 소속감, 안정 등과 같은 종업원들의 욕구가 충족될 수 있기 때문이다. 예를 들어, 경영자는 직원들이 일을 잘했을 때 적절히 칭찬함으로써 인정이나 안정적 고용에 대한 욕구를 충족시켜 주고, 친밀한 대화를 통해 그들과의 거리를 좁힘으로써 소속감, 안정, 인정 등에 대한 욕구를 채워줄 수 있다.

구성원들은 조직을 신뢰할 때 조직의 목표달성을 위해 헌신할 것이다. 경영자는 조직을 대리하고 있기 때문에 그와 같은 관계형성에 핵심적인 역할을 한다. 경영자가 구성원들의 마음을 읽고 이해하며 서로의 뜻을 여과 없이 주고받을 수 있다면 그들의 마음을 움직여 조직목표 달성에 기여할 수 있도록 동기유발할 수 있을 것이다.

의사소통

사람의 신경체계가 주변환경으로부터 자극을 받아들여 신체 각 부분에 메시지를 보내 적절한 반응을 유도하듯이 의사소통은 조직 내 여러 활동들이 제대로 그리고 조화롭게 이루어지게 하는 데 중요한 역할을 한다. H. Minzberg의 연구에 따르면 경영자들의 일과 중 80%가 의사소통과 관련된 일들이라고 한다. 회의, 사람 만나기, 전화통화, 이메일 확인, 결재, 보고서 읽기, 메모 작성 등 그 내용, 형식, 방법도 매우 다양하다. 따라서 경영자들은 효과적인 의사소통능력을 갖추어야 하며, 조직 내에서 의사소통이 적절히 이루어지도록 관리할 수 있어야 한다.

의사소통(意思疏通; communication)은 사람들 사이에 정보가 교환되어 그 의미가 공유되는 과정이다. 우리는 단순히 메시지를 보내는 것만으로 의사소통이 이루어졌다고 생각하는 경우가 많다. 그러나 전달받은 사람이 그 내용과 의미를 정확하게 이해하여 의사나 정보가 전달자와 수신자 사이에 공유되어야만 의사소통이 이루어졌다고 할 수 있다. 이렇게 조직에서 의사소통이 원활히 이루어지면 구성원들은 조직의 목표나 전략을 공유함으로써 공동의 목표의식을 갖게 되고 자신에게 맡겨진 업무를 제대로 처리할 수 있다.

의사소통과정

전달자로부터 메시지나 정보가 수신자에게 전달되어 그 의미가 공유되는 의사소통과정은 〈그림 8-5〉와 같은 단계로 이루어진다. 일반적으로 의사소통은 전달자가 상대방에게 어떤 정보나 의사를 전해야겠다는 생각으로부터 시작된다. 다음 단계로 의사전달자가 자신의 생각을 체계적인 기호로 바꾸는 부호화(符號化; encoding)가 이루어진다. 우리가 사용하는 말, 글, 신호, 표정, 손짓 등이 모두 의미가 담겨 전달되는 부호라고 할 수 있다. 부호화된 정보나 의사는 선택된 경로를 통해 수신자에게 전달(傳達; sending)되어야 한다. 조직 안에서 직접 대화, 전화통화, 회의, 컴퓨터나 다른 전자통신매체 그리고 문서 등을 통해 의사가 전달된다.

전달된 정보는 일단 수신자에 의해 지각(知覺; perceive)되어야 한다. 지각은

그림 8-5 의사소통과정

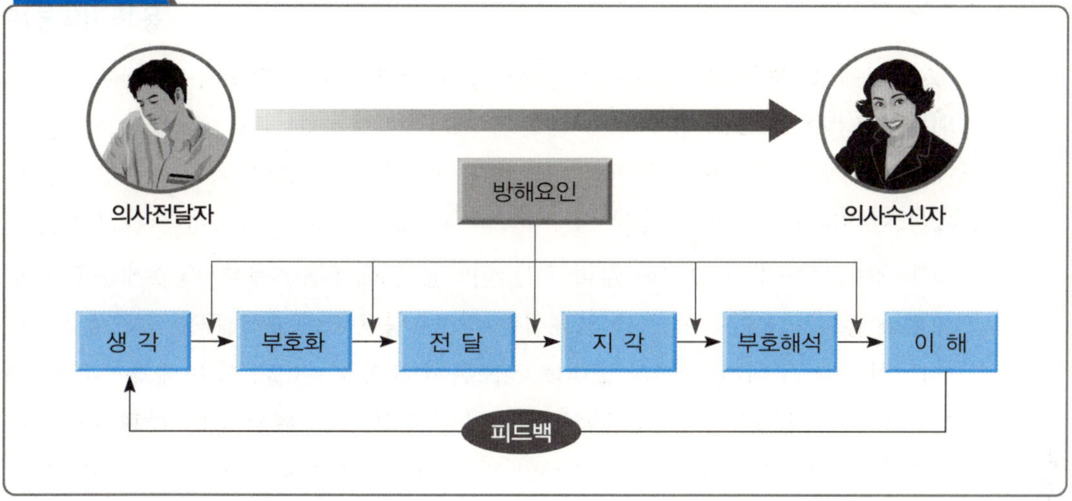

우리의 감각기관을 통해 주변의 정보를 받아들이는 과정이다. 전달된 메모를 읽거나 전화음성을 듣고 또는 상대방의 얼굴표정이나 몸짓을 살펴봄으로써 전달된 정보를 지각한다. 이렇게 수신된 정보는 해석(解釋; decoding)되어야 하는데, 부호화된 정보의 의미를 풀어내는 과정이다. 스파이들이 사용하는 복잡한 암호, 다양한 기호와 함께 도착한 문자메시지 등을 생각하면 왜 이 과정이 필요한지 이해할 수 있을 것이다.

부호화된 정보의 해석에 근거하여 수신자는 그 정보가 갖는 의미를 이해(理解; understand)한다. 말을 듣거나 글을 읽고 나서 그 의미를 알아차리거나, 얼굴표정 또는 손짓을 보고 상대방의 의중을 읽어내는 것이 바로 이해과정이다. 수신자가 이해한 내용이 전달자가 전하려는 생각과 가까울수록 정확한 의사소통이 이루어졌다고 할 수 있다.

전달자의 생각에서 수신자의 이해에 이르기까지의 과정은 여러분이 친구와 나누는 대화와 같이 순식간에 이루어질 수도 있지만, 익숙하지 않은 외국어를 이해하려는 경우와 같이 많은 시간과 노력이 필요할 때도 있다. 그리고 수신자가 전달된 정보의 의미를 이해하고 나면 전달자에게 피드백할 수도 있다. 전달자로부터 수신자에게 정보나 의사가 전달되는 데 그치는 일방적(one-way) 의사소통과는 달리 쌍방적(two-way) 의사소통에서는 여러 방법을 통해 피드백이 이루어져 정확한 의사소통 가능성이 높아진다.

의사소통 유형

조직에서 이루어지는 의사소통은 사용되는 매체, 공식성 여부, 참가하는 사람의 수를 기준으로 그 유형을 구분할 수 있다.

언어적 의사소통과 비언어적 의사소통

조직에서는 주로 말이나 글과 같은 언어를 통해 의사소통이 이루어진다. 직접 대화나 전화통화와 같이 말을 사용하는 의사소통은 조직에서 가장 흔히 볼 수 있는 유형이다. 별다른 준비가 없어도 정보를 교환할 수 있고 잘 이해되지 않는 부분은 즉시 되물을 수 있어 다른 수단을 이용한 의사소통보다 쉽고 간편하게 이루어진다. 그러나 빠르게 서로의 의사가 전달되어 그 내용에 대해 심사숙고하기 어려워 중요한 문제에 관한 의사소통방법으로는 부적절하며, 의사소통내용에 관한 기록이 남지 않는 경우가 많아 나중에 문제가 생길 수 있다는 단점도 있다.

간단한 메모로부터 복잡한 문서에 이르기까지 다양한 형태의 의사소통이 글을 사용해 이루어진다. 사전에 충분히 생각하여 자신의 뜻이나 정보를 기록하여 전달함으로써 정확한 의사소통이 이루어질 수 있다. 그리고 전달받은 사람 역시 시간을 갖고 내용을 검토할 수 있으며 필요할 때마다 다시 기록을 참조할 수 있어 정확하게 내용을 이해할 수 있다. 따라서 중요한 사안에 대해서는 말보다는 글을 사용하는 의사소통이 효과적이다. 그러나 글을 사용한 의사소통은 자신이 갖고 있는 생각이나 정보를 정확하게 글로 옮기는 데 시간이 걸리고 수신자가 잘 이해하지 못하는 부분이 있으면 더 많은 시간이 소요되는 단점을 갖고 있다.

뉘앙스, 장소 그리고 신체적 표현 등과 같은 비언어적 매체도 의사소통에서 중요한 역할을 한다. 뉘앙스는 전달된 말이나 글이 풍기는 느낌을 나타내는 것으로 단어의 선택이나 문장의 표현방식에 따라 전달되는 의미가 달라진다. 의사소통이 이루어지는 장소 역시 중요한데, 넓이, 가구의 배치, 당사자에게 익숙한 정도에 따라 같은 내용의 메시지라도 그 의미가 다르게 전달될 수 있다. 예를 들어, 경영자가 같은 내용을 지시하더라도 자신의 사무실에 불러 얘기할 때와 구성원이 일하는 곳에 찾아가 얘기할 때는 그 의미가 다르게 받아들여질 수 있다. 신체적 표현을 통해서도 의사소통이 가능하다. 흔히 보디랭귀지라고 불리며, 대화를 나눌 때 눈짓, 손짓이나 몸짓 그리고 얼굴표정 등이 의사소통 당사자 간의 의미

전달에 많은 영향을 준다.

사례읽기 8-2 기업들 수평적 호칭 도입

국내 한 대기업 부장급 직원 A씨는 최근 부서의 90년 대생 직원들과 '점심 미팅'을 했다. MZ세대(밀레니얼+Z세대) 직원들 얘기를 듣고 싶어서였다. 젊은이들이 자주 찾는다는 서울 강남의 핫플(핫플레이스) 브런치 카페를 장소로 잡고 태블릿PC도 챙겼다. 그는 "MZ세대의 취미생활, 인간관계, SNS 활동 등 생생한 얘기를 들을 수 있었다. 회사와 상사를 어떻게 생각하는지도 배울 수 있어 부서 관리나 업무에 큰 도움이 될 것 같다."고 말했다.

기업들이 앞다퉈 'MZ 탐구'에 몰입 중이다. 민간기업은 물론 위계질서를 중시하는 공기업까지 눈높이를 맞추고 있다. 기업들이 MZ세대에 몰두하는 건 이들이 각 조직의 주력으로 성장하며 미래 성장엔진으로 자리하고 있어서다. MZ세대에 맞추지 못하면 인력이 대거 이탈하는 일까지 벌어지고 있다.

재계에 따르면 SK스퀘어의 자회사 티맵모빌리티는 최근 그룹·실·팀 단위 조직을 모두 없앴다. 티맵모빌리티는 조직 개편 이후 신입 직원부터 대표이사까지 서로를 '○○님'으로만 부른다. 주4일 근무제 제안을 수용해 매월 셋째주 금요일을 휴무일로 지정하는 '해피 프라이데이' 제도도 운용한다. 사내 '지정석'도 일부 없애고 모바일로 좌석을 예약해 앉을 수 있도록 할 계획이다.

삼성전자는 경영진이 MZ세대와 직접 소통하는 창구를 운영 중이다. 영상디스플레이사업부는 2030세대의 생각과 경험을 사업부장에게 직접 전달하는 'MZ 보드'를 만들었다. MZ세대 직원에게 회사 제품과 소비자 트렌드 관련 생각을 듣고 SNS에서의 화제 이슈도 전달받는다. 상사들이 '밈'(meme · 인터넷에서 유행하는 이미지나 영상)을 공부하는 시간인 셈이다. 디자인경영센터에서는 MZ세대로 구성된 젊은 디자이너들이 '크리에이티브 보드'로 디자인, 트렌드, 조직문화 관련 의견을 전달한다.

KT에는 만 39세 미만 직원으로 구성된 '블루보드'(청년이사회)가 있다. 수직적 문화를 수평적 문화로 바꾸는 데 초점을 맞춘다. KT 관계자는 "상품 · 기업 이미지를 MZ세대 특유의 생각 · 경험에 맞춰 개선하고 있다."고 강조했다.

기업들이 MZ세대를 '열공'하는 또 다른 이유는 '지갑을 여는 주요 세대'이기 때문이다. 기성세대가 '가성비'(가격 대비 성능)를 중시해 경제적 소비를 하는 반면 MZ세대는 '가심비'(가격 대비 심리적 만족)를 중시한다. 가격이 비싸더라도 개인적 만족도가 높으면 소비를 선택한다. 대한상공회의소가 지난달 1980~2000년대 출생자 380명을 설문조사한 결과 46.6%가 가심비를 가장 중요한 소비 가치관으로 꼽았다. 이어 '미닝아웃'(소비를 통한 개인의 신념 표출) 28.7%, '돈쭐'(돈으로 혼내주는 구매운동) 10.3%, '플렉스'(자랑·과시형 소비) 7.9%, '바이콧'(불매운동의 반대인 구매운동) 6.1% 등이었다.

(자료: "요즘은 말이죠…" MZ세대에게 역멘토링 받는 부장님들", 국민일보, 전성필 기자, 2022.04.20. http://news.kmib.co.kr/article/view.asp?arcid=0924241442&code=11151100&cp=du 수정부분발췌)

대인 간 의사소통과 의사소통 네트워크

의사소통의 기본단위는 두 사람 사이에 이루어지는 대인 간 의사소통(interpersonal communication)이다. 규모가 작은 집단이나 조직에서는 대부분의 의사소통이 서로 만나거나 전화를 통해 직접 이루어질 수 있겠지만, 규모가 커지면 필요할 때마다 구성원들이 직접 의사소통하는 것은 어렵고 비능률적이기도 하다. 따라서 전달자와 수신자가 여러 연결자를 통해 이어지는 네트워크가 형성되며 이를 통해 의사소통이 이루어지기도 한다.

의사소통 네트워크는 정보교환의 흐름에 따라 그 유형을 구분할 수 있는데, 하향적(downward), 상향적(upward), 수평적(horizontal), 그리고 대각적(diagonal) 네트워크로 나뉠 수 있다. 그 유형에 따라 의사소통의 내용이나 방법이 달라지며, 각 유형에 의존하는 정도는 조직의 구조나 문화 등에 영향을 받는다.

공식적 의사소통과 비공식적 의사소통

공식적 의사소통(formal communication)은 조직이 미리 정해놓은 경로와 방법 그리고 절차에 따라 이루어진다. 여러 사람들이 모여 회의를 할 때 혼란을 피하기 위해 일정한 규칙이나 절차를 따르는 것이 그 예가 될 수 있다. 조직에서 규칙이나 절차를 통해 누가 의사전달자와 수신자가 될 것이며, 언제 그리고 어떤 경로와 방법을 통해 그들 사이에 정보가 전달되어야 하는지가 정해져 있는 경우 공식적 의사소통이라고 한다.

조직에는 자연스럽게 형성된 비공식적 의사소통 네트워크도 있다. 실제 조직에서 많은 의사소통이 그레이프바인(grapevine)이라고 불리는 비공식적 네트워크를 통해 이루어지고 있다. 미국의 남북전쟁 시대에 전선들이 마치 포도넝쿨처럼 복잡하게 얽혀 전보가 정확하게 전달되지 못한 경우를 비꼬아 사용한 데서 유래한 그레이프바인은 조직 전체에 퍼져 있는 비공식적 의사소통 네트워크를 일컫는 말이다. 부정확한 소문이 돌아다니는 경로를 말하며 조직에 도움이 되지 않는다고 생각했지만 구성원들이 받아들이고 소화해야 할 정보의 양이 크게 늘어나면서 그레이프바인이 긍정적 기능도 갖고 있다는 것을 깨닫기 시작했다. 실제로 그레이프바인을 통해 전달되는 정보의 75~95%가 정확하며, 구성원들이 필요한 정보를 그레이프바인을 통해 얻는 경우도 빈번해졌다. 최근에 빠르게 확산된 사회적 네트워크 서비스(SNS)를 통한 자유스러운 의사소통과 정보공유는 비공식적 의사소통의 중요성을 한층 높이고 있다.

따라서 경영자들은 비공식적 의사소통을 막으려고 노력하기보다는 그 결함을 극복하고 나아가 적절히 활용할 수 있어야 한다. 무엇보다 개방적 의사소통체계를 갖추어 부정확한 정보가 확산되는 것을 막고 비공식적 의사소통 네트워크에서 핵심적 역할을 하는 사람에게 전달되는 정보를 적절히 통제함으로써 조직에 도움이 되는 정보의 유통과 공유를 유도해야 한다.

의사소통의 효과를 높이는 방법

의사소통 효과 향상을 위해 사용할 수 있는 방법은 〈표 8-3〉과 같이 크게 세 가지로 나누어 살펴볼 수 있다.

전달자가 사용할 수 있는 방법

효과적인 의사소통을 위해 전달자는 무엇보다 피드백에 관심을 가져야 한다. 의사가 정확하게 전달되었는지를 확인하고 이해가 어려운 부분이나 궁금한 점에 대해 수신자가 되묻거나 의견을 제시할 수 있는 기회를 제공하여야 한다. 이를 위해서는 쌍방적인 의사소통(two-way communication) 경로가 마련되어야 하는데, 전달되는 의사나 정보가 복잡할수록 쌍방적 의사소통의 효과는 커진다.

그리고 전달자는 수신자가 자신의 의도와 다르게 이해하거나 해석할 수 있는 용어나 기호에 대해서는 그 뜻을 자세히 설명해야 한다. 또 의사소통 대상이 되는 사안에 관해 전문적 지식을 갖추고 자신 있는 태도를 보임으로써 자신의 신뢰성을 높여야 한다. 이와 함께 전달자는 항상 수신자의 입장을 이해하려고 노력해야 한다.

〈표 8-3〉 의사소통 효과를 높이는 방법

구 분	내 용
전달자가 사용할 수 있는 방법	• 쌍방적 의사소통을 통한 피드백 활용 • 용어와 그 뜻에 대한 주의 • 신뢰성 유지 • 수신자 입장 이해
수신자가 사용할 수 있는 방법	• 경청 • 전달자 입장 이해
전달자와 수신자가 함께 사용할 수 있는 방법	• 확인 • 과다한 정보유입 통제

수신자가 사용할 수 있는 방법

의사소통의 효과를 높이기 위해 수신자는 전달되는 메시지를 잘 듣거나 꼼꼼히 읽어야 하며 전달자의 입장을 이해하려고 노력해야 한다. 아무리 정확하게 의사나 정보가 전달되어도 수신자가 그것에 주의를 기울이지 않으면 의사소통이 제대로 이루어질 수 없다. 그리고 왜 그런 의사나 정보를 전달하였는지 전달자의 입장에서 생각해 보아야 한다. 특히, 업무와 관련된 의사소통의 경우 자신의 생각만을 내세우기보다는 전달자의 입장을 이해하려는 노력이 있을 때 조직이나 집단의 전체적인 의사소통이 원활하게 이루어질 수 있다.

전달자와 수신자가 함께 사용할 수 있는 방법

자신이 보낸 메시지를 받았는지 그리고 의문 나는 점은 없는지를 수신자에게 확인하는 것만으로도 의사소통 효과를 높일 수 있다. 수신자는 자신에게 전해지는 정보의 양을 적절히 통제함으로써 지나치게 많은 정보가 유입되지 않도록 해야 한다.

전달자와 수신자 모두 의사소통을 위한 다양한 방법이나 경로를 알아야 하고 또 이를 제대로 사용할 수 있어야 한다. 또한 공식적인 것뿐만 아니라 비공식적 의사소통 네트워크를 적절히 활용해야 하고, 여러 가지 의사소통방법의 장단점을 이해하여 필요에 따라 올바른 방법과 경로를 선택해야 한다.

요 약

1. 동기유발은 조직구성원들의 마음을 움직여 조직목표를 자신의 목표로 받아들이게 하고, 그것을 이루기 위해 열심히 그리고 지속적으로 노력하게 만드는 과정이다. 조직구성원들이 갖고 있는 욕구를 파악하고 그것과 조직목표 달성에 필요한 여러 일들을 적절히 연계시켜야 그들을 효과적으로 동기유발시킬 수 있다.

2. 동기유발요인을 밝힌 이론 중 대표적인 것으로 Maslow의 욕구계층이론과 Herzberg의 두 요인이론을 들 수 있다.
   - Maslow는 인간은 생리적 욕구, 안전·안정 욕구, 소속 욕구, 존경에 대한 욕구 그리고 자기실현의 욕구들을 만족시키기 위해 동기유발되는데, 그런 욕구들은 중요도에 따라 계층을 이루고 있다고 주장하였다.
   - Herzberg는 직무불만족 정도를 낮추는 위생요인과 직무만족을 높이는 동기요인으로 구분하여 동기유발을 설명하였다.

3. 기대이론과 형평이론은 동기가 유발되는 과정을 설명한다.
   - 기대이론은 어떤 일을 위해 노력하는 정도는 그 사람이 그것을 얼마나 원하는지 그리고 그것을 이루거나 얻을 수 있을 것이라고 확신하는 정도에 따라 달라진다고 주장하였다.
   - 형평이론은 동기유발 원칙으로 사람들이 공정한 대우를 받으려고 한다는 사실을 강조한다.

4. 경영현장에서 종업원들을 동기유발시키기 위해 경제적 보상, 직무충실화, 목표설정 그리고 효과적인 의사소통이 주로 사용된다.

5. 의사소통은 사람들 사이에 정보가 교환되어 그 의미가 공유되는 과정이다. 개인이나 집단이 수행하는 여러 활동들의 조정, 구성원들 간 정보공유, 구성원들이 느끼는 감정표현이 조직의사소통을 통해 이루어진다.

6. 의사소통은 전달자로부터 메시지나 정보가 수신자에게 전달되어 그 의미가 공유되는 과정으로 생각, 부호화, 전달, 지각, 부호해석, 이해, 피드백의 단계로 이루어져 있다.

7. 조직에서 이루어지고 있는 의사소통은 사용되는 매체에 따라 언어적 의사소통과 비언어적 의사소통으로, 참가하는 사람의 수에 따라 대인 간 의사소통과 의사소통 네트워크로, 공식성 여부에 따라 공식적 의사소통과 비공식적 의사소통으로 나누어진다.

8. 전달자 때문에 생기는 요인들, 수신자 때문에 생기는 요인들, 전달자와 수신자 간의 차이 때문에 생기는 요인들 그리고 환경특성 때문에 생기는 여러 요인들이 효과적인 의사소통을 가로막는다. 의사소통 효과를 높이기 위해 전달자는 피드백 활용, 용어와 뜻에 대한 주의, 신뢰성 유지, 수신자 입장 이해 등을 위해 노력해야 하며, 수신지는 경청하고 전달자의 입장을 이해하려는 자세를 가져야 한다. 그리고 전달자와 수신자 모두가 서로 확인하고 과다한 정보유입을 통제하기 위해 노력해야 한다.

토의과제

1. 자신이 지금껏 했던 일 중에서 가장 큰 의욕을 갖고 했던 것과 그렇지 못한 일을 생각해 보고 그 차이를 동기유발과 관련시켜 생각해 보자.
2. 대학에 들어온 후 자신의 학습의욕이 고등학교 시절에 비해 어떻게 달라졌는지 그 이유와 지금보다 학습의욕을 높일 수 있는 방법은 무엇이라고 생각하는지 발표해 보자.
3. 북한 경제의 어려움을 동기유발이론을 통해 설명해 보자. 그리고 통일 후 북한주민을 동기유발시키기 위해 어떤 노력이 필요한지 서로 의견을 교환해 보자.
4. "돈만 많이 주면 열심히 일할 것이다"라는 말에 대해 자신의 생각을 밝혀보자.
5. 여러분이 졸업 후 취직하여 담당했으면 하고 가장 바라는 일은 어떤 것인지 생각해 보고, 왜 그 일이 다른 일에 비해 더 해보고 싶은지 그 이유를 설명해 보자.
6. 의사소통과 관련된 경영자 역할이 시대에 따라 어떻게 변했는지 그리고 21세기 경영자에게 더욱 많이 요구될 의사소통기술은 어떤 것들인지 생각해 보자.
7. 여러분이 잘 알고 있는 공익광고를 하나 골라 다음에 관해 생각해 보자.
   - 그것을 의사소통이라고 볼 수 있는가? 그 이유는?
   - 전달하려는 메시지는 무엇인가?
   - 광고효과는 무엇으로 평가되는가?
   - 광고효과를 높이기 위해서는 어떤 노력이 필요한가?
8. 의사소통하면서 불쾌감을 느꼈던 상대방의 행동이나 태도는 어떤 것이 있는지 자신의 경험을 이야기해 보자.

09 CHAPTER

마케팅관리

사람이나 조직은 사회적인 존재이기 때문에 자신을 필요로 하는 사람이나 기관, 즉 고객이 없으면 존재할 수 없다. 그러므로 살기 위해서는 고객과 교류하고 관계를 발전시켜 나가야 한다. 마케팅관리는 바로 이러한 고객과의 관계를 다룬다.

이 장을 읽은 후 다음 사항을 이해할 수 있어야 한다.

Understanding Business Management

- 마케팅의 본질
- 마케팅관리 철학
- 마케팅전략 수립과정
- 마케팅 환경분석
- STP전략
- 마케팅믹스전략

시작이야기 마케팅 믹스(Marketing Mix)의 유래

'마케팅 믹스(Marketing Mix)'라는 용어는 1950년경에 당시 미국 Harvard Business School에 재직하던 Neil Borden 교수가 사용하면서 빠르게 전파되었다. 그는 구매자에게 영향을 미칠 수 있는 기업 활동을 여러 가지 예시하면서 마치 예술가나 요리사가 여러 가지 재료들을 섞어서 작품을 만들어내듯이 경영자도 이러한 요소들을 창의적으로 혼합(mix)해야 하는 점을 강조하였다.

어떤 기업이라도 구매자에 영향을 미치려고 시도하는 업무는 많다. 예를 들면 제약회사 영업사원은 의사들이 자신의 회사에 유리한 처방전을 쓰도록 직접 방문을 해서 설명하고 무료샘플을 나누어 주기도 한다. 의학 관련 전문잡지에 글을 게재하기도 하고 의사들의 학회활동에 금전적으로 후원하기도 한다. Borden 교수는 이러한 활동들이 모두 마케팅 믹스를 구성하며 최대한 효과를 보기 위해서는 계획적으로 이루어져야 한다고 주장한다. 즉, 여러 가지 마케팅활동들의 비용-효과 측면을 검토해서 이익을 극대화할 수 있는 믹스를 만들어 관리해야 한다는 것이다.

Borden 교수 이후 많은 학자들이 마케팅 믹스에 포함시킬 경영활동을 분류하려고 시도하였는데 그 중에서 1960년 초반에 Jerome McCarthy 교수가 제안한 제품(Product), 가격(Price), 유통(Place 또는 Distribution) 그리고 촉진(Promotion), 즉 4P가 가장 유명하다.

그러나 지금까지 전 세계적으로 가장 많이 읽히고 있는 교과서를 집필한 Phillip Kotler 교수는 1999년에 발간한 서적에서 4P에 추가해서 정치(Politics)와 일반 대중의 의견(Public opinion)을 추가할 것을 제안하고 있다. 예를 들어, 환경기준을 높이면 관련 기업의 비용은 올라가게 되므로 정치집단을 상대로 하는 정치활동을 벌여야 한다. 또 채식을 선호하는 분위기가 확산될 경우 축산 농가나 관련 식품을 판매하는 기업에게는 큰 타격이 되므로 일반 대중의 의견을 유리한 쪽으로 움직이게 하는 노력을 시도해야 한다는 것이다.

(자료 : Philip Kotler, *Kotler on Marketing*, The Free Press, NY, 1999)

마케팅이란?

많은 사람들이 마케팅을 단순히 광고나 이벤트 혹은 판매 활동쯤으로 이해하고 있다. 그런 것들이 마케팅활동의 중요한 부분이기는 하지만 학술적으로는 내용이 더 풍부한 용어이다. 우선 marketing이라는 단어로 미루어보면 시장(市場; market)을 움직이게 하는(~ing) 활동인 것을 알 수 있다. 경영학이나 경제학에서는 시장이라 할 때 사람들이 모여 물건을 사고파는 물리적 장소를 뜻하기보다 상품이나 서비스를 원하는 사람들이나 혹은 수요(需要; demand)를 의미하는 경우가 일반적이다. 예로서 '시장이 크다' 할 때는 특정 상품을 원하는 사람들이나 수요가 많다는 뜻이다. 그러므로 마케팅을 가장 간단히 정의하면 어떤 제품이나 서비스에 대한 수요를 확보하려는 활동이라 할 수 있다.

사람이나 조직은 사회적 관계 속에서 존재한다. 로빈슨 크루소와 같이 완전히 고립된 존재가 아닌 한 무언가 남들이 필요한 것을 제공하고 그 대가로 내가 원하는 것을 밖에서 얻어야 살아갈 수 있다. 이때 나를 필요로 하는 사람들이 많고 상호 대등한 교환관계가 활발할수록 나의 생존가치는 높아지고 번영할 수 있다. 마케팅은 바로 이러한 교환관계를 원활히 하려는 활동이다. 더 구체적으로 설명하면 마케팅이란 유형·무형의 가치를 준비하여 필요한 사람들에게 제공하고 그 대가로 자신이 원하는 것을 얻을 수 있는 교환관계를 구축하고 발전시키려는 노력으로써 좁게는 고객과의 상호이익을 도모하고 넓게는 사회 전체의 복리증진에 이바지하려는 경영활동을 말한다.

자신이 필요로 하는 것을 구하는 방법은 여러 가지가 있다. 힘이 약한 사람으로부터 강압적으로 빼앗아오든지, 아니면 상대방의 자비심에 호소해서 구걸을 한다든지, 혹은 속이거나 사기 행각을 벌이는 것도 가능하다. 그러나 이러한 행위는 마케팅이 아니다. 마케팅은 대등한 가치를 서로 교환하는 것, 즉 교환행위를 통해 필요한 것을 얻는 것이다. 거짓 혹은 과장 광고를 통해 지식이 모자라거나 판단력이 부족한 사람들을 현혹하는 활동은 지탄받아야 마땅하며 결코 정당한 마케팅이라 할 수 없다. 많은 사람들이 마케팅을 판매나 광고활동쯤으로 오해하는 것은 특색도 없고 크게 필요하지도 않는 상품이나 서비스를 어떻게 해서라도 팔려고 하는 마케팅 담당자들이 많은 현실과 연관된다.

사실 마케팅은 어떻게 팔 것인가보다 무엇을 팔 것인가를 더 깊게 고민하는 활동이다. Kotler는 마케팅을 "단순히 물건을 파는 것이 아니라 수익성이 있는 고객을 찾아내어 그들이 원하는 편익과 가치를 제공하는 과학이자 예술"이라고 하였다. 유능한 경영자일수록 고객의 심중을 꿰뚫어 무엇을 원하는지를 알 수 있어 별다른 광고나 판매 노력 없이도 팔 수 있다. 또 구매해 준 고객이 사용과정에서 겪을 수 있는 문제들에 대해서도 해결책을 제시해 줌으로써 신뢰를 쌓고 이를 바탕으로 거래비용은 줄이고 상호 이익은 더 커지게 하는 장기적인 상생관계로 발전시킬 줄 안다. 이러한 일을 체계적으로 하기 위해서는 마케팅활동의 계획-실행-통제, 즉 마케팅관리가 필요하다.

마케팅관리

마케팅관리(marketing management)란 마케팅 업무를 효과적 효율적으로 수행하기 위해 계획(planning), 실행(implementation), 통제(control)를 반복하는 것을 말한다. 〈그림 9-1〉에서 그 핵심에 목표고객이 있고 경영자가 의사결정을 해야 하는 사항들로서 제품, 가격, 촉진, 유통이 있다. 그리고 유통기관, 공급업체, 경쟁업체, 사회는 경영자가 마케팅관리를 할 때 감안해야 하는 환경요인들이다.

그림 9-1 마케팅관리

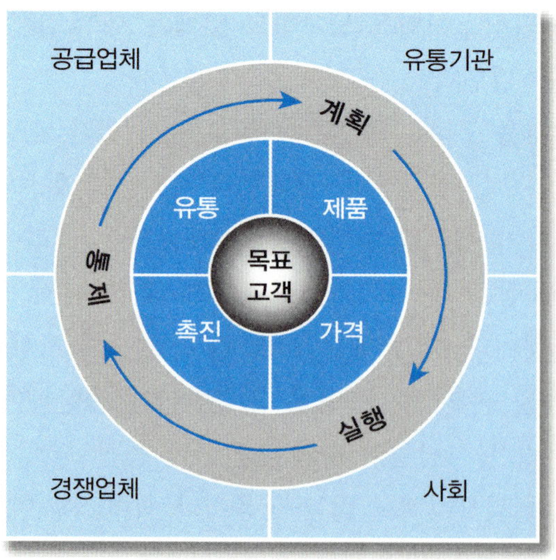

마케팅관리 철학

마케팅관리를 하면서 어떤 활동, 혹은 누구의 이익을 더 중시할 것인가는 경영자가 갖는 기본 시각에 따라 차이가 난다. 판매보다 품질관리에 상대적으로 더 많은 노력을 기울일 수도 있고, 단기적인 안목에서 자신의 이익을 우선적으로 도모할 수도 있다. 이처럼 마케팅에 관해 경영자가 가질 수 있는 다양한 시각을 마케팅관리 철학(marketing management philosophies)이라 하는데 일반적으로 생산 위주, 제품 위주, 판매 위주, 마케팅 위주, 사회복리 위주의 다섯 가지로 나눈다. 이들은 역사적으로 볼 때 순서대로 주목을 받아왔는데 어느 것이 절대적으로 맞고 틀리고의 문제로 바라보는 것보다 각 주장마다 나름대로 설득력 있는 부분이 포함되어 있는 것으로 받아들이는 게 좋겠다.

생산 위주(production concept)

원가를 절감해서 상품을 싸게 공급하는 것이 마케팅에서 가장 중요하다고 믿는 입장이다. 이런 생각이 확고한 경영자는 생산시설을 늘리고 원가를 절감할 수 있는 방향으로 모든 경영활동을 이끌어간다. 고객의 요구 사항이 복잡하지 않고 가격을 기준으로 구매결정을 내리는 경우에 해당하는 마케팅관리 철학이라 할 수 있다. 소득 수준이 높지 않은 사회에서 흔히 적용되는 관리 철학이다.

그러나 부자들에게도 싼 가격이 통하는 경우는 많다. 그래서 세계 최대의 소매업체인 Wal-Mart는 생산 위주의 마케팅 철학을 철저히 견지하면서 지구촌 곳곳에서 가격에 민감한 고객층을 만족시키고 있다. 이 기업은 대중매체 광고나 가격할인 행사는 최소한으로 줄이고 그 대신 오퍼레이션을 효율적으로 만들기 위한 노력에는 투자를 아끼지 않는 것으로 유명하다.

제품 위주(product concept)

제품의 성능이나 다양한 기능 혹은 품질로 경쟁에서 승부를 걸겠다는 관점으로써 신제품 개발이나 품질 개선에 노력을 집중한다. 이러한 철학을 갖는 기업에서는 생산부서나 엔지니어링 부서가 큰 영향력을 행사한다. 그러나 제품 위주의 관점이 강조되면 자칫 고객들의 요구사항에 귀를 기울이는 자세가 경시될 위험도 나타난다. 그래서 고객이 원해서라기보다는 기술적 우수성을 뽐낸다든지 불필요한 성능을 붙여 비싼 상품을 만들 위험성도 나타난다. 마치 작품성이 뛰어난 영화라 해서 흥행에 다 성공하지 못하는 것처럼 품질은 우수한데 고객으로부터 외면당한 제품이나 서비스는 많다. 고객이 진실로 원하는 것이 무엇인지를 꿰뚫고 있지 않으면 생산자가 판단하는 우수한 품질도 높은 매출로 연결되지 않을 수 있다.

판매 위주(selling concept)

소비자는 적극적으로 권하지 않으면 사지 않기 때문에 영업조직을 확대하고 광고, 할인행사와 같은 촉진 활동을 강화해야 판매를 늘릴 수 있다는 관리 철학이다. 이런 생각이 강하게 자리 잡은 조직일수록 영업부서의 영향력이 크며 광고 예산이나 판매 촉진비를 많이 지출한다. 또 신규고객을 찾아 공격적인 판매활동을 벌인다. 이러한 경향은 경쟁이 심해지는 산업에서 흔히 볼 수 있는데 영업사원들이 단기적인 성과에 급급해서 잠재고객들을 짜증나게 만들거나 기존 고객들을 소홀히 할 수 있다. 보험이나 휴대폰, 신용카드 영업사원들이 의욕이 지나친 나머지 고객을 불편하게 만드는 사례를 생각하면 판매 위주의 관리 철학이 지나칠 때 나타나는 부작용을 알 수 있을 것이다.

고객 위주(marketing concept)

위에서 설명한 세 가지 관점은 모두 파는 사람 위주로 마케팅을 접근한다는 공통점을 갖는다. 즉, 고객에 대해서 혹은 제품에 대해서 자신들이 잘 알고 있다고 믿는다. 그러나 이러한 믿음은 고객의 기호가 각양각색이며 변덕스러운 선진국에서는 자주 현실과 맞지 않는다.

고객 위주의 관점에서는 제품 개발, 디자인, 가격, 유통, 커뮤니케이션 등 모든 마케팅 관련 문제들을 다룰 때 먼저 고객의 진정한 욕구가 무엇인가를 분석한다. 즉, 출발점을 자신이 아니라 고객의 입장에 둔다. 고객 조사를 철저하게 하고 이를 바탕으로 제품을 개발할 때 연구개발 부서뿐 아니라 판매 현장 직원, 생산부서, 광고부서 직원들이 팀에 참여하기도 한다. 판매 후의 고객행동에도 관심을 가져 고객 불만이 접수되면 신속하게 처리해서 고객이 만족할 수 있게 한다. 이렇게 함으로써 한번 거래한 고객은 놓치지 않고 단골로 만들고 이들이 전하는 입소문이 새로운 고객을 이끌어오도록 함으로써 마케팅 비용은 줄이고 이익은 늘어나게 하는 효과를 보려 한다.

고객 위주 철학을 통해 크게 성공하는 사례들을 보면서 대부분의 경영자들이 받아들이게 되었고 나아가 고객만족(顧客滿足; customer satisfaction) 캠페인으로 발전시켜 기업의 존재 이유나 으뜸가는 활동목표로 정하고 직원들을 교육시키게 되었다. 심지어 대학교나 지방자치단체도 고객만족 캠페인을 실시할 정도로 관심을 불러일으켰다.

사회복리 위주(societal marketing concept)

더 멋진 자동차, 더 맛있는 음식, 더 개성 있는 옷 등 고객의 욕망은 끝이 없어 소비를 해도 해도 또 사고 싶은 마음은 사라지지 않는다. 고객만족 경영을 실천에 옮긴 기업들은 '소비하는 만큼 더 행복할 수 있다'는 믿음을 심어주며 소비를 경쟁적으로 부추기고 그 대가로 이익을 챙기는 것이 현실이다.

그런데 과소비가 가져다주는 폐해가 늘어나면서 고객위주의 마케팅이 과연 바람직한가라는 의문이 제기되었다. 늘어나는 비만 인구, 각종 중독증, 환경 훼손과 같은 사회적인 문제들의 주된 원인으로 기업의 경쟁적인 마케팅 활동이 지목받게 된 것이다. 소비자들의 욕망을 충족시켜 주는 것이 지금 당장에는 고객과 기업에게 이득이 될지는 몰라도 긴 안목에서 볼 때는 오히려 해가 되는 면이 많다는 생각이 진보적인 사람들을 중심으로 확산되었다.

사회복리 위주의 마케팅은 바로 이와 같은 우려를 심각하게 받아들이고 전략적으로 대응하는 관리 철학인데 기업의 사회적 책임과 연관되는 개념이다. 전기자동차, 화석 연료 대체에너지, 유기농 식품, 친환경 아파트 등은 바로 이러한 관리철학을 실천하는 사례의 일부라 할 수 있다. 고객위주의 마케팅이 '짧은 안목에서의 마케팅'이라면 사회복리위주의 마케팅은 '고객, 기업, 사회 모두에게 오늘도 좋고 내일도 좋은, 지혜로운 마케팅'이라 할 수 있다.

사례읽기 9-1 옷장 속의 탄소 발자국

싼 가격에 옷을 제공하는 제조 유통 일괄형(SPA) 브랜드, 패스트 패션 브랜드 등이 활성화하면서 누구나 큰 비용을 들이지 않고도 최신 패션을 향유할 수 있게 됐다. 이른바 '패션의 민주화'다. 덕분에 옷 구매에 지불하는 비용은 대체로 감당할만해졌다. 하지만 3만 원짜리 청바지의 환경 비용은 어떨까. 국제연합환경계획(UNEP)에 따르면 청바지 한 장을 만들기 위해 면화 생산에서 최종 제품을 매장에 배송하는 데 이르기까지 약 3,781리터의 물이 필요하다. 이는 약 33.4kg의 이산화탄소를 공기 중에 방출하는 것과 같은 양의 환경 비용이다. 판매 가격의 이면, 보이진 않지만 어쩌면 더 중요한 가격이다.

어떤 제품이 생산돼 소비자까지 도달하는 데 드는 환경 비용은 보통 이산화탄소 배출량으로 환산된다. 바로 '탄소 발자국(carbon footprint)'이다. 탄소 발자국은 제품 및 서비스의 원료 채취·생산·수송 및 유통·사용·폐기 등 전 과정에서 발생하는 온실가스 발생량을 이산화탄소 배출량으로 환산한 것을 말한다. 지난 2006년 옥스퍼드 영어사전에 처음 올라갔다.

보통 온실가스를 방출한다고 하면 자동차나 비행기 등 교통수단을 떠올리기 쉽다. 하지만 놀랍게도 지구를 뜨겁게 만드는데, 교통수단만큼 일조하는 품목이 있다. 바로 옷이다. '앨런 맥아더 재단'에 따르면 패션 산업은 연간 국제 탄소 배출량의 10%를 차지한다. 모든 국제 항공편과 해상 운송을 합한 것보다 많은 비중이다. 게다가 2030년까지 패션 산업의 온실가스 배출량은 50% 이상 급증할 전망이다. 싸다고 무심코 사고 마구 버렸던 옷이 지구를 아프게 만들고 있다.

'패션 탄소 발자국'이라는 말도 생겼다. 올해 초 미국의 온라인 중고 판매 플랫폼 '쓰레드업(ThredUp)'은 패션 탄소 발자국 계산기를 공개했다. 쓰레드업 홈페이지에 접속하면 현재 내 옷장이 찍고 있는 탄소 발자국이 어느 정도인지 가늠할 수 있다. 방법은 간단하다. 새 옷을 얼마나 자주 구매하는지, 온라인에서 구매하는지 또는 오프라인에서 구매하는지와 같은 12가지 질문에 답변하면 된다. 패션 탄소 발자국을 계산하면서 몇 가지 새롭게 알게 된 사실도 있다. 쓰레드업에 따르면 의류 생산은 매년 400만 톤의 이산화탄소를 방출하고 전 세계 온실가스 배출량의 8%를 차지한다. 옷 중에서 가장 많은 탄소를 발생하는 옷은 재킷과 드레스, 청바지다. 청바지는 같은 무게를 기준으로 했을 때 티셔츠보다 탄소를 4~5배 많이 발생시킨다. 잦은 세탁도 온실가스 배출의 주범이다. 특히 건조기는 탄소 배출의 주범이다. 건조기를 사용하지 않고 공기 중에 널어 말리는 것만으로 세탁으로 인한 탄소 배출의 75%를 줄일 수 있다. 더운물이 아닌 찬물로 세탁하면 탄소 배출을 10% 줄일 수 있다.

패션 탄소 발자국을 줄이는 구체적인 방법도 소개됐다. 온라인 쇼핑을 하면 매장 쇼핑보다 60% 적게 탄소를 배출한다. 새 제품보다 중고 제품을 선택하면 탄소 발자국을 60%~70% 줄일 수 있다. 최근 빠르게 활성화되고 있는 '의류

렌트' 업체를 활용하는 것도 좋다. 의류 한 벌을 빌려 입으면 탄소 발자국은 평균 30% 감소한다. 친환경 패션 브랜드를 선택하는 것도 방법이다. 재활용 폴리에스터 등 친환경 직물을 활용해 옷을 만들면 탄소 배출은 약 30% 감소한다. 물론 가장 좋은 방법은 의류 소비를 줄이고, 되도록 고쳐 입는 것이다. 아직 더 입을 수 있지만 버려지는 옷들은 미국 기준 매년 1,000만 벌에 이른다. 이중 단 15%만이 재활용되고, 85%는 땅에 매립된다. 의류 수명을 1년 연장하면 탄소 발자국을 25% 줄일 수 있다.

쓰레기 분리수거를 하는 것만큼이나 생활 속에서 쉽게 환경을 지키는 습관이 있다. 바로 나의 의류 소비 습관을 바꿔보는 것이다. 필요 이상으로 너무 많은 옷을 사고 있진 않은지, 충분히 입을 수 있는 옷을 버리고 있지는 않은지 말이다. 찬물로 세탁하는 것만으로도 탄소 배출을 줄일 수 있다니, 뜨거운 지구를 식히는 일이 사실은 그리 어렵지 않을지도 모른다.

(자료: "옷장의 탄소 발자국을 세어봐요…청바지를 찬물로 세탁해야 하는 이유", 중앙일보, 유지연 기자, 2020. 02.02. https://www.joongang.co.kr/article/23695540 수정부분발췌)

마케팅전략

마케팅은 소비자의 니즈를 경쟁사보다 빠르게 파악하여 충족시키고 고객관계(顧客關係; customer relationship)를 구축하여 궁극적으로 기업의 이익을 늘이려는 활동이다. 이런 활동의 기본 방향을 제시해 주는 마케팅전략은 고객만족, 고객관계구축, 이익극대화와 같은 기업의 마케팅목표를 달성하기 위해 필요한 활동을 계획하는 과정으로 〈그림 9-2〉와 같이 요약될 수 있다.

마케팅전략 수립과정

마케팅전략은 3단계의 과정을 거쳐 수립되는데, 먼저 마케팅 환경분석이 이루어져야 한다. 정치와 법률, 경제, 사회문화 그리고 기술과 관련된 환경을 살펴보는 거시환경분석(PEST analysis)과 자사 및 경쟁사의 역량, 소비자의 니즈 등을 파악하는 미시환경분석(3C analysis)이 이루어진다. 거시환경분석과 미시환경분석 결과를 바탕으로 기회와 위협요인 그리고 조직의 강점과 약점을 파악하여 마

그림 9-2 마케팅전략 수립과정

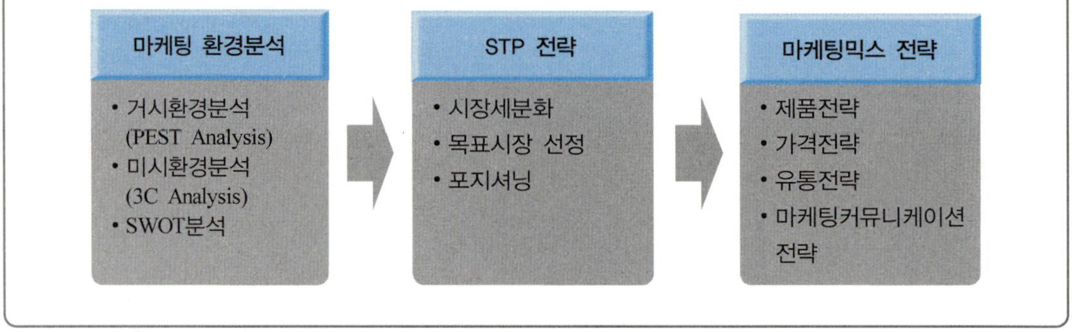

케팅전략의 방향을 설정한다.

다음 단계에서 STP전략을 수립하는데, 시장세분화(segmentation), 목표시장선정(targeting), 포지셔닝(positioning)에 관한 의사결정이 이루어진다. 즉, 어떤 시장에서 어떤 고객을 대상으로 어떤 가치를 전달할 것인가를 정하는 단계이다.

세 번째는 마케팅 전략을 최대한 구체화시켜 실행하고, 그 결과의 피드백과 필요한 수정까지 포함하는 마케팅믹스전략 단계이다. 일반적으로 제조업의 마케팅믹스는 4P mix라고도 불리며, 제품(product), 가격(price), 유통(place), 판매촉진(promotion)에 관한 구체적 전략을 포함한다. 최근 들어 비중이 크게 높아진 서비스업에서는 7P mix를 통해 마케팅믹스를 구현하는데, 기존의 4P에 물리적 증거(physical evidence), 사람(people), 서비스과정(process)이 추가된 개념이다.

마케팅 환경분석

경영환경 분석에 관해 제4장에서 다루었다. 다소 중복되겠지만 환경분석이 전략 수립의 시작이라 할 정도로 중요하다는 점을 감안하여 마케팅에 초점을 맞추어 환경요인들을 간략히 살펴보기로 한다.

거시환경분석

일반적 환경이라고도 부르는 거시환경은 경영활동에 영향을 주지만 개별 기업이 직접 관여하여 통제하기 어렵다. 마케팅에서는 PEST 분석을 통해 거시환경을 살펴보는데, 정치/법률(political/legal) 환경, 경제(economic) 환경, 사회문화(socio-cultural) 환경, 기술(technological) 환경이 마케팅 문제에 미치는 영향에 초점을 맞춘다.

정치/법률 환경

기업이 참여하는 시장이나 산업에서의 마케팅 활동에 영향을 주는 정치나 법률과 관련된 요인들을 말한다. 예를 들어 주류나 담배와 같은 제품은 광고나 판촉에 대한 규제가 심해 마케팅전략 수립과정에서 관련 법규에 대한 검토가 필수적이다. 주류는 오전 7시부터 오후 10시까지는 TV 광고가 금지되고, 알코올 분 17도 이상의 제품에 대한 광고방송은 금지되어 있다. 또한 경품 및 금품을 제공한다는 내용의 표현 역시 사용할 수 없다. 만일 적절한 검토 없이 이런 법규에 어긋나는 마케팅전략을 수립한다면 낭패를 겪게 될 것이다.

경제 환경

마케팅 관련 경제 환경에는 특정 지역이나 국가의 소득수준, 구매력, 인구, 사회간접시설 등과 같은 시장의 매력도를 결정하는 요인들이 포함된다. 주민들의 소득이 낮아 구매력이 충분하지 않다면 인기 있는 제품이라도 성공하기 어려울 것이다. 예를 들어 포르쉐와 같은 비싼 자동차의 영업망은 지역의 소득수준을 고려하여 결정되어야 한다.

사회문화 환경

종교, 문화, 가치관, 소비트랜드와 같은 사회문화 환경 역시 기업의 마케팅 활동에 적절히 반영되어야 한다. 〈그림 9-3〉에서 볼 수 있듯이 맥도날드는 대표메뉴인 빅맥을 사회문화 코드에 따라 다르게 만들어 팔고 있다. 채식주의자들이 먹을 수 있는 제품을 만들어 판매하는 것은 사회문화 환경의 변화에 대응하려는 노력이라고 할 수 있다.

그림 9-3 사회문화적 환경을 고려한 맥도날드 햄버거의 예

기술 환경

빠르게 발전하는 기술은 제품의 개발과 유통을 비롯한 모든 마케팅활동에 큰 변화를 일으키고 있다. 자율주행 기능을 갖춘 전기자동차의 등장으로 자동차라는 제품에 대한 고객가치가 크게 달라지고 있다. 중국의 전자상거래 기업 징둥(京東)은 상품 입고부터 포장, 분류에 이르는 전 과정을 10여 종류의 로봇이 책임지는 세계최초의 100% 무인물류창고를 선보이기도 했다. 인공지능(AI), 빅데이터, 증강현실(VR), 비콘(beacon)과 같은 기술이 마케팅에 미치는 영향이 날로 커질 것이 분명한 만큼 이에 대한 적절한 분석과 대응이 필요할 것이다.

미시환경분석

미시환경분석에서는 기업의 마케팅 활동에 직접적인 영향을 미치는 환경을 다룬다. 주로 자사(company) 및 경쟁사(competitor)의 강점과 약점 그리고 소비자(customer)의 니즈에 대한 분석이 이루어지며, 이들의 앞 글자를 따서 3C 분석이라고도 한다.

자사 및 경쟁사 분석

자사와 경쟁사에 대한 분석은 동시에 이루어지는 경우가 많다. 그래야만 우리 회사가 경쟁사에 앞서는 영역과 뒤처지는 부분을 쉽게 파악할 수 있기 때문이다. 제품라인과 시장지위, 브랜드 인지도, 매출 및 수익구조, 마케팅조직의 구조와 역

량, 마케팅커뮤니케이션 현황 등을 중심으로 분석이 이루어진다.

소비자 분석

소비자들의 제품사용이나 브랜드태도(uage and atitude, U&A)에 관해 살펴보는 것이다. 브랜드 인지도와 선호도, 구매브랜드, 핵심구매요인(key buying factor, KBF), 구입 및 사용빈도, 사용상황, 구매장소, 제품인지경로 등을 분석한다. 이를 통해 경쟁사 제품에 비해 자사 제품이 갖고 있는 강점과 약점을 소비자 관점에서 파악할 수 있다.

SWOT 분석

거시환경과 미시환경 분석 결과는 SWOT 분석으로 정리될 수 있다. 강점(S)은 조직의 내적 역량이나 자원 동원상의 이점, 혹은 경쟁자보다 더 유리한 내부 조건들이며, 약점(W)은 조직의 한계점이나 취약한 부분이다. 기회(O)는 경쟁업체들에 비해 유리하게 활용할 수 있는 소비자나 경영환경을, 위협(T)은 문제를 일으킬 수 있는 환경요인들을 말한다. 따져보면 거시환경분석에서 도출된 이슈들은 주로 기회나 위협 요인과 연관되고, 미시환경분석의 결과는 강점이나 약점과 관계가 깊다는 것을 알 수 있다.

STP전략

환경분석에 기초해 수립되는 마케팅전략은 시장을 세분화(Segmentation)하고 목표시장을 선정(Targeting)하고 자사 제품을 포지셔닝(Positioning)하는 데 초점을 맞춰 수립된다. 이들의 앞 글자를 따서 STP전략이라 부르기도 한다. 제품시장을 어떻게 구분하고, 그중 어떤 세분시장을 목표로 마케팅활동을 할 것이며, 어떤 가치를 부각시켜 고객의 호응을 얻을 것인지에 대한 답을 제시하는 과정이다. 창의적인 답을 찾을수록 마케팅활동이 성공을 거둘 가능성이 높아진다. 조금 더 자세히 알아보자.

시장세분화

고객은 요구사항, 구매능력, 구매행동, 거주지역 등에서 매우 다양하다는 사실을 인정하고 별개의 마케팅전략이 필요한 고객 집단으로 전체 시장을 나누는 것을 시상세분화(市場細分化; market segmentation)라 한다. 예를 들면 의류 시장을 연령에 따라 20대 미만, 30대 미만, 중년층, 노년층으로, 패션 성향을 기준으로 패션민감층, 보수적 성향층으로, 가격 수준에 따라서는 고가, 중저가 시장으로 나누는 것과 같다. 자주 사용되는 세분화 기준은 성별, 연령, 소득 수준, 직업, 생활양식과 같은 인구학적 요인, 제품이 주는 주된 혜택(惠澤; benefits), 사용 빈도나 구매상황과 같은 소비행동 요인이다.

시장세분화가 필요한 이유

시장세분화는 경쟁자보다 더 효율적으로 고객을 만족시키기 위해 필요하다. 물자가 부족하고 획일화된 나라에서는 고객이 엇비슷하다고 가정하고 마케팅활동을 벌여도 큰 문제가 없을 것이다. 그러나 소득수준이 높고 개인의 자유로운 활동이 보장된 선진국에서는 고객층이 워낙 다양해서 그들 간의 차이를 무시하고 마케팅활동을 벌이면 특정 고객층을 집중적으로 공략하는 경쟁자에게 그만큼 시장을 빼앗기게 된다.

시장세분화의 전제조건

시장세분화가 효과를 거두기 위해서는 두 가지 전제조건이 충족되어야 한다. 우선 전체시장은 서로 다른 성격의 세분시장으로 구성되어 있다는 것인데, 이를 이질성(異質性; heterogeneity)의 원칙이라고 한다. 만약 고객들이 모두 동일한 니즈를 가지고 있다면 시장을 나눌 수 없을 뿐만 아니라 나눌 이유도 없다. 두 번째는 각 세분시장의 고객은 거의 동일해야 한다는 동질성(同質性; homogeneity)의 원칙이다.

예컨대 연령층에 따라 의류 구매에서 뚜렷한 차이를 보인다면 나이를 기준으로 시장을 나누는 것은 이질성의 원칙을 충족하는 것으로 볼 수 있다. 그리고 같은 연령대에 속한 소비자들의 니즈가 비슷해서 이를 만족시킬 수 있는 제품을 만들어낼 수 있다면 동질성의 원칙도 충족되어 나이에 따른 세장세분화는 타당한 마케팅전략이라 할 수 있다.

목표시장 선정

시장을 세분화한 후 여건에 비추어 고객의 욕구를 잘 충족시켜 줄 수 있고 동시에 이익도 많이 낼 수 있는 시장을 선택하는 것이 목표시장 선정이다. 즉, 세분된 시장 하나하나의 매력도를 평가해서 참여할 세분시장들을 선정하는 것을 말한다.

자원이 넉넉하지 않은 후발 기업들은 보통 대기업이 소홀히 하고 있는 틈새시장(market niches)을 노린다. 이러한 예로서는 사치스러운 기내 서비스는 기대하지 않고 단지 저렴한 항공료만을 원하는 고객층을 상대로 하는 제주항공이나 가성비 높은 아시안 핏 요가복을 생산하는 제시믹스를 들 수 있다.

목표시장 선정방식

목표시장을 정할 때 비차별화 전략, 집중화 전략, 차별화 전략, 개별화 전략을 사용할 수 있다. 비차별화 방식은 전체시장을 하나의 시장으로 간주하고 한두 가지의 제품이나 서비스로 공략한다. 제품이 시장에 처음 도입되었을 때나 경쟁자가 없을 때 또는 소비자의 니즈가 잘 드러나지 않을 때 주로 사용되는데 진입장벽이 낮다는 문제를 갖고 있다.

집중화 전략은 여러 세분시장 중 하나를 선택하여 그 시장에 잘 맞도록 구성된 마케팅 믹스를 사용하여 고객의 니즈를 만족시키려 한다. 이런 특징은 마케팅전략의 결함이나 시장의 위험이 기업 전체에 고스란히 반영되는 문제를 갖고 있다.

차별화 전략은 두 개 이상의 세분시장을 각각 다른 마케팅 믹스로 공략하는데, 제품이나 유통의 차별화 또는 포지셔닝의 차별화 방법이 있다. 자동차나 화장품과 같은 제품들이 이러한 전략을 사용하는데, 마케팅 비용이 늘어나거나 자기시장이 잠식되는 어려움을 겪기도 한다.

마지막으로 개별화 전략은 고객 개개인들의 요구에 따라 제품과 서비스를 맞춤화시키는 것이다. 생산은 물론이고 물류나 광고에 많은 비용이 드는 단점을 피하기 어렵다.

사례읽기 9-2 맞춤형 가전 '비스포크'

삼성전자는 맞춤형 라이프스타일 가전 '비스포크(BESPOKE)'의 누적 출하량이 100만 대를 돌파했다고 밝혔다. 2019년 6월 개인 취향에 따라 색상·재질 등을 자유롭게 조합할 수 있는 모듈러 타입의 '비스포크 냉장고'를 처음 선보인 뒤 전자레인지, 인덕션, 식기세척기, 상업용 에어컨, 공기청정기 등 다양한 제품에 비스포크 콘셉트를 적용한 결과다. 비스포크 가전 누적 출하량은 작년 12월까지 100만 대를 넘어섰는데, 이는 20개월 간 월평균 5만 대씩 생산된 셈이다.

비스포크 냉장고의 경우 비스포크 가전 출하량의 75% 이상을 차지할 정도로 판매 비중이 높다. 이 제품은 글래스·메탈·페닉스 등 다양한 소재에 국내 최다 색상으로 구성된 총 27종의 교체 가능한 도어 패널 옵션을 제공한다. 비스포크 냉장고는 출시 6개월 만에 삼성전자 국내 냉장고 매출의 50%를 넘어섰고, 작년 말 기준으로 67%에 달하며 대세로 자리 잡았다. 현재 유럽, 중국, 중앙아시아 등에서 판매 중이며 올해 3월에는 미국, 하반기에는 캐나다 등으로 확대할 예정이다.

삼성전자는 비스포크 가전 생산을 계기로 공급망 관리 체계도 대폭 개선했다고 설명했다. 소비자가 주문 가능한 패널 옵션이 크게 늘어나는 것에 대비해 모듈화를 실시한 게 대표적이다. 또 비스포크 냉장고 도어 패널은 탈부착이 손쉬운 구조로 교체에 10분이 채 걸리지 않는다.

삼성전자 생활가전사업부 부사장은 "삼성전자는 소비자 개개인의 다양한 라이프스타일과 취향을 보다 일상에서 손쉽게 구현할 수 있도록 비스포크 가전을 선보였다."면서 "향후에도 더욱 다양한 소비자 니즈를 반영해 새로운 비스포크 가전을 선보일 계획"이라고 말했다.

(자료: "맞춤형 가전 삼성 '비스포크' 누적 출하량 100만대 돌파", 경향신문, 구교형 기자, 2021.01.06. https://www.khan.co.kr/economy/economy-general/article/202101061317001 수정부분발췌)

포지셔닝

경쟁상표와 차별되는 이미지를 고객의 머릿속에 확고하게 심는 것을 포지셔닝이라고 한다. 고객들은 일반적으로 상품군 별로 한 두 개의 상표만 기억하는 경향이 있다. 그래서 포지셔닝이 되어 있지 않으면 고객들은 상표를 잘 기억하지 못하고 구매할 확률도 그만큼 낮아진다. 예를 들어, 외국 관광객들의 머릿속에 한국이 중국이나 일본과 비슷한 나라로 인식되어 있다면 동아시아권 여행을 계획할 때 상대적으로 덜 알려진 한국을 빼놓을 가능성이 커진다. 꼭 방문하고 싶게 만들려면 한국적인 것을 발견해서 메시지를 만들고 지속적이고 일관된 방향으로 커뮤니케이션을 해야 한다.

포지셔닝 기법

포지셔닝을 위해 다양한 기법이 사용된다. 먼저 해당 제품이 소비자에게 주는 편익을 주로 제품명에 드러냄으로써 그 제품의 이미지가 소비자의 머릿속에 쉽게 떠오르게 하는 제품 속성/편익 강조 방법이 있다. 이를 위해서는 직관적인 이름 짓기(naming)가 필요한데, '바나나 맛 우유'나 '비타500'을 예로 들 수 있을 것이다. 둘째로 제품용도(TPO)를 강조하는 방법도 있다. 해당 제품이 언제(Time), 어떤 장소에서(Place) 그리고 어떠한 상황에서(Occasion)에서 사용될 수 있는지를 상기시키는 포지셔닝 기법을 말한다. 셋째로 가격/품질강조 방법을 들 수 있다. 가격과 품질은 상쇄관계에 있어 소비자들은 하나가 좋으면 다른 것은 나쁠 것이라고 생각한다는 점을 이용하여 소비자에게 더 긍정적인 신호를 줄 수 있는 하나만을 강조하는 기법이다. 넷째는 선발주자들과 비교하는 경쟁자 강조 포지셔닝 전략인데 주로 후발주자들이 많이 사용하는 기법이다. 이를 위해서 비교광고가 많이 사용된다. 사용자 이미지를 강조하여 포지셔닝을 시도하기도 한다. 제품보다는 해당 제품을 사용하는 사람의 사회적 지위, 경제력 또는 연령대를 강조하는 기법이다. 마지막으로 제품범주화 기법은 이미 소비자의 인식 속에 강력한 포지션을 차지하고 있는 선발주자들과 자사 제품이 동일한 제품범주의 것으로 여겨지도록 카테고리화(categorization) 하는 방법이다.

마케팅 믹스

시장세분화와 목표시장 선정 그리고 포지셔닝을 통해 마케팅전략의 기본 틀을 짜고 난 후에는 제품, 가격, 유통경로, 광고, 서비스와 같은 세부 내용에 대한 계획을 수립해야 한다. 예를 들어, 한 스포츠용품 판매업체가 고소득층을 상대로 최고급 품질의 제품과 서비스를 제공하는 전략을 수립했다면 상품구색, 가격정책, 점포설비와 디자인, 고객서비스, 광고 등에 대한 세부 계획이 포지셔닝 전략과 부합해야 한다.

마케팅 믹스란 마케팅전략을 실행하는 과정에서 집중적으로 관리해야 할 내용들을 말하는데 보통 제품(product), 가격(price), 유통(place or distribution), 촉진(promotion)의 네 가지를 함께 일컫는다. 이 넷은 영문 첫 글자를 따서 흔히 4P라고 한다. 〈시작 이야기〉에서 읽었듯이 마케팅 믹스라는 용어는 1950년대부터 사용되었는데 마케팅을 마치 요리사가 여러 재료를 혼합해서 작품을 만드는 것에 비유한 것이다. 똑같은 재료를 갖고도 천차만별의 음식이 나오듯이 마케팅 믹스를 어떻게 조합하느냐에 따라 한 회사의 상품이나 서비스에 대한 고객의 인식도 크게 달라질 수 있음을 시사한 표현이라 할 수 있다. 최근에는 4P를 고객의 입장에서 생각하여 4C로 대치하기도 한다. 즉, 제품은 고객문제 해결(customer solution)로, 가격은 고객비용(customer cost)으로, 유통은 고객편의(convenience)로, 촉진은 커뮤니케이션(communication)으로 바꾼 것이다.

제품전략

제품이라 하면 일반적으로 자동차, 옷, 식품처럼 만지고 볼 수 있는 상품을 연상하게 된다. 그런데 이 외에도 사람의 관심을 끌거나 소유하거나 사용함으로써 욕구를 충족시켜 줄 수 있는 서비스, 이벤트, 사람, 장소, 조직, 아이디어, 혹은 이와 같은 것을 합친 것들도 포함된다. 그래서 제주도 여행, 투자펀드, 정당의 선거운동, 환경보호 캠페인을 벌일 때도 마케팅 지식을 활용할 수 있다.

제품은 〈그림 9-4〉에서 보는 것처럼 다양한 요소로 구성된 개념이다. 첫 번째는 핵심 내용으로서 고객가치이다. 제품은 무엇보다 고객이 갖고 있는 문제를 해결할 수 있는 가치를 제공할 수 있어야 한다. 고급 향수를 구매하는 고객에게는 성적매력이 넘치는 자신의 모습이 마음속으로 기대하는 제품의 가치일 것이다. 핵심 내용을 분명히 파악할수록 마케팅 노력은 더 효과적일 수 있다. 두 번째는 일반적으로 제품이라 할 때 고객이 핵심 내용과 함께 떠올리는 요소들로서 상표, 포장, 디자인, 품질 수준, 제품기능의 다양성을 들 수 있다. 세 번째는 부가되는 서비스로서 제품 배송이나 설치 서비스의 제공, 애프터서비스, 제품 보증 유무와 같은 것이다.

제품을 이처럼 세 가지 차원으로 분해하는 것은 고객에 따라 각 요소에 대해

그림 9-4 제품의 세 가지 차원

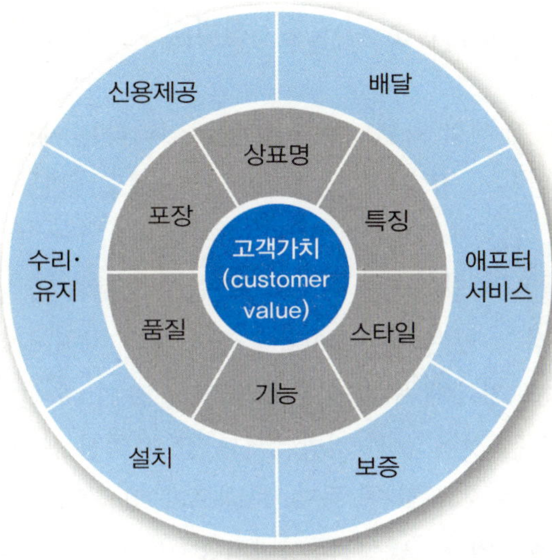

요구하는 수준이 달라 전략적으로 대응할 필요가 있기 때문이다. 예를 들어 기능이 복잡한 휴대폰을 원하는 소비층이 있는가 하면 그저 단순하고 사용이 쉬운 것을 원하는 층도 있다. 어떤 고객층을 택할 것인가에 따라 제품 전략이 달라져야 할 것이다. 마찬가지로 컴퓨터 설치나 웬만한 고장 수리를 스스로 할 수 있는 소비자가 주된 고객층이라면 부가적인 서비스를 줄이는 대신 가격을 저렴하게 해야 할 것이다. 고급 화장품처럼 제품에 따라서는 소비자 판매가격이 제조원가의 20배도 더 되는 경우도 있는데, 그 차이는 제품을 구성하는 다양한 요소들 때문에 발생한다. 제품의 고급 이미지를 유지하기 위해 유명 연예인을 광고 모델로 내 세우고 임대료가 비싼 지역에 점포를 개설하고 판매사원을 훈련하려면 비용이 많이 들 수밖에 없다. 첨단제품의 경우에는 연구개발비도 큰 비중을 차지할 것이다.

제품전략 관점에서의 브랜드

상품이나 서비스를 분간해 주고 경쟁자와 차별도 시켜주는 이름이나 심벌(symbol), 디자인 혹은 이들 모두를 합쳐서 브랜드(brand) 또는 상표라고 한다. 과거에는 공산품의 경우에만 상표가 부착되는 것이 일반적이었다. 그러나 최근에는 과일, 쌀, 소고기, 돼지고기, 닭고기 등 농축산물에도 브랜드가 부착되고 여행사 패키지 프로그램, 금융상품, 의료 검진서비스도 상표를 붙이고 있을 정도로 일반화되었다.

앞서 설명한 것처럼 브랜드는 소비자가 인식하는 제품의 중요한 요소이다. 그래서 같은 날 같은 공장에서 생산된 T셔츠라 해도 어떤 상표가 부착되느냐에 따라 소비자가 느끼는 가치가 달라진다. 폴로 티셔츠, 나이키 신발, 코카콜라에서 상표나 심벌이 없을 때의 느낌을 상상하면 쉽게 이해가 갈 것이다. 사실 우수한 기업일수록 보유하고 있는 부동산이나 공장시설에 비해 상표 자산의 가치가 크다.

브랜드가 소비자에게 주는 이점을 요약해 보면, 우선 제품을 쉽게 알아볼 수 있게 해준다. 모든 것이 낯선 지방에서도 잘 알려진 음식점체인이나 커피전문점은 쉽게 눈에 띄는 것과 같다. 둘째, 브랜드가 있음으로 해서 사용할 때 더 큰 만족감을 느낄 수 있다. 남성적 이미지를 선망하는 장년의 고소득 직장인이 Harley- Davidson 오토바이를 탈 때나 젊은 직장여성이 명품 액세서리를 걸치고 나들이 할 때 느끼는 기분을 상상해 보면 알 것이다. 셋째, 브랜드는 구매 결정에 대해 자신감을 갖게 해주기도 한다. 소비자들은 품질을 평가하기 힘들 때는 잘 알려진 상표를 선택하게 된다.

브랜드 자산과 경쟁우위

브랜드 자산(brand equity)은 소비자들이 특정 브랜드를 알고 있을 때 보여주는 호의적인 반응으로서 상표 명성, 인식된 품질, 이미지, 관련되는 생각들로 구성된 복합적인 개념이다. 이름이나 디자인, 로고가 익숙할수록, 품질에 대한 믿음이 클수록, 독특한 개성을 갖고 있을수록, 풍부한 내용이 떠오를수록 브랜드 자산은 커지고 고객은 해당 브랜드를 더 좋아한다.

브랜드 자산의 가치가 크면 다음과 같은 경쟁우위(competitive advantage)를 누릴 수 있다. 첫째, 소비자들이 그 브랜드를 찾기 때문에 유통업체들과 거래조건을 협상할 때에 유리한 위치에 서게 된다. 예를 들면, Gucci나 Armani와 같은 고급의류 브랜드는 고급백화점들이 경쟁적으로 취급하려고 하기 때문에 덜 알려진 경쟁 브랜드보다 판매수수료나 임대료를 적게 내도 된다. 둘째, 고객이 신제품을 신용하고 쉽게 받아들인다. 잘 알려져 있지 않은 브랜드는 고객들이 쉽게 사려고 하지 않으며 광고를 통해 설득하는 일도 쉽지 않다. 셋째, 가격을 인상해도 소비자들로부터 저항이 적으며 경쟁브랜드가 가격을 내리더라도 고객은 쉽게 떠나지 않는다. 비싸게 팔 수 있다는 것은 그만큼 이익을 확보하기 쉽다는 의미이다.

가격전략

가격이란 제품이나 서비스를 구입하기 위해 지불하는 금액이다. 다양한 이름으로 불리기도 한다. 예로서 대학교 서비스는 등록금, 은행 서비스는 수수료, 고속도로 이용은 통행료라 한다.

소비자는 소유하거나 사용을 통해서 얻을 수 있는 유·무형의 모든 가치와 자신이 감수해야 할 경제적 정신적 비용을 감안해서 구매를 결정한다. 가격은 대부분의 소비자들이 구매 결정을 내릴 때 중요하게 고려하는 요소인데 가격이 비싸면 수요는 적고 싸면 많은 것이 가격과 수요 간의 일반적인 관계이다.

가격은 판매하는 사람에게는 수익을 결정짓는 요소인데 약간의 변동만으로도 수익 면에서 금방 큰 차이를 초래할 수 있다. 다른 마케팅 믹스 요인들에 비해 비교적 손쉽고 신속하게 변경할 수 있는 특징을 갖는다. 그래서 매출 목표를 달성하기 위해 장기적으로 봐서는 고객의 신뢰를 잃고 수익성이 악화되는 것과 같은 바람직하지 못한 면이 예상됨에도 불구하고 가격인하를 시도하기도 한다. 현명한 경영자라면 장기적인 관점에서 전략적으로 판단할 것이다.

가격결정

가격은 마케팅전략과 내외 여건을 종합적으로 고려하여 결정되어야 한다. 〈그림 9-5〉는 가격결정에 영향을 미치는 내·외부요인과 경영자가 택할 수 있는 가격의 범위를 보여주고 있다. 먼저 내부요인으로 마케팅전략을 들 수 있다. 앞서 보았듯이 전략은 가격결정에 관련된 방향을 제시한다. 고급 이미지를 추구하고 있다면 가격도 이에 걸맞게 경쟁자보다 높게 책정하게 될 것이다. 내부요인으로써 회사의 재무상태도 반영될 것이다. 자금 사정이 어려울 때는 아무래도 수익성보다는 매출액 증가가 필요하여 상대적으로 낮게 결정할 가능성이 커진다. 외부요인으로는 고객특성, 경쟁업체, 외부경제동향, 법적 규제를 들 수 있다. 이러한 요인들을 종합적으로 고찰하면서 경영자가 택할 수 있는 가격전략의 대안은

그림 9-5 가격결정에 영향을 미치는 요인

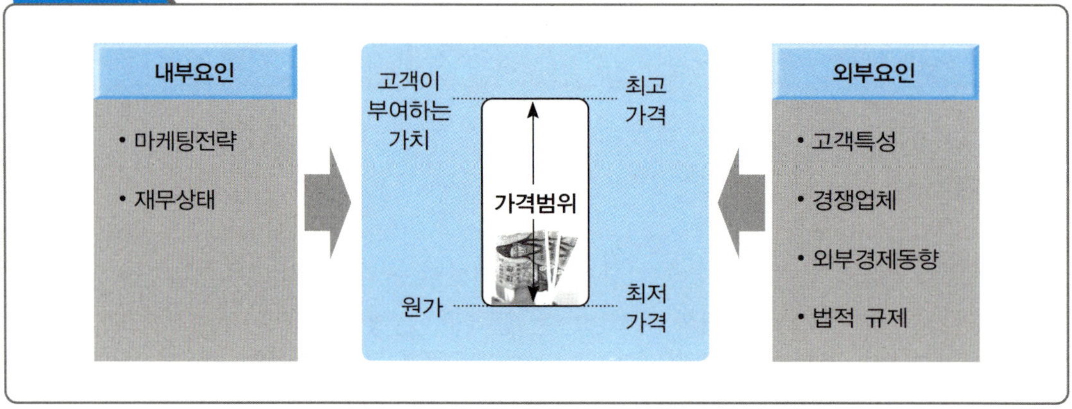

원가 중심, 고객 중심, 경쟁 중심의 세 가지로 나누어 질 수 있다.

원가중심 단위당 원가에 일정 비율을 더하여 판매가격을 결정하는 것으로 가장 많이 이용되는 방법이다. 예를 들어, 건설회사에서 자재비용과 인건비, 기타 직접적으로 들어가는 비용을 추산한 후에 통상적인 비율을 추가하여 입찰가격으로 제시하는 것과 같다. 패션의류업체에서 제조원가에 일정 배수를 곱해서 소매가격으로 결정하는 것도 원가 중심이라 할 수 있다.

고객가치 중심 고객이 제품에 대해서 인식하는 가격 수준을 근거로 책정하는 방법이다. 앞서 설명한 원가 중심이 파는 사람 위주의 사고라면 고객가치 중심은 고객 위주의 마케팅관리 철학과 상통하는 것이다. 고객가치 중심 가격결절의 한 예로 목표원가 방법(target costing)을 들 수 있다. 이 방법은 잘 팔릴 수 있는 가격을 발견한 후 그 수준에 맞춘 상품을 준비하여 판매한다. 예를 들어, 고객이 가장 선호하는 가격 수준이 10만 원이라면 원부자재나 디자인을 약간 수정해서라도 그 가격에 팔아도 이익을 낼 수 있는 상품을 준비하는 것이다.

경쟁 중심 경쟁업체의 가격을 기준으로 삼는 방법이다. 예를 들어, 최저가 전략을 내세우는 대형마트는 통상적인 시장 가격보다 일정 비율 낮게 책정하지만 백화점은 비싸게 판매한다. 또 경쟁업체가 가격을 변경하면 즉각적으로 대응한다. 제품이 크게 차별화되지 않고 경쟁이 치열할수록 일반적으로 경쟁 중심의 가격 책정이 이루어진다.

생산시설이나 원부자재를 사야 할 경우 구매자들은 경쟁 입찰을 요구하는 것이 일반적인데 이것도 경쟁 중심 가격책정의 한 유형이다. 거래를 성사시키려면 경쟁업체들이 제시할 가격을 제대로 예측한 후 계약 성공 가능성과 기대되는 이익을 종합적으로 고려하여 입찰 가격을 결정할 것이다.

유통전략

유통전략에서는 유통경로와 관련된 문제를 다룬다. 유통경로(distribution channel 혹은 marketing channel)는 고객이 제품이나 서비스를 편리하게 구매해서 사용할 수 있게 도와주는 중간상인(intermediaries)들의 집합을 일컫는 용어로서 도매상, 소매상, 중개인, 배송센터들로 이루어진다. 제품이 생산자로부터 고객에게 전달되는 과정에는 판매를 촉진하고 협상을 하고 소유권 이전을 돕고 정보를 교환하고, 금융 알선이나 배송, 위험 부담과 같은 부수적인 활동들도 필요하게 된다. 즉, 제품뿐 아니라 정보와 서비스도 함께 양방향으로 흘러야 한다. 유통경로는 바로 그 과정에서 필요한 서비스를 제공하는 사람과 조직을 말한다.

소비재의 유통경로는 전통적으로 도매상, 중간도매상, 소매상으로 구성되었다. 최근에는 소매기업이 대형화하고 온라인 유통업체들이 많아지면서 도매상의 역할은 쇠퇴하고 있다. 산업별로 다양한 모습으로 변하고 있는데, 예를 들어 가전제품은 과거에는 대기업이 주로 자체 대리점을 통해 판매하였지만 지금은 이마트, 홈플러스 같은 대형종합소매점과 하이마트 같은 전자제품 전문점, G-마켓과 같은 인터넷 쇼핑몰이 주요한 유통경로로 등장하였다.

서비스 산업에도 유통경로가 있다. 그 형태로는 프랜차이즈 가맹점, 전자채널, 대행사를 들 수 있다. 패스트푸드, 커피전문점, 헬스클럽이 프랜차이즈 형태로 판매지역을 확대하고 항공사나 특급 호텔이 여행사나 서비스 대행 에이전트를 통해 판매와 지원 업무를 하는 것, 금융기관이 인터넷 뱅킹, 텔레뱅킹, 모바일 뱅킹 서비스를 제공하는 것은 제조업체가 다양한 경로를 통해 영업을 하는 것과 유사하다.

유통경로에서의 갈등

중간상인들은 최종 고객으로부터 지지를 받고 매출액을 증대시켜야 한다는 점에서 생산자와 공통되는 목적을 갖고 있지만 각자 영리를 추구하는 독립된 집단이므로 기회주의적으로 행동할 가능성이 늘 존재한다. 그래서 생산자와 중간상인 간에는 이해관계를 두고 갈등이 발생하는 경우가 많다. 예를 들어, 커피전문점 본사에서 신규 점포를 개설하려 할 때 가까이 있는 가맹점 경영자로부터 거센 반발을 살 수 있다. 또 광고비나 판매 촉진비와 같은 비용 분담을 두고도 잘 다툰다. 그러므로 경영자는 갈등요소를 잘 관리해서 서로 간에 단합이 되도록 해야 경쟁에서 유리하다. 경쟁은 단지 경쟁업체들 간에만 있는 것이 아니라 유통경로가 포함된 팀 간에 이루어지기 때문이다. 유통경로 구성원 간의 우호적인 관계와 효율적인 물류 시스템은 경쟁업체가 쉽게 흉내 낼 수 없는 지속가능한 경쟁우위 수단이다.

유통경로 설계에서 고려해야 할 사항

정보와 물자가 신속하게 움직여야 살아남을 수 있는 산업일수록 경로 구성원 간에 높은 수준의 신뢰와 협조가 요구된다. 그런데 이러한 관계는 단기간에 이루어지지 않으며 한번 구축되면 변경하는 것도 몹시 어렵다. 그러므로 유통경로는 전략적인 관리가 필요하다. 아래에서 유통경로를 설계할 때 고려해야 할 사항에 대해 알아보자.

고객욕구

유통경로 설계도 관련된 고객의 욕구가 출발점이 되어야 한다. 예를 들어, 고객이 원하는 상점까지의 거리, 영업시간과 같은 쇼핑의 편리성이나 상품 구색이나 판매 후 서비스에 대한 요구 수준, 취급 상점의 명성과 같은 것이다. 고객 별로 각 서비스에 대한 요구 수준이 다를 것이다.

기업여건

고객의 요구사항을 완벽하게 충족시키는 것은 다양한 기업여건상 현실적으로 불가능하다. 그러므로 경영자는 기업여건에 부합하는 유통경로 관리 목표를 설정하고 그에 맞는 최선의 대안을 찾아내어야 한다. 청과물처럼 신선도 유지가 힘든 상품일 경우에는 가급적이면 경로가 짧은 대안을 택하고 소매점을 직접 경영하는 방법도 생각해 볼 수 있다. 경쟁업체가 전통적인 유통경로를 이미 장악하고 있는 상황이라면 방문판매와 같은 대안도 생각할 수 있다.

유통경로 수

고객 욕구와 기업 여건을 분석한 후 선택할 유통경로 유형과 함께 그 숫자도 전략적으로 결정한다. 목표시장에서 가능한 한 많은 점포에 제품을 공급하려는 전략을 집중적 유통(intensive distribution), 이와는 대조적으로 취급 점포를 소수로 한정시키는 전략을 제한적 유통(exclusive distribution), 이 두 가지의 중간 수준으로 선별적으로 취급 점포를 두는 전략을 선택적 유통(selective distribution)이라 한다. 생필품인 경우에는 일반적으로 집중적 유통경로를, 자동차, 패션의류 같은 경우에는 제한적 유통경로를, 일반 가전제품, 의류 같은 경우에는 선택적 유통경로를 택한다.

마케팅커뮤니케이션 전략

마케팅 커뮤니케이션은 호의적인 기업 이미지와 고객의 구매 의욕을 일깨워 주려는 노력을 말하는데 마케팅 믹스에서 설명한 촉진(促進; promotion)을 대체한 용어이다. 그 수단으로는 광고(advertising), 홍보(public relations), 판매촉진(sales promotion), 인적판매(personal selling)를 들 수 있으며 넷을 통틀어서 촉진믹스(promotion mix)라 하기도 한다. 실제로는 제품 포장, 고객 서비스, 취급 소매점의 분위기, 판매사원의 매너 등 마케팅활동 전부가 어떤 형태로든 고객들에게 정보를 전달하고 이미지를 형성하는 데 기여하기 때문에 경영자는 마케팅믹스 요인 전체를 종합적으로 관리해서 일관된 커뮤니케이션 활동이 이루어질 수 있도록 해야 한다. 대표적인 촉진믹스에 대해 알아보자.

광 고

메시지를 전달하는 주체, 즉 광고주가 비용을 들여서 커뮤니케이션 매체를 이용하여 벌이는 활동을 광고(廣告; advertising)라고 한다. 텔레비전이나 신문과 같은 대중매체를 이용하는 광고는 짧은 시간에 많은 사람들에게 메시지를 전달할 수 있는 장점 때문에 대기업이 선호하고 있다. 그러나 광고가 범람하고 일반인들이 광고 메시지를 신뢰하지 않는 경향 때문에 실제 나타나는 커뮤니케이션 효과는 기대한 만큼 크지 않을 수 있다. 그러므로 정확한 마케팅 조사를 근거로 광고 전략 수립부터 집행 및 사후평가에 이르기까지 관리를 철저히 해야 한다.

인적판매

고객과 일대일로 혹은 다수 고객을 상대로 직접 커뮤니케이션 활동을 벌이는 것을 인적판매(人的販賣; personal selling)라 한다. 고객을 직접 상대하기 때문에 요구사항이나 반응을 즉각적으로 알 수 있다. 산업재의 경우 영업직원이 주된 통로가 되는데 장기간에 걸친 관계를 통해 고객으로부터 신뢰를 얻을 때 커뮤니케이션도 원활하게 이루어질 수 있다. 그러나 판매조직을 만드는 데는 시간이 많이 걸리고 비용도 많이 든다.

판매촉진

가격할인이나 경품, 쿠폰처럼 고객의 구매 욕구를 자극하여 곧바로 사도록 유인하는 커뮤니케이션 수단을 판매촉진(販賣促進; sales promotion)이라 한다. 즉각적인 매출 증대를 노린다는 점이 특징이다. 광고와는 달리 촉진행사에 대한 성과를 비교적 쉽게 측정할 수 있는 장점이 있다. 그러나 판매촉진 행사가 끝나고 나면 매출액이 평상시보다 줄어들고 자주 실시할 경우에 소비자들이 부정적인 상표 이미지를 갖게 되는 부작용도 있다.

홍 보

일반인들이 조직에 대해 호의적인 이미지를 갖도록 하는 커뮤니케이션 활동을 홍보 혹은 PR(public relations)이라 한다. 기업 활동이나 제품에 대한 보도자료를 언론기관에 제공한다거나 일반인들에게 회사를 개방하고 지역사회가 벌이는 행사를 지원하는 것처럼 간접적으로 기업 이미지를 제고할 수 있다. 사람들은 광고보다 대중매체를 더 신뢰하는 경향이 있기 때문에 홍보를 잘할 경우 비용에 비해 큰 효과를 기대할 수 있다.

요 약

1. 마케팅이란 유·무형의 가치를 준비하여 필요한 사람들에게 제공하고 그 대가로 자신이 원하는 것을 얻을 수 있는 교환관계를 구축하고 발전시키려는 노력으로써 좁게는 고객과의 상호이익을 도모하고 넓게는 사회 전체의 복리증진에 이바지하려는 경영활동을 말한다.

2. 마케팅관리 철학은 보통 생산 위주, 제품 위주, 판매 위주, 마케팅 위주, 사회복리 위주 관점의 다섯 가지 유형으로 나눈다.

3. 마케팅전략의 수립과정은 마케팅 환경분석, STP전략, 마케팅믹스 전략으로 구성되며 마케팅 환경분석은 거시환경분석과 미시환경분석 그리고 이를 요약하는 SWOT분석으로 구분된다.

4. 시장이 다양한 욕구를 가진 개인들의 집합이라는 가정 아래 조직 여건에 비추어 가장 적합한 시장을 찾아가는 과정을 시장세분화라 한다. 목표시장을 대상으로 경쟁 상표와 차별화되는 이미지를 고객의 머릿속에 심어주는 노력을 포지셔닝이라고 한다.

5. 마케팅 믹스란 경영자가 목표로 선정하는 시장에서 원하는 반응을 이끌어내기 위해 활용하는 마케팅 수단이라고 할 수 있는데 일반적으로 제품, 가격, 유통, 촉진을 들 수 있다.

6. 브랜드란 상품이나 서비스를 구분해 줄 수 있는 이름이나 심벌을 말하며 등록을 할 경우에는 독점적인 사용권을 갖게 된다. 브랜드 가치는 상표의 명성, 인지된 품질, 브랜드 로열티, 브랜드를 통해 연상되는 내용으로 구성되는데 그 중에서도 특히 소비자들이 보여주는 상표에 대한 강한 애착, 즉 브랜드 로열티와 밀접한 관계가 있다.

7. 가격이란 제품이나 서비스를 구입하기 위해 지분해야 할 금액이다. 가격책정 방법은 원가 중심, 고객가치 중심, 경쟁업체 중심의 세 가지로 나눌 수 있다.

8. 유통경로는 최종 고객이 제품이나 서비스를 사용할 수 있게 해주는 과정에 관여하는 상호의존적인 관계에 있는 사람이나 조직의 집합을 말한다. 제품을 만들어 제공하는 사람과 최종 고객에 이르기까지의 경로, 즉 경로에서 필요한 기능을 상호 의존적으로 수행하고 있는 사람이나 조직을 중간상인이라 한다.

9. 마케팅 커뮤니케이션은 시장을 상대로 기업이나 제품에 대한 설명을 통해 호의적인 기업 이미지와 구매 의욕을 일깨워 주려는 노력을 말한다.

토의과제

1. 마케팅이란 무엇인가, 그리고 마케팅이 왜 필요한가에 대해서 자신의 생각을 말해보자.

2. 요즘은 각 지방마다 그 지방을 알리기 위해서 많은 마케팅 활동을 하고 있다. 예를 들면 무주 반딧불, 대관령 눈꽃 축제 등이 있는데 자신이 관심 있는 지방을 선택해서 마케팅을 한다고 가정하고 아래와 같은 것들을 조사해 보자.

   - SWOT분석을 통해서 여건 분석을 해보자.
   - 그 지방을 찾는 고객층을 세분화하고 세분화된 시장별로 촉진계획을 세워보자.
   - 그 지방에서 활용할 수 있는 상품들은 어떤 것들이 있는가?
   - 마케터가 사용할 수 있는 유통경로에는 어떤 것들이 있는가?

3. 외국 관광객을 상대로 하는 마케팅 활동에서 내국인 상대의 일반적인 경우와는 달리 특별히 고려해야 할 사항들이 있다면 어떤 점을 들 수 있을까? 마케팅의 핵심 개념인 교환(exchange)을 중심으로 설명해 보자.

10 CHAPTER

생산·운영관리

생산관리는 초기 경영학의 핵심주제였다. 작업현장의 생산성을 높이는 것을 목표로 하는데 서비스업의 비중이 커지면서 운영관리, 혹은 생산·운영관리로 불리게 되었다.
이 장을 공부한 후 다음 주제에 대해 설명할 수 있어야 한다.

Understanding Business Management

- 생산·운영관리 업무
- 수요예측
- 프로젝트 관리기법
- 재고관리
- 품질관리
- 공급사슬관리

시작이야기 도요타 생산방식 가고, 테슬라 생산방식이 온다

10년쯤 뒤 사람들은 세계 자동차산업을 대표하는 생산방식에 대해 무엇을 얘기하게 될까? 아마도 '테슬라 생산방식(Tesla Production System)'을 얘기하게 되지 않을까 싶다. 그렇게 생각하는 이유는 테슬라의 생산 스피드 때문이다. 테슬라의 증산(增産)이 업계의 예상을 뛰어넘는 수준으로 빠르게 진행되고 있다.

테슬라의 제조 경쟁력이 다른 자동차 업계에 특히 위협적인 것은 테슬라가 이미 모빌리티서비스 제공에 필요한 소프트웨어 플랫폼을 자체 구축했기 때문이다. 자사 소프트웨어 플랫폼을 얹을 디바이스(전기차)만 빨리 더 많이 만들면 된다. 하지만 모빌리티서비스를 제공할 디바이스의 보급이 너무 모자란다. 세계 승용차 보급 대수는 15억 대에 달하지만, 모빌리티서비스용 디바이스로 기능할 수 있는 테슬라 차량의 누적 보급 대수는 150만 대 정도로 전 세계에서 운행되는 승용차의 0.1%에 불과하다. 그래서 급속도로 생산을 늘릴 수 있느냐가 앞으로 테슬라 모빌리티 제국의 성립을 판가름할 제1요인이다.

지난 3월 일론 머스크 테슬라 CEO는 2030년대 초반에 테슬라가 연간 2,000만 대를 생산하겠다는 목표를 재확인했다. 연산 2,000만 대 목표는 자동차산업의 상식에서 보면 허언(虛言)에 가까워 보이기도 한다. 세상에서 가장 큰 자동차회사인 도요타, 폴크스바겐도 연간 생산·판매량은 1,000만 대 내외에 그치고 있으니까. 작년에 94만 대에 그친 테슬라의 생산·판매 규모는 도요타와 폴크스바겐에 견줄 수 없다.

하지만 머스크의 말을 허언으로만 볼 수 없는 이유는 앞서 언급한 대로 테슬라의 증산 속도가 업계 상식을 뛰어넘고 있기 때문이다. 테슬라는 10년 전만 해도 연간 2,650대를 판매한 스타트업에 불과했다. 그러다가 2017년 들어 처음 연산 10만 대를 넘었고, 2018년 25만 대, 2019년 37만 대, 2020년 50만 대, 작년 94만 대로 수직 상승 중이다. 더 놀라운 것은 작년 94만 대의 성과를 캘리포니아와 상하이, 단 2개 공장만으로 이뤘다는 것이다. 이번에 베를린공장이 가동을 시작했고, 연내에 미국 텍사스공장까지 더해질 예정이기 때문에 올해 연말까지 테슬라는 연간 200만 대 생산체제를 갖추게 될 전망이다. 업계에서는 테슬라가 올해 150만 대, 내년 200만 대 판매를 달성할 가능성이 크다고 관측한다. 내년 200만 대 생산에 성공하고 이후로도 연평균 30% 정도의 성장을 유지할 수만 있다면, 2032년쯤에는 연간 2000만 대에 도달한다는 계산이 나온다.

문제는 이렇게 빠른 기간에 이 정도 증산이 가능하냐는 것인데, 일론 머스크는 기존의 생산방식으로는 어렵지만, 방식을 바꿈으로써 가능하다고 주장한다. 즉 지난 수십 년간 자동차업계 표준이었던 '도요타생산방식(TPS; Toyota Production System)을 버리고, 자사 고유의 테슬라 생산방식(TPS; Tesla Production System)을 쓴다면 2030년대 초반 연간 2000만 대 생산이 꿈같은 얘기는 아니라는 것이다.

도요타생산방식이란, 처음엔 작게 시작해 차츰 생산을 늘리면서, 장인(匠人)의 수완으로 '무다(낭비요소)'를 하나하나 줄이고 품질을 높이는, 그러면서 재고를 최소화하는 저스트인타임을 통해 원가를 낮춰 이익을 내는 방식이다. 테슬라처럼 기술을 빠르게 혁신해가면서 문제 발생·해결을 실시간으로 반복하고, 동시에 생산량도 급격히 늘려야 하는 회사엔 도요타생산방식이 제약이 될 수도 있다. 또 도요타 생산방식은 2만~3만 개의 부품을 세밀하게 조합하는 내연기관에 특화된 것이라, 부품구조가 단순하고 하드웨어보다 소프트웨어 중심인 테슬라 차량의 생산에는 완벽히 들어맞지 않을 수도 있다.

테슬라가 최근 실적에서 초(超)대량생산의 가능성을 일부 보여주고 있다. 그 중 하나가 알루미늄을 녹인 액을 틀에 부어 거대한 부품을 통째로 주조(鑄造)하는 '기가 프레스(Giga Press)' 기술이다. '모델 Y'의 리어 섀시(Chassis·차량의 뼈대)를 이렇게 만든다. 80개 패널을 용접해 만들던 것을 하나의 주조품으로 대체했다. 자동차 제조가 장난감차 찍어내듯 바뀌는 셈이다. 기존의 일반 차량에서는 하부 구조를 만드는데 수백여 개 패널을 용접해야 했는데 그걸 하나의 공정으로 만들어 버린 거다. 테슬라 방식의 또 다른 강점은 생산시스템은 물론 핵심부품까지 스스로 만들어 든다는 것이다. 그만큼 비용 · 시간이 줄어들기 때문에, 더 빨리 생산을 늘릴 수 있다.

생산의 스피드를 크게 늘릴 수 있다는 것은 단위 공장당 생산량이 그만큼 늘어날 수 있음을 의미한다. 내연기관차 기반의 자동차공장은 보통 대규모 생산이라 해도 25만~30만 대가 표준이다. 반면 테슬라의 공장 2곳은 작년에 공장 한 곳당 평균 50만 대 가까이 생산했다. 그렇기 때문에 총 4개 공장 만으로도 연간 200만 대 생산체제를 충분히 갖출 수 있다는 것이다.

테슬라가 기가프레스 등 생산스피드를 극대화할 수 있는 기술을 더 많이 더 제대로 구사한다면 차량 한 대를 제조하는데 걸리는 시간이 지금보다 더 많이 줄어들 것이다. 그렇게 되면 설비를 개조, 확장하는 것만으로 1개 공장에서 연간 100만 대쯤 만드는 것도 가능해져 증산의 해법을 찾을 수도 있을 것이다.

(자료: "도요타 생산방식 가고, 테슬라 생산방식이 온다", 조선일보, 최원석 국제경제전문기자, 2022.03.31. https://www.chosun.com/economy/int_economy/2022/03/31/CGFW6AHH6ZEODFBCYDKB74W4W4/?utm_source=daum&utm_medium=referral&utm_campaign=daum-news 수정부분발췌)

생산·운영관리란?

현대자동차와 같은 제조업체이든 대학교나 병원과 같은 비영리 서비스 기관이든 모든 조직은 자원을 투입해서 고객에게 제공할 서비스나 제품을 생산하고 있다. 생산·운영관리(生産運營管理; production and operation management)는 이처럼 어떤 조직에서나 볼 수 있는 자원의 투입-변환-산출 과정을 효율적으로 처리하기 위해 시스템을 설계, 운영, 개선하는 일련의 경영활동을 일컫는다. 제조업이 주된 관심을 끌었던 경영학 초기에는 생산관리라 하였으나 선진국 경제가 서비스산업 중심으로 변화되면서 운영관리 혹은 생산·운영관리라 불리고 있다. 연구방법으로 수리모델을 많이 이용하기 때문에 학문적으로는 계량경영학, 오퍼레이션 리서치(Operation Research, OR), 경영과학 혹은 산업공학과 밀접한 관계를 갖는다.

생산·운영관리 업무

생산·운영관리 부서가 다루는 업무는 시스템 설계, 일상적 운영관리, 시스템 개선과 통합으로 나눌 수 있다.

시스템 설계

시스템 설계는 수요예측을 기반으로 생산시설의 규모(capacity)와 위치(location) 선정, 시설설계(facility design and layout)와 같은 전략적 과제를 다룬다. 먼저 생산시설 규모는 시장과 기술 변화의 추세를 감안하면서 전략적으로 결정하는데 이때 기존 시설과의 통폐합, 시설의 위치, 몇 군데의 시설을 둘 것인지와 같은 사항들을 종합적으로 고려하게 된다. 시설 위치는 주변에서 필요한 인력을 쉽게 찾을 수 있는지, 원료 공급처가 가까운지, 고객에게 편리한지 등을 고려해서 결정한다. 마지막으로 시설설계는 오퍼레이션 업무의 흐름이나 작업 설비의 위치를 결정하는 것으로, 한 번 결정되면 쉽게 바꿀 수 없기 때문에 장기적인 관점에서 검토되어야 한다.

일상적 운영관리

시스템 설계가 간헐적으로 이루어진다면 프로젝트관리, 자재관리, 재고관리, 공정관리, 품질관리는 일상적인 성격이 강하다. 프로젝트관리는 목표 달성에 필요한 여러 과업들이 주어진 예산 내에서 정해진 순서에 따라 차질 없이 진행되도록 계획하고 통제하는 활동이다. 시간과 비용의 낭비를 없애는 것이 중요하며 간트차트, 총비용 차트, PERT/CPM과 같은 기법이 활용된다.

자재관리는 자재 소요량의 예측부터 업체 선정, 주문 입고까지의 일들을 계획·집행·통제한다. 자재는 생산 원가에서 차지하는 비중이 높다. 그러므로 가격 경쟁력을 높이기 위해서는 당연히 효과적인 자재관리가 필요하다.

재고관리는 적정규모의 재고를 유지하려는 관리활동이다. 재고(在庫; inventory)란 판매나 생산활동에 어려움이 없도록 보관하는 상품이나 원자재, 부품, 소모품을 일컫는다. 일반적으로 재고자산은 기업 전체 자산규모의 20% 정도를 차지하는데 소매점의 경우는 이보다 훨씬 더 높을 것이다. 그러므로 재고가 효율적으로 관리되지 않으면 생산, 판매 활동이 지장을 받는 것은 물론 자금 사정도 어려워진다.

공정관리는 작업을 언제, 어디서 수행하며 얼마나 생산할 것인가와 같은 문제를 다룬다. 공정을 단축하면 생산원가를 낮출 수 있을 뿐만 아니라 고객을 만족시키고 운영자금의 흐름에도 큰 도움을 준다.

품질관리는 생산을 위해 벌이는 활동과 그 활동 중에 생성되는 여러 산출물을 확인하고 통제하여 품질을 유지·개선하는 관리활동이다. 최근 들어 기업 내 모든 부서와 구성원들이 품질의 중요성을 인식하고 품질 향상 노력에 적극 참여하는 전사적 품질관리(Total Quality Management, TQM)가 폭넓게 활용되고 있다.

시스템 개선과 통합

생산성이나 품질 향상 요구를 만족시키고 최신 생산기술을 도입하기 위해서는 시스템 개선이 필요하다. 시설이나 설비를 보수하고 컴퓨터 제어장치를 추가해 작업현장 시스템을 정교화 하는 노력이 그 예가 될 수 있다. 그리고 교육을 통해 작업자들의 역량을 높이는 것도 시스템의 개선에 도움이 될 것이다.

시스템은 조직 외부와의 적절한 네트워크를 통해서도 개선될 수 있다. 원자재를 공급받아 제품을 만들어 고객에게 제공하여 부가가치를 창조하는 과정은 가치사슬(value chain)을 이루고 있다. 사슬 한 군데서라도 문제가 발생하면 최종 고객이 원하는 품질 수준을 충족하기 어려워진다. 따라서 가치사슬을 구성하고 업체들과의 장기적인 협력을 통해 시스템 통합을 이끌어냄으로써 비효율성을 줄이고 부가가치를 늘릴 수 있어야 한다.

생산·운영관리의 목표

공장장이나 백화점 점장과 같이 오퍼레이션을 책임지는 경영자들이 궁극적으로 추구하는 것은 투입한 자산 가치에 대비한 산출물 가치의 향상, 즉 생산성 향상이다. 이 목표를 달성하기 위해 경영자들은 늘 원가절감, 품질향상, 시간단축, 시스템 유연성을 염두에 두며 의사결정을 한다.

원가절감

생산물 한 단위에 투입된 요소의 평균 가치가 원가이다. 제조업체라면 상품 한 단위에 투입된 원자재와 인건비, 공장 운영비가 포함될 것이다. 소매업체라면 상품 한 단위를 판매하기 위해 들어간 구매비용이나 판매 관련 비용의 합계가 될 것이다. 투입요소별로 원가를 계산해서 비교하기도 하지만 총매출액에 대한 제조원가나 판매원가가 차지하는 비율을 가지고 종합적인 판단을 하여 '경쟁업체에 비해 원가가 높다 혹은 낮다'라고 하는 경우가 많다.

원가 비율이 낮은 기업이라면 오퍼레이션을 잘해서 더 많은 가치를 창출해 내고 있다고 볼 수 있다. 원가를 절감하기 위해 시설 규모를 늘리거나 첨단 정보시스템을 광범위하게 활용한다. 인건비나 원자재 가격이 싼 곳으로 생산시설을 옮기는 것, 디자인을 단순화하고 품질 관리를 철저히 하는 것도 원가절감에 도움이 된다.

품질향상

품질은 고객의 요구조건을 현재뿐 아니라 미래 시점에서도 충족시키는 정도로 정의할 수 있다. 과거에는 품질관리가 통계적 품질관리(statistical quality control)를 중심으로 이루어졌다. 이때는 상품이 정해진 규격(規格; specification)에 맞게 생산되고 있는지를 확인하면 되었다. 그래서 표본조사를 통해 불량품 발생정도를 추정하는 통계적 품질관리 기법이 활용되었다. 이 기법에 뒤이어 신뢰성(信賴性; reliability)을 중심으로 하는 품질관리도 나타났다. 신뢰성이란 제품이 사용되는 동안 기능을 발휘 못하게 되기까지의 경과 기간을 반영한 것으로서 통계적 품질관리에 시간 개념을 덧붙인 것이라 할 수 있다.

최근에는 품질을 규격과 신뢰성은 물론 디자인과 상품 관련 서비스까지를 포함하는 개념으로 설명한다. 그래서 품질을 높이기 위해 제품 아이디어 개발과정에서부터 마케팅, 영업, R&D, 엔지니어링, 생산현장 등 회사 전부서가 참여하는 전사적 품질관리(total quality management, TQM)가 이루어지고 있다.

시간단축

작업시간을 단축하는 것은 과거에도 중요하였지만 최근에는 시간과의 경쟁(competing against time) 혹은 시간 위주의 경쟁(time-based competition)이라는 표현까지 나올 만큼 경쟁에서 승패를 결정짓는 요인으로 인식되고 있다. 그 배경으로 경쟁이 치열해지면서 제품의 수명주기가 짧아지고 있다는 사실을 들 수 있다. 패션 산업은 말할 것도 없고 휴대폰, 자동차 산업도 쉴 새 없이 새로운 모델을 내놓아야 한다. 여기서 시간을 단축할 때 예상되는 이점에 대해서 생각해 보자.

첫째, 생산시간이 단축되면 판매 예측을 멀리까지 할 필요가 없어 경영 전반에 걸쳐 낭비를 줄일 수 있다. 예를 들어 원부자재 주문에서 생산완료까지의 기간이 한 달 걸리는 패션업체라면 한 달간의 수요만 예측하면 될 것이다. 이에 반해 한 달 보다 더 걸리는 기업은 그만큼 더 불확실한 상황에서 경쟁을 해야 할 것이다. 시간단축으로 인해 상황 예측이 정확한 만큼 생산원가 절감은 물론 자금계획도 더 잘할 수 있을 것이다.

둘째, 민첩한 기업은 신상품을 빨리 시장에 내놓을 수 있어 시장을 선점하고 더 많은 매출을 올릴 수 있다. 또 제품의 쇠퇴기에도 경쟁 기업보다 더 오래 팔 수 있어 신상품 개발이나 광고비에 투입된 비용을 회수하는 데도 유리하다.

셋째, 신제품을 먼저 출시함으로써 기술이나 유행을 선도하는 앞선 기업으로 인식되어 기업이미지를 높일 수 있다. 호의적인 기업이미지는 건물이나 기계 설비와 같은 유형자산보다 더 높은 가치를 가질 수 있기 때문에 결코 가볍게 생각해서는 안 된다.

넷째, 민첩한 기업은 중간상인들도 좋아한다. 주문한 후 상품을 배달받는 기간이 짧을수록 재고를 보충하기가 쉽고 결과적으로 상품 재고가 부족하거나 혹은 지나치게 많이 보유할 때 볼 수 있는 손실을 피할 수 있기 때문이다. 다시 말해 재고자산에 대한 수익률을 높여주기 때문에 중간 상인들은 빠른 업체를 선호하게 된다.

유연성 증대

고객의 기호나 인기 모델이 자주 바뀌는 상황에서는 생산·운영 시스템 자체도 신속하게 대응할 수 있는 유연성(柔軟性; flexibility)을 가져야 한다. 유연성에 대한 논의가 활발해지는 과정에서 그 의미도 확장되어 공정이나 작업 전환의 유연성, 생산수량의 변경 및 다품종 생산의 용이함, 디자인 변경이나 생산시설의 확장 용이성 등을 포함하게 되었다.

컴퓨터를 활용해서 제품 설계부터 자재 투입과 생산공정 전반에 걸쳐 정보를 교환하며 체계적인 관리를 하는 CAM(computer-aided manufacturing)이나 더 발전된 FMS(flexible manufacturing systems)는 유연성을 높이는 데 기여하고 있다. 그러나 유연성을 높이기 위해 꼭 비싼 첨단시설을 도입해야 할 필요는 없으며 상황에 적합한 방법을 택할 수 있다. 예를 들어 돌발적인 수요 증가에 대비해서 협력업체를 확보해 둔다든지 반대의 경우를 위해 고정인력에 비해 임시직을 많이 활용하는 것이 예가 될 수 있다.

지금까지 설명한 생산·운영 관리의 네 가지 목표는 서로 연관되어 있다. 예를 들어 원가절감과 품질향상은 언뜻 보면 양립될 수 없어 보이지만 서로 상승작용을 일으키며 발생한다. 품질이 높아지면 고객으로부터 반품을 받는 일도 없어져 비용이 절감된다. 또 디자인이나 공정을 단순화하면 불량품 발생도 줄어들고 시간 단축도 되며 유연성도 증가하여 원가가 절감되기도 한다.

이런 목표를 달성하기 위해 다양한 생산·운영 활동이 수행되어야 한다. 그 중 시스템 설계의 기초가 되는 수요예측, 일상적 운영을 위한 프로젝트관리, 재고관리, 품질관리, 그리고 시스템 개선과 통합에서 중요한 역할을 하는 공급사슬관리에 대해 알아보자.

사례읽기 10-1 제조업의 환경 변화가 비즈니스를 바꾸고 있다

제조업은 주된 비즈니스 활동인 물건이 만들어지는 과정을 기계가 주로 담당해왔다. 이 과정에서 공장의 기계와 부품은 말이 없고, 정보를 제한적으로 산출했다. 하지만 디지털 기술의 급속한 발전은 기계와 부품에 소프트웨어와 반도체 부품 비중을 높였고, 여기에 센서(IoT)가 연결되면서 기계와 부품 상태의 센싱이 가능해졌다. 그리고 센싱된 상태를 엣지컴퓨팅 디바이스나 클라우드에 데이터로 전달하고, 이를 분석하면 기계와 부품의 상태를 해석할 수 있게 되었다. 수집된 데이터를 분석하여 얻어낸 정보로 기계나 엣지컴퓨팅 디바이스, 클라우드가 상태를 판단하고 자율적으로 대응하는 것도 가능해졌다. 센서가 부착된 부품이 제품으로 조립되어 기업 고객에게 공급되면, 기업 고객이 사용하는 제품의 센서로부터 데이터를 수집해 그들에게 제품의 사용을 돕거나 관리해주는 서비스를 제공하는 것이 가능하게 된 것이다. 그렇다면 이를 가능케 한 기술은 어떤 것일까?

디지털 트윈 실제 존재하는 물건에 대해 디지털 공간상의 쌍둥이를 구현하는 기술이다. 시스템 상 실제하는 실체를 디지털로 나타낸 것을 의미한다. 여기서 실체는 자산, 프로세스 및 시스템을 말한다. 실제하는 실체를 디지털 쌍둥이와 같은 존재로 나타낸다는 것은 실제하는 것을 실시간에 가깝게 디지털로 나타낸다는 것을 포함한다. 디지털 트윈은 시각적으로 나타내는 것에 머무르는 단순한 형태일 수도 있고, 실체 내부의 물리적 모델을 바탕으로 데이터를 분석하여 향후 일어날 일까지 예측하는 것을 디지털로 나타내는 형태일 수도 있다.

사물에 피부와 분석 기능을 제공하는 산업사물인터넷 산업 인터넷이란 '변혁적인 비즈니스 결과를 가져오고, 지능적인(첨단 데이터 분석을 통한) 산업 활동 운영을 가능하게 하는 사물, 기계, 컴퓨터, 사람을 연결하는 인터넷'을 의미한다. 데이터 분석 기술의 발전과 이를 처리하는 컴퓨팅 파워, 데이터 통신 및 저장과 관련된 밴드위드(Bandwith) 기술 등이 빠른 속도로 발전하여 빅데이터를 보내고 저장하고 분석하는 것이 가능해졌다. 기계에 센싱이 가능한 감각 기능과 분석 기능이 생겼다는 점에서 산업용 사물인터넷은 데이터 분석 혹은 AI 기술 활용을 포함한다고 할 수 있다.

피부 신호를 말로 번역하는 첨단 데이터 분석 기술 GE의 경우, 비행기 엔진에서 실시간으로 보내지는 방대한 신호를 분석하여 엔진이 어떻게 사용되는지, 언제 예지 정비를 해야 되는지를 미리 파악해 해당 부분의 서비스를 제공하고 있다. 이 기술을 활용하면 고객이 성공적(가치부가, 고효율, 저비용 등)으로 제품을 사용하고 있는지 여부를 파악할 수 있고, 이를 통해 기업은 경쟁우위를 확보할 수 있다. 여기에 적용되는 데이터 분석(Data Analytic) 기술은 데이터를 유용한 정보로 분석한다. AI 기술은 데이터 분석을 인터넷으로 연결된 데이터 분석 알고리즘으로 자동화하는 것이다. 넓은 의미에서 데이터 분석을 자동화하여 분석자 없이도 분석을 가능하게 하는 기술이라고 할 수 있다.

개별 고객이 원하는 제품을 생산하는 적층제조 기술 사이버 공간에서 디지털로 나타낸 실체를 실제하는 실체로 구현하는 기술이다. 적층제조

기술은 디지털로 된 3차원 실체를 원재료의 층을 쌓는 방식을 통해서 실제 물건을 만들어내는 기술이다. 흔히 3D프린터를 활용하는데 용액, 파우더, 플라스틱, 폴리머, 금속, 세라믹 등이 소재로 쓰인다.

그 밖의 기술 위에서 설명한 네 가지 기술은 다른 기술들과 결합해야 활용도가 높아지고 확대될 수 있다. 특히 적층제조 기술은 로봇, CNC 공작기계 등 자동화 기술과 결합해서, 즉 적층제조 방식의 이점과 기존 자동화 생산 방식의 이점을 결합해 다양한 하이브리드 제조 방식을 구현할 것으로 보인다. AR, VR, 시뮬레이션 기술은 디지털 트윈 기술, 데이터 분석 기술과 보완적으로 활용되는 기술이다. 아울러 클라우드 컴퓨팅과 통신 인프라 기술은 앞서 말한 여러 가지 기술들이 인터넷으로 연결되어 작동하는 데 보완적인 환경을 제공해준다. 또한 블록체인 기술은 분산 컴퓨팅, P2P 거래 등의 활성화를 위한 산업 인터넷 연결망의 신뢰성(예: 데이터 위변조 방지 기술)을 높여준다.

(자료: "제조업의 환경 변화가 비즈니스를 바꾸고 있다", 헬로티, 임채성 한국인더스트리4.0협회 명예회장, 2022.04.25. https://www.hellot.net/news/article.html?no=67645 수정부분발췌)

수요예측

제품에 대한 수요예측은 마케팅, 생산, 재무, 인적자원관리 등 모든 부서별 업무 계획의 시발점이 되기 때문에 이것이 잘못되면 원자재나 부품의 구매, 공정관리, 인적자원관리 계획이 차질을 빚고 다른 부서의 업무도 어려워지게 된다. 이처럼 중요한 과제이기 때문에 다양한 수요예측 기법들이 존재한다. 그렇지만 어느 기법이나 완벽할 수가 없기에 최종적으로는 경영자의 직관을 더해 판단할 수밖에 없다.

예측기법은 〈그림 10-1〉과 같이 크게 정성적 방법(qualitative method)과 계량적 방법(quantitative method)으로 나눌 수 있다.

정성적 방법

관련 업무에 전문적 지식을 가진 사람들이 자신의 경험이나 주관적 판단을 근거로 예측하는 것을 정성적 방법(定性的 方法 ; qualitative method)이라 한다. 신제

그림 10-1 수요예측 기법들

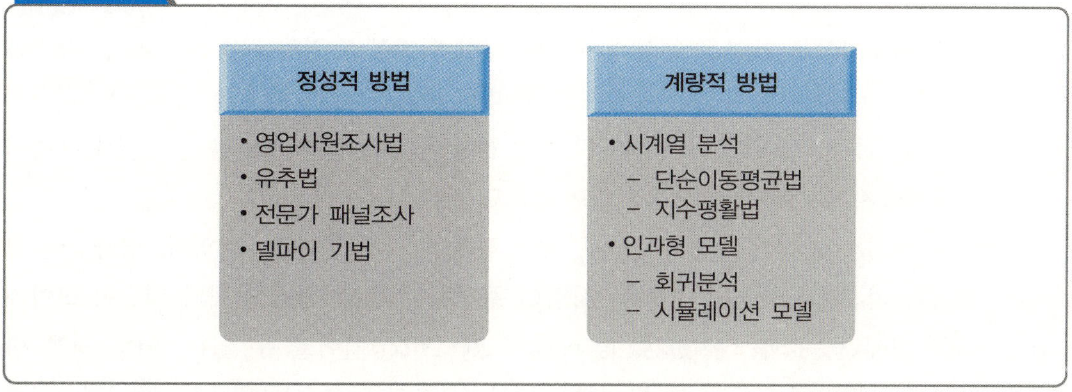

품에 관한 수요예측을 다수의 전문가들에게 물어보는 것과 같다. 구체적으로 영업사원 조사, 비슷한 제품의 과거 자료를 이용하는 유추법, 전문가들의 의견을 종합하는 델파이 기법(Delphi method), 전문가 패널조사(panel consensus)가 정성적 방법에 해당한다.

영업사원조사법

자신이 담당하고 있는 지역이나 고객을 대상으로 한 각 영업사원의 판매 예측치를 회사 전체차원에서 합산하여 수요를 예측하는 방법이다. 소비재에 비해 산업재에서 더 많이 쓰이며 영업사원들이 판매목표가 높게 책정될 것을 걱정하여 자신의 판매 예측치를 낮게 평가하는 문제가 생기기도 한다.

유추법

신제품과 같이 수요를 예측하는데 필요한 과거 자료가 없는 경우 주로 사용된다. 유사한 제품의 수명주기에서 나타난 수요패턴으로부터 해당 제품의 수요를 예측할 수 있다. 때로는 해당 제품이 먼저 시장에 도입된 선진국 사례를 바탕으로 시장의 규모나 변화를 예측하기도 한다.

유추법은 비용이 적게 든다는 장점이 있다. 그러나 제품의 수명주기에 대한 판단이 잘못되면 수요 예측이 빗나갈 수 있으며, 비교할 수 있는 제품이나 과거 판매 자료를 찾기가 쉽지 않은 경우도 많다.

전문가 패널조사

전문가들로 패널을 구성해 수요에 대한 의견을 수렴하는 방법이다. 한 장소에 모인 참여자들이 자신의 지식이나 경험에 근거한 예측 의견을 자유롭게 제시하고 합의를 이끌어내는 과정을 거친다. 참여자들 간 합의 도출을 통해 수요예측이 이루어지기 때문에 패널동의법이라고도 한다.

패널을 어떻게 구성하느냐에 따라 결과가 크게 달라질 수 있다. 영향력이 크거나 의견을 강하게 제시하는 사람이 주장하는 대로 패널 전체의 의견이 모아지는 대세편승효과(大勢便乘效果; bandwagon effect)일어날 수 있다. 이럴 경우 한 사람의 판단에 의존할 때 발생할 수 있는 오류를 막으려는 원래 목적을 충족하지 못한다.

델파이 기법

델파이 기법도 전문가들의 의견을 수렴하지만 전문가 패널조사와는 달리 참여자 간 접촉이 이뤄지지 않고 익명으로 진행된다. 전문가들이 개별적으로 이메일이나 우편을 통해 수요에 관한 질문에 답하고, 회신된 의견들이 종합 정리되어 피드백 되면 그 내용을 참조하여 다시 자신의 의견을 회신하는 과정을 몇 차례 거친다. 이런 과정을 통해 개별적 의견이 집단의 의견으로 수렴되면서 전문가들의 공통된 예측이 도출된다. 시간이 많이 걸릴 수 있지만 상대적으로 정확한 예측이 이루어질 수 있다는 장점도 있다.

계량적 방법

계량적 방법(計量的 方法; quantitative method)은 해당 제품의 과거 데이터를 분석하여 수요를 예측한다. 크게 시계열분석법과 인과형 모델로 구분할 수 있다.

시계열분석

수요 자체의 과거 변화 추세를 분석하여 미래 수요를 예측하는 방법이다. 과거 자료의 활용 방식에 따라 단순이동평균법(simple moving average method)과 지수평활법(exponential smoothing method)으로 나뉜다.

단순이동평균법 과거 일정 기간 동안의 수요를 평균하여 다음 기간의 수요 예측치로 사용한다. 예를 들면 과거 월별 판매실적 자료가 정리되어 있을 때 직전 3개월 평균으로 다음 달의 판매를 예측하는 것과 같다. 계절적 요인을 무시할 수 있는 상품이나 서비스의 경우 과거자료에서 불규칙적인 요인을 제거하면 꽤 정확한 미래 수요를 예측할 수 있을 것이다.

단순이동평균법에서 중요한 것은 기간을 얼마로 정하는가이다. 기간이 길수록 변화 폭이 작아져서 완만한 예측치를 보일 것인데 이것은 실제 추세를 늦게 따라가는 결과를 초래할 수 있다. 반면에 바로 직전 기간만을 이용한다면 추세는 빨리 포착하지만 그 기간에 발생한 우연적 요인을 지나치게 반영하는 문제도 발생한다.

지수평활법 가장 최근의 자료를 더 중요하게 반영하고 오래된 자료일수록 반영되는 정도를 급격히 낮추는 시계열분석법이다. 특히 단순지수평활법은 가장 최근 기간의 예측 값, 실제 값, 평활상수(smoothing constant alpha)를 이용한다. 평활상수는 변화 속도를 반영하는 것으로 일반적으로 안정적으로 성장하는 경우 5~10%, 빠르면 15~30%의 범위에서 이용자가 직관적으로 결정한다. 상수 값이 클수록 가장 최근의 정보가 많이 반영된다.

사례읽기 10-2 에어컨의 수요예측

올여름 역대급 폭염이 예고되면서 국내 가전 업계가 분주하게 움직이고 있다. 에어컨 생산라인을 풀가동하는 것은 물론 수요 분산을 위해 각종 마케팅 활동도 진행 중이다. 지난해 유례없는 긴 장마 영향으로 실적이 부진했던 탓에 반등을 노리는 모양새다. 에어컨 판매량이 사상 최대치를 기록할 것이란 기대감 속에 삼성전자와 LG전자는 국내 에어컨 생산라인을 풀가동 중이다. 삼성전자는 광주사업장에서 무풍에어컨을, LG전자는 창원 공장에서 휘센 에어컨을 생산하고 있다. 국내 가정용 에어컨 시장은 삼성전자와 LG전자의 양강 체제로, 양사의 시장 비중은 70%에 달하는 것으로 알려진다.

업계에서는 올 여름 폭염 전망에 에어컨 시장이 지난해 약 2조 원보다 성장할 것으로 보고 있다. 지난해 긴 장마로 선선한 날씨가 지속된 탓에 판매량이 부진했던 데다 올해는 일찍이 폭염이 예고돼 높은 수준의 수요가 2분기 내내 이어질 가능성이 크다는 분석이 나온다. 기상청은 올해 여름 기온이 평년보다 높을 것으로 내다봤다. 특히 7~8월에 북태평양고기압 영향으로 무더운 날씨를 보일 때가 많을 것으로 관측했다.

최근 들어 각 방마다 에어컨을 설치하려는 수요가 늘고 있는 점 역시 긍정적이다. 가족과 생활하더라도 각자의 방에서 지내는 시간이 늘어나면서 '방방냉방(방마다 냉방)'이 새로운 트렌드로 자리 집은 영향이다. 이 부문에서는 특히 창문형 에어컨이 인기다. 저렴하면서 냉방 성능이 뛰어난 덕에 가성비 제품을 찾는 1인 가구에게도 각광받고 있다. 전자업계 관계자는 "집 구조상 실외기를 연결하기 어려운 방을 중심으로 창문형 에어컨을 설치하려는 수요가 늘고 있다."고 말했다. 창문형 에어컨 시장은 파세코, 위니아 등 중소기업 제품이 주류를 이루고 있는 분야다. 삼성전자가 지난해 창문형 에어컨의 신제품 '윈도우 핏'을 앞세워 20년 만에 시장에 재진출했고, LG전자도 올해 상반기 내에 창문형 에어컨 신제품을 출시하는 것을 검토 중인 것으로 알려졌다.

일각에서는 정부가 코로나19(COVID-19)로부터의 일상 회복 정책을 추진하면서 에어컨 수요가 일부 감소할 것이란 전망도 나온다. 집 안에서의 활동 시간이 줄어들면서 소비자들의 에어컨 소비 동력 역시 감소할 것이란 예측이다. 다만 에어컨 구매를 결정하는 요소 가운데 날씨가 가장 중요하다는 점에서 전반적인 수요가 늘 것이란 전망이 우세하다.

업계 한 인사는 "에어컨은 주문부터 설치까지 수주일이 걸리기 때문에 총 판매량을 높이기 위해선 수요를 분산하는 것이 필요하다."고 말했다. 이어 "에어컨이 가전업계의 1·2분기 실적을 좌우하는 핵심 제품인 데다가 지난해 실적이 부진했던 영향으로 기업들이 반등을 기대하는 상황"이라며 "업계 간 경쟁은 치열할 수밖에 없다."고 덧붙였다.

(자료: "'방방냉방' 트렌드에 폭염예고까지..."에어컨 일찍 사야겠네"", 머니투데이, 오문영 기자, 2022.04.17. https://news.mt.co.kr/mtview.php?no=2022041710442951261&type=1 수정부분발췌)

인과형 모델

수요를 결정하는 요인, 즉 원인을 찾아 그것과 수요 간의 관계를 모형으로 만들어 미래 수요를 예측하는 방법으로 회귀분석법과 시뮬레이션모델이 있다.

회귀분석법 비옷이나 우산의 수요는 비 오는 일수가 영향을 미칠 것이다. 또 가구 수요는 결혼 건수, 신축주택 수, 연간 가처분 개인소득 등에 의해 결정된다. 이렇게 수요를 결정하는데 중요한 역할을 하는 요인을 찾아 수요와의 관계를 밝히면 미래 수요를 예측하는데 요긴하게 사용할 수 있다. 과거 자료를 바탕으로 수요가 종속변수 그리고 결정요인들이 독립변수인 회귀방정식을 도출해 수요를 예측한다.

독립변수가 하나일 경우, 즉 $Y = a + bX$로 표시될 때 단순회귀분석(simple

regression analysis), 독립변수가 둘 이상일 경우는 다중회귀분석(multiple regression analysis)이라 한다. 단순회귀분석은 추세를 직선의 형태로 가정하기 때문에 짧은 예측 기간에만 사용한다. 과거 자료가 충분히 있을 경우 엑셀과 같은 간편한 프로그램들을 이용할 수 있다. 이때 중요한 과제는 예측에 이용할 수 있는 타당한 독립변수들을 찾는 일이다.

시뮬레이션 모델 전문가의 도움이 필요한 기법으로서 수요에 영향을 미치는 중요 요인들을 추출해서 동태적 모델을 만든 후 내부 변수나 외부 환경에 대한 가정이 변할 때의 결과를 검토해 보는 기법이다. 예를 들면 가격과 광고가 매출에 미치는 영향을 반영한 수리적 모델을 만든 후 가격을 10% 인상할 경우, 혹은 광고비를 10% 줄일 경우 매출이 어떻게 변하는가를 알아보는 것과 같다.

프로젝트 관리

여러 개의 세부과업을 주어진 예산 범위 내에서 순서에 따라 완수해야 전체 목표가 달성되는 일을 프로젝트(project)라 한다. 신상품 개발이나 건축공사, 소프트웨어 시스템 개발이나 광고 캠페인과 같은 프로젝트처럼 주된 목표가 분명한 상황에서는 시간과 경비의 낭비를 없애는 것이 매우 중요하다. 공정이 복잡할수록 일정계획을 짜고 통제를 하지 않으면 일은 마냥 늦어지고 비용은 비용대로 더 들어가게 마련이다.

지하철 건설이나 대형 건축물 공사처럼 수많은 사람과 기관이 관여해야 하는 사업을 할 때 경영자가 전체 진행 상황을 한눈에 알아볼 수 있게 하는 기법은 큰 도움을 줄 것이다. 그림으로 표시되는 대표적인 프로젝트 관리기법인 간트 차트와 PERT/CPM을 간단하게 소개한다.

간트 차트

프로젝트와 관련되는 중요한 과업들의 시작과 완성기한, 진행현황을 일목요

그림 10-2 간트 차트

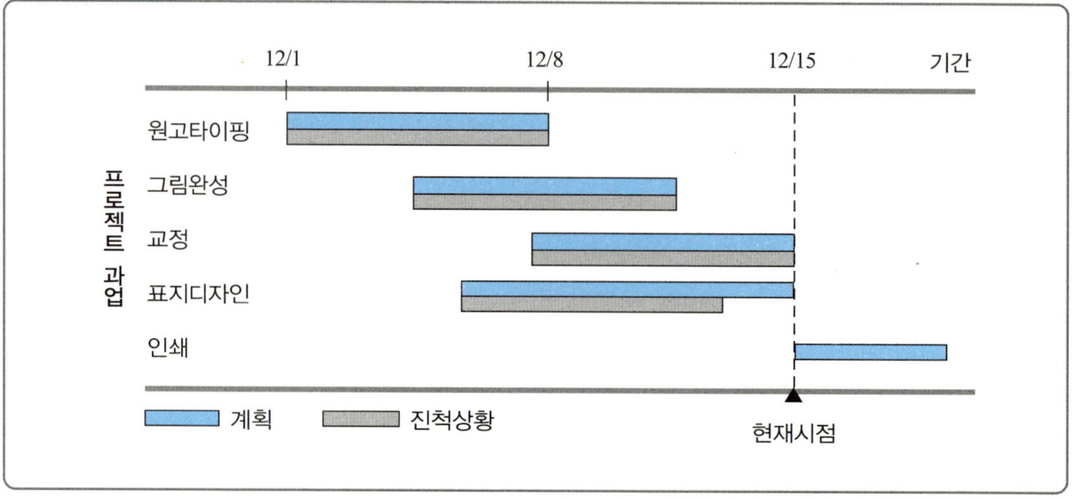

연하게 볼 수 있게 시각적으로 제시한 것이 간트 차트(Gantt chart)이다. F. Taylor와 함께 과학적 경영을 위해 노력했던 Gantt가 고안한 기법인데 다양하게 수정되어 아직까지도 폭넓게 이용되고 있다. 〈그림 10-2〉는 출판과 관련된 간트 차트이다. 해야 할 일과 끝내야 할 시점 그리고 진척상황을 알아볼 수 있게 그려져 있는데 12월 15일 현재 표지디자인 작업이 늦어지고 있는 것을 알 수 있다.

PERT/CPM

프로젝트 규모가 커지면 간트 차트와 같은 단순한 기법으로는 통제할 수 없게 된다. 예를 들어, 신규 점포를 개점한다고 가정해 보자. 장소를 물색하고 건축 설계를 의뢰하고 관공서에 허가를 받고 시공업체를 선정하고 자재 구매, 상품 진열, 종업원 훈련 등 해야 할 일이 한두 가지가 아니다. 어떤 일은 동시에 진행할 수 있지만, 건축허가를 받아야 기초공사가 시작될 수 있는 것처럼 그 전에 다른 일이 끝나야 시작할 수 있는 공정도 많이 있다. 이처럼 복잡한 프로젝트를 수행할 때 기간을 단축하면 비용을 크게 줄일 수 있다. 예를 들어 1백억 원이 소요되는 신규 점포 건설에서 공사 기간을 한 달 줄이면 공사 경비나 금융비용을 절감할 수 있는 것은 물론 그만큼 먼저 판매를 시작할 수 있으므로 한 달분에 해당하는 매출이익도 얻을 수 있게 된다.

그림 10-3 PERT/CPM

PERT는 1950년대에 미국에서 핵잠수함을 건조할 때 개발된 기법으로 Project Evaluation and Review Technique의 약자이다. 비슷한 시기에 DuPont 회사에서도 유사한 CPM(Critical Path Method)을 개발하였는데 그 후 통합이 되어 PERT/CPM 혹은 단순히 CPM(주경로분석법)이라 불린다.

〈그림 10-3〉은 신규 점포를 개설하기 위해 작성한 PERT인데 신규 점포를 개장하기까지 해야 할 과업과 진행 순서 그리고 각 과업에 소요되는 기간이 표시되어 있다. 예를 들어 점포 장소 물색과 건축허가에 모두 9주가 걸린다. 그 후 곧바로 건설회사와의 계약이나 직원을 채용하는 일은 함께 시작할 수 있다. 내부치장까지 끝내고 점포를 개설하는 데는 최소 28주가 걸린다. 여기서 직원 채용과 훈련이 19주째에 끝났다고 하여 곧바로 상품 진열이 시작되는 것이 아니라는 점을 유의해야 한다. 건축공사가 끝나는 24주 후가 되어서야 상품 진열을 시작할 수 있다.

PERT에서는 시발점에서 완성에 이르는 여러 경로 중 가장 중요한 것, 즉 개별 공정기간의 합이 가장 긴 길을 주경로(critical path)라고 하는데 프로젝트를 가장 빨리 끝낼 수 있는 시간이 된다. 〈그림 10-3〉에서 ①, ②, ③, ④, ⑥, ⑦, ⑧에 해당되며 이 경로 어느 곳에서라도 늦장을 부리게 되면 프로젝트 완성도 그만큼 지체될 수밖에 없기 때문에 집중적으로 관리되어야 한다.

재고관리

재고(inventory)란 고객의 요구를 충족시키기 위해 혹은 생산활동을 용이하게 하기 위해 보관하는 상품이나 원자재, 부품, 소모품을 일컫는다. 생산이나 판매활동을 원활하게 하고 또 한편으로는 재고와 관련되는 비용을 최소화하는 것이 재고관리의 주된 목적이다. 재고가 부족해서 생산활동이 중단되거나 판매기회를 잃는 일이 없어야 하고, 재고가 너무 많아 불필요한 보관비용이 들고 자금 사정이 악화되는 일도 없어야 한다.

재고 관련 비용

재고 관련 비용은 유지 및 보관비용, 주문비용, 품절비용, 상품 단가로 구성된다. 유지 및 보관비용(carrying or holding cost)으로는 보관료, 보험료, 세금, 시간이 경과하면서 나타나는 상품 가치의 감소, 재고에 묶인 자금에 대한 이자비용을 들 수 있다. 신선도가 요구되는 식품이나 유행이 빠르게 변하는 패션상품을 취급하는 소매업의 경우에는 재고가 많을수록 상품가치의 손실이 커진다. 그뿐만 아니라 도난 분실과 같은 위험도 높아진다.

주문비용(ordering cost)은 주문서 작성, 발송, 통신, 수송비용, 입고비, 관련 직원의 급여가 포함된다. 자체 공장에서 생산하더라도 주문을 처리하기 위해서는 생산준비 비용(setup cost)이 발생한다.

품절비용(stock-out cost)은 재고가 부족할 때 입게 되는 손실이다. 고객을 기다리게 하거나 아예 경쟁업체에게 빼앗기게 되는 경우로서 기업의 신뢰도를 떨어뜨리게 된다. 그러므로 품절이 발생할 때는 실제로는 잃어버린 판매기회 이상으로 손실이 발생하고 있다고 간주해야 할 것이다.

상품단가(item cost)가 높을수록 재고비용도 커지게 된다. 상품단가는 보통 수량이 늘어날수록 줄어드는 경향이 있다. 대량구매를 하면 수량 할인을 받거나 운반비용을 줄인다든지 다른 거래조건을 유리하게 할 수 있어 상품 단가를 낮출 수 있다. 대량으로 생산하는 경우도 마찬가지로 단위당 원가를 낮출 수 있다.

재고관리 모형

재고관리의 핵심 과제는 재고비용을 줄일 수 있는 주문량과 주문시기를 결정하는 것이다. 이를 위해 재고비용과 주문량, 주문횟수와의 관계를 수학적으로 표현해 놓은 것이 재고관리 모형이다. 수요와 조달기간(lead time)이 확정적인지 혹은 변동적인지에 따라 확정적 모형과 확률적 모형으로 구분할 수 있다. 예를 들어 매일 5단위씩 수요가 발생하고 조달기간이 확실하게 10일이 걸린다면 이런 문제를 풀기 위해 확정적인 모델을 이용한다. 대조적으로 수요나 조달기간이 매번 달라 확률적으로밖에 이야기할 수 없는 경우에는 확률적 모형을 이용해서 해답을 구한다.

적시 재고

공장이나 서비스 업체에서 필요한 원자재들이 필요한 시간에 꼭 필요한 양만큼만 도착된다면 창고에 별도의 잉여 재고가 필요 없게 된다. 소매점에서도 그날 그날 팔리는 양만큼 매일 배달이 된다면 경영자들이 재고관리 때문에 골치를 썩는 일이 없을 것이다. 시스템이 돌아가는 데 필요한 최소한의 재고, 즉 적시재고(just-in-time inventory)만 갖고 있으면 될 것이다.

적시재고를 강조하는 사람들은 재고는 불필요한 낭비이며 불량품을 발생시키는 원인이 되기도 한다고 주장한다. 이들은 재고를 흐르는 개울물에 비유해서 설명하는데 개울이 가득 차서 흐를 때는 바닥의 돌이 보이지 않는 것처럼 과잉재고를 갖는 기업에서는 기계고장, 배달지연, 불량품, 느린 생산준비, 품질변동과 같은 문제점들이 밖으로 드러나지 않는다. 재고 수준을 낮추면 이와 같은 문제들이 저절로 표면으로 나타나 경영자의 시선을 끌지 않을 수 없고 결과적으로 개선책을 마련할 수 있다는 것이다.

원래 일본의 Toyota 자동차 공장에서 시작된 적시재고시스템은 린 생산(lean production)으로 발전하고 다른 산업체에도 확산이 되어 패션산업에서는 QR (quick response), 일용 소비재업계에서는 공급사슬관리(supply chain management, SCM)로 자리를 잡았다. 각 산업이 갖는 특수성을 반영한 것이지만 근본 취지는 모두 재고 관련 비용을 최소화하고 생산성과 유연성을 높이려는 점에서는 일치한다.

품질관리

아무리 훌륭한 광고가 소비자의 마음을 움직일 수 있다 해도 품질이 뒷받침되지 못하는 제품이 지속적으로 호응 받을 수는 없다. 제품 품질은 사용 후 만족도를 결정짓는 더 실질적인 요인이기 때문이다. 그래서 경쟁이 치열해지는 만큼 품질관리의 중요성은 더 커지고 있다.

품질을 높이면 비용이 증가하여 이익이 줄어들 것이라는 생각은 잘못이다. 좋은 품질은 제품 이미지를 높여 판매량을 증가시키고 다른 한편으로는 생산비나 사후 서비스 비용을 줄여 수익성을 높인다. 기대 이하의 품질은 물론 그 반대로 작용한다. 여기서 품질과 관련된 비용을 좀 더 정리해 보자.

품질비용

품질비용은 크게 사전 관리비용과 실패비용으로 나눌 수 있다. 사전 관리비용은 품질을 보장하기 위해 계획, 훈련, 개선 노력과 같은 예방적 조치를 취하거나 검사, 감독, 평가하는 과정에서 발생하는 비용을 말한다. 품질관리를 단순히 비용으로 간주하는 사람들이 떠올리는 것이 바로 관리비용이다.

실패비용은 불량품을 폐기하고 다시 작업을 하는 과정에서 발생하는 직간접 생산비의 증가와 같은 내적 실패비용과 판매 후 고객으로부터의 반품을 처리하는 과정에서 발생하는 비용이나 법적으로 책임을 져야 할 경우 따라오는 외적 실패비용으로 나눌 수 있다.

전사적 품질관리

앞에서도 설명한 것처럼 품질은 과거 생산자 입장에서 단순히 설계 규격에 미달되거나 생산비용과 연관 지어 논의하던 것에서 벗어나 최근에는 최종 고객들이 만족하느냐를 기준으로 평가하는 것으로 발전되었다. 고객은 제품을 구매하여 사용하고 처분하는 전체 과정에서 자신이 지불한 금전적, 시간적 비용과 사용 및 처분 과정에서 얻는 유·무형의 혜택을 비교해서 제품의 최종적인 가치를 판단한다. 그러므로 품질관리는 단순히 생산·운영부서의 소관 업무에 국한되기보다는 마케팅, 기술, 생산 부서 등 전체 업무부서가 팀을 이루어 지속적으로 다루어야 할 과제가 되었다. 전사적 품질관리(Total Quality Management)의 기본 요소를 정리하면 아래와 같다.

고객중심 품질은 최종적으로 고객이 판단하기 때문에 고객이 만족하지 못하면 아무리 규격에 적합하고 노력을 들였다 해도 불량품질로 간주하는 것이다. 이것은 생산자가 세워놓은 기준에 따라 품질을 평가했던 과거와는 180도 다른 관점이라 할 수 있다. 고객이 원하는 것을 정확하게 파악하여 제품 사이클 전체에 반영하기 위해 시장조사를 하고, 고객의 불만이나 고충처리 시스템을 가동하여 그 내용이 제품개발과정부터 반영될 수 있게 한다. 일부 기업은 회사의 존재 목적 자체를 고객을 감동시키는 것으로 설정하며 구성원들에게 발상의 전환을 요구하고 있다.

팀워크 과거에는 품질관리가 사후적인 성격이 강했다면 이제는 예방적인 활동이 더 강조된다. 이를 위해서는 기능부서 간의 협동은 물론 원자재를 공급하거나 제품을 팔고 배송을 담당하는 협력업체들과의 공동노력도 필수적이다. 그래서 품질관리는 팀워크가 요구된다. 구성원들이 창의적으로 신속 유연하게 활동을 할 수 있게 하기 위해서는 권한위임도 필요하다.

지속적 개선 고객의 기대수준이 나날이 올라가는 만큼 고객만족을 달성하기 위해서 품질 수준도 따라서 향상되지 않을 수 없다. 즉, 품질관리는 지속적인 개선 노력을 통해 이루어질 수밖에 없다. 일본 기업들은 일찍이 품질관리는 구성원 한 사람 한 사람이 자기가 맡은 업무에서 하루 한 가지씩이라도 개선하는 데 있다는 점을 강조하며 종업원 제안제도를 잘 활용한 것으로 유명하다. 이 과정에서 일하는 방식이나 기계, 자재, 디자인 등에 걸쳐 더 나은 방향으로의 발전이 가능해진다.

품질 규격

무슨 일이든 개선을 하기 위해서는 기준이 있어야 하듯이 기업들의 품질관리 노력을 사회적으로 확장시키기 위해서는 정책, 규정, 제도 등이 마련되어야 한다.

ISO 9000은 일정 수준의 품질을 확보하기 위해 만들어진 국제 기준이다. 이 기준은 국제 조직인 ISO(International Organization for Standardization)가 1987년 나라 간의 상품, 서비스 및 기술 교류를 촉진하기 위해 제품 규격, 용어 및 커뮤니케이션 양식, 관리규정 등을 정한 것이다. ISO 9000은 다시 9001에서 9005까지 더 세분해서 기본적인 규격을 정하고 있다. 우리나라는 이 기준을 참고해서 국내 산업의 품질경영과 품질보증을 위한 표준으로 KSA 9000 시리즈를 제정하였다. 환경관리의 중요성이 대두되면서 국제환경 규격 ISO 14000 시리즈도 제정되었다. 이러한 품질규격은 제조업과 서비스업 모두에 적용되고 있다.

품질관리 도구

과학적인 경영이 보급되기 시작하던 초기부터 오퍼레이션 업무를 효율적으로 관리할 수 있는 시각적 도구들이 많이 개발되었다. 정상적인 상태에서 벗어나는 상황을 놓치지 않게 하는 그래프, 또는 문제의 원인을 체계적으로 규명하고 근본적인 대책을 찾아내는 요령을 일관성 있게 보여주는 그림이나 표로, 누구나 쉽게 이해하고 활용할 수 있다. 대표적인 품질관리 도구에 대해서 알아보자.

관리차트

〈그림 10-4〉처럼 통제해야 할 내용을 세로(y) 축에, 시간의 경과나 혹은 특정 표본들을 가로(x) 축에 표시하면서 정상적인 범위를 벗어나는 사례들이 들어나게 하는 그림으로 관리차트(control chart) 혹은 공정차트(process chart)라 한다. 중심선은 안정 상태에서의 평균치이고 상하한선은 허용할 수 있는 최대한의 범위를 나타낸다. 관리하한선을 내려가는 것은 물론 관리상한선을 넘어서는 사례도 확인해 그 원인을 규명해야 할 것이다. 예를 들어, 피자가게에서 배달시간이 허용치보다 더 오래 걸리는 것도 문제지만 크게 짧은 사례도 문제가 될 수 있다. 담당 직원이 교통법규를 위반하고 과속운전을 하면서 배달시간을 줄이고 있다면 분명 바람직한 상황은 아니다.

파레토 차트

19세기 이탈리아 경제학자 파레토가 발견한 "현상을 유형별로 나누어 보면 대

그림 10-4 관리차트 : 배달시간

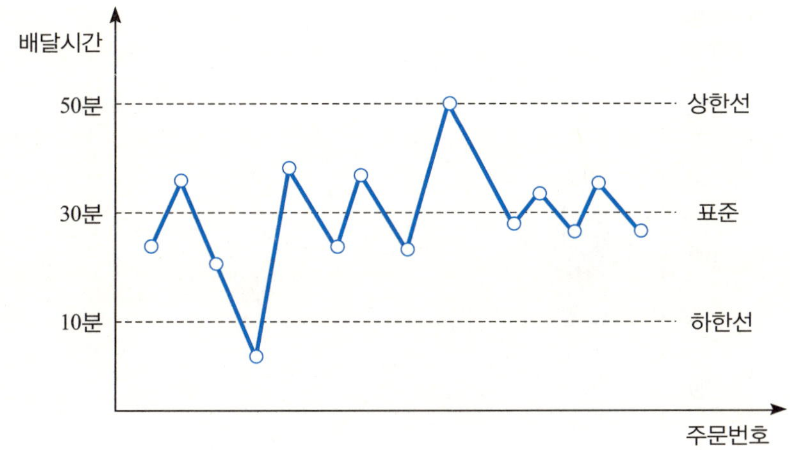

략 20%의 종류가 전체 현상의 80%를 차지한다"는 파레토 법칙은 품질관리에도 그대로 적용된다. 예로서 〈그림 10-5〉는 피자가게에서 고객불만 이유를 유형별로 나눈 후 중요한 것부터 빈도를 막대그래프로 표시하고 있다. 고객을 만족시키기 위해서 우선적으로 배달시간을 단축시켜야 되는 것을 알 수 있다. 이처럼 파레토 차트는 경영자가 풀어야 할 과제의 우선순위를 결정짓는 데 도움을 준다.

생선뼈 차트

품질관리팀이 함께 모여 문제가 되는 현상을 야기하는 원인을 찾아들어가는 작업을 쉽고 체계적으로 할 수 있게 돕는 그림이 생선뼈 차트(fish bone chart) 혹은 원인-결과 그림(cause-and-effect diagram)이다. 문제를 발생시킬 수 있는 원인은 보통 한두 가지가 아니다. 〈그림 10-6〉은 배달지연 현상과 관련된 요인들을 체계적으로 보여줌으로써 문제를 근본적으로 접근하게 해준다.

그림 10-5 파레토 차트 : 고객불만 유형별 빈도

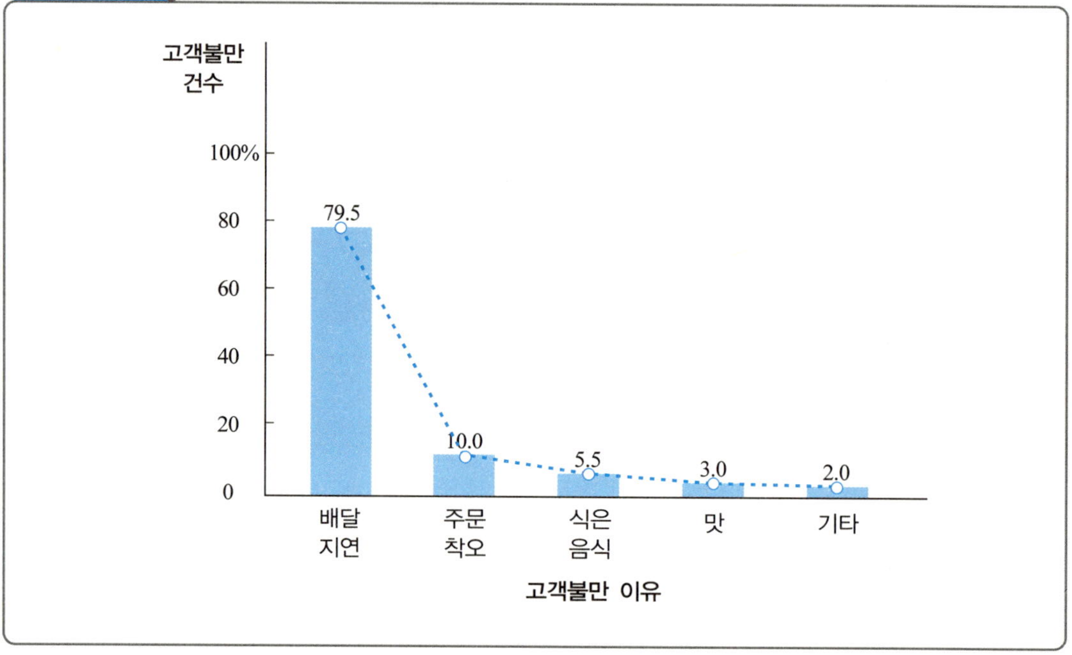

그림 10-6 생선뼈 차트

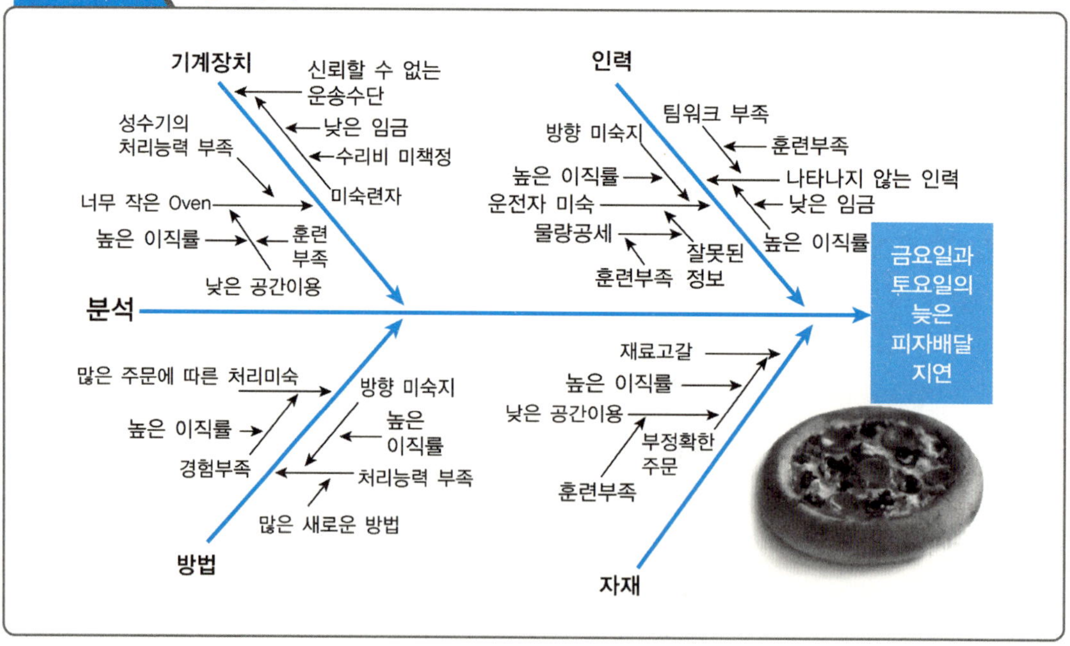

자료 : Robert Jacobs, Richard Chase, & Nicholas Aquilano (2010), *Operations & Supply Management* ; 김연성·박경철·유석천·최강화 옮김 (2010), 생산관리, 한경사, p. 307.

서비스 품질관리

앞에서 살펴본 수요예측, 재고관리, 품질관리는 주로 제조업체의 입장에서 설명한 것이다. 물론 이러한 개념들은 서비스 오퍼레이션에서도 상당 부분 활용될 수 있지만 서비스가 갖고 있는 고유한 특징을 감안한 품질관리가 필요하다. 먼저 서비스의 특징에 관해 알아본 다음 서비스 품질을 구성하는 요인을 공부하기로 하자.

서비스의 특징

서비스는 형태가 없는 제품으로 고객과 판매자와의 상호작용을 통해 고객의 문제를 해결해주는 활동을 말한다. 요식업, 호텔, 여행사, 운송업, 소매점과 같이 주로 개인을 상대하는 서비스업체에서 교육, 의료, 금융, 컨설팅, 회계, 법률처럼 전문서비스를 제공하는 기관에 이르기까지 서비스업은 매우 다양하다. 그리고 서비스산업이 국가경제에서 차지하는 비중도 갈수록 커지고 있어 뛰어난 품질의 서비스 운영관리는 기업과 국가의 경쟁력에 핵심적 역할을 한다.

서비스는 일반 제품과 구분되는 네 가지 특징을 갖고 있다. 따라서 서비스 마케팅에서는 이들 특성이 충분히 반영된 전략수립, 품질관리, 고객관리, 직원관리가 이루어져야 한다. 서로 연관되어 있으며 각 특성의 정도는 서비스 종류에 따라 다르다는 점을 기억하면서 그 내용을 살펴보자.

무형성(intangibility)

서비스가 일반 제품과 가장 차이가 나는 점은 형태가 없다는 점이다. 비행기 좌석에 앉아 승무원에게 설명을 듣고 음식도 대접받지만 핵심 서비스인 '목적지까지의 이동'은 형태가 없다. 교육서비스도 유사하다. 교수의 강의를 듣고 질문도 하지만 '강의'는 만질 수 있는 것이 아니다. 병원, 은행, 호텔도 비슷하다. 고급레스토랑에서의 경험도 음식은 유형적이라 해도 분위기며 종업원과의 상호작용 같은 것은 기본적으로 형태가 없다.

비분리성(inseparability)

일반 제품은 대부분 공장에서 생산되어 가정이나 사무실에서 소비된다. 즉, 생산과 소비가 분리된다. 그러나 서비스는 생산과 소비 현장이 같은 것이 일반적이다. 공연을 보고 있거나 기차나 강의실에 앉아 있을 때를 생각하면 쉽게 이해가 갈 것이다. 이러한 비분리성 때문에 소비자도 서비스 생산과정에 영향을 미쳐 결과적으로 품질도 다르게 느껴지게 한다. 예를 들어, 공연장에서 관객들이 열광하면 할수록 더 멋진 경험이 되는 것과 같다.

이질성(heterogeneity)

서비스는 제공하는 사람에 따라, 혹은 같은 사람이라도 상황에 따라 서비스의 질에 차가 날 수 있다. 대학교 강의를 예를 들면 같은 과목이라 해도 가르치는 교수에 따라, 혹은 주제에 따라 학생들이 느끼는 학습효과는 다를 수 있다. 동일한 규격으로 자동 생산되는 공산품에서는 좀처럼 일어나지 않는 문제이다.

소멸성(perishability)

서비스는 생산되는 즉시 소멸하는 특징을 갖는다. 그래서 판매되지 않은 서비스를 보관한다든지 다음번 판매에 대비해 미리 준비해 놓을 수 없다. 내구재 공산품처럼 두고두고 사용하는 것과는 크게 다르다. 이와 같은 소멸성 때문에 서비스 업체는 생산계획에서 특히 어려움을 겪는다. 성수기에는 비행기 좌석이나 호텔 예약이 어렵고 비수기에는 헐값에 이용할 수 있는 것은 바로 이와 같은 서비스의 소멸성이 주된 원인이다.

서비스 품질

헤어드라이어의 품질을 평가하는 것이 헤어 디자이너의 서비스를 평가하는 것보다 더 쉬울 것이다. 왜냐하면 헤어드라이어는 품질을 구체적으로 정의하고 객관적으로 측정할 수가 있는데 반해 디자이너의 서비스는 그렇게 간단하지 않아 사람마다 주관적으로 판단하기 때문이다. 이처럼 품질에 대한 정의 자체가 어려운 만큼 결국 품질을 평가하는 일도 까다롭다. 연구 결과 서비스 품질은 다음과 같은 다섯 가지 측면을 갖고 있는 것으로 알려져 있다.

신뢰(reliability) 약속한 서비스를 제대로 제공하는 능력으로 품질을 결정짓는 핵심 요소이다. 예를 들면 비행기가 스케줄에 맞게 출발·도착하는 것, 병원에서 환자의 병을 고치는 것, 레스토랑에서 기대한 수준의 음식을 제공해 주는 것과 같다. 신뢰는 여러 차례 반복되는 경험을 통해서 쌓이는 것이다. 그러므로 여러 번 잘하다가도 한 번이라도 못하게 되면 신뢰를 잃게 된다.

확신(assurance) 서비스 내용을 미리 확인할 수 없기 때문에 직원의 외모나 태도, 행동을 통해서 느낄 수 있는 전문성에 대한 확신이 중요한 역할을 한다. 특히 고객이 신중하게 결정을 내리는 문제, 예를 들어 의료 서비스나 법률 서비스, 증권 투자에 대해서는 서비스 제공자의 전문성에 대해 확신하기를 원한다. 정중하고 자신감 있는 태도는 고객이 전문성을 확신하는 데 도움을 준다. 앞서 설명한 신뢰가 반복되는 경험을 통해서 얻게 되는 서비스 전반에 걸친 느낌이라면 여기서 말하는 확신은 서비스 제공자에 대해서 느끼는 신뢰감이라 할 수 있다.

반응(responsiveness) 서비스는 고객과 파는 사람이 함께 있는 자리에서 생산과 소비가 동시에 일어나는 경우가 많다. 그러므로 그 과정에서 고객의 요구나 질문 혹은 문제를 신속하게 처리하거나 예측할 수 있게 진행상황을 알려주는 일이 중요하다. 서비스를 요청하는 고객을 오래 기다리게 만드는 것은 결국 서비스의 품질을 떨어뜨리는 결과를 낳는다.

공감(empathy) 고객 개개인에게 쏟는 관심과 애정을 말하는 것으로서 예를 들어 자신의 이름을 기억해 주는 서비스 제공자에 대해서 그 고객은 특별히 대접받고 있다고 느끼고 결과적으로 서비스 품질을 높게 평가하게 된다. 기업을 상대로 하는 전문 서비스의 경우에도 마찬가지여서 고객의 특수한 상황을 자신의 문제처럼 여기고 개별적인 관심을 보여야 한다. 앞서 설명한 반응은 주로 시간적인 측면을 강조하는 데 비해 여기서는 감정적인 측면을 나타낸다.

유형성(tangibles) 휴양시설, 소매점, 호텔, 레스토랑 같은 곳에서 소비자들은 시설, 장비, 접객 직원, 홍보물처럼 눈으로 직접 볼 수 있는 요소들에 서비스 품질의 단서를 찾는 경향이 있다. 예를 들어 아름답게 꾸며진 호텔의 로비가 투숙객의 서비스 만족에서 차지하는 비중을 생각해 보면 유형성의 중요성을 짐작할 수 있을 것이다.

수요와 공급 능력의 관리

생산과 소비가 동시에 일어나며 보관할 수 없는 특성을 갖는 서비스의 경우 수요에 맞춰 생산능력을 조정하는 것이 어렵다. 요일별·시간별·계절별로 수요가 들쑥날쑥한 레스토랑, 극장, 호텔, 휴가지 시설을 떠올리면 쉽게 이해가 될 것이다. 바쁠 때는 손님을 놓치고 직원들이 피로하여 서비스 품질이 나빠질 가능성도 크다. 반대로 비수기에는 비싼 시설이나 장비, 인력이 남아돌아 생산성이 떨어지게 된다. 그러므로 수요와 공급능력 간의 차이를 관리할 수 있는 노력이 필요한데 다음과 같은 대책이 가능하다.

서비스 내용의 변경 스키장이나 여름휴가 시설 혹은 레스토랑이나 극장처럼 계절이나 시간대, 요일별로 수요의 변동 폭이 큰 서비스 업체의 경우에는 수요가 없는 기간에 맞는 서비스 상품을 개발하여 시설을 활용하는 대책을 마련할 수 있다. 스키장이나 숙박시설을 비수기에 기업의 간부수련회나 각종 연수 프로그램을 위한 시설로 제공한다든지 도심 상가에 위치한 레스토랑에서 오전, 오후, 야간의 메뉴를 달리하며 시간대별로 다른 고객을 끌어들이는 것이 그 예가 된다. 그러나 이런 경우에 전략적으로 판단해서 기업 이미지에 혼동이 가지 않도록 해야 할 것이다.

커뮤니케이션 가장 붐비는 요일이나 시간대를 고객에게 알려줌으로써 고객 스스로가 바쁜 시간을 피하게 하도록 하는 것이다. 고객들이 가장 바쁜 시간대임을 안다면 기다릴 때에도 덜 초조해하고 불만을 덜 표출하는 경향이 있다. 현장에서 대기 번호표를 나누어준다든가 예정 대기 시간을 알려주는 것도 고객의 조바심을 줄여 불만을 낮춰주는 효과를 갖는다.

서비스 시간과 장소의 변경 고객이 덜 찾는 시간대는 문을 닫고 고객이 편리하게 느끼는 시간대에 영업을 하거나 서비스 장소를 고객 가까이로 옮기는 것도 서비스 품질관리에 도움이 된다. 병원에서 휴일 영업을 하거나 이동진료를 하는 것과 같다.

사례읽기 10-3 토요일도 여는 은행점포

신한은행이 직장인을 타깃으로 퇴근 후에도 은행 업무를 처리할 수 있도록 오전 9시부터 오후 8시까지 영업하고 토요일에도 문을 여는 점포를 마련한다. KB국민은행이 오후 6시까지 운영하는 '9To6 Bank'를 밀자 직장인 편의성을 더욱 부각하고, 신한은행의 올해 핵심 과제인 영업점 디지털화까지 접목해 맞불을 놓았다.

신한은행은 다음 달부터 순차적으로 평일 저녁과 토요일에도 업무를 처리하는 '이브닝플러스' 서비스를 시작할 계획이다. 이브닝플러스는 '저녁(evening)'과 '토요일'에도 문을 연다는 뜻이다. 서울대입구역지점과 우장산역지점에선 다음 달부터 토요일에도 은행 업무를 볼 수 있다. 강남중앙지점과 여의도중앙지점은 다음 달부터, 가산디지털지점은 오는 8월부터 오후 8시까지 영업하기로 했다.

해당 점포에 디지털영업부 직원 화상상담창구인 디지털데스크를 활용하기로 했다. 기존 영업시간인 오전 9시부터 오후 4시까지는 영업점 창구와 디지털데스크를 동시에 운영하며 오후 4시 이후에는 디지털데스크만 운영한다는 방침이다. 토요일에도 디지털데스크만 운영한다. 디지털데스크에서는 디지털영업부 직원과 화상상담을 통해 대출, 펀드, 신탁, 퇴직연금 등 영업점 창구에서 이뤄지는 업무 90% 이상을 처리할 수 있다.

이브닝플러스 지점 선정에 내·외부의 빅데이터 분석을 활용했다. 퇴근하는 직장인이 많은 지역에선 오후 8시까지 연장 영업을 하고 직장인 밀집 지역에선 토요일 영업을 하는 식이다. 신한은행이 관리하는 고객 가운데 직장인 비중이 절반에 가깝다는 점도 고려했다. 서울 5개 지역에서 이브닝플러스를 시범 운영한 뒤 점차 서비스 지역을 확대할 방침이다.

그동안 각종 은행에서는 영업 시간을 유연하게 운영하는 수많은 '탄력 점포' 시도가 있었다. 은행연합회에 따르면 영업시간이 일반 은행과 다른 탄력 점포는 876곳에 이른다. 그러나 대부분 영업 종료 시간이 평일 오후 6시이거나 환전·수표 발행 등 특수 업무에 특화된 점포였다. KB국민은행도 기존 대면채널을 강화해 2시간 영업시간을 연장한 형태다. 디지털 화상창구를 활용하고, 토요일까지 정상 영업을 이어가는 건 신한은행 이브닝플러스가 처음이다.

이처럼 은행들이 탄력 점포나 혁신 점포에 눈독을 들이는 이유는 점포 폐쇄 지역에서 금융 접근성을 높이고 지점 폐쇄에 따른 인력 재배치를 위해서다. 모바일 뱅킹이 보편화한 데다 24시간 365일 영업 중인 인터넷전문은행과 경쟁하기 위해서는 이 같은 전략을 펼 수밖에 없다. 2020년 859개였던 점포 수를 지난해 784개로 줄인 신한은행은 "기존 영업시간 중 방문이 어려웠던 고객들의 편의성이 크게 늘어날 것으로 보인다."면서 "특히 빅데이터 분석을 통해 수요가 많은 곳을 찾고 그곳에 이브닝플러스를 도입하는 것이기 때문에 효과가 증대될 것으로 기대된다."고 말했다.

(자료: "신한은행, 평일은 8시까지 토요일도 여는 점포 만든다", 아주경제, 서민지 기자, 2022.04.19. https://www.ajunews.com/view/20220419134148358 수정부분발췌)

가격차별 성수기에 가격을 올리고 비수기에는 반대로 가격을 내리거나 다양한 판촉행사를 실시하는 것은 가장 전형적인 수요조정 방법이다. 이때는 가격 변화에 따르는 수요 변동의 비율, 즉 수요의 가격 탄력성에 대해 분명한 근거를 갖고 결정할 필요가 있다. 예컨대 항공기나 호텔의 경우 비즈니스로 여행을 하는 고객은 가격에 민감하지 않은 반면 가족단위 여행자들은 민감하게 반응을 보이는 경향이 있다. 가격차별에 너무 의존할 경우에는 기업 이미지가 흐려질 위험성을 경계해야 한다.

공급능력의 조절 수요가 공급능력을 초과할 때 임시직원을 채용하고 추가 시설이나 장비를 빌리는 것과 같다. 평소에 직원들에게 다양한 업무를 소화할 수 있게 순환근무를 시키거나 훈련을 해두면 공급능력을 조절하는 데 큰 도움이 된다. 시설이나 장비의 활용도를 높이기 위해서는 작업장의 설계도 쉽게 변경할 수 있게 할 필요가 있다. 최신 여객기는 비행기 좌석을 쉽게 바꿀 수 있어 일등석이나 비즈니스 좌석을 어렵지 않게 늘리고 줄일 수 있다.

공급사슬관리

원자재가 제때에 공급되지 않거나 품질이 나쁜 원료가 들어온다든지, 또는 제품이나 서비스를 보관 배송하거나 팔아주어야 할 협력업체들과의 관계가 원만하지 못하면 생산·운영 활동은 제대로 이루어질 수 없어 결국은 고객을 실망시키게 된다. 공급사슬관리(supply chain management)란 원자재 공급업체로부터 생산기관, 물류업체, 중간상인 그리고 고객에 이르기까지의 정보, 물자, 서비스의 전체적인 흐름을 통합적으로 관리하는 활동을 말한다.

기업 간의 경쟁은 공급사슬을 구성하는 조직들이 팀을 이루어 벌이는 경쟁이라 할 수 있다. 그런데 사슬은 어느 한 고리만 약해져도 제대로 힘을 발휘할 수 없다. 그러므로 참여하는 주체들이 모두 높은 가치를 만들어내고 상호이익이 되는 관계가 지속될 수 있도록 관리할 필요가 있다. 수요를 예측하기 힘들거나 유통경로가 길 때는 공급사슬 시스템 관리의 중요성은 더 커진다. 이어서 설명할 채찍효과는 불확실성이 높을 때 공급사슬에서 나타나는 현상이다.

채찍효과

공급사슬의 마지막에 있는 고객으로부터 중간상인, 그리고 공급업체까지 거꾸로 올라갈수록 주문 변동폭이 확대되는 현상을 채찍효과(bullwhip effect)라 한다. 이 용어는 채찍을 휘두르면 손잡이에서 멀어질수록 더 크게 요동치는 모습을 시각적으로 연상하게 한다.

〈그림 10-7〉은 최종 소비자가 구매하는 양은 조금씩 변하는데 도매상, 제조업체, 공급업체로 올라갈수록 주문 변화의 폭이 커지는 것을 보여주고 있다. 이런 현상은 각 단계에 있는 사람들이 전체를 보지 못한 채 자기 이익만을 생각하며 주문량을 결정하기 때문이다. 예를 들면, 유아용 기저귀를 파는 소매점에서 특정 품목이 예상 이상으로 잘 팔리면 품절이 되는 상황이 발생하기 않게 실제 판매량보다 더 많은 양을 주문한다. 다른 소매점 경영자도 유사한 결정을 할 것이다. 한편 소매점들로부터의 주문에만 의존해 시장상황을 파악하고 있는 도매상도 안정적인 물량을 확보하기 위해 제조업체에게 과장된 주문을 한다. 이와 같은 현상은 최종 공급업체의 부품 주문에 이르기까지 계속될 수 있다. 소매현장에서 판매가 부진할 때는 이와 반대되는 현상이 일어나 최종 공급업자들에게 내는 주문을 실제보다 현저하게 작아질 수 있다. 이처럼 주문 변동 폭은 최종 판매 현장

그림 10-7 채찍효과

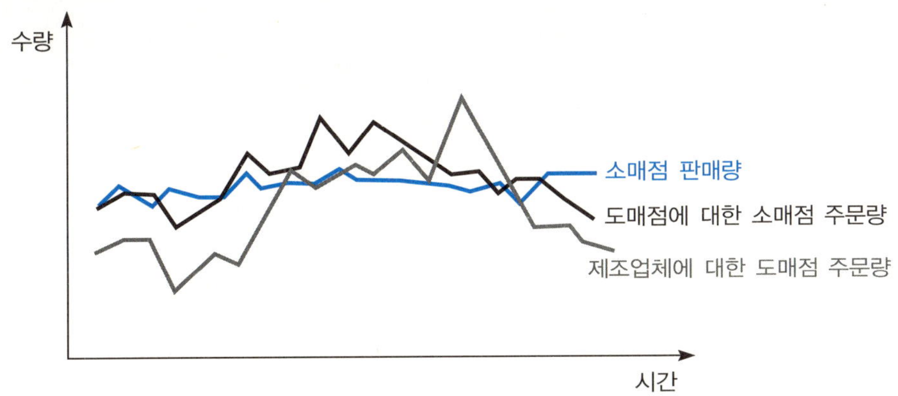

에서 멀어질수록 커진다. 그래서 재고 과잉이나 품귀현상이 교차적으로 일어나고 이는 고객 서비스 악화, 수송비 증가, 생산비 증가와 같은 부작용을 낳게 된다.

채찍효과가 초래하는 낭비를 없애려면 공급사슬 멤버들 간에 정보를 공유할 수 있는 시스템이 있어야 한다. 또 주문을 한꺼번에 대량으로 처리하는 방식을 피하고 소량주문이 가능하게 할 필요가 있다. 대량주문을 할 때 주는 인센티브를 자제하고 그 대신 균일한 가격을 유지하는 것도 대책이 된다. 모자라는 인기상품을 업자들에게 배분할 때 주문량을 기준으로 하는 것보다 과거 판매실적을 이용하는 것도 효율적인 방법이 된다.

요 약

1. 생산·운영관리란 어떤 조직에서나 볼 수 있는 자원의 투입-변환-산출과정을 효율적으로 처리하기 위해 시스템을 설계하고, 운영 개선하는 일련의 경영활동을 뜻한다. 업무를 크게 구분하면 시스템 설계, 일상적 운영 관리, 그리고 시스템 개선 업무를 들 수 있다.

2. 생산·운영관리의 목표로는 원가절감, 품질향상, 시간단축 그리고 유연성 향상을 들 수 있다.

3. 수요예측기법은 크게 정성적 방법(qualitative method)과 계량적 방법(quantitative method)로 나눌 수 있는데, 후자는 다시 시계열분석, 인과형 모델로 세분할 수 있다.

4. 대표적인 프로젝트 관리기법으로 간트 차트, 총비용 차트, PERT/CPM이 있다.

5. 재고란 고객의 요구를 충족시키기 위해 혹은 생산활동을 용이하게 하기 위해 보관하는 상품이나 원자재, 부품, 소모품을 일컫는다. 재고관리의 목적은 최고의 서비스를 제공하여 생산이나 판매활동을 원활하게 하고 또 한편으로는 재고와 관련되는 비용을 최소화하는 것이다.

6. 좋은 품질은 제품 이미지를 높여 판매량을 증가시키고 다른 한편으로는 생산비나 사후 서비스 비용을 절감함으로써 수익성을 높인다. 기대 이하의 품질은 물론 그 반대로 작용한다.

7. 품질관리비용은 크게 사전적 관리비용과 실패비용으로 나눌 수 있다. 사전적 비용은 품질을 보장하기 위해 계획, 훈련, 개선 노력과 같은 예방적 조치를 취하거나 검사, 감독, 평가하는 과정에서 발생하는 비용을 말한다. 실패비용은 다시 불량품을 폐기하고 새로 작업을 하는 과정에서 발생하는 직간접 생산비의 증가와 같은 내적 실패비용과 판매 후 고객으로부터의 반품을 처리하는 과정에서 발생하는 비용이나 법적으로 책임을 져야 할 경우 따라오는 외적 실패비용으로 나눌 수 있다.

8. 서비스 상품의 특징으로는 무형성, 비분리성, 이질성, 소멸성 등을 들 수 있다. 또 서비스품질은 신뢰, 확신, 반응, 공감, 유형성의 다섯 측면을 갖고 있는 개념이다.

9. 공급사슬관리란 원자재 공급업체로부터 생산기관, 물류업체, 중간 상인 그리고 고객에 이르기까지 정보, 물자, 서비스의 전체적인 흐름을 효율적으로 관리하는 활동을 말한다. 공급사슬에서 불확실성이 높아지면 공급사슬의 마지막에 있는 고객

으로부터 중간상인, 그리고 공급업체까지 거꾸로 올라갈수록 주문 변동폭이 확대되는 채찍효과가 발생한다.

토의과제

1. 대량생산방식의 시대를 열었던 포드자동차의 모델 T는 검정색 하나로 1908년 첫 출고부터 1927년까지 15,007,033대가 생산됐다. 이처럼 단일 품목에 집중할 때 예상할 수 있는 장단점에 관해 토론해 보자.

2. 제조물책임법이 기업과 소비자에게 미치는 영향을 분석해 보자. 특히 기업에 대한 긍정적 또는 부정적 영향을 중소기업과 대기업의 입장에서 비교해 보자

3. 이마트와 같은 대형종합소매점은 입지 전략과 시설설계에서 현대백화점이나 갤러리아와 같은 백화점과 어떤 차이가 있는가?

4. 지금까지 경험한 서비스 중에서 가장 좋았던 서비스와 가장 불쾌했던 서비스를 기억해 보자. 기분이 좋았던 서비스는 무엇이 달랐는가? 불쾌했던 서비스를 개선하기 위한 방법으로는 어떤 것이 있을까?

11 CHAPTER

재무관리

이 장에서는 경영활동에 필요한 자금을 조달하고 운영하는 재무관리에 관해 공부한다. 재무관리는 생산·운영관리, 마케팅, 인사·조직관리와 더불어 경영자라면 필수적으로 공부해야 하는 분야이다.

이 장을 읽은 후 다음 사항을 이해할 수 있어야 한다.

- 재무관리의 목표
- 운전자본 관리
- 투자가치 평가
- 자금조달
- 재무성과분석

시작이야기 SK온의 재무건전성

지난해 SK이노베이션에서 물적분할한 SK온의 재무건전성이 다소 열악한 것으로 나타났다. 영업 현금흐름은 마이너스(-) 1조 원에 달하는데다 총차입금도 약 4조5,000억 원으로 나타났다. SK이노베이션은 글로벌 생산기지의 증설을 추진 중인 만큼 자금수요가 앞으로 계속될 예정이다. 때문에 재무건전성이 열악한 점은 앞으로 사업을 지속하는데 있어 약점으로 작용할 수 있다.

연간 실적을 살펴보려면 SK이노베이션의 감사보고서 또는 IR북을 활용해야 한다. SK이노베이션의 IR북에 따르면 SK온 연결 기준 매출은 3조398억 원을 기록했다. LG에너지솔루션과 삼성SDI, SK온 등 국내 배터리 3사 중 SK온의 매출 성장세가 가장 높았다. SK온은 지난해 88.7% 매출이 증가한 반면 LG에너지솔루션은 44.2%(5조4,799억 원), 삼성SDI는 25.4%(2조2,181억 원) 매출이 늘었다.

영업이익은 삼성SDI 에너지솔루션 사업부가 약 4.9%(5,376억 원)의 영업이익률을 낸 것으로 나타났다. LG에너지솔루션은 4.3%(7,684억 원)를 기록했다. 반면 SK온은 6,831억 원의 영업손실을 기록한 것으로 추산된다. "초기 가동공장의 고정비 부담과 연구개발비 등 판관비 증가및 일회성 비용이 늘어 영업손실이 증가했다."고 적자의 배경을 설명했다. 향후 글로벌 생산기지의 생산이 안정화되고 수주가 늘어나면 적자폭이 자연스럽게 줄어들 것으로 추정된다.

하지만 영업실적보다 우려되는 것은 재무건전성이다. SK온의 부채비율은 166.4%를 기록했다. 통상 기업의 부채비율은 200%를 넘을 경우 재무건전성이 열악한 것으로 판단한다. SK온의 부채비율로 보면 '주의' 단계에 있는 것으로 추정된다. 매해 적자가 누적되면서 결손금은 커지고, 차입금이 늘어난 영향으로 풀이된다. 지난해 SK온의 결손금은 2,439억 원을 기록했다. 물적분할 과정에서 반영된 주식발행초과금 3조 7,824억 원이 없었다면 자본금을 까먹었을 수 있었다. SK온은 앞으로 적자가 고스란히 결손금으로 쌓이게 된다. 흑자 전환 시기가 길어질수록 재무구조 개선에 어려움을 겪을 것으로 보인다.

SK온은 차입 규모도 상당하다. 지난해 말 기준 총차입금은 4조5,531억 원을 기록했다. 이중 5,609억 원은 1년 내 상환해야 한다. 전체 차입금 중 만기가 1년 미만인 비중은 12.3%를 기록했다. 차입금 의존도는 41.4%에 달했다. 전체 자산 중 40% 이상이 차입금이란 의미이다. 상장회사의 차입금 의존도가 20% 안팎이며, 차입금 의존도가 30% 이상일 경우 자산건전성이 취약한 것으로 본다.

SK온의 회계감사인은 "현금및현금성자산을 고려하면 자금조달에 대한 위험은 적절히 통제 가능한 수준으로 판단하고 있다."고 설명했다.

SK온의 현금성자산은 1조6,343억 원이다. 유동비율은 146.5%를 기록해 유동성은 우려되는 상황은 아니다. 다만 SK온이 매해 대규모 적자가 계속되고 있고, 영업 현금흐름도 꾸준히 악화되고 있는 점을 볼 때 재무건전성은 취약해 보인다. 지난해 10월부터 12월 말까지 약 3개월 동안 SK온의 영업현금흐름은 마이너스(-) 9,142억 원을 기록했다. 이중 7,872억 원은 운전자본 조정에 따른 것이다. 운전자본은 매출채권과 재고자산, 매입채무 등이다. 이를 보면 SK온은 현금유입이 크지 않는 상황에서 영업을 지속하고 있다는 의미로 풀이된다.

게다가 투자 현금흐름을 보면 -1조2,286억 원을 기록했다. 이중 7,753억 원은 유형자산을 취득하는데 투입됐는데, 글로벌 생산기지 증설에 쓴 현금으로 추정된다. 재무활동 현금흐름은 플러스(+)2,363억 원을 기록했다. 빌려쓴 돈이 갚은 돈보다 많았다는 의미다. 통상 성장기에 접어든 회사의 경우 투자에 많은 돈을 지출하고, 이를 위해 돈을 외부에서 차입하는 경우가 많다. 이 때문에 투자활동 현금흐름은 '마이너스', 재무활동 현금흐름은 '플러스'다.

SK온은 '규모의 경제'를 달성하기 위해 글로벌 생산기지를 공격적으로 증설하고 있어 자금 수요가 앞으로도 상당히 높게 이어질 전망이다. 또 2025년까지 캐파를 220GWh, 2030년 500GWh까지 달성할 계획이다. 현재 약 40GWh를 조금 넘는 생산능력을 목표에 맞게 높이려면 매해 '영끌' 투자가 불가피하다. 10년 내 캐파를 10배 이상 높여야 하는데, 수십조 원 이상이 필요하기 때문이다. 이 때문에 차입을 통해 투자금을 확보하는건 한계가 있어 지분을 매각하거나 IPO를 통해 자금을 조달해야 한다.

(자료: "SK온 '규모의 경제' 달성 가능할까...실적·재무·현금흐름 '3박자 악화'", 블로터닷넷, 구태우 기자, 2022. 03.21. https://www.bloter.net/newsView/blt202203210188 수정부분발췌)

재무관리란?

재무관리 업무

재무관리(財務管理; financial management)는 자금의 조달과 운용을 효율적으로 수행하기 위한 경영활동이다. 대기업의 경우 이런 업무를 총괄하는 최고재무책임자(Chief Financial Officer, CFO)를 두기도 한다.

재무관리 업무는 크게 네 가지로 나눌 수 있는데, 첫째는 운전자본관리(working capital management)이다. 연간 재무계획을 수립하고 중요한 프로젝트를 앞두고 현금흐름표(cash flow statements)를 작성하는 일들이 포함된다.

둘째는 투자가치를 평가하는 일이다. 성공적인 투자 결정을 위해서는 투자의 기대수익률과 위험을 제대로 평가할 수 있어야 한다. 특히 규모가 큰 시설이나 금융자산에 투자하기 전에 프로젝트 평가(investment project appraisal) 과정을 통해 수익성과 위험 정도를 분석하고 투자 여부를 결정하는 과정을 거친다. 이때 필요한 업무가 자본예산 편성(capital budgeting)이다.

셋째는 자금조달방법 결정(financing decisions)이다. 기업의 소요 자금 규모를 추정하여 장기부채와 자기자본의 배합비율, 즉 자본구조(capital structure)를 분석하고 자본비용을 최소화 해주는 대안을 찾는 일이다.

마지막으로 재무성과의 분석과 개선이다. 자본을 조달해 사업을 수행하고 나면 그 성과를 재무적 측면에서 평가하고 필요한 개선책을 마련해야 한다. 경영자나 투자자들은 기업의 재무성과를 알아보기 위해 재무제표를 활용하여 여러 비율은 분석하여 수익성, 활동성, 유동성, 안정성을 평가한다.

재무관리의 목표에 대한 세 가지 견해

이익극대화

기업은 해마다 한 해 동안의 성과를 보여주는 재무제표를 작성한다. 기업의 이해당사자들, 특히 투자자들은 재무제표를 중시하기 때문에 경영자들은 재무제표에 제시되는 대표적 성과지표인 당기이익 극대화를 기업 목표로 간주하는 경향이 있다.

그러나 이런 주장에 대해 이의를 제기하는 사람들은 이익은 고객들이 그 기업의 가치 활동에 대해 만족하고 지원하는 결과이기 때문에 그 자체가 재무관리의 목표가 될 수는 없다고 주장한다. 이익극대화를 추구할 경우 경영자들은 단기 목표에 집착할 가능성이 커진다. 또 이윤에 대한 개념이 명확하지 않은 점, 이익이 실현되는 시점이나 불확실성 정도에 따라 가치가 달라지는 점을 고려하면 이익극대화는 재무의사결정의 기준과 재무성과의 평가기준이라는 관점에서도 적합한 재무관리의 목표가 될 수 없다는 것이다.

기업가치의 극대화

기업가치는 투자자산이 장래 가져다주는 수익 정도에 달려 있다. 즉 자산이 창출하는 기대 수익이 클수록 기업가치는 커진다. 기업자산은 채권자 자산과 주주 자산을 합친 것이므로 기업가치의 극대화란 결국 채권자와 주주들이 갖는 자산가치의 합을 극대화하는 것을 의미하게 된다. 이처럼 재무관리의 목표를 기업가치의 극대화로 보는 견해는 채권자를 주주와 함께 기업의 소유주로 인정하게 되는 문제를 야기한다.

자기자본가치의 극대화

채권자들은 기업의 상황이 좋든 나쁘든 일정한 이자를 받을 수 있다. 대조적으로 주주들은 주가 변동에 따라 큰 손실을 입을 수 있다. 즉, 채권자 가치는 일정한 데 반해 주주 가치는 늘 변한다. 그러므로 재무관리의 목표를 자기자본가치의 극대화로 보려는 사람들은 기업의 진정한 주인은 위험부담을 안고 있는 주주라고 간주하고 채권자 가치는 재무관리의 목표에서 제외시킨다. 현재 가장 일반적으로 받아들여지고 있는 견해이다.

운전자본관리

재무관리 담당자가 평소 가장 많은 시간을 보내고 있는 업무가 운전자본관리이다. 운전자본(運轉資本; working capital)이란 현금, 유가증권, 외상매출금과 같이 보통 단기간에 현금화할 수 있는 유동자산을 말한다. 특히 순운전자본(net working capital)이라 할 때는 유동자산에서 외상매입금이나 금융기관 단기부채와 같은 유동부채를 뺀 잔액을 뜻한다. 즉 '순운전자본=유동자산−유동부채'이다.

재무구조가 건전하지 못한 기업들은 경기가 나빠지면 단기부채를 상환하지 못하여 금융거래가 정지되는, 일반적인 표현으로 부도라고 하는 최악의 사태를 맞이할 수 있다. 건실한 기업도 신규 시설투자를 위해 단기간에 큰 규모의 현금이 빠져나가거나 중요한 거래처로부터의 매출금 회수가 늦어지면 현금흐름 사정이 갑자기 나빠질 수 있다. 이럴 때 금융기관마저 대출을 해주지 않으면 큰 어려움을 겪게 된다. 경쟁이 치열한 신규 산업에 참여할 때도 연구개발비, 영업비, 광고 예산 등 현금 유출이 늘어나 유동성 확보가 어려워질 수 있다.

현금주기와 현금예산

현금주기

제품 판매 대금은 거래 즉시 현금으로 받고 생산 원자재 구입 대금은 가능한 한 늦게 지불할 수 있다면 재무관리자로서는 가장 이상적인 상황일 것이다. 그러나 현실은 달라서 상품이 거래되는 시점과 현금이 오가는 시기는 차이가 있는 것이 일반적이다. 그래서 재무관리에서는 영업주기를 〈그림 11-1〉에서처럼 원자재 대금 청구서를 받고 실제 대금을 지급하기까지의 기간, 즉 외상매입금 미지급기간과 외상매입금 지불 시점부터 상품 대금이 입금되는 시점까지, 즉 현금주기로 나누어 분석한다. 현금주기가 길수록 현금 사정이 나빠지고 반대로 짧을수록 호전될 것임을 알 수 있다.

기업은 일반적으로 현금주기를 줄이기 위해 다음과 같은 노력을 시도한다. 첫째, 상품을 재고상태로 보유하는 기간, 즉 재고자산 전환기간을 단축해서 재고에 현금이 오랫동안 묶이지 않게 한다. 이렇게 하려면 공급업체로 하여금 꼭 필요한

그림 11-1 현금주기

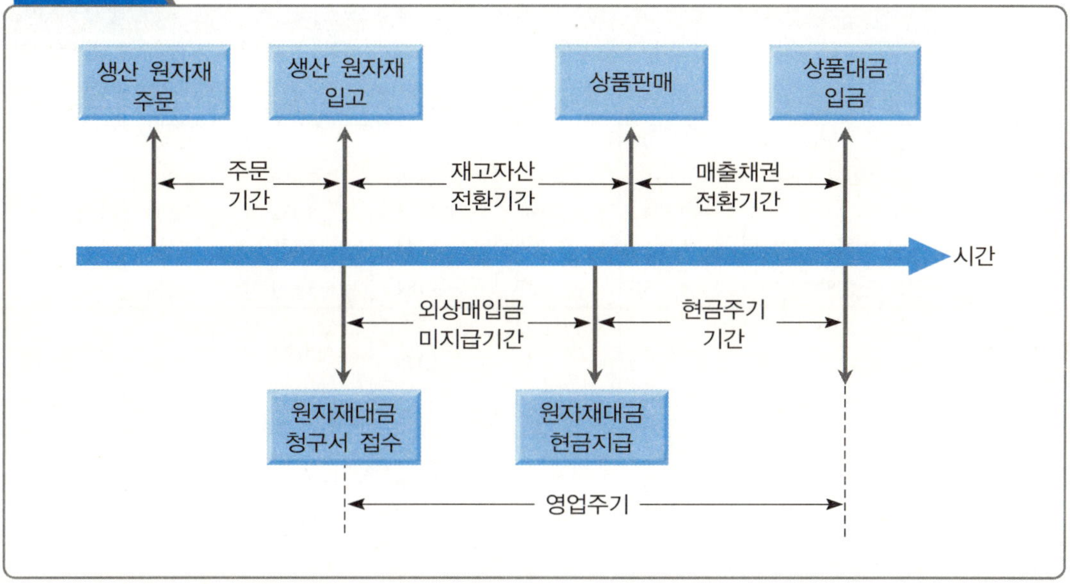

시점에 정확하게 납품을 하도록 유도하는 것이 좋다. 생산·운영관리에서 설명하고 있는 적시재고 시스템(JIT)은 생산현장에서의 효율을 높일 뿐 아니라 현금주기를 단축시키는 데도 기여한다.

둘째, 매출채권 전환 기간, 즉 상품 판매시점에서 상품대금 입금까지의 기간을 단축시키는 것이다. 상품을 팔 때 현금 예약을 받는다든지 외상대금을 일찍 갚는 고객에게는 할인혜택을 주고 약속을 어기는 고객에게는 기간에 비례해서 이자를 부과하는 것과 같은 정책을 활용할 수 있다.

셋째, 원자재 외상매입금 지급 날짜를 최대한 늦추거나, 즉 외상매입금 미지급기간을 늘리거나, 대금을 분할해서 지급하는 것이다. 이러한 정책은 협상력이 강한 기업들이 상대적으로 약한 공급업체들에게 사용하는 경우가 많다.

현금예산

현금흐름의 과부족을 단기적으로 예측해서 미리 대비하려고 할 때 현금예산(現金豫算; cash budget)을 작성한다. 보통 현금 유입과 유출을 기간별로 예측하고 실제 결과에 따라 현금흐름의 과부족에 대한 예측치를 계속적으로 수정해 나가는 방식을 취한다. 〈표 11-1〉은 가장 보편적인 양식이다. 제일 위쪽에는 그 달에

〈표 11-1〉 현금흐름 예산의 보기

(단위: 천원)

구 분	2022.1	2	3	4	5	6
현금유입						
매출대금 입금	12,582	10,946	10,127	11,360	14,074	16,955
현금유출						
외상매입금 지급	4,056	4,990	6,379	7,466	7,950	7,387
급여	2,884	3,780	4,788	5,432	5,628	4,956
기타 비용	1,364	1,764	2,144	2,356	2,316	2,112
현금흐름 차액	4,278	412	−3,184	−3,894	−1,820	2,500
자본지출						
배당금			2,378			2,378
세금	1,744			1,744		
순현금흐름	2,534	412	−5,562	−5,638	−1,820	122
월초현금잔고	240	2,774	3,186	−2,377	−8,015	−9,835
월말현금잔고	2,774	3,186	−2,377	−8,015	−9,835	−9,714

유입되는 현금 총액을 적고 그 아래에 유출되는 금액을 적은 후 그 차액을 마지막 란에 표시하도록 되어 있다. 차액이 마이너스이면 그만큼 현금을 마련해야 한다는 뜻이 된다.

그림 11-2 현금흐름 곡선

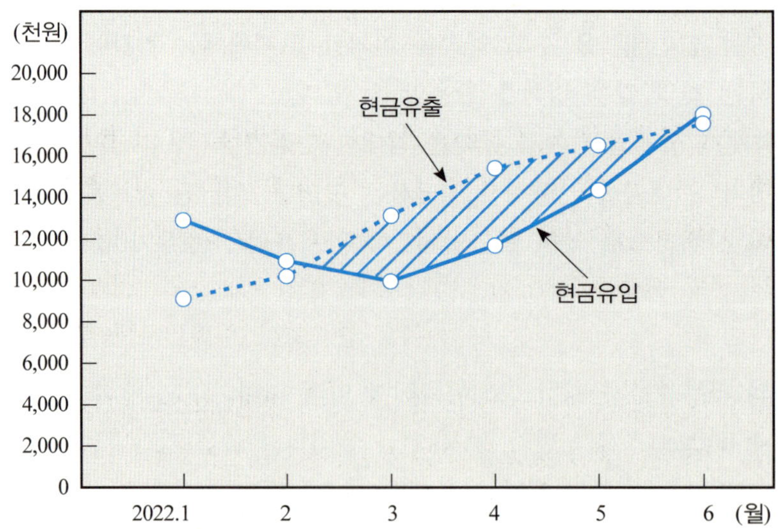

기업의 현금 유입은 매출액, 차입금, 그리고 기타 소득과 같은 영업관련 요인과 주식발행, 회사채 발행, 고정자산 처분과 같은 비영업적 요인을 통해 이루어진다. 현금 유출요인으로는 원자재 매입, 관리비와 같이 비용과 관련된 것과 주식인수, 회사채 변제, 배당금 지급과 같은 자본과 관련된 것이 있다. 여기서 영업과 관련된 현금흐름을 영업성 현금흐름(operating cash flow)이라 하고, 그 외의 것을 비영업성 현금흐름(nonoperating cash flow)이라 한다. 〈그림 11-2〉는 현금 지출 규모와 수입 규모, 그리고 그 차액의 변화를 한눈에 알아볼 수 있게 해준다.

사례읽기 11-1 현금 116조 들고 M&A 예고한 삼성전자

삼성전자가 3년 안에 5G와 AI 등 4대 신수종(新樹種) 사업과 반도체 부문에서 의미 있는 규모의 인수합병(M&A)을 하겠다고 예고했다. 증권가에서는 삼성전자가 대규모 M&A 계획을 공식적으로 언급하는 것은 매우 이례적인 일이라는 평가다. 업계에서는 삼성전자가 수조(兆) 원을 들여 시스템 반도체 분야 또는 파운드리 회사 인수에 나설 것이라고 예상하고 있다.

최윤호 삼성전자 경영지원실 사장(CFO)은 28일 지난해 4분기 실적 발표 이후 열린 컨퍼런스콜에서 "삼성전자는 기존 산업에서 시장 주도적 입지를 더욱 확고히 하고 신규 산업에서도 지속성장 기반을 강화하고자 한다."며 "이를 위해 보유한 재원을 적극적으로 활용해 전략적으로 시설투자를 확대하고 M&A를 추진하겠다."고 밝혔다.

그러면서 "삼성전자는 지난 수년간 지속적으로 M&A 대상에 대해 매우 신중하게 검토해왔다."며 "준비가 많이 진행된 상태다. 현재 대내·외적으로 불확실한 상황으로 실행 시기를 특정하긴 어렵지만 지금까지 해온 준비를 토대로 이번 정책기간(2021~2023년) 내에 의미 있는 M&A 실현 가능성이 있다."고 전했다. 현재 삼성전자는 지난해 3분기 기준으로 총 116조2000억 원에 달하는 현금을 보유하고 있다. 잉여현금흐름(FCF · Free Cash Flow)의 50%를 배당에 사용한다고 해도 대규모 시설 투자나 M&A 없이는 잉여금이 계속 현금으로 쌓여간다. 최 사장은 "지난 주주환원정책 기간 M&A 등을 제대로 실행하지 못해 보유 현금이 늘었다."며 "지속적인 현금 증가는 회사에 부담을 주기 때문에 공격적인 시설투자와 의미 있는 M&A로 현금 보유 위험성을 줄일 것"이라고 했다.

업계에서는 시스템반도체 1위 달성을 공언한 삼성전자가 글로벌 유망 반도체 기업 중 하나를 인수하는 것 아니냐는 전망을 내놓고 있다. 메모리반도체 분야보다는 시스템반도체와 파운드리 분야의 유망 회사를 인수할 것이라는 예상이 나온다. 특히 차량용 반도체는 이재용 부회장이 인공지능(AI), 5G, 바이오와 함께 전장사업을 삼성전자의 4대 핵심 미래 전략사업으로 꼽은 만큼 성장이 기대돼 유력한 인수대상으로 거론되고 있다. 현재 완성차 업체들이 미래 자율주행차 기술을 선점하기 위해 무한경쟁에 돌입하면서 차

량용 반도체에 대한 수요도 폭발적으로 늘어난 상황이다.

차량용 시스템 반도체에서 두각을 나타내는 네덜란드 NXP와 스위스 ST마이크로일렉트로닉스(ST마이크로), 독일 인피니언 등이 삼싱전자가 관심을 가질 만한 인수 후보로 꼽힌다. 이 중 NXP는 2018년 퀄컴이 440억 달러(약 49조 9,000억 원)에 인수하려 했으나, 중국의 승인을 받지 못해 무산된 바 있다. 당시 NXP는 매각에 앞서 삼성전자에도 협상 의사를 타진했던 것으로 알려졌다. 글로벌 전력반도체 부문 1위이자 차량용 반도체 부문 2위 기업인 인피니언은 수년 전부터 삼성전자가 인수를 검토하고 있다는 이야기가 돌았다.

(자료: "현금 116조 들고 M&A 예고한 삼성전자..인수 대상 누가 될까", 이데일리, 배진솔 기자, 2021.01.28. https://news.v.daum.net/v/20210128170521557?s=print_news 수정 부분발췌)

투자가치평가

재무관리자는 투자안의 경제적 가치를 확인하여 투자 결정을 내려야 한다. 투가가치를 제대로 평가하기 위해서는 현금의 미래가치와 현재가치, 수익률과 위험에 대해 알아야 한다. 특히 장기간에 걸친 수익을 기대하고 이루어지는 대규모 투자는 현금흐름에 대한 철저한 분석에 근거해 결정되어야 한다.

화폐의 시간적 가치

투자 수익은 미래에 실현되는 것이지만 투자 결정은 현재 시점에서 해야 하기 때문에 자금 활용을 공부하려면 화폐의 시간적 가치에 대한 이해가 필수적이다. 예를 들어, 현시점에서 1억 원을 투자해 1년 후 1억 1,000만 원이 되었을 경우 단순히 명목적인 금액만을 비교해서 자산가치가 증가되었다고 결정내릴 수는 없다. 1년 후의 금액을 현재가치로 환산해 보아야만 유리한 결정인지를 확인할 수 있을 것이다. 가치는 평가 시점을 기준으로 미래가치와 현재가치로 나누어 볼 수 있다.

미래가치

현 시점의 현금을 미래 시점의 가치로 환산한 것을 미래가치(未來價値; Future Value, FV)라 한다. 예를 들어, 현재 금액(PV) 10,000원을 은행에 예금을 할 때 이자율이 연 5%라고 한다면 1년 후 이 예금의 미래가치는 원리금 합계인 10,500원[10,000×(1+0.05)], 2년 후는 '$10{,}000\times(1+0.05)^2=11{,}025$'원이 될 것이다. 미래가치를 일반적인 식으로 나타내면 다음과 같다.

미래가치 : $FV = PV \times (1+r)^n$

여기서, r은 이자율, n은 기간

현재가치

미래에 발생하게 될 현금흐름을 현 시점에서의 화폐가치로 평가한 것을 현재가치(現在價値; Present Value, PV)라 한다. 현재가치를 구하는 식은 위에서 소개한 미래가치식으로부터 간단히 유도해낼 수 있다.

현재가치 : $PV = \dfrac{FV}{(1+r)^n}$

예를 들어, 할인율 5%일 때 2년 후의 11,025원을 현재의 가치로 환산하면, $11{,}025/(1+0.05)^2=10{,}000$이 된다. 즉, 2년 후의 11,025원은 현 시점의 10,000원과 같은 가치를 가진다.

현재가치는 재무관리에서 매우 중요한 개념인데 투자결정을 내릴 때 미래 현금흐름, 즉 기간별 총 예상 수익의 현재가치가 현 시점에서 투입해야 할 금액보다 크면 투자 결정을 할 것이고 적다면 투자를 하지 않는 것이 합리적일 것이다.

기대수익률과 위험

기업은 투자 대안을 평가할 때 얼마만큼의 수익을 가져다줄 것인가를 먼저 판단하지만 수익률이 높다는 사실 하나만으로 결정하지는 않는다. 예를 들어, 〈그

그림 11-3 기대수익률과 위험을 고려한 투자의사결정

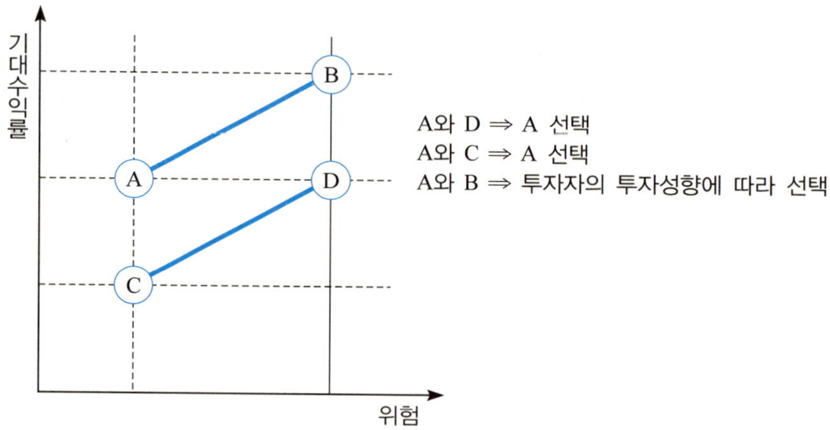

림 11-3〉에서 A, D 두 주식에 대한 기대수익률이 각각 10%로 같다고 하자. 그러나 A의 수익률은 일정한 기간 동안에 거의 변함이 없지만 B는 기대수익률의 변화가 심하다면 투자자 입장에서는 A를 더 나은 투자로 판단할 것이다. A와 C에서는 위험은 같지만 기대수익률이 A가 크므로 A를 선택할 것이다. A와 B의 경우는 모호하다. 즉, A는 위험은 상대적으로 작은 반면 B는 기대수익률이 크다. 이때는 투자자의 성향에 따를 것인데 안정적인 것을 선호한다면 A를, 위험을 감수하며 수익률을 좀 더 중시한다면 B를 선택할 것이다.

자본자산가격 결정모형(CAPM)

자본자산가격 결정모형(Capital Asset Pricing Model, CAPM)은 자산의 위험에 따라 기대수익률이 어떻게 결정되는지를 보여주는 이론으로서 1960년대 이후 Sharp, Lintner, Mossin 등에 의하여 개발되었다. CAPM은 균형가격의 결정과정을 밝힘으로써 증권의 가치평가, 투자성과평가, 자본비용추정 등 투자와 관련된 이론의 발전에 큰 공헌을 하였다. 모형을 수식으로 표현하면 다음과 같다.

$$R_j = \alpha_j + \beta_j R_M + e_j$$

여기서 R_j는 종목 j의 수익률, α_j는 상수, β_j는 종목 j의 체계적 위험,
R_M은 시장지수수익률, e_j는 오차

시장지수수익률은 일반적으로 종합주가수익률을 사용한다. 그래서 β_j계수가 1.0일 경우 종합주가가 1% 상승(하락)하면 해당 종목의 체계적 수익률(systematic returns)도 1%만큼 상승(하락)하게 된다는 뜻이다. 즉, 해당 종목은 종합주가와 동일한 위험특성을 갖는다. 만일 어느 종목의 β_j계수가 1.5라면, 그것은 종합주가가 1%만큼 상승(하락)할 경우 해당 종목의 체계적 수익률은 그것의 1.5배인 1.5%만큼 상승(하락)하기 때문에 그만큼 더 위험한 투자라는 것을 의미한다. 더 자세한 내용은 재무관리 교과서를 참고하기 바란다.

자본예산 편성

많은 자금이 투입되는 투자에 대해서는 기업은 매우 신중하게 결정하여야 한다. 그런 투자가 이루어지면 장기간 자금이 묶이고 수익과 비용이 여러 해에 걸쳐 나타나므로 잘못된 결정은 심각한 타격을 줄 수 있기 때문이다. 이런 위험을 극복하기 위해 기업들은 자본예산 편성(資本豫算編成; capital budgeting)을 활용하는데, 그 효과가 장기간에 걸쳐 나타나는 투자에 대해 전체적인 계획을 세우고 평가하는 과정을 말한다. 따라서 자본예산은 기업 목표의 효율적 달성을 위해 수립되는 장기 재무계획이라 할 수 있다.

자본예산 편성에서는 투자안들의 가치를 평가하고 선택된 투자안을 성공적으로 실행하기 위한 자금조달계획이 수립되어야 한다.

투자안 탐색

자본예산 편성은 기업목표 달성에 필요한 투자안을 찾는 데서 출발한다. 신산업이나 신시장 진입을 위한 투자, 최신 시설이나 설비를 도입하는 투자, 신제품 개발 투자, 시장점유율 확대 투자 등 많은 자금이 들어가고 시간이 오래 걸리는 프로젝트가 자본예산 편성에 포함될 투자안들이다.

〈표 11-2〉 사업성 평가의 주요내용

구 분	세부내용
기술성 분석	입지, 시설, 원재료, 노동력 조달, 생산공정, 생산공법, 기술수준 검토
시장성 분석	사업환경 검토, 수급현황, 업계분석, 판매가능성 검토, 매출액 추정
수익성 분석	수익 추정, 각종비용 추정, 각종 이익 추정, 순현가 및 내부수익률 추정
자금수지 분석	자금원천 추정, 영업자금유입, 외부자금조달, 시설투자, 운전자금투자 추정

일반적으로 투자 결정은 사업성평가(事業性評價; feasibility evaluation)에 따라 이루어진다. 사업성은 〈표 11-2〉와 같이 생산과 관련된 기술성 분석, 마케팅 측면에서의 시장성 분석, 수익확보 가능성을 따지는 수익성 분석, 그리고 자금 측면에서의 자금수지 분석에 기초하여 평가된다. 자본예산은 이 중 수익성 분석과 자금수지 분석에 초점을 맞추고 있다.

투자가치 평가

1) 현금흐름의 추정

투자안은 경제적 가치에 따라 채택 여부가 결정된다. 자금 투입과 수익 실현이 여러 해에 걸쳐 이루어지기 때문에 그 기간동안 발생할 현금흐름(cash flow)의 추정에 근거하여 투자의 경제적 가치를 평가하게 된다. 추정된 현금유입(cash inflow)과 현금유출(cash outflow)의 차이를 순현금흐름(net cash flow)이라고 하며, 이는 투자가치 평가의 기초가 된다. 그래서 자본예산 편성에서 가장 중요한 문제는 투자안의 현금 흐름을 정확히 추정하는 것이다. 투자에 따른 미래의 현금 흐름은 장기간에 걸쳐 이루어져 불확실성을 내포하고 있지만 재무관리자들은 다양한 예측기법을 통해 추정의 정확성을 높여야 한다.

현금흐름은 회계적 이익(accounting income)과는 다르다. 회계적 이익은 회계처리기준에 근거하여 거래의 발생시점을 기준으로 평가하지만, 현금흐름은 실제 현금이 들어오고 나간 시점을 기준으로 계산된다. 현금의 수입과 지출이 일어나게 된 근원적인 거래가 발생한 시점에서 수익과 비용을 인식하는 회계적 이익은 성과를 합리적으로 측정할 수 있다는 장점을 갖지만 투자안의 정확한 경제적 가치를 평가하는 데는 한계가 있다.

2) 투자가치 평가 방법

짧은 기간에 자금 투입과 회수가 이루어진다면 투자가치의 평가는 비교적 간단할 것이다. 지출된 자금보다 더 큰 현금이 유입된다면 그 투자는 가치가 있는 것으로 볼 수 있다. 그러나 자금 투입과 회수가 긴 시간을 두고 이루어진다면 화폐의 시간적 가치를 반영하여 평가가 이루어져야 한다. 이를 위해 자본예산 편성에서 사용하는 대표적 방법으로 순현가법과 내부수익률법을 들 수 있다.

순현가(純現價; Net Present Value, NPV)법 투자로 인해 기대되는 미래 현금유입의 현재가치에서 현금유출의 현재가치를 차감한 순현재가치에 근거하여 투자를 결정하는 방법이다. 미래의 현금흐름을 현재가치로 환산하기 위해서는 할인율이 필요한데, 이자율과 같이 자본을 조달할 때 소요되는 자본비용을 이용한다. 일반적으로 순현가가 0보다 크면 투자안은 수익성이 있는 것으로 평가되며, 여러 투자안 중 순현가가 가장 큰 투자안을 선택한다.

순현가 : $$NPV = \sum_{t=0}^{n} \frac{CI_t}{(1+k)^t} - \sum_{t=0}^{n} \frac{CO_t}{(1+k)^t}$$

여기서, CI: 현금유입흐름, CO: 현금지출흐름, k: 최저필수수익률, t: 투자기간

내부수익률(內部收益率; Internal Rate of Return, IRR)법 투자로 인한 미래 현금유입의 현재가치와 추정 현금유출의 현재가치를 동일하게 하는 할인율인 내부수익률을 기준으로 투자안의 경제성을 평가한다. 내부수익률이 자본 비용보다 높으면 투자로부터 수익을 얻을 것으로 기대할 수 있다. 여러 투자안 중에서는 수익률이 높은 쪽으로 투자하는 것이 유리하다

내부수익률(IRR): $$\sum_{t=0}^{n} \frac{CO_t}{(1+r)^t} = \sum_{t=1}^{n} \frac{CI_t}{(1+r)^t}$$

여기서, CO: 지출현금흐름, CI: 유입현금흐름, r: 내부수익률, t: 투자기간

그 밖에도 평균투자액 또는 총투자액에 대한 연평균순이익의 비율로 평가하는 회계이익률법과 투자에서 나오는 현금 흐름으로부터 투자된 자금을 모두 회수하는 기간을 비교하여 투자안을 선택하는 자본회수기간법이 사용되기도 한다. 자세한 내용은 재무관리 관련 전공과목에서 공부하게 될 것이다.

자금조달계획 수립과 실행

자본예산 편성의 마지막 단계는 채택된 투자안에 소요되는 자금을 마련하기 위한 자금조달계획을 수립하고, 투자안을 실행하는 것이다. 투자안의 실행 후에도 투자안을 재평가하고 통제하는 사후관리가 이루어져야 한다.

자금조달

투자안을 실행하기 위해 대규모 자금이 필요하다면 기업이 갖고 있는 여유자금만으로는 부족한 경우가 많다. 이 때 재무관리자는 필요한 자금을 적기에 조달할 수 있는 방법을 모색해야 한다.

자금조달 방법

자금조달 방법을 크게 나누어 보면 세 가지가 있다. 첫째, 기업이 주식을 발행하여 필요한 자금을 조달하는 직접금융이다. 주주는 지분에 비례해서 배당금을 받고 주주회의에서 권한을 행사하며 손실이 생길 때는 지분만큼만 책임을 지는 유한책임을 갖는다. 주식이 증권시장에서 거래되는 회사를 상장회사(上場會社; listed company)라 하는데 상장회사가 되면 직접금융을 통해 자금을 조달하는 것이 상대적으로 쉬워진다.

둘째, 기업이 채권을 발행해서 자금을 조달하는 것이다. 채권을 사들인 사람은 일정한 이자와 원금을 기업의 경영성과와는 관계없이 받을 권리를 갖지만 평소에 경영에 관여할 권리는 가지지 못한다. 채권 종류로는 무담보사채(無擔保社債; debenture), 제3자의 지급보증이 있는 보증사채(保證社債; guaranteed bond), 후에 주식으로 전환할 수 있는 전환사채(轉換社債; convertible bond)가 있다. 물론 기업 전망이 좋으면 유리한 조건으로 채권을 발행할 수 있으며 우량채권은 금융시장에서 거래도 활발하다. 채권을 사들인 사람은 기업이 파산할 경우에 주주들에 앞서 청구권을 갖는다.

셋째, 은행이나 보험회사와 같은 금융기관에서 빌리는 외부 금융이다. 기업이 주식이나 채권을 발행하여 자금을 조달하는 직접금융과 달리 일반인들이 맡겨둔 돈을 금융기관이 빌려주는 것이기 때문에 간접금융이라고도 한다. 외부 금융을 하면 기업은 정해진 기간 안에 이자와 원금을 갚아나가야 한다. 신용 정도가 높은 대기업이라면 국내뿐 아니라 뉴욕이나 런던과 같은 세계 금융시장에서도 유리한 조건으로 자금을 빌릴 수 있다.

사례읽기 11-2 11번가 상장 추진… 기업가치 제고 전략은?

신사업 투자를 위한 자금조달이 중요해지면서 주요 성장기업이 속속 기업공개(IPO) 절차에 뛰어들고 있다. 기업가치를 높이면서 적기에 IPO를 진행하는 게 이들에게 가장 중요한 과제다. 11번가가 내년을 목표로 기업공개를 추진한다. 지난해 신설한 IPO추진팀에선 IPO 및 IR 전문가를 모집 중이며 지난 22일 주간사 선정에 돌입했다. 엔데믹 전환에 따라 이커머스 시장 성장세가 둔화될 것이란 분석이 나오는 가운데 11번가가 어떤 전략으로 기업가치 제고에 나설지 주목된다.

26일 11번가에 따르면 회사는 최근 10여곳 이상 국내외 증권사에 '유가증권시장 상장을 위한 입찰제안요청서(RFP)'를 보냈다. 통상 주간사 선정 후 계약을 체결하기까지 약 한 달 정도 소요된다. 이를 고려하면 11번가는 5월 중 주간사 선정을 마친 뒤 상장 작업에 돌입할 예정이다. 목표 상장 시점은 내년이다. 투자업계에선 11번가 목표 기업가치를 4년 전 대비 약 2배 높아진 4~5조 수준으로 전망하고 있다. 2018년 투자받을 당시 11번가는 2조7,000억 원 수준 기업가치를 인정받았다.

11번가가 IPO를 성공적으로 진행하기 위해선 악화된 실적을 개선하는 게 관건이 될 것으로 보인다. 11번가 지난해 매출은 5,614억 원으로 전년 대비 2.9% 늘었지만, 영업손실은 694억 원으로 전년(98억 원) 대비 6배 이상 늘었다. 네이버·쿠팡·신세계(SSG닷컴) 등 성장률이 두 자릿수인 데 비해 11번가 성장은 다소 둔화한 모습이다. 11번가는 "지난해 하반기는 재편된 e커머스 시장에서 생존을 위한 새 패러다임을 준비하며, 본격적으로 미래 성장기반을 위한 투자를 진행한 시기였다."며 "현재 라이브커머스와 리뷰 영역에서 경쟁력이 더욱 강화됐으며, 신규 판매자 영입으로 인한 오픈마켓 경쟁력 강화도 성과를 내고 있다."고 전했다.

이커머스 시장에선 마켓컬리가 한국거래소에 예비심사를 청구한 한편, SSG닷컴·오아시스마켓이 주간사를 선정하는 등 먼저 IPO에 착수한 상황이다. 11번가는 2020년 기준 거래액 약 10조 원으로 네이버·쿠팡·신세계(SSG닷컴)에 이은 점유율 4위를 차지하고 있다. 하지만 투자업계로부터 평가받는 기업가치는 4~5조 원으로 SSG닷컴(10조 원)보다 낮고 컬리(4조 원)와 유사한 수준이다. 즉 11번가 기업가치가 경쟁업체 대비 저평가돼있다는 의미다.

11번가는 직매입 중심 SSG닷컴·컬리와 달리 오픈마켓 비중이 높아, 판매수수료가 주된 수입원이다. 오픈마켓 경쟁이 심화되는 상황에서 사업 구조가 성장에 한계가 있다는 판단이 작용한 것으로 보인다. 엔데믹 전환으로 오프라인 매장으로 향하는 소비자가 늘면서 이커머스 시장 성장세가 다소 둔화될 것이라는 전망 역시 11번가에 우호적이지 않다.

11번가는 빠른 배송 서비스 제공을 위해 축소했던 직매입 비중을 다시 높이고 있다. 차별화 카테고리인 해외직구 '아마존 글로벌 스토어'도 지속 강화한다. 11번가는 "올해 '아마존 글로벌 스토어'의 성장과 오픈마켓 사업 본원적 경쟁력의 강화 그리고 직매입 기반 빠른 배송 서비스 제공 등 시장을 선도하는 이커머스 경쟁력을 확보해 기업가치를 높여, 2023년 예정된 기업공개를 성공적으로 달성할 것"이라고 밝혔다.

(자료: "'업계 4위' 11번가 상장 추진…기업가치 제고 전략은?", 디지털데일리, 이안나 기자, 2022.04.26. https://www.ddaily.co.kr/news/article/?no=236326 수정부분발췌)

자본구조와 자본비용

자본구조

기업의 자본은 어디서 조달되었는지에 따라 자기자본과 타인자본으로 구별되며, 이 둘의 비율을 자본구조(資本構造; capital structure)라 한다. 자기자본은 주주납입 자본금, 이익잉여금, 준비금으로 구성된 소유자 자본이며 타인자본은 회사채나 은행차입금과 같은 장단기 차입자본 즉 부채를 말한다.

자본구조에 따라 기업이 부담해야 할 자본비용이 달라져 기업가치가 영향을 받는다. 최적자본구조란 자본비용을 최소화하는 그래서 기업가치를 극대화하는 자본구조를 뜻한다.

자본비용

기업은 자본제공자에게 그 대가를 지불해야 하는데, 이를 자본비용(資本費用; cost of capital)이라 한다. 타인자본비용은 외부에서 자본을 차입한 대가로 지급하는 이자를 말한다. 소유자 자본인 자기자본에도 비용이 발생한다. 다른 곳에 투자했다면 수익을 얻을 수 있었기 때문에 기회비용이 발생한다. 따라서 자기자본비용이란 조달한 자기자본의 가치를 유지하기 위해 최소한 벌어들어야 하는 수익률이라고 볼 수 있다. 일반적으로 예상되는 시장수익률을 자기자본비용의 계산에 사용한다. 기업 전체의 자본비용은 총자본에서 자기자본과 타인자본이 차지하는 비율에 따라 해당 자본비용을 가중평균하여 계산한다.

재무성과 분석

다른 경영활동과 마찬가지로 재무관리에서도 업무들이 계획대로 잘 진행되어 만족스러운 결과를 얻었는지 평가하고 개선하려는 노력이 필요하다. 기업은 재무적 상태와 성과를 스스로 평가하고 그 결과를 재무제표를 통해 투자자를 비롯한 이해관계자들에게 알려야 한다. 재무제표에서 확인할 수 있는 정보에 근거한 재무비율은 기업의 성과와 가치를 평가하는 주요 지표로 활용된다.

재무제표

재무제표(財務諸表; financial statements)란 경영활동에 대한 결과를 체계적으로 정리하여 경영진이나 주주, 또는 채권자들에게 제공하는 재무상태표, 포괄손익계산서, 현금흐름표, 자본변동표로 구성된다. 이 중에서 재무상태표와 포괄손익계산서에 대해서 좀 더 알아보자.

재무상태표

재무상태표(財務狀態表; statement of financial position)는 특정 시점에서 어떤 기업이 보유하고 있는 자산과 부채 그리고 자본의 규모를 보여주는 보고서이다.

우리나라가 2009년 국제회계기준을 채택하기 이전에는 대차대조표(balance sheet)라 불리었다. 재무상태표의 왼쪽(차변) 합계는 총자산 규모이고 오른쪽(대변) 합계는 부채 항목과 자본 항목의 합계가 되어 좌우 금액이 정확히 일치한다.

〈표 11-3〉에서 한국기업은 2022년 12월 31일 현재 4,862,519원의 총자산을 보유하고 있으며 부채 총액 2,881,299원과 자본총액 1,981,220원의 합계와 같다. 세부 항목의 의미를 간략히 설명하면 다음과 같다.

자산

자산은 예금이나 건물, 토지처럼 처분을 할 때 현금으로 바꿀 수 있거나 혹은 현금 지출을 대신할 수 있는 경제적 자원으로, 재무상태표 상의 자산 합계는 기업이 설립 후 결산일까지 경영활동을 통해 축적한 경제적 자원의 총 가치를 보여준다. 자산은 보통 유동자산과 비유동자산(혹은 고정자산)으로 구분하여 표시한다.

예금이나 상품 재고, 매출채권처럼 보통 1년 이내에 현금화할 수 있거나 현금처럼 사용할 수 있는 자산을 유동자산(流動資産; current assets)이라 한다. 일반적으로 영업이 잘되고 있고 재무구조가 건전한 기업은 유동자산이 풍부해서 투자가들이나 금융기관으로부터 높은 점수를 받는다. 또 유동자산이 풍부하면 투자기회가 생겼을 때 놓치지 않고 유리한 조건으로 계약을 할 수 있다. 한편 영업이 부진하거나 부채규모가 과다한 경우에는 유동성이 떨어져 재무위험이 증가한다.

유동자산과는 대조적으로 처분이나 변환하는 데 1년 이상의 기간이 소요되는 자산을 비유동자산 혹은 고정자산(固定資産; fixed assets)이라 한다. 대표적인 것으로 토지, 건물이 있다.

부채

부채(負債; liability)란 외상매입금이나 은행 차입금처럼 주주 이외의 사람에게 진 경제적 의무를 말한다. 부채는 단기간에 갚아야 할 유동부채와 그렇지 않은 비유동부채로 구분한다. 만일 어떤 기업의 자산규모가 빠르게 늘고 있더라도 그 자금 원천이 은행 빚이나 회사채를 많이 발행하여 나타난 결과라면 현금흐름에 어려움이 없을지 잘 관찰해야 할 것이다.

〈표 11-3〉 재무상태표

한국기업

2022년 12월 31일 현재 (단위: 원)

자 산	금 액	부 채	금 액
1. 유동자산	265,719	1. 유동부채	1,917,511
(1) 당좌자산	88,437	매입채무	810,358
현금 및 현금성자산	15,508	단기차입금	443,101
매출채권	40,090	유동성장기부채	199,739
미수금	11,596	미지급금	167,267
선급비용	14,027	기타 유동부채	297,046
기타 당좌자산	7,216	2. 비유동부채	963,787
(2) 재고자산	177,281	장기차입금	1,177
2. 비유동자산	4,596,800	사 채	800,522
(1) 투자자산	381,480	기타비유동부채	162,088
(2) 유형자산	3,733,863	부채총계	**2,881,299**
토 지	1,248,266	자 본	
건 물	1,622,843	1. 자본금	94,302
공구기구비품	163,551	2. 자본잉여금	712,208
건설중인 자산	526,584	3. 자본조정	0
기타 유형자산	172,619	4. 기타포괄손익누계	20,144
(3) 무형자산	10,671	5. 이익잉여금	1,154,564
(4) 기타 비유동자산	470,786	자본총계	**1,981,220**
자산총계	**4,862,519**	부채 및 자본총계	**4,862,519**

자본

자본(capital)은 기업이 갖고 있는 총자산 중에서 기업의 주주에게 돌아가는 몫으로 주주가 회사에 납입한 자본금과 영업기간 중에 적립해 온 이익잉여금을 합친 금액이다. 만일 손실이 누적된다면 자본금 총액은 주주들이 납입한 액수보다 적어져 자본잠식이 일어날 수 있다.

자본금 총액은 결산일에 기업을 처분한다고 가정할 때 그 기업의 장부상 가치(book value)가 된다. 장부상 가치와 투자가들이 평가하는 시장가치(market value) 사이에는 차이가 있다. 왜냐하면 시장가치는 투자가들이 미래수익 창출능력이나 자본시장 상황을 근거로 주관적으로 평가한 것인데 반해 장부상 가치는 회계기준에 따라 자산과 부채를 평가한 것이기 때문이다.

포괄손익계산서

포괄손익계산서(包括損益計算書; statement of comprehensive income)는 일정기간 동안의 경영성과를 나타내는 보고서로서 기간 중에 발생한 수익과 비용, 그에 따른 이익 혹은 손실 규모를 보여준다. 과거에는 손익계산서(income statement)라 하였다.

수익 항목 합계에서 비용 항목 합계를 빼면 이익이 된다. 즉, '수익−비용=이익'인데 이것을 손익계산서 등식이라 한다. 〈표 11-4〉에서 한국기업은 1년간 총 6,512,148원의 매출액과 46,027원의 영업외수익을 합쳐 모두 6,558,175원의 수익을 올렸으며 비용으로는 매출원가, 판매비와 관리비, 영업외비용, 그리고 법인세를 모두 합친 6,222,180원을 부담하여 그 결과 335,995원의 순이익을 낸 것을 보여주고 있다. 수익과 비용에 대해 좀 더 살펴보자.

〈표 11-4〉 포괄손익계산서

한국기업

2022년 1월 1일 ~ 2022년 12월 31일 (단위: 원)

1. 매출액	6,512,148
2. 매출원가	4,743,955
매출총이익	**1,768,192**
3. 판매비와관리비	1,262,362
1) 급여	261,587
2) 퇴직급여	22,154
3) 복리후생비	37,902
4) 임차료	57,644
5) 세금과공과	46,629
6) 감가상각비	155,222
7) 무형자산상각비	3,183
8) 판매촉진비	471,215
9) 기타판매비와 관리비	206,826
영업이익	**505,830**
4. 영업외수익	46,027
5. 영업외비용	85,151
법인세비용차감전순손익	**466,706**
6. 법인세비용	130,710
당기순이익(또는 당기순손실)	**335,995**

수익

기업이 기간 중 번 돈을 수익(收益; revenue)이라 하는데 대부분을 차지하는 것은 상품이나 서비스를 판매한 대금, 즉 영업을 통해 획득한 매출액(sales)이다. 이 외에 이자 수입, 수수료 수익, 배당금 수익, 임대 수익 같은 것은 영업외수익으로 정리한다. 영업부서의 성과를 평가할 때는 매출액이 가장 중요한 지표가 된다. 영업외수익들은 주로 관리부서 업무와 연관되어 발생한다. 또 수익은 발생 시점에 기록하는데 이것을 두고 실현원칙(實現原則; realization principle)이라 한다. 예를 들어, 12월 15일 1천만 원 어치의 상품을 지급일이 다음 해 1월 15일인 약속어음을 받고 팔았다면 현금으로 결제되는 다음 달까지 기다리지 않고 12월에 발생한 수익으로 간주하는 것이다. 이처럼 수익발생 시점과 현금유입 시점은 다를 수 있다.

비용

비용(費用; expense)은 수익을 발생시키기 위해 지출한 재화나 서비스를 화폐 가치로 나타낸 것이다. 대표적인 비용 항목으로 매출원가가 있으며 이 외에 직원들의 급여, 건물이나 사무실, 상점 임차료, 광고비, 감가상각비 등이 있다. 비용은 수익-비용 대응원칙(matching principle)에 따라 수익과 같은 기간에 발생한 것으로 기록한다. 예를 들어, 12월 31일자 결산을 하는 기업이 12월 15일에 1천만 원을 주고 상품을 사들여 12월 31일까지 그 절반만 팔았다면 비용인 매출원가도 절반인 5백만 원만 계상하는 것과 같다. 감가상각비도 마찬가지이다. 3년간 사용할 수 시설을 1월 1일에 3천만 원에 사들였다면 결산일 기준으로는 사용기간 1년에 해당하는 1천만 원을 감가상각비용으로 계상해서 수익에서 뺀다. 이처럼 비용은 현금이 유출되는 시점이 아니라 수익과 대응해 인식하고 기록한다.

이익

수익에서 비용을 뺀 차액이 이익(利益; income)이다. 기업회계기준은 이익을 매출총이익, 영업이익, 영업외이익, 법인세차감전이익, 당기순이익으로 나누어 표시하게 하는데 이것은 경영성과를 더 세밀하게 평가할 수 있게 하기 위해서이다. 예를 들어, 매출액 규모에 비해 매출총이익이 매우 높다면 그 회사 영업부서나 상품이 경쟁력이 높은 것을 추정할 수 있다. 한편 영업이익은 적고 부동산 처분 이익처럼 일상적이지 못한 거래를 통해 발생한 이익이 많다면 그 회사의 장기적인 경쟁력에 관해 의문을 제기할 수 있을 것이다. 마지막으로 당기순이익은 주주들에게 돌아가는 몫으로서 이사회 결의를 통해 그 일부를 배당금으로 지급할 수 있다.

재무비율분석

투자가들이 기업 성과를 평가할 때 혹은 경영자들이 각 부서의 활동을 통제할 때 재무상태표와 포괄손익계산서 항목들을 활용하여 여러 가지 비율분석을 한다. 자주 이용되는 비율분석을 목적에 따라 나누어 살펴보자.

수익성 비율

매출액순이익률 매출액순이익률(profit margin on sales)은 당기 순이익을 매출액으로 나눈 것이다. 이 비율은 가장 일반적으로 이용되는 경영성과 지표이다. 매출액 규모에 비해 순이익을 많이 내는 기업은 일단 경영을 잘한 것으로 간주된다.

매출순이익률 = 순이익 / 매출액

매출이익률 매출이익을 매출로 나눈 것이 매출이익률(gross profit margin)이다. 이때 매출이익은 매출에서 매출원가를 뺀 금액이다. 원가구조가 유리하거나 품질이 우수하여 비싸게 팔 수 있는 기업은 이 비율이 높을 것이다. 반대로 원가구조가 불리하거나 박리다매 정책을 취하는 기업은 이 비율이 상대적으로 낮을 것이다.

매출이익률 = (매출액 – 매출원가) / 매출액

총자산순이익률 총자산순이익률(return on assets, ROA)은 자산을 얼마나 효율적으로 이용하는가를 보여준다. 기업이 보유한 총자산을 기준으로 하고 있음으로 최고경영자의 실적을 평가하는 데 중요한 지표라 할 수 있다.

총자산순이익률 = 순이익 / 총자산

자기자본순이익률 순이익을 자기자본으로 나눈 것이 자기자본순이익률(return on equity, ROE)이다. 주주가 가장 관심을 갖는 비율이라 할 수 있다.

자기자본순이익률 = 순이익 / 자기자본

활동성 비율

매출채권회전율 매출액을 매출채권으로 나눈 것이 매출채권회전율이다. 매출채권의 현금화 속도를 측정한다. 이 비율이 높으면 매출채권의 현금화 속도가 빨라서 기업의 유동성이 양호하다는 것을 알 수 있다.

매출채권회전율 = 매출액 / 매출채권

재고자산회전율 재고자산이 얼마나 빨리 팔리는가를 나타내는 지표이다. 높을수록 재고자산관리가 더 효율적이라는 것을 의미한다. 반대로 낮을수록 재고자산에 대한 투자가 비효율적으로 이루어지고 있다는 뜻이다.

재고자산회전율(회) = 매출액 / 재고자산

총자산회전율 총자산회전율은 총자산의 운용 효율을 측정한다. 회전율이 높을수록 자산이 효율적으로 운용되고 있다는 것을 뜻하지만 동종업체들에 비해 너무 높을 때는 투자가 더 필요하지 않은지를 검토할 필요가 있다.

총자산회전율(회) = 매출액 / 총자산

유동성 비율

유동비율 기업이 부채를 상환할 수 있는 능력을 보통 유동성(liquidity)으로 표현하는데 현금 보유가 상대적으로 많을 때 유동성이 높다고 한다. 유동비율은 유동자산을 유동부채로 나눈 것으로서 나타낸다.

유동비율 = 유동자산 / 유동부채

당좌비율 당좌비율은 직접적인 지급능력을 측정하기 위하여 유동자산 중에서도 재고자산을 제외한 당좌자산만으로 단기채무의 지급능력을 측정한 것이다. 유동비율보다 더 보수적으로 유동성을 평가하는 셈이다. 일반적으로 100% 이상을 이상적인 상태로 본다.

당좌비율 = 당좌자산 / 유동부채

안정성 비율

부채자기자본비율 부채를 자기자본으로 나눈 것이 부채자기자본비율이다. 기업이 부채를 이용하고 있는 정도를 레버리지(leverage)라 하는데 부채를 이용해 사업하는 것을 마치 지렛대를 사용하는 것에 비유한 것이다. 안정성을 나타내는 지표로서 이 비율을 이용한다.

부채자기자본비율 = 부채 / 자기자본

총부채비율 총자산 규모에 대한 총부채비율을 총부채비율이라 한다. 불황이 오거나 금융위기가 닥치면 총부채비율이 큰 기업일수록 안정성이 위태로워질 것이다.

총부채비율 = 총부채 / 총자산

요 약

1. 재무관리란 자금조달과 운용을 효율적으로 수행하기 위한 경영활동이다. 최고재무책임자(CFO)의 업무는 운전자본 관리, 자본예산 편성, 자금조달방법 결정, 재무성과의 분석과 개선 등 4가지가 있다.

2. 재무관리의 목표에 관해서는 크게 3가지가 있다. 이익극대화목표는 이익 그 자체가 목표가 되어서는 곤란하다는 주장이 있으며, 기업가치의 극대화목표는 채권자를 주주와 함께 기업의 소유주로 인정하게 되는 문제를 야기한다. 따라서 현대 재무론에서는 기업의 진정한 주인은 기업경영에 위험부담을 안고 있는 주주라고 보고 주주의 가치를 극대화할 수 있는 자기자본가치의 극대화가 재무관리에서의 기업의 목표라고 본다.

3. 재무구조가 건전하지 못한 기업들은 경기가 나빠지면 자칫 단기부채를 상환하지 못할 수 있으므로 최고재무책임자는 현금흐름을 예견하고 미리 대책을 마련하여야 한다. 현금주기가 길수록 현금 사정이 나빠질 가능성이 크므로 기업은 현금주기를 줄이기 위해 재고자산 전환기간을 단축하거나 매출채권전환기간을 단축시켜야 한다.

4. 투자 수익은 미래에 실현되는 것이지만 투자 결정은 현재 시점에서 이루어지기 때문에 투자결정을 위해서는 현재의 투자와 미래의 투자수익의 가치를 일치시켜 주는 작업이 필요하다. 미래 현금흐름, 즉 기간별 총 예상 수익의 현재가치가 현 시점에서 투입해야 할 금액보다 크면 투자 결정을 할 것이고 적다면 투자를 하지 않는 것이 합리적인 의사결정이다.

5. 기업은 투자안을 선택할 때 먼저 그 투자가 과연 얼마만큼의 수익을 가져다줄 것인가를 생각하게 된다. 이를 위하여 기대수익률이 같은 경우는 위험이 작은 것을, 위험이 같다면 기대수익률이 큰 투자안을 선택하게 된다. 만약 한 투자안은 위험이 상대적으로 작은 반면 다른 투자안은 상대적으로 기대수익률이 크다면 이때는 투자자의 투자성향에 따라 선택이 달라질 것이다.

6. 자금조달방법으로는 주식발행과 채권발행처럼 투자자로부터 직접 자금을 조달하는 직접금융과 금융기관에서 빌리는 간접금융이 있다.

7. 재무제표란 경영활동에 대한 결과를 체계적으로 정리하여 경영진이나 주주, 또는 채권자들에게 제공하는 일련의 재무보고서를 말하는데 재무상태표, 포괄손익계산서, 현금흐름표, 자본변동표로 구성된다.

8. 투자가나 경영자는 재무상태표와 포괄손익계산서 항목들을 활용한 여러 가지 비율 분석을 통해 기업의 수익성, 활동성, 유동성, 안정성을 평가한다.

토의과제

1. 기업의 자금조달방법으로 주식이나 채권발행을 통한 직접금융과 은행차입을 이용하는 간접금융방식이 이용되고 있다. 각각의 자금조달방법이 기업의 관점에서 어떠한 장·단점을 갖는지 비교해 보자.

2. 최근의 KOSPI지수의 변화추세와 각종 영향변수들을 찾아보고, 중요한 영향변수 두 가지를 골라 각 변수들에 대한 전문가들의 예측 시나리오들을 정리해 보자.

3. 기업의 목표는 자기자본가치의 극대화, 즉 주식가격의 극대화라고 할 수 있다. 그렇다면 사회적 책임을 다하여야 한다는 목표와는 어떻게 다르며, 기업가치를 계속 증가시켜 나가기 위해서는 어떠한 목표를 설정하는 것이 옳은지를 토론해 보자.

4. 평소 관심 있는 기업 하나를 선택해 금융감독원 홈페이지(http://dart.fss.or.kr)에서 그 기업의 최근 분기보고서를 찾아보자. 보고서의 내용 중에서 기업의 매출에 관한 사항, 지배구조, 주식의 분포 등을 살펴보고, 재무제표를 통해 각종 재무비율들을 계산해 보자.

5. 기업의 이해관계자들이 올바른 의사결정을 내리기 위해 이용하는 주요 정보원인 회계자료의 투명성에 대한 공감대가 확산되고 있다. 그러나 최근에 '분식회계'와 관련된 사례가 보고되고 있는데, 이 '분식회계'의 발생원인과 유형에 대하여 토론해 보자.

12 CHAPTER

인적자원관리

열의를 갖고 자신의 능력을 한껏 발휘하는 종업원들이야말로 조직의 가장 소중한 자산이다. 그래서 어떤 구성원들로 조직이 채워지는지에 따라 조직성과는 크게 달라진다. 이 장에서는 조직이 어떻게 인력을 확보하고 그들의 가치와 기여를 높여나갈 것인지를 다룸으로써 인적자원과 조직 경쟁력의 관계에 대해 알아보려고 한다.

이 장을 공부한 후 여러분은 다음 사항을 이해할 수 있어야 한다.

- 인적자원관리 체계
- 인적자원계획
- 모집과 선발
- 종업원들의 능력개발
- 인사고과의 역할과 방법
- 임금관리

시작이야기 결국 사람이다, 사람!

20년 전 일이다. 고(故) 이건희 삼성그룹 회장이 경기도 용인 삼성인력개발원으로 계열사 사장들을 불렀다. 창조관 304호실에 총 52명의 핵심인력이 모였다. 오래전부터 이 회장이 내준 숙제가 있다. “5년, 10년 후 우리는 무엇을 먹고 사느냐”였다. 사실 2002년은 삼성으로선 결실의 해였다. 이 회장이 신경영을 선포하기 직전 해인 1992년에 비해 시가총액은 3조6000억 원에서 75조 원대로 20배나 증가했다. 세전이익은 무려 66배나 늘어났다. 같은 기간 전체 상장기업이 거둔 이익의 61%가 삼성에서 나왔다. 10년 만에 괄목할 만한 성장이고 도약이었다.

그런데도 이 회장은 만족하지 않았다. 늘 위기를 말했다. “변화의 속도가 빠른 디지털 시대엔 일류기업이라도 현실에 안주하다간 언제든 망할 수 있다.”고 했다. 다행히도 삼성엔 황금알을 낳는 거위가 있었다. 메모리 반도체다. 그러나 그 뒤를 이을 ‘바로 이것’이랄 수 있는 사업은 없었다. 회의에 참석한 당시 에버랜드 허태학 사장은 “미래를 보장할 아이템을 찾는다는 건 정말 어려운 과제였다.”고 말했다.

그러나 어떻게든 이날 모임에서 각 계열사 사장들은 미래 성장엔진에 대한 발표를 해야 했다. 꽤 오랜 시간이 지났다. 한마디 토도 안 달고 전 계열사의 발표를 다 듣고 난 이 회장이 마지막 강평을 했다. 강평은 짧았다. 황영기 당시 삼성증권 사장은 “짧은 만큼 강렬했습니다. 이런 메시지였습니다. 내일 일도 모르는데 10년 후를 어찌 알겠는가. 사람이다. 사람. 아직까지도 생생하죠. 망치로 머리를 얻어맞은 느낌이었습니다. 앞으로의 경영은 예측할 수 없는 변화에 대처하고 미래를 이끌 수 있느냐가 관건”인데 “그건 아이템을 선택하는 게 아니라 핵심인재를 끌어들이는 게 답이라는 인식을 심어줬다.”고 설명한다.

아이템보단 사람이 먼저라는 개념은 세계적인 경영학자인 짐 콜린스가 이 회장의 용인 발언 1년 전인 2001년 출간한 ‘좋은 기업을 넘어 위대한 기업으로(Good to Great)’에서 처음 소개했다. 그 유명한 ‘버스 태우기’다. 그는 “버스에 인재를 먼저 태운 다음 그들로 하여금 어디로 갈지를 생각하게 한 기업들이 위대한 기업이 됐다.”고 말한다. 무엇을(what) 할 것인가 보다 누가(who) 할 것인가가 중요하다고 역설한 것이다.

그렇게 인재를 고르기로 유명한 경영자는 빌 게이츠 마이크로소프트(MS) 회장이다. 그가 스카우트한 인재 중 한국계로 에드워드 정(한국명 정구영)이 있다. 14세 때 예일대에 입학해 화학공학을 전공한 수재인 그는 대학교 때 해킹을 하다 연방수사국(FBI) 수사를 받고 결국 퇴학조치를 당하는 등 파란만장한 청년 시절을 보내다가 특허 관련 비즈니스 창업을 한 인물이다. 그를 스카우트하려고 몇 차례 면접을 진행하면서 그의 진가를 알아본 MS 인사담당자는 빌 게이츠에게 이 사실을 보고했다. 빌 게이츠가 직접 나섰다. 그는 에드워드 정을 집으로 초대해 저녁식사를 같이하면서 그의 가치와 능력을 가늠해 본 뒤 “나와 같이 일해보자.”며 붙잡았다. 빌 게이츠는 에드워드 정을 일단 버스에 태운 것이다.

에드워드 정은 빌 게이츠와의 일화를 들려줬

다. "MS에 들어가긴 했는데 일을 주지 않는 겁니다. 일 안 할 거면 내가 여기 있을 필요는 없다며 따졌죠. 빌이 뭐 그렇게 조바심을 내느냐, 정 그러면 제안서를 한번 써와보라고 하더군요. 한 달 동안 연구해 제출했습니다. 빌이 그 아이디어를 보더니 전격적으로 채택을 하고 팀원과 예산을 배정해줬습니다. 4조~5조 원의 예산을 가지고 여러 가지 시도를 해 볼 기회가 있었습니다. 그러나 많은 아이디어가 실패로 귀결됐습니다. 내가 더 이상 이곳에서 근무할 염치가 없어 그만두겠다고 했습니다. 그랬더니 실패보다 더 중요한 것은 실패의 교훈이니 그 교훈으로 좀 더 일해보라고 저를 붙잡았습니다." 그 후 에드워드 정은 결국 MS오피스 시리즈를 만들어낸다. 그동안 MS에 손실을 입힌 것에 비해 족히 10배의 이익은 돌려줬다.

빌 게이츠의 이런 인재관을 넷플릭스의 설립자인 리드 헤이스팅스가 본인의 저서 '규칙 없음(No Rules Rules)'에서 언급한다. 베스트 소프트웨어 프로그래머와 평범한 소프트웨어 프로그래머의 격차가 얼마나 되는지에 대해 빌 게이츠와 나눈 대화 내용이다. 빌 게이츠를 만난 헤이스팅스가 고민을 털어놓는다. "그전까지는 몰랐는데 지금에서야 깨닫게 된 사실이 하나 있다. 초일류와 평범한 프로그래머의 차이가 10배 이상 난다는 점이다. 그래서 사람을 채용할 때 S급 인재 1명을 할지, 평범한 사람 10명 이상을 할지를 모르겠다."고. 이 말을 들은 빌 게이츠는 빙긋이 웃으며 "10배가 아니라 100배는 될걸"이라는 답을 돌려줬다. 헤이스팅스는 이 일화를 소개하면서 '록스타의 원칙(Rockstar Principle)'이라고 책에다가 썼다.

삼성그룹은 그전에도 꽤나 많은 거물급 핵심 인재를 모시기는 했다. 미국 IBM 연구원으로 근무하던 진대제 전 삼성전자 디지털미디어총괄 사장은 IBM의 회유와 설득에도 불구하고 1985년 고국으로 돌아와 삼성전자에 합류했다. 황창규 전 삼성전자 반도체총괄 사장도 그런 케이스다. 1988년 미국 스탠퍼드대 연구원으로 근무하던 황 사장은 당시 IBM, TI, 스탠퍼드대 교수직 제안까지 받았으나 삼성의 끈질긴 설득이 주효했다. 권오현 전 삼성전자 회장도 스탠퍼드대학에서 박사학위를 받은 후 1985년 삼성에 입사한다. 1983년 이병철 회장의 '도쿄선언'으로 반도체 사업을 본격화한 이후 사실상 처음으로 영입한 S급 인재일 것이다. 권 회장은 1990년대 세계 최초 64M D램 개발을 주도하는 등 '초격차 전략'을 바탕으로 '삼성의 반도체 신화'를 이끌었다.

(자료: "5년 · 10년후 먹거리? 내일 일도 모르는데…결국 사람이다, 사람", 매일경제, 손현덕 주필, 2022.03.15. https://www.mk.co.kr/news/business/view/2022/03/239288/ 수정부분발췌)

인적자원관리와 조직의 경쟁력

인적자원관리 업무

인적자원관리(人的資源管理; Human Resource Management, HRM)는 조직의 목표 달성에 필요한 업무를 잘 해낼 수 있는 사람들을 찾아 조직에 참여시키고 그들이 능력을 발휘하여 조직성과에 기여하도록 유도하는 과정이다. 따라서 직무나 조직에 적합한 인재를 확보하는 것이 인적자원관리의 첫 번째 과제이며, 성과와 잠재력 향상을 통해 조직목표 달성에 기여할 수 있도록 인력을 유지하는 것이 두 번째 과제이다. 〈그림 12-1〉과 같이 크게 인적자원의 확보와 유지로 나누어지는 인적자원관리 업무는 인적자원계획, 직무분석, 모집과 선발, 사회화, 교육·훈련 그리고 인사고과와 보상 등으로 이루어진다. 이들 활동에 대해 간략하게 살펴보자.

인적자원계획 조직이 필요로 하는 인력의 수와 그들이 갖추어야 할 자격요건을 분석하고, 그런 인력을 적시에 확보할 수 있도록 모집, 선발, 교육·훈련 그리고 인력이동과 같은 여러 가지 활동을 미리 계획한다.

그림 12-1 인적자원관리 활동

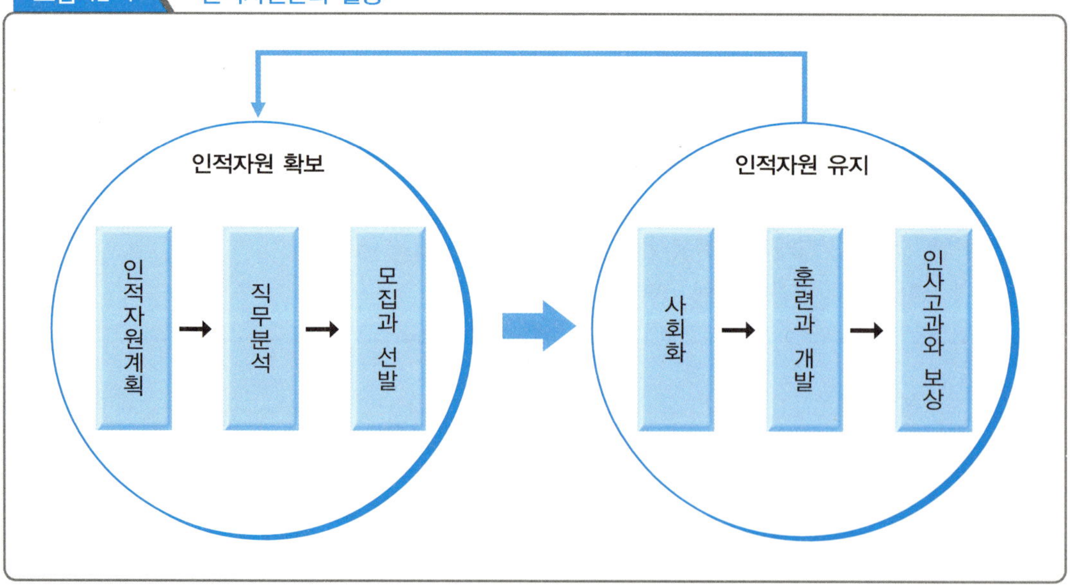

직무분석 조직에서 수행되어야 할 각 직무의 목적, 내용, 수행요건 등에 관한 정보를 수집, 정리하여 모든 인적자원관리 활동에 필요한 기초적 자료를 마련한다.

모 집 인력수급계획에 따라 필요한 인력의 수와 자격요건이 결정되면, 그런 자격을 갖춘 사람들을 찾아 조직의 채용과정에 지원하도록 유도하는 모집활동이 이루어져야 한다.

선 발 지원자들을 자격요건에 따라 평가하고, 타당하고 신뢰할 수 있는 기준에 따라 적임자들을 가려낸다.

사회화 조직에 새로 참여했거나 다른 부서로 옮긴 종업원들이 새로운 조직과 직무에 빨리 익숙해지고 상사나 동료들과 친숙해져 잘 적응할 수 있도록 여러 가지 프로그램을 마련하여 시행한다.

교육·훈련 새로운 지식이나 기술습득을 통해 직무수행능력을 향상시키고 잠재능력을 개발하기 위한 교육이나 훈련이 이루어져야 한다.

인사고과 구성원, 팀 또는 부서의 직무수행능력과 성과를 평가하고 그 결과를 성과개선과 보상배분을 위해 활용한다.

보 상 임금인상이나 승진과 같은 보상을 조직구성원들에게 공정하게 배분하여 조직의 목표달성을 위한 적극적인 노력을 유도한다.

이와 같은 인적자원관리 기본 업무들은 서로 밀접하게 연관되어 있다. 규모가 큰 기업에서는 전담부서를 만들어 이들 업무를 맡기지만 업무영역이나 직위에 관계없이 대부분의 경영자들은 인적자원관리에 참여하게 된다.

조직 경쟁력과 인적자원관리

기술의 발전으로 많은 일들이 기계나 자동화된 시스템에 의해 처리되고 있어 구성원들이 조직의 경쟁력에 미치는 영향이 그리 크지 않을 것으로 생각할 수 있다. 예를 들어, 자동차 생산과정에서 사람들의 손에 의해 이루어지는 일은 점차 줄어들어 이제는 10%도 채 되지 않는다고 한다. 그렇다면 자동차 생산회사의 인력구성이나 인적자원관리 활동이 기업의 성과에 그다지 큰 영향을 주지 않을 것이라고 생각할 수 있지만 실상은 그렇지 않다.

조직은 경쟁상대가 하지 못하거나 쉽게 모방할 수 없는 일을 할 때 경쟁력을 갖추게 되며, 그런 힘은 바로 사람들에게서 나온다는 것을 잊어서는 안 된다. 공장설비, 기계, 자동화된 생산시설 등과 같은 하드웨어가 조직의 생산성에 영향을 주는 것은 틀림없지만 투자만 한다면 어렵지 않게 얻을 수 있는 것들이기 때문에 그것에 바탕을 둔 경쟁력은 오랫동안 지속될 수 없다. 그러나 경쟁 조직이 쉽게 얻을 수 없는 구성원들의 지식, 경험, 창의력, 노하우, 열정, 헌신적인 노력이야말로 조직을 진정 강하게 만드는 핵심적인 요인들이다. 다시 말해 종업원들의 머리와 가슴이 현대 조직의 경쟁력을 가름 짓는 요소라는 것이다. 따라서 조직구성원들은 그 활용에 따라 조직의 성과가 결정되는 중요한 자원이며, 조직 경쟁력은 인적자원을 얼마나 효과적으로 활용하는지에 따라 크게 달라진다.

전략적 인적자원관리

인적자원이 조직 경쟁력의 핵심 원천이라면 조직 경쟁력에 관한 포괄적 계획인 전략과 인적자원관리는 매우 깊은 관계를 갖게 될 것이다. 인적자원관리가 조직의 목표 및 전략과 짜임새 있게 연계되어 이루어질 때 조직목표 달성과 경쟁력 강화에 기여할 수 있다. 다시 말해 인적자원관리가 전략의 수립이나 집행과 잘 어우러져야만 인적자원을 통한 기업의 경쟁력 강화가 이루어질 수 있다는 것이다. 전략을 수립하면서 인적자원과 관련된 특성을 고려하지 않거나, 전략적 목표를 충분히 반영하지 않고서 인적자원관리 활동들이 이루어지면 조직의 목표달성이나 경쟁력 강화를 기대할 수 없을 것이다.

전략수립과 인적자원관리가 서로 연계되지 못해 생기는 문제를 해결하기 위해 최근에 전략적 인적자원관리(Strategic Human Resource Management, SHRM)가 강조되고 있다. 조직의 전략적 목표를 충실히 반영함으로써 인적자원관리가 전략경영과정과 체계적으로 연계되고 인적자원관리 활동들이 서로 조화를 이루며 조직 경쟁력을 높이는 방향으로 일관성 있게 이루어지는 것을 목표로 삼는 전략적 인적자원관리는 경영환경이 빠르게 변할수록 그 중요성이 높아지고 있다.

인적자원계획

조직이 필요로 하는 인력의 수와 자격요건을 예측하여 그런 인력수요를 충족시킬 수 있는 대응책을 마련하는 인적자원계획을 세우는 일로부터 인적자원관리는 시작된다. 인적자원계획이 잘 수립되면 유능한 인력을 적시에 공급받을 수 있어 인력의 과부족이나 자질부족으로 인한 문제가 발생할 가능성이 낮아진다.

인적자원계획은 조직의 전략적 계획을 달성하기 위해 수립되는 운영계획 중 하나이다. 예를 들어 전략적 계획에 따라 새로운 사업분야에 진출하는 경우 필요한 인력의 규모와 자격요건을 예측하여 적절한 확보대책이 마련되어야 할 것이고, 반대로 어떤 사업분야의 규모를 축소해야 하는 경우에도 인력감축이나 유휴인력의 활용방안과 같은 인적자원계획이 마련되지 않으면 전략적 계획이 효과적으로 실행되기 어렵다.

〈그림 12-2〉에 제시된 것처럼 인적자원계획은 조직이 필요로 하는 인력의 규모와 질을 분석하는 인력수요 예측과 조직이 활용할 수 있는 인력의 규모와 질을

그림 12-2 인적자원계획 수립과정

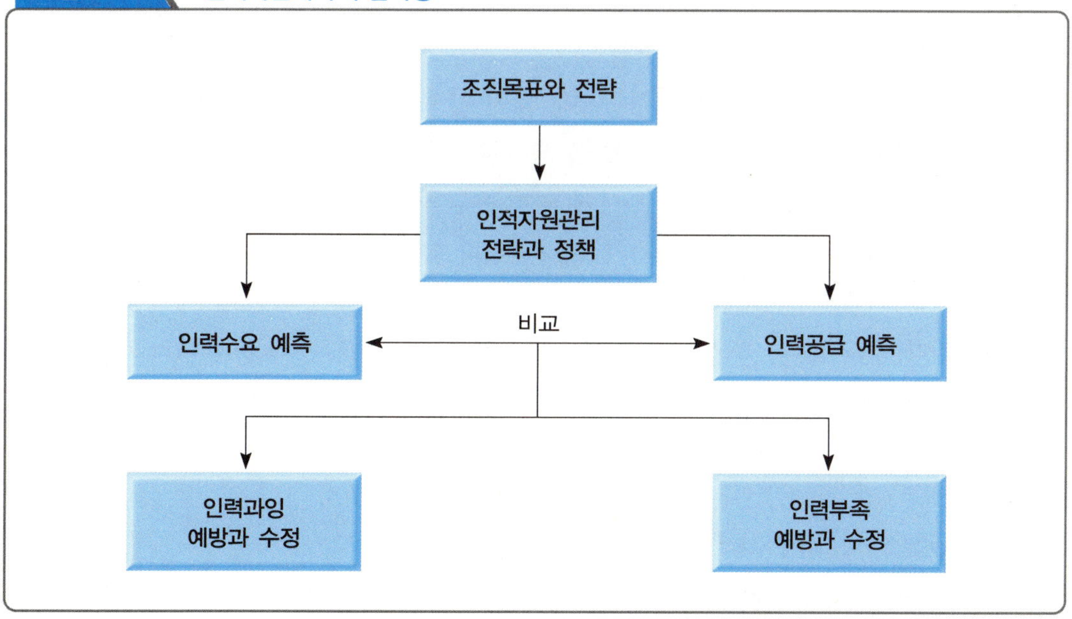

분석하는 인력공급 예측으로 이루어져 있다. 그리고 이들을 비교하여 인력의 부족이나 과잉을 미리 예방하거나 해결할 수 있는 방안을 마련해 실행하는 것이 인적자원계획의 기본적인 기능이라고 할 수 있다.

인력수요 예측

조직에 필요한 인력은 두 가지 측면에서 분석되는데, 조직의 목표달성을 위해서는 몇 명의 인력이 필요한지 그리고 필요한 인력이 어떤 자격요건을 갖추어야 하는지가 그것이다.

필요인력 규모 예측

조직에 필요한 인력 규모는 전체 일의 양을 한 사람이 맡아 처리하는 일의 양으로 나누면 구해질 수 있다. 다시 말해 조직의 목표 생산량, 판매량, 고객 수 등에 의해 결정되는 전체 업무량과 한 사람이 일정기간 동안 얼마만큼 많은 일을 해내는지를 나타내는 노동생산성에 의해 필요한 인력의 규모가 결정된다. 예를 들어, 종업원 한 명이 하루 30대의 자전거를 조립할 수 있고, 그 공장의 하루 목표 생산량이 600대라면 적어도 20명의 종업원이 생산업무에 필요하다. 수요가 늘어 목표 생산량이 많아지거나 생산자동화로 작업자의 하루 생산량이 늘어나면 필요한 인력규모는 달라진다.

조직의 규모가 작고 업무종류도 많지 않으면 이와 같이 간단한 방법으로 필요한 인력규모를 예측할 수 있지만, 생산량이나 판매량이 늘어나고 처리해야 할 업무의 종류도 많아져 여러 부서에 의해 분담되어 처리되면 전체적으로 필요한 인력규모를 한 번에 예측하기가 어려워진다. 이런 경우에는 각 사업부, 기능부서 또는 직급별로 필요인력의 수를 예측하여 이를 합하는 누계적 예측방법이 사용된다. 이와 같이 조직의 계층에 따라 수직적으로 또는 직능에 따라 수평적으로 세분화하여 필요한 인력규모를 예측할 때는 인력의 자격요건에 관해 보다 세밀한 분석이 요구된다.

필요인력 자격요건 예측

어떤 요건을 갖춘 인력이 필요한지는 그들에게 맡겨질 직무의 내용에 달려 있다. 따라서 직무와 관련된 여러 가지 정보를 수집하여 정리하는 작업인 직무분석(職務分析; job analysis)은 인력이 갖추어야 할 자격요건을 예측하는 데 기초적 자료를 제공한다. 직무분석에서는 직무의 목적을 비롯해 직무를 구성하고 있는 업무의 내용, 작업환경 그리고 담당자가 갖추어야 할 요건 등에 관한 정보가 수집된다. 즉, 어떤 일이 왜, 어떻게, 어디에서 그리고 어떤 자격을 갖춘 사람에 의해 수행되어야 하는지를 밝히는 과정이다. 직무에 포함된 여러 업무의 목적과 내용을 명확히 하고, 그런 업무를 수행하는 데 필요한 기능이나 지식과 정신적 또는 육체적 노력 정도를 파악한다. 그리고 그런 일을 만족스럽게 해내기 위해 담당자가 갖추어야 할 기술, 지식, 경험 등과 같은 자격요건도 밝혀야 한다.

직무분석에 의해 모아진 정보들은 직무기술서와 직무명세서라는 문서로 요약·정리된다. 직무기술서(職務記述書; job description)는 주로 직무와 관련된 책임과 의무를 중심으로 작성되고, 직무명세서(職務明細書; job specification)는 직무담당자가 갖추어야 할 요건에 초점을 맞추어 정리된다. 직무기술서와 직무명세서는 조직 구성원들이 어떤 일을 맡을 것이며 그에 따라 어떤 자격요건을 갖추어야 하는지를 알려줌으로써 인력수요 예측에 기초적인 자료로 활용되고 있다.

이렇게 인력수요가 예측되고 나면 조직이 실제 보유하고 있는 인력의 규모나 질을 분석하여 수요와 공급을 일치시키기 위한 대책이 마련되어야 한다.

내부 인력공급 예측

조직 내부에서 공급받을 수 있는 인력은 현재 보유하고 있는 인력의 수와 자격요건 그리고 미래 일정 기간 동안 예상되는 변화에 근거해 분석되어야 한다.

내부 인력공급 규모 예측

현재 보유하고 있는 인력규모는 조직 전체나 각 부서 또는 공장과 같은 하위단위별로 쉽게 평가될 수 있다. 일정기간 동안에 예상되는 결원, 내부이동 그리고 충원을 고려하여 부문별로 이용 가능한 인력규모를 분석하면 일정기간 후의 조직 전체 인력공급능력이 예측될 수 있다.

내부로부터 공급받을 수 있는 인력의 수와 함께 일정기간 동안의 생산성 변화 역시 인력공급 규모에 영향을 준다. 예를 들어, 새로운 기술습득을 위한 훈련 이후 1인당 생산성이 5% 증가하면 내부에서 공급받을 수 있는 인력규모가 5% 늘어나는 것과 같은 효과를 갖는다. 이와 같이 인력공급의 양적 측면과 질적 측면은 서로 밀접하게 연결되어 있다.

내부 인력공급 자격요건 예측

조직구성원들이 갖고 있는 자격요건을 평가하는 것을 인적자원감사(人的資源監査; human resource audit)라고 한다. 구성원들이 자신의 직무에 적합한 수준의 기능을 보유하고 있는지 그리고 실제 맡은 직무를 잘 수행하고 있는지를 살펴보는 것이다. 이런 분석의 기초적 자료는 기능목록(技能目錄; skill inventory)의 작성과 활용을 통해 얻을 수 있다. 현 종업원들이 갖고 있는 기술, 자격, 경험, 교육수준, 특기 등에 관한 정보를 정리해 둔 기능목록은 내부로부터 공급받을 수 있는 인력의 자격요건을 알려준다. 이와 함께 구성원들의 인사고과 또는 업적평가 결과 역시 보유인력의 질적 요건에 관한 중요한 정보를 제공해 준다. 현재 그들이 어떤 직무수행능력을 갖고 있으며 그것을 얼마나 발휘하고 있는지를 평가하는 인사고과는 조직이 내부로부터 공급되는 인력의 자격요건을 알려준다.

시간이 지나면서 새로운 종업원의 채용, 기존 인력에 대한 훈련과 교육, 경험축적 등으로 인력규모와 그들이 갖고 있는 자격요건도 바뀌게 된다. 경영자는 항상 그런 변화를 예측하고 대응책을 준비하여 미래에 요긴하게 쓰일 수 있는 인재를 조직 내에서 양성할 수 있어야 한다.

인력수급 불균형 해소

인력의 수요와 공급이 예측되고 나면 그 둘을 비교하여 차이가 있다면 그것을 줄일 수 있는 방안을 마련해야 한다. 먼저 인력수요규모와 조직 내부에서 공급받을 수 있는 인력규모를 비교해 불균형을 줄이는 노력이 필요하다.

필요한 인력규모가 내부로부터 공급받을 수 있는 규모보다 커 인력이 부족하면 추가적인 인력공급 방안을 찾아야 하는데, 그런 현상이 장기적인지 아니면 단기적인 것인지에 따라 서로 다른 대응이 필요하다. 단기적인 인력부족은 기존 종업원의 추가근무, 생산성 향상, 자동화 등을 통해 해결될 수 있지만, 장기적인 현상이라면 신규채용이나 아웃소싱을 통해 외부로부터의 인력공급이 이루어져야 한다. 반대로 인력과잉현상이 일어나면 단기적으로는 근무시간 단축과 같은 방법으로 해결할 수 있지만, 장기적으로는 정리해고나 신규채용 억제 등과 같은 인력 감축 노력이 필요하다.

인력수급 규모의 불균형과 함께 질적 측면에서의 차이 역시 해결되어야 한다. 특히 구성원들이 갖고 있는 자격요건이 필요한 수준에 미치지 못해 약화된 조직 경쟁력은 교육·훈련을 통한 직무수행능력 향상과 잠재능력 개발을 통해 해결되어야 한다.

인력 확보

모 집

조직의 경쟁력을 결정하는 핵심요인은 바로 조직을 구성하고 있는 사람들이다. 그러므로 경영자는 조직에 적합한 인재를 찾아 그들을 조직목표 달성을 위한 노력에 참여시킬 수 있어야 한다. 이를 위해서는 먼저 조직 안팎의 인력을 대상으로 모집(recruitment) 활동을 벌여 자격을 갖춘 지원자집단을 형성해야 한다.

내부모집

특정 직무를 담당할 사람을 기존 구성원들로부터 찾는 것을 내부모집이라고 한다. 이는 특정 직무를 담당할 사람을 찾고 있다는 사실을 사내 게시판이나 홈페이지를 통해 알림으로써 자격을 갖춘 종업원들의 지원을 유도하는 방법이다. 외부모집에 비해 비용이 적게 들고 이미 기존 구성원들에 관한 정확한 정보를 갖고 있어 적임자를 쉽게 찾을 수 있으며, 구성원들의 사기향상에도 도움이 된다. 하지만 조직 밖의 인력이 갖고 있는 새로운 능력이나 관점을 도입할 수 없다는 단점도 있다.

미국이나 유럽에서는 사내모집이 널리 활용되고 있으며 우리나라 기업에서도 최근 들어 사내공모제도(社內公募制度; job posting)를 도입하여 필요한 인력을 내부로부터 모집하는 경우가 점차 늘어나고 있다.

사례읽기 12-1 내부공모제의 활용

CJ가 혁신의 고삐를 당기고 있다. 급변하는 글로벌 경쟁에 대응하기 위해 '변화하지 않으면 안 된다'는 절박함이 반영된 것이다. 이와 같은 고민의 결과물이 올해부터 본격적으로 시작된 CJ의 '인사 혁신 실험'이다. 기존 대기업에서는 상상하기 힘들었던 파격적인 제도들을 잇달아 도입하며 눈길을 끌고 있다. 직급 파괴, 주요 포지션 사내 공모, 워라밸(일과 삶의 균형) 지원 등 다양한 제도들이 도입되고 있지만 이를 통해 CJ가 추구하는 '일터'의 모습은 꽤 선명하다. 연차나 직급, 궁극적으로는 자신에게 맡겨진 업무 분야까지 넘어 직원들이 주체적으로 자신들이 원하는 일에 도전하고 성과를 내며 보상을 받을 수 있는 일터다. 열심히 일하고자 하는 직원들에게 '최고의 지원'을 보내주겠다는 약속인 셈이다.

CJ의 인사 제도는 '직원들의 업무 시간과 공간'에 대한 자율성을 제공하는 데서 한 단계 더 나아간다. CJ 임직원들이 주도적으로 자신의 업무를 진행하며 자신이 원하는 커리어를 주도적으로 개척해 나갈 수 있는 '성장 경로(career path)'까지 그 폭을 넓혀 주겠다는 것이다. 뭐든 하고 싶어 하고 일을 만들어, 하는 일 욕심이 많은 사람을 뜻하는 '하고잡이' 인재들에게 더 많은 기회의 문을 열어주겠다는 취지다. 지난해 11월 도입한 '잡 포스팅(Job Posting)'이 대표적이다. 이를 통해 직원들은 소속 계열사와 직무에 제한 없이 그룹 내 다양한 사업과 직무에 도전할 수 있다. 자신이 하고 싶은 업무에서 성장할 수 있는 다양한 기회를 제공하기 위한 것이다. CJ제일제당 · CJ대한통운 · CJ ENM · CJ올리브영 · CJ프레시웨이 등 주요 계열사에서 다양한 직무를 공모했고 실제로 많은 인재들이 이에 도전해 새로운 기회를 얻었다.

이 밖에도 직급에 관계없이 기회를 제공하는 '리더 공모제'도 신설할 예정이다. 이와 함께 '하고잡이 인재'들에게 다양한 성장 기회를 부여하기 위해 기존의 조직에서 벗어나 신사업에 도전할 수 있는 기회도 제공한다. 독립 조직인 CIC(Company In Company)와 사내 벤처를 활성화하고 사업화 성공 시 다양한 보상 제도도 함께 마련한다. CJ 관계자는 "구성원들이 자기 주도적으로 커리어를 설계하며 역량을 키워 나갈 수 있는 다양한 기회와 환경을 조성하는 것은 물론 성과에 대한 객관적인 피드백과 공정한 평가가 이뤄지는 문화 안착 등 미래 성장을 위한 조직 문화 혁신에 지속 나설 것"이라고 말했다.

(자료: "'역량 있으면 나이·연차 상관없이 리더'… CJ가 쏜 인사 대혁신", 매거진한경, 이정흔 기자, 2022.03.22. https://magazine.hankyung.com/business/article/202203160240b 수정부분발췌)

외부모집

조직의 성장이나 기술변화 그리고 기존 구성원들의 퇴직이나 이직 등으로 내부모집으로는 자격을 갖춘 지원자를 확보할 수 없는 경우가 많다. 이때는 외부노동시장에서 필요한 인력을 찾는 외부모집이 이루어져야 하는데, 대학이나 고등학교의 졸업자, 관련 업체의 종업원, 구직자, 자영업자 등이 모집대상이 된다. 광고를 통한 지원유도, 교육기관이나 기존 종업원의 추천, 공공기관이나 사설기관의 추천과 같은 방법이 외부모집을 위해 자주 사용되며, 최근에는 인터넷을 활용하는 방법이 빠르게 확산되고 있다.

외부모집의 장점은 기존 인력이 갖고 있지 않는 전문능력을 확보할 수 있고 새로운 구성원에 의해 조직에 새 바람을 기대할 수 있다는 것이다. 그렇지만 많은 비용과 시간이 소요된다는 단점도 갖고 있다. 일반적으로 우수한 인력을 유인하기 위해 조직이나 직무에 대해 과대선전하는 경우가 많다. 이렇게 과대포장된 모집활동이 이루어지면 새로운 구성원들은 높은 기대를 갖고 조직에 들어오게 되고, 얼마 되지 않아 현실과 기대 간의 차이를 발견하게 된다. 이때 느끼는 실망감을 현실충격(現實衝擊; reality shock)이라고 하며 신입 사원들의 불만과 이직을 부추기게 된다. 실제 많은 비용을 들여 채용한 구성원이 입사한 지 얼마 되지 않아 이직한다면 조직에게는 큰 손실이 아닐 수 없다. 따라서 조직이나 직무의 긍정적인 점만을 강조하기보다는 부정적인 측면도 있는 그대로 사전에 공개하여 지원 가능자들이 보다 정확한 정보를 갖고 지원결정을 할 수 있도록 도와주는 노력이 필요하다. 그렇게 되면 기대와 현실 사이의 거리는 좁혀지고 새로운 구성원이 보다 쉽게 조직과 직무에 적응할 수 있을 것이다.

선 발

모집을 통해 지원자집단이 형성되고 나면 선발(選拔; selection)이 이루어져야 하는데, 지원자 중 조직이나 직무의 요건에 적합한 사람을 가려 선택하는 과정이다. 필요에 따라 그때그때 교체할 수 있는 설비나 기계부품과는 달리 한 번 채용된 종업원은 오랜 기간 동안 조직의 구성원으로 남아 있게 된다. 따라서 선발이 잘못 이루어지면 조직은 많은 어려움을 감수할 수밖에 없다.

여러분들이 경영자라면 어떻게 신입사원을 선발하겠는가? 욕심을 낸다면 지원자를 다 조건부로 채용하여 일정 기간 동안 실제 일을 시켜본 후 잘하는 사람만 채용하고 싶겠지만 현실적으로 그런 방법을 사용하는 건 불가능하다. 따라서 조직에 잘 적응하고 맡은 일을 얼마나 잘 해낼지를 미리 정확하게 알아낼 수 있는 방법을 찾아야 한다.

선발기준

선발과정에서 경영자가 관심을 가져야 할 것은 우선 어떤 기준으로 적임자를 가려낼 것인가이며, 이에 따라 수집되어야 할 정보의 내용과 방법이 결정된다. 적임자란 조직목표 달성에 기여할 수 있는 사람을 의미하는데, 이는 직무와의 적합성과 조직과의 적합성이라는 두 가지 기준을 통해 평가될 수 있다.

직무와의 적합성은 지원자의 현재 능력을 강조한다. 이는 공석이 된 직무를 성공적으로 수행할 수 있는 사람을 골라내는 데 역점을 두고 있다. 이를 위해서는 직무분석을 통해 얻어진 직무수행요건을 지원자가 갖고 있는 직무수행능력과 비교함으로써 선발결정이 이루어진다.

다른 기준은 지원자가 조직에 잘 적응하여 장기적으로 조직의 목표달성에 기여할 수 있는 가능성, 즉 조직과의 적합성이다. 당장 어떤 직무를 성공적으로 수행할 수 있는 능력을 갖고 있는지 여부보다는 조직목표 달성에 장기적으로 기여할 수 있는 잠재력을 더 중시하는 기준이다. 따라서 새로운 능력이나 기술을 습득할 수 있는 잠재력, 경영이념의 수용, 조직문화에 대한 적응, 창의력 등이 높이 평가된다.

일반적으로 이 두 기준을 함께 고려하여 선발결정이 이루어져야 하는데, 서양의 기업들은 직무와의 적합성에 더 많은 비중을 두어온 데 비해 우리나라의 기업들은 조직과의 적합성을 좀 더 강조해 왔다. 그 이유는 지속적으로 성장해 온 우리나라 대기업들은 대규모의 신입사원 채용이 필요했으며 직무분석이 이루어지지 않아 직무수행요건에 대한 정보도 부족하였기 때문이다. 그러나 양적 성장보다는 내실이 강조되면서 상시채용이 도입되기 시작했고, 지원자의 현재 직무수행능력이 선발과정에서 차지하는 몫이 커지고 있다.

선발도구

지원자의 직무수행능력이나 조직의 목표달성에 기여할 수 있는 정도를 정확히 알 수 있다면 별 어려움 없이 선발결정을 할 수 있을 것이다. 그러나 상당 기간 동안 실제로 일을 시켜보지 않고서는 지원자가 조직의 목표달성에 기여할 수 있는 정도를 정확하게 알아낼 수 없다. 그러므로 그것을 미리 잘 예측해 줄 수 있는 선발도구를 활용해야 하는데 신상에 관한 자료, 선발시험이나 면접, 추천 등이 자주 사용된다.

신상자료 연령, 성별, 학력, 전공 관련 경험, 성장배경, 가치관, 신념 등과 같은 개인의 신상이나 특성에 관한 자료는 그 사람이 적합한 인재인지를 판단하는 데 도움이 된다. 이들 정보는 지원서, 자기소개서, 학력이나 경력증명서 등과 같은 서류를 통해 수집될 수 있으며, 지원자들 중 채용가능성이 있는 집단을 추려내는 데 주로 사용되고 있다. 그러나 이들 요인이 지원자의 직무수행능력과 관련이 있을 때만 선발결정을 위한 기준으로 사용되어야 한다는 점을 잊어서는 안 된다. 예를 들어, 남자인지 여자인지가 직무수행에 아무런 영향을 주지 않는다면 그런 차이에만 근거한 선발결정은 조직과 개인 모두에게 도움이 되지 못한다. 그리고 개인정보보호에 대한 관심이 높아지고 법적 규제가 강화됨에 따라 신상정보의 수집과 관리에 더 세밀한 주의가 요구된다.

시 험 시험 역시 선발도구로 널리 사용되고 있다. 조직에 따라 전공능력, 외국어능력 그리고 상식 등을 지필고사 형식의 시험을 통해 평가하고 있다. 그리고 실제 직무수행능력을 평가하기 위해 실기시험을 활용하기도 하며, 지능검사, 적성검사, 성격검사, 흥미검사 등도 자주 사용된다.

면 접 면접은 지원서나 시험을 통해 알기 힘든 정보를 얻어내거나 지원자에게 필요한 정보를 제공할 수도 있어 선발도구로 매우 폭넓게 사용되고 있다. 선발면접이 효과적으로 사용되기 위해서는 면접자와 피면접자 사이에 필요한 정보가 정확하게 교환될 수 있도록 우호적인 분위기를 형성해야 한다. 면접관에 따라 서로 다른 내용을 질문하고 그에 대한 반응을 다른 기준을 갖고 평가한다면 면접결과의 비교가 어려워져 잘못된 선발결정을 내릴 위험도 있다. 그렇다고 미리 정해진 양식과 평가기준에만 의존한다면 면접이 갖는 장점인 융통성을 잃어

버리게 된다. 따라서 사전 조율을 통해 질문내용이나 평가기준의 일관성을 유지하고 필요에 따라 면접관이 추가적인 정보를 얻어낼 수 있도록 탄력적으로 운영되어야 한다.

추 천 지원자에 대해 잘 알고 있는 사람의 추천 역시 중요한 선발도구로 사용된다. 대학의 지도교수, 전 직장의 상사와 같은 사람은 평소에 지원자를 자세히 관찰할 수 있었기 때문에 그들의 평가는 지원자의 자질이나 능력에 대한 정확하고 중요한 정보로 활용될 수 있다.

선발도구의 평가

선발도구를 통해 얻어진 정보에 따라 선발결정을 내릴 때 경영자가 꼭 기억해야 할 점은 선발도구는 일 잘할 사람을 가려내기 위해 사용된다는 것이다. 따라서 선발도구의 내용이 직무수행능력을 잘 반영하지 못하면 기대했던 효과를 얻기 어렵다.

선발도구의 효과를 평가하는 기준으로 타당도와 신뢰도를 들 수 있다. 타당도(妥當度; validity)는 알아내려던 특성을 실제 측정한 정도를 말한다. 만약 여러분이 조카들의 키를 재려고 하면서 저울을 가져와 몸무게를 재고는 마치 그것이 키인 것처럼 얘기한다면 타당도가 없다고 할 수 있다. 마찬가지로 측정하려고 의도했던 직무수행능력을 잘 반영하지 못하는 내용이 선발도구에 포함되어 있고, 그런 자료를 통해 선발결정이 이루어진다면 타당도는 낮아진다. 예컨대, 야구규칙에 관한 문제가 포함된 시험을 통해 축구코치를 채용하면서 타당도를 갖춘 선발도구가 사용되었다고 볼 수 없다.

또 다른 기준인 신뢰도(信賴度; reliability)는 선발도구를 통해 나타난 결과가 시간이나 장소 그리고 평가자에 관계없이 일관성 있게 나타나는 정도를 말한다. 자는 키를 재기 위한 측정도구로서 타당도를 갖추었지만, 만약 그 자가 잴 때마다 늘었다 줄었다 하여 결과가 달라진다면 신뢰도가 낮은 측정도구이다.

선발이 효과적으로 이루어지기 위해서는 높은 타당도와 신뢰도를 갖춘 도구가 사용되어야 한다. 그런데 완벽한 타당도와 신뢰도를 갖춘, 즉 직무수행능력을 조금의 오차도 없이 완벽하게 예측할 뿐만 아니라 그 결과가 일관성 있게 나타나는 선발도구를 개발하는 것은 불가능하다. 모든 선발도구는 정도의 차이는 있겠지만 불완전한 타당도와 신뢰도를 갖고 있기 때문에 실수 없는 선발을 위해서는 한 가지 도구나 기준에만 의존하지 말고 여러 방법을 함께 사용하는 것이 바람직하다. 마찬가지로 면접이나 시험의 평가자도 한 사람보다는 여러 사람을 사용해야 보다 객관적인 평가가 가능해진다.

인력 유지

사회화

새 직장에 입사하거나 새로운 직무를 맡게 되면 처음에는 긴장감과 불안감 때문에 맡은 직무를 잘해내지 못할 수도 있다. 새로운 구성원들이 조직과 직무에 잘 적응할 수 있도록 그들이 조직이나 직무에 대해 갖고 있는 기대, 태도, 행동을 변화시키려는 노력을 사회화(社會化; socialization)라고 한다. 사회화 과정의 목표는 조직 그리고 직무와 새 구성원 간에 적합한 연결을 이끌어내려는 것이다.

사회화를 위한 대표적인 방법으로 오리엔테이션(orientation)을 들 수 있는데, 새로운 구성원들을 담당직무, 동료 그리고 조직의 정책이나 문화에 빨리 그리고 쉽게 적응할 수 있도록 선발 직후에 마련되는 여러 가지 활동이다. 여러분들도 대학생활을 시작할 때 오리엔테이션 프로그램에 참가하여 대학생으로서의 자세, 학과공부, 수강신청절차 그리고 동아리활동 등에 관해 소개를 받았을 것이다. 기업과 같은 조직에서도 마찬가지로 새로운 구성원들에게 자신의 역할, 업적평가, 조직의 목표와 문화, 의사소통경로 그리고 권한체계 등에 관해 소개해 주는 오리엔테이션이 마련되어야 한다.

사회화가 잘 이루어지면 구성원뿐만 아니라 조직 전체에도 도움이 된다. 새로 참여한 구성원은 조직이나 직무에 대해 잘 이해할 수 있어 직무성과나 조직에 대한 만족감이 향상된다. 그 결과 조직은 새로운 구성원들의 참여로 생길 수 있는 혼란을 줄이고 조직목표 달성을 위해 흔들림 없이 노력하게 된다. 다시 말해 새로운 구성원들이 조직이나 자신의 직무에 빨리 익숙해져 조직이 정상적으로 운영될 수 있으며 그들이 느끼는 불안감을 줄여주기도 한다. 그리고 조직에 새로 참여한 구성원들에게 자주 일어나는 초기 이직률을 낮추어줌으로써 인력 보충을 위한 추가 비용을 줄일 수 있다.

교육 · 훈련

과학기술의 발전과 함께 조직을 둘러싸고 있는 환경은 빠르게 변화하고 있다. 이런 변화에 적응하고 나아가 경쟁력을 갖추기 위해서는 구성원들의 능력을 지속적으로 향상시키고 개발하는 교육·훈련이 필수적이다. 훈련은 반복적인 연습이나 경험을 통해 기능이나 지식을 습득하는 과정을 그리고 교육은 사고력의 개발을 통해 지식이나 기능을 배우는 과정을 의미하지만, 직무관련 기술이 복잡해지면서 이 둘의 엄격한 구분은 점점 어려워지고 있다. 일반적으로 교육·훈련은 구성원들이 직무와 관련된 지식이나 기술을 새로이 익히거나 향상시킬 수 있는 기회를 제공하는 것이다.

교육·훈련과정

교육·훈련이 효과를 거두기 위해서는 우선 어떤 영역에서 어느 정도의 교육·훈련이 필요한지를 평가하는 필요성 분석(need analysis)이 이루어져야 한다. 이를 위해서는 매출액, 생산성, 수익성 등과 같이 조직의 문제점을 나타내 줄 수 있는 지표, 새로운 기술의 발전과 같이 직무의 내용을 변화시키는 요인들 그리고 개별 구성원의 직무수행 결과와 같은 자료가 활용되어야 한다.

교육·훈련이 필요하다고 판단되면 다음으로 교육·훈련의 목표를 설정한다. 교육·훈련 후 종업원들이 갖추어야 할 지식이나 기능수준뿐만 아니라 개별 구성원, 부서, 조직의 성과수준이 구체적으로 정해질수록 교육·훈련은 효과적으로 이루어질 수 있다.

교육·훈련 목표를 설정한 후 가장 적합한 기법을 선택하여 시행한다. 그리고 나면 효과를 평가해야 하는데 목표에서 설정된 종업원들의 기능수준 그리고 개별 구성원, 부서, 조직의 성과를 실제 습득된 기능수준이나 성과와 비교하여 그 효과를 평가한다. 그리고 평가결과는 다음 교육·훈련의 효과를 향상시키기 위해 활용된다.

교육·훈련기법

교육·훈련은 크게 직무수행 중에 이루어지는 것(on-the-job training, OJT)과 직무수행 시간 이외에 이루어지는 것(off-the-job training, Off JT)으로 나누어진다. 직무수행 중 이루어지는 교육·훈련은 직무순환, 코칭 그리고 도제제도를 들 수 있다. 직무순환(職務循環; job rotation)은 일정기간을 주기로 다른 직무를 맡게 함으로써 보다 다양한 기능을 습득하게 하는 교육·훈련 방법이다. 코칭(coaching)은 숙련된 상급자나 동료가 기술적 조언을 해줌으로써 종업원들의 기능수준 향상을 꾀하는 것이다. 도제제도(徒弟制度; apprenticeship)는 종업원이 숙련된 다른 종업원들을 돕게 함으로써 비교적 오랜 기간에 걸쳐 필요한 지식이나 기능을 습득하게 하는 방법으로, 정교한 감각이나 손재주가 필요한 공예, 미용, 요리 등의 분야에서 널리 사용되고 있다.

직무수행시간 외에 이루어지는 교육·훈련으로는 강의, 시청각 교육, 사례연구, 실습장 훈련 그리고 역할연기 등을 들 수 있다. 강의는 가장 오래전부터 사용되어 왔으며 많은 사람을 대상으로 이루어져 비용이 적게 드는 방법이다. 시청각 교육은 동영상 자료를 통한 교육·훈련이며, 사례연구는 실제 문제와 유사한 사례를 통해 문제의 분석이나 해결능력을 향상시키려는 방법이다. 실습장 훈련(vestibule training)은 작업장과는 별도의 공간에 마련된 실습장에서 연습을 통해 필요한 기능을 습득하는 기법이다. 역할연기는 주어진 상황에서 어떤 인물의 역할을 실제로 연기하게 함으로써 인간관계기술의 향상이나 행동변화를 유도하는 훈련이다. 백화점에서 서비스에 불만을 느낀 고객의 역할을 해보게 함으로써 종업원들의 서비스정신을 높이려는 노력이 역할연기의 예가 될 수 있다.

지금까지 주로 종업원들의 지식과 기능을 향상시키려는 교육·훈련 기법을 살펴보았다. 그런데 경영자들이 갖추어야 할 지식이나 기술을 습득시키려는 노력을 경영자 개발(management development)이라고 한다. 대표적인 예로 비즈니스 게임을 들 수 있는데 경영자들이 일상적으로 부딪치는 여러 상황을 모의로 만들어 놓고 그런 상황에 대처할 수 있는 의사결정능력을 키워나가는 방법이다. 일정기간 동안 신임 경영자들을 모아놓고 시장점유율 확대, 사업전략 개발, 신제품 개발 등과 같은 문제들을 해결하게 하여 경영자로서의 능력과 자질을 습득하게 하는 방법이다. 다른 기법으로 멘토링(mentoring)을 들 수 있는데, 숙달된 경영자가 자신의 여러 가지 경영기법을 오랜 기간에 걸쳐 전수해 새로운 경영자를 키워내는 기법으로 기능공들의 도제제도와 유사하다. 멘토링은 신입사원과 같이 경험이 적은 구성원과 연륜이 쌓인 고참사원 사이에도 이루어질 수 있어 그 활용 범위가 넓다.

교육·훈련 효과 향상

교육·훈련은 직무성과 향상이나 행동의 변화를 이끌어낼 때 비로소 효과를 거둘 수 있다. 따라서 배운 것이 실제 직무수행에 사용될 수 있어야 하는데, 이를 위해 실제 직무상황을 잘 반영할 수 있는 기법을 선택해야 한다. 그리고 피훈련자들이 관심을 갖고 적극적으로 참여할 때 효과는 높아진다. 따라서 교육·훈련이 실제 직무수행과 성과향상에 도움을 줄 수 있도록 구성해 관심과 흥미를 유발하고, 교육·훈련 성적을 구성원들의 보상에 반영하는 방법도 사용한다.

인사고과

인사고과는 구성원이 조직의 목표달성에 얼마나 기여하고 있는지를 평가하기 위해 이루어지며, 업적평가라고 부르기도 한다. 직무수행 성과를 비롯해 능력, 조직이나 직무와 관련된 행동과 태도, 성격이나 적성 등과 같은 종업원과 관련된 제반 사항의 평가를 통해 얻어진 인사고과 결과는 임금이나 승진을 결정하는 데 중요한 기준으로 사용된다. 그리고 내부로부터 공급받는 인력의 자격요건을 알려주고, 교육·훈련 필요성을 분석하는 데도 활용된다.

성공적인 인사고과의 조건

구성원의 성과는 원칙적으로 조직의 목표와 전략에 비추어 평가되어야 한다. 이렇게 함으로써 인사고과를 통해 성공적인 전략경영에 도움이 되는 성과와 능력을 이끌어내는 것이 가능해진다. 다음으로 인사고과를 위해 사용되는 평가도구가 타당도를 갖추어야 한다. 선발도구가 일 잘할 사람을 가려낼 수 있을 때 타당도를 갖듯이 인사고과의 내용과 방법이 어떤 사람이 얼마나 조직의 목표달성에 기여하고 있는지를 잘 반영할 때 높은 타당도를 갖는다.

이와 함께 고과결과가 고과자나 고과시기 등에 관계없이 일관성을 유지하는 신뢰도를 갖추어야 하고, 종업원들이 인사고과가 필요하며 공정하게 이루어진다고 믿어 그 결과를 받아들이는 수용성(受容性; acceptability)도 성공적인 인사고과의 조건 중 하나이다. 만약 종업원들이 인사고과가 필요 없다거나 공정하게 이루어지지 않는다고 생각하면 그 결과를 수용하지 않아 기대했던 효과를 거두기 어려울 것이다. 수용성을 높이기 위해서는 인사고과를 개발할 때 교육이나 종업원 대표의 참여를 통해 목적과 필요성을 설명하고 설득하는 노력이 필요하며, 신뢰받는 사람을 평가자로 활용해야 한다.

마지막으로 인사고과는 성과향상을 위한 개선방향을 제시하는 역할을 해야 한다. 이를 위해서는 인사고과 결과를 개별 종업원에게 알려주는 피드백이 이루어져야 하는데, 그 결과가 부정적일 때 경영자들은 많은 어려움을 겪게 된다. 평가과정에서 오류를 줄여 평가 근거와 기준의 객관성과 공정성을 높이고 이를 종업원들이 명확하게 인식하게 함으로써 긍정적인 변화를 유도할 때 인사고과가 조직과 종업원 모두에게 도움이 될 수 있다.

인사고과 방법

인사고과는 고과자, 고과시기, 고과기법에 따라 살펴볼 수 있다. 인사고과를 위해 직속상사, 차상급자, 동료, 인사부서 담당자나 전문고과자, 부하, 고객, 그리고 자신 등 다양한 고과자가 활용된다. 예전에는 직속상사가 가장 빈번히 사용되어 왔지만 최근 들어 그 밖의 고과자들로 확대되는 추세다. 고과자의 선정에서 무엇보다 중요한 기준은 그 사람이 피고과자의 성과나 능력을 정확하게 관찰할 수 있는지 그리고 객관적이며 공정하게 평가하려는 의지를 갖고 있는지의 여부이다. 이런 기준에서 고과자마다 나름대로의 한계를 갖고 있기 때문에 복수 고과자를 활용하여 그들의 평가를 종합하여 사용하는 것이 바람직하다.

고과시기에 따라서는 정기적인 것과 비정기적인 것으로 나눌 수 있다. 매 6개월 또는 1년마다 실시하는 것이 일반적이며, 과업사이클상 중요한 단계가 완료되었을 때나 승진이나 전환배치 결정이 이루어져야 할 때와 같이 비정기적으로 이루어질 수도 있다.

인사고과는 여러 기법을 통해 이루어진다. 평가요소를 종합적으로 고려하여 종업원들을 순서 매기는 서열법(ranking)은 가장 단순한 방법으로 종업원 수가 많아지면 정확한 비교가 어려워져 규모가 적은 기업에서나 사용될 수 있다. 평가척도법(graphic rating scale)은 오랫동안 널리 활용되어 온 방법으로, 일정척도로 구성된 평가양식에 따라 각 고과요소를 평가하고 그 결과를 종합하여 고과점수로 활용한다. 그 밖에도 일정한 양식 없이 자유롭게 서술하는 자유서술법(essay method)이나 고과기간 동안 일어난 중요사건의 기록에 근거한 중요사건법(critical incident method), 평가대상인 종업원들을 정해진 비율에 따라 나눔으로써 평가하는 강제할당법(forced choice method), 평가척도법과 중요사건법을 혼합해 각 척도(예 : 우수, 보통 등)에 구체적인 행동을 제시해 줌으로써 평가자에 따른 차이를 줄여 신뢰도와 타당도를 높인 행동기술평가법(Behaviorally Anchored Rating Scale, BARS) 등이 인사고과를 위해 사용되고 있다. 보다 자세한 내용은 상급학년 때 수강할 '인적자원관리'에서 배울 수 있다.

임금관리

구성원들이 제공한 근로의 대가로 조직은 다양한 보상을 제공하는데 그 중 대표적인 것이 임금이다. 구성원들의 입장에서 볼 때 임금은 생계유지의 수단일 뿐만 아니라 자신의 능력이나 노력의 가치를 나타내는 상징적 의미도 갖고 있기 때문에 더 많이 받길 원한다. 반면에 임금을 원가를 구성하는 비용 중 하나인 인건비로만 생각하는 조직이나 경영자는 이를 줄이려고 노력한다. 따라서 구성원들과 조직 사이에는 임금을 둘러싸고 상반된 이해관계가 존재하는데, 적정수준의 기업이익을 확보하면서 동시에 구성원들의 욕구도 충족시킬 수 있는 임금관리가 요구된다. 임금관리는 구성원들에게 지급되는 임금 총액 또는 평균임금수준의 결정과 임금 총액을 각 구성원에게 어떻게 배분할 것인지에 관한 결정을 통해 이루어진다.

임금수준 관리

임금수준은 구성원들에게 지급된 임금의 평균을 의미한다. 즉, 조직의 인건비 총액을 구성원 수로 나누면 평균임금이 되는데 이를 임금수준이라고 한다. 따라서 임금 총액을 결정하는 것이 바로 그 조직의 임금수준을 정하는 것이다. 그렇다면 임금수준을 얼마로 책정하는 것이 적당할까? 임금수준은 기업의 지불능력, 최저생계비, 시장의 평균 임금수준을 고려해 결정하여야 한다.

임금수준은 우선 최소한의 생활을 유지하는 데 필요한 최저생계비 이상이어야 한다. 다시 말해 아무리 작게 주어도 최저생계비를 충족시킬 수 있을 정도의 임금이 지급되어야 한다는 것이다. 대부분의 나라들이 법으로 최저임금을 규정하고 있는 것도 이 때문이다.

최저생계비가 임금수준의 하한선을 정하는 것이라면 기업의 지불능력은 상한선에 관한 것이다. 구성원들에게 임금을 아무리 많이 준다고 해도 기업이 지불할 수 있는 능력을 넘어서서는 안 된다는 것이다. 지불능력을 초과한 임금수준을 유지하기 위해서는 이익 또는 부가가치 중 자본의 몫으로 돌아가야 할 부분이나 빚으로 임금 총액의 일부를 충당하는 수밖에 없으며, 그런 일이 지속되면 조직은 결국 문을 닫게 될 것이다. 따라서 자본의 몫과 조직의 안정적 성장을 위해 준비해둬야 할 부분을 뺀 지불능력을 임금 총액의 상한선으로 삼아야 할 것이다.

임금은 수요와 공급에 의해 결정되는 노동력의 가격이다. 그리고 구성원들을 동기유발하는 중요한 수단이기도 하다. 따라서 구성원들이 공정하다고 느낄 수 있도록 동일지역이나 동종산업의 평균임금수준, 즉 시장임금수준을 크게 벗어나지 않는 수준에서 결정되어야 한다.

임금체계 관리

평균임금수준 또는 임금 총액이 결정되고 나면 그것을 구성원들에게 어떻게 배분할지 결정해야 한다. 모든 구성원들이 다 똑같은 임금을 받는 것은 아니며 공정한 기준을 통해 각자의 임금이 다르게 책정되어야 한다. 무엇을 기준으로 개별 구성원들에게 지급되는 임금의 차이를 정하는 것이 바람직할까? 일반적으로 근속연수, 맡은 직무, 능력, 성과 등에 따라 임금이 달라진다.

근속연수에 따라 개별 구성원의 임금이 달라지는 것을 연공급이라 한다. 일반적으로 호봉제라고 불리기도 하는데 근속연수가 길수록 더 많은 임금을 받게 된다. '연공=성과'라는 가정을 받아들일 수 있다면 적절한 임금체계라고 할 수 있다. 직무수행능력에 따라 임금차이가 결정되는 임금체계를 직능급이라고 한다. 직무수행에 요구되는 능력에 따라 등급을 정하고 등급에 따라 지급되는 임금을 차이 나게 하는 방법이다. 직능급이 직무수행능력에 초점을 맞춘 데 비해 직무의 전반적인 중요도를 기준으로 삼아 임금격차를 정하는 것이 직무급이다. 직무수행에 필요한 능력뿐만 아니라 난이도, 요구되는 경력, 작업환경 등을 종합적으로 고려하여 각 직무의 중요도를 평가한 후 그에 상응하는 임금을 책정하는 방법이다. 마지막 유형으로 성과에 따라 임금을 달리 지급하는 성과급 임금체계를 들 수 있다. 성과급이 효과를 거두기 위해서는 무엇보다 인사고과에 의해 성과가 객관적이며 공정하게 평가되어야 한다.

경영자는 이들 유형 중 하나만을 사용하기보다는 조직목표, 업무의 성격, 구성원들의 특성 등을 고려하여 이들을 섞어 적절한 임금체계를 구성해야 한다. 예를 들어, 임금 총액 중 20%는 근속연수에 따라, 30%는 직능에 따라, 20%는 맡은 직무에 따라 그리고 나머지 30%는 성과에 근거해 배분한다면 개별 구성원들이 받는 임금은 그와 같은 기준에 따라 차이가 날 것이다.

사례읽기 12-2 연공서열식 임금 줄여야 고령자 재취업 · 청년 고용 '숨통'

취업 시장에 활력을 불어넣어야 할 기업들이 '연령주의'에 내몰놰 제 역할을 못하고 있다는 우려가 적지 않다. 또 일자리를 둘러싼 고령자와 청년층의 세대 갈등이 심화하는 지금 임금체계 개편이 절실하다는 지적이 나온다. 고용노동부에 따르면 지난 6월 기준 전체 노동시장에서 연공급제의 대표 격인 호봉제 도입 비율은 13.7%에 그친다. 이는 조사 대상 164만여 개소 가운데 약 60%(100만여 개소)를 차지하는 '무체계' 기업까지 계산에 포함한 수치다. 이런 기업은 임금체계가 아예 존재하지 않고 최저임금으로 굴러가는 영세 업체들이다. 임금체계 관련 통계에서 사실상 '허수'에 가깝다.

정식 임금체계를 갖춘 나머지 약 64만여 개소를 기준으로 비율을 따져보면 호봉제 도입 기업은 35.5%에 이른다. 특히 기업 규모가 클수록 호봉제에 의존하는 경향이 뚜렷했다. 같은 조사에서 상시 근로자 수가 300인 이상인 기업은 60.1%가 호봉제를 운영 중인 것으로 집계됐다. 이어 100~299인 54.3%, 30~99인 41%, 10~29인 32.4% 등의 순이었다.

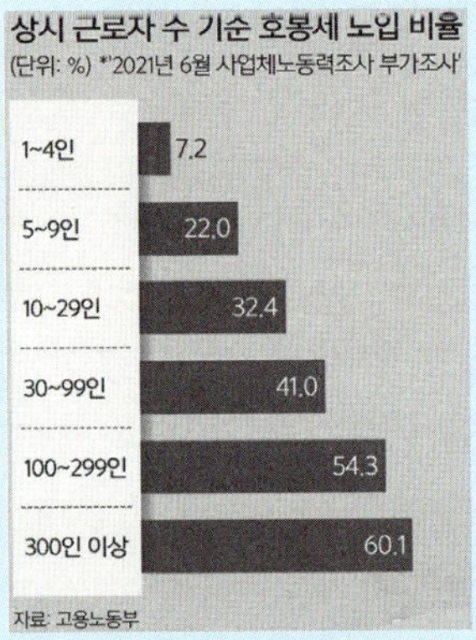

연공급제는 근속연수에 따라 임금이 올라가는 체계다. 직원의 역량보다는 '그 사람이 해당 기업에 얼마나 오래 다녔느냐'에 임금 수준이 좌우된다. 기업 입장에선 인건비 부담으로 청년 고용 여력까지 저해하는 요소이지만 노사 이해관계가 첨예해 함부로 손대기 어려운 처지다. 경직된 기업문화도 임금체계 개편을 막고 있다. 기업들이 직능급, 직무급 등을 도입하려면 당장 기업 내 여러 직무의 가치를 평가해야 하는데, 이는 자칫 사내 분란의 씨앗이 될 수 있다. 한 재계 관계자는 "공채 문화가 센 대기업일수록 직무 가치가 어떻게 나오느냐에 따라 사내에서 극심한 신경전이 오갈 수 있다."고 토로했다.

대기업이 임금체계 개편에 소극적이면, 부담은 고스란히 청년들의 몫이다. 지난해 5월 국책연구기관인 한국개발연구원(KDI)이 발표한 보고서를 보면 정년 연장 수혜자가 1명 늘어날 경우 청년 고용이 0.2명씩 감소하는 것으로 나타났다. 고령층(55~60세) 5명이 정년 연장 혜택을 보면 청년(15~29세) 1명이 취업 기회를 잃는 셈이다. 한요셉 KDI 연구위원은 "고령층 일자리 증가가 청년층의 일자리 감소로 이어지는 현상은 특히 대규모 업체 등에 집중된다."고 지적했다. 임금체계를 개편하지 않고 기존의 연공급제 하에서 정년 연장을 도입한 대기업들이 고용 여력이 악화돼 청년 고용에 어려움을 겪는다는 뜻이다.

정부는 만 60세 정년 이후에도 재고용 등의 방식으로 사실상 정년을 늘리는 '고용연장' 공론화 방안을 준비 중이다. 고용부 산하 한국고용정보원이 지난 2월부터 고용연장 문제의 공론화를 위해 관련 연구를 하고 있다. 고용연장에 대한 사회적 논의는 '제4차 저출산·고령화 기본계획'에도 포함돼 내년부터 본격화할 전망이다.

그러나 이 같은 논의는 세대 간 밥그릇 싸움으로 비화할 것이라는 우려가 크다. "청년 일자리가 줄어들 것"이라는 비판 목소리가 커질 것으로 예상돼서다. 연공급제의 여파로 장기 근속자에 대한 임금 부담이 큰 점도 이를 뒷받침한다. 고용부에 따르면 지난해 기준 국내 10인 이상 사업체의 근속 30년 이상 근로자 월평균 임금은 8,089달러(약 956만 원)였다. 이는 일본(5,433달러), 유럽연합(EU)·영국 평균임금(5,543달러)보다 높은 수준이다. 근속 1년 미만인 신입과의 월평균 임금 격차 역시 한국이 2.95배에 달하는 반면 일본은 2.27배, EU·영국은 1.65배였다.

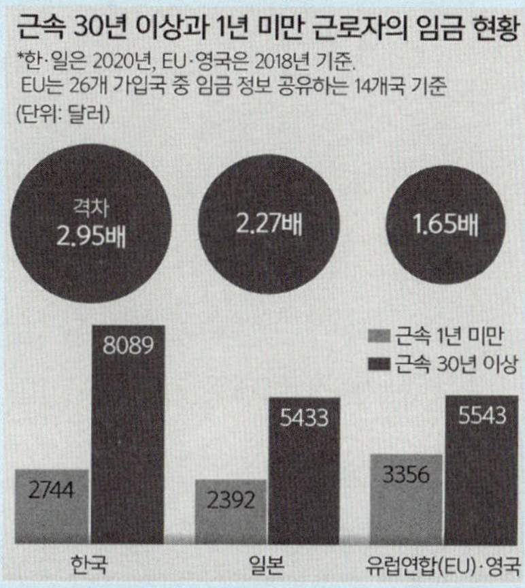

그럼에도 우리 사회의 고령화, 생산인구 절벽과 맞물려 고용연장은 불가피한 수순이라는 관측이 지배적이다. 인구학자인 조영태 서울대 보건대학원 교수는 올해부터 2031년까지 10년간 주요 생산인구(25~59세)가 약 315만 명 줄어들 것으로 전망했다. 전문가들은 정부 차원에서 연공성 완화를 위한 제도 개선을 추진하고, 기업 차원에서는 능력에 따른 임금인상률 차등을 비롯한 임금 개혁을 이뤄내야 부작용을 줄일 수 있을 것으로 내다봤다.

(자료: "연공서열식 임금 줄여야 고령자 재취업·청년 고용 숨통", 세계일보, 안병수 기자, 2021.12.13. https://bbs.ruliweb.com/news/board/600005/read/233008 수정 부분발췌)

요 약

1. 인적자원관리는 조직의 목표달성에 필요한 업무를 잘 해낼 수 있는 사람들을 찾아 조직에 참여시키고 그들이 조직과 직무에 잘 적응하여 능력을 발휘하도록 유도하는 과정이다. 따라서 인적자원관리의 목적은 적재적소에 활용할 수 있도록 직무나 조직에 적합한 인재를 확보하고, 조직구성원들의 성과와 잠재력을 향상시키려는 것이다. 이를 위해 인적자원계획, 직무분석, 모집과 선발, 사회화, 교육·훈련 그리고 인사고과와 보상이 이루어져야 한다.

2. 전략적 인적자원관리는 조직의 전략적 목표를 충실히 반영하여 인적자원관리가 수행되고 인력 확보와 유지를 위한 여러 활동들이 서로 조화롭게 이루어지도록 하려는 노력으로, 경영환경이 복잡해지고 빠르게 변할수록 중요성이 높아지고 있다.

3. 인력수요는 필요한 인력의 규모와 필요한 인력이 갖추어야 할 자격요건을 중심으로 예측된다. 조직 내의 인력 유·출입에 관한 분석을 통해 필요한 인력의 조직 내부 공급능력이 평가되며 부족한 경우 조직 외부로부터 공급받기 위한 대책이 필요하다.

4. 필요한 인력을 공급받기 위해 모집과 선발활동이 이루어져야 한다. 모집은 자격을 갖춘 지원자집단을 형성하는 과정이며, 일반적으로 조직 안팎의 인력을 대상으로 이루어진다. 선발은 지원자 중 조직이나 직무가 요구하는 자격요건에 적합한 사람을 가려 선택하는 과정인데, 높은 타당도와 신뢰도를 갖춘 선발도구가 사용될 때 성공적으로 이루어질 수 있다.

5. 선발된 인력을 효과적으로 활용하기 위해서는 조직에 적응할 수 있도록 도와주는 사회화 프로그램과 필요한 훈련이나 개발 프로그램이 마련되어야 한다. 교육·훈련을 통해 배운 것이 실제 직무수행에 사용될 수 있도록 실제 직무상황을 잘 반영할 수 있는 기법을 선택하고 피훈련자들이 관심을 갖고 적극적으로 참여하도록 유도해야 한다.

6. 구성원이 조직의 목표달성에 얼마나 기여하고 있는지 평가하는 인사고과가 성공하기 위해서는 타당도를 갖춘 도구를 통해 구성원의 성과가 평가되고 개선방향이 제시되어야 한다. 그리고 종업원들이 인사고과가 필요하고 공정하게 이루어진다고 믿어 그 결과를 신뢰하고 수용할 때 기대했던 효과를 거둘 수 있다.

7. 적정수준의 기업이익을 확보하면서 동시에 구성원들의 욕구도 충족시킬 수 있는 임금관리가 요구된다.
   - 임금수준은 기업의 지불능력, 최저생계비, 시장의 평균임금수준을 고려하여 정해야 한다.
   - 개별 구성원의 임금을 결정하기 위해 근속연수, 직무수행능력, 직무의 중요도, 성과가 고려되는데 그에 따라 연공급, 직능급, 직무급, 성과급으로 구분된다.

토의과제

1. 여러분이 속한 대학이 신입생을 선발하기 위해 사용하는 입학전형방법에 대해 아래와 같이 생각해 보자.
   - 타당도가 있다고 생각하는가?
   - 타당도 평가를 위해 사용될 수 있는 자료는 어떤 것들인가?
   - 타당도를 높이기 위해 어떤 노력이 필요하다고 생각하는가?

2. 인력선발을 위해 일반적으로 사용되는 방법과 '인턴사원제도'를 각각의 장·단점을 중심으로 비교해 보고 활용사례를 조사해 보자.

3. '기업은 사람'이라는 말의 의미를 생각해 보고 서로 의견을 교환해 보자.

4. 우리나라의 민방공훈련은 효과적이라고 생각하는가? 그렇지 않다면 왜 효과성이 낮은지 그 이유를 생각해 보자.

5. 우리나라가 통일되었을 때 여러분이 기업의 최고경영자라고 가정하고 북한주민들을 그 기업의 인적자원으로 활용하기 위해 어떤 노력이 필요할지 생각해 보자.

13 CHAPTER

국제경영

사람과 돈, 정보, 물자의 나라간 이동이 쉬워지고 비슷한 욕구를 가진 지구촌 시민들의 숫자가 늘어나면서 제품 생산, 판매, 자금조달과 같은 핵심 업무를 전 세계적인 차원에서 구상하는 기업이 크게 늘고 있다. 이 장에서는 두 나라 이상의 시장을 상대하고 있는 국제기업 경영자들이 당면하는 과제들에 대해서 공부한다.

이 장을 읽은 후 다음 사항을 이해할 수 있어야 한다.

- 국제경영의 의의
- 국제경영환경의 특수성
- 국제경영활동 유형
- 글로벌 경영전략

시작이야기 日 대기업도 포기한 베트남 시장…한국 중소기업이 뚫었다

알리엑스는 베트남 중앙은행을 대상으로 비현금 결제 인프라 구축 사업을 제안하는 설명회를 진행했다. 알리엑스 제공

일본 최대 통신그룹 NTT 등 세계 주요 기업이 진출하려다 번번이 실패한 베트남 시장을 국내 중소기업이 뚫었다. 토종 금융 서비스 공급업체 알리엑스는 베트남 정부로부터 허가받아 지난달 공동 카드 결제 단말기 사업을 시작했다. 현지에 진출한 해외 기업 중 유일한 사례다.

2013년 설립된 알리엑스는 베트남 카드 결제 시장의 성장 가능성을 눈여겨보고 2016년 하노이에 연락사무소를 개설했다. 베트남은 1억 명의 인구와 젊은 노동 인력, 높은 경제성장률 덕분에 세계적으로 주목받는 신흥시장이다. 일본을 포함한 선진국의 여러 기업이 베트남 결제 인프라 시장에 진입하기 위해 노력하는 이유다. 그 '1호 테이프'를 알리엑스가 끊은 것이다. 한국형 VAN(밴 · 부가가치통신망) 모델을 적용해 다른 한국 기업이 진출할 수 있는 기반도 마련했다.

알리엑스는 베트남 전국에 다양한 카드 발급 은행들이 공동으로 사용할 수 있는 단말기 시스템을 구축해 운영하고 있다. 체크 · 신용카드 결제뿐 아니라 모바일 결제와 마일리지·포인트 적립 등 각종 결제 부가서비스까지 제공하고 있다. 알리엑스의 비현금 결제 인프라를 여러 은행과 결제 서비스 제공사들이 공동으로 이용할 수 있다는 의미다.

베트남은 지금까지 은행들이 각각의 결제 단말기를 설치해 운영했다. 슈퍼마켓에 가면 여러 은행의 단말기가 어지럽게 놓인 모습을 흔히 볼 수 있다. 은행마다 결제 인프라를 중복 투자하고 있는 셈이다. 이런 구조적 문제로 베트남에선 가맹점 확대가 더딘 상황이다. 새로운 결제 서비스가 속속 생겨나고 있지만 실제 적용에도 제약이 많다.

알리엑스는 여기에 착안해 공동 카드 결제 단말기 사업을 추진했다. 알리엑스가 제공하는 단말기와 결제 인프라를 활용하면 하나의 단말기로 다양한 은행의 비현금 결제가 가능해진다. 베트남 정부의 의지도 강했다. 외국인 관광객이 빠르게 증가하면서 카드 결제 문화의 필요성이 점점 커지고 있기 때문이다. 여기에 베트남 국민의 외국 여행이 늘면서 카드 결제 경험도 축적되고 있다. 베트남의 가파른 경제성장과 젊은 급여 소득자 증가가 맞물리면서 카드 결제 소비자층도 두터워지는 추세다.

알리엑스는 오랜 시장조사와 분석을 통해 베트남 정부가 해외 기업의 단기적인 사업 제안보다 베트남 기업과의 지속적인 협업과 파트너십을 원한다는 사실을 알게 됐다. 박병건 알리엑스 대표는 "베트남 현지 은행의 사업 영역을 침범하지 않는다는 믿음을 심어준 게 사업 승인을 받는 데 유리했다."며 "공동 단말기로 확보한 가맹점에 대해 특정 은행에 선별적인 지원을 하지 않는다는 원칙을 세운 것도 시장에서 빠른 신뢰를 얻은 배경"이라고 말했다.

알리엑스는 2019년 베트남 국책은행인 비에틴은행, 민간 은행인 사콤은행과 계약을 진행했다. 지난해 예상치 못한 코로나19 발생으로 일정이 지연되긴 했지만 올초 시스템 구축을 완성하고 3월 정식 서비스를 출시했다. 베트남투자개발은행과 아그리은행 등으로 거래 은행을 확대할 계획이다.

다음 과제는 신규 가맹점 개발이다. 이미 베트남 운송업체인 비나선과 계약을 체결해 1,000대의 택시에 단말기를 설치했다. 연내 6,000대까지 설치 단말기를 확대하기로 했다. 병원, 약국, 학교, 주유소, 소형 잡화점 등 신규 가맹점 발굴에도 주력하고 있다. 알리엑스는 올해 20만 대 이상의 공동 결제 단말기를 설치하고 2025년까지 베트남 전국에 100만 대를 보급할 계획이다.

(자료: "日 대기업도 포기한 베트남 시장… 한국 중소기업이 뚫었다", 한국경제, 김은정 기자, 2021.04.07. https://www.hankyung.com/economy/article/2021040788131 수정부분발췌)

글로벌화와 경영

국제경영의 확대

국제경영(國際經營; international management, international business)이란 자금, 물자, 기술, 인력과 같은 생산요소의 조달, 제품이나 서비스의 생산과 판매, 기업의 합병이나 투자와 같은 업무를 두 곳 이상의 나라에서 수행할 때 필요한 경영 활동을 뜻한다. 세계 각국의 기업, 기관, 사람들 사이에 상호작용이 빈번히 이루어져 서로 강하게 의존하게 되는 현상을 일컫는 글로벌화가 빠르게 진행되면서 국제경영에 대한 관심도 높아졌다. 최근 글로벌경영(global business, global management)이라고 표현되는 사례가 늘어나고 있는데 이 책에서는 같은 의미로 사용될 것이다.

국제경영의 가장 일반적인 모습은 무역과 해외 생산공장 운영이지만 라이선싱(licensing), 프랜차이징(franchising), 턴키(turn-key)와 같은 계약방식이나 관광, 수송, 보험과 같은 서비스 산업체의 업무도 포함된다. 이렇게 국제적으로 활동하는 기업은 본국과는 다른 외국의 정치적, 법률적, 경제적, 사회문화적 환경과 마주쳐야 하기 때문에 해결해야 할 경영과제도 달라진다. 이에 따라 국제경영학이라는 학문 영역이 나타나게 되었다. 국제경영학에서 다루는 주제들은 국제기업의 경영환경, 해외시장 진출방식, 마케팅이나 생산과 같은 주요 업무별 전략 경영으로 나눌 수 있다.

역사적으로 볼 때 국제경영은 완제품을 해외시장으로 수출하는 무역(貿易; international trade) 단계, 여러 나라 현지에 자회사를 설립하는 다국적기업(multinational corporations, MNCs) 단계, 그리고 마케팅, 생산, 인사, 재무, R&D 등 경영활동 전반에서 국경을 초월하는 글로벌 기업(global corporations) 단계로 발전하였다. 대표적인 사례로 Coca Cola, McDonald's, IBM 등을 들 수 있다. 이들은 미국 시장에서 쌓은 경영 노하우와 상표가치를 경쟁우위의 근거로 완제품을 수출하는 단계를 넘어 1950년대부터는 해외에 생산시설과 판매를 담당하는 자회사를 설립하였다. 해외부문이 차지하는 비중이 더 커지면서 1970~80년대부터는 자원관리나 영업 면에서 유리한 곳에 필요한 시설을 두고 본부에서는 세계 각국에서 모여든 인재들이 활동하고 있다. 이들에게 세계는 하나의 지구촌이며 국경이나 국적은 의사결정을 내릴 때 특별한 의미를 갖지 않는 듯 보인다.

우리나라는 1962년도부터 국가 차원에서 해외시장을 중시하여 기업들을 지원한 결과 2020년 기준으로 국민총소득에서 차지하는 수출입액의 비중, 즉 무역의존도가 60.2%에 이를 정도로 국제경영이 일반화되었다. 이 과정에서 삼성전자, 현대자동차 같은 세계적인 글로벌기업이 나타났다. 특히 세계 최고의 IT 기업으로 발돋움한 삼성전자는 2019년 기준으로 약 28만7천 명의 종업원 중 65%에 가까운 18만5천여 명이 해외 직원이며, 매출액의 86%가 해외 시장에서 발생하였다. 또 생산 34개, 판매 52개, R&D 32개를 비롯하여 전 세계에 230개의 거점을 확보하고 있으며, 한국을 비롯해 북미, 유럽, 동남아, 아프리카 등의 15개 지역별 총괄체제를 중심으로 74개 국가에 진출해 활동하는 명실상부한 글로벌 기업의 모습을 보이고 있다.

국제경영의 이점과 위험

이점

기업이 해외로 활동영역을 넓힐 때 기대할 수 있는 이점으로 다음 세 가지를 들 수 있다. 첫째, 시장 확장과 매출 증가이다. 국내 시장이 포화상태에 이르고 경쟁이 심해지면 매출 증가를 기대하기 힘들어진다. 이때 해외 시장을 개척하면 매출액을 늘릴 수 있다. 계절적으로 수요 변동이 큰 상품을 취급하는 우리나라 기업의 경우 남아메리카, 아프리카, 혹은 호주처럼 남반구에 있는 나라에 진출하면 계절요인으로 발생하는 판매의 불안정을 많이 줄일 수 있고 그만큼 생산 효율도 높아질 것이다. 또 유행에 뒤처진 상품을 유행에 덜 민감한 해외 시장에 팔 수 있어 제품의 수명주기를 연장시킬 수 있다.

둘째, 경영활동 전반에 걸쳐 나라별 입지 우위를 활용할 수 있다. 나라마다 독특한 경영환경을 갖기 때문에 경쟁력 요인이 다르다. 예를 들어, 이탈리아는 우수한 패션 디자이너들과 소재 산업 그리고 염색기술을, 미국은 뛰어난 소프트웨어나 제약, 바이오 제품개발기술을 갖고 있으며 한국은 반도체 개발과 생산기술에 있어 경쟁 우위를 갖는다. 또 중국은 대량생산시설과 더불어 노동시장이 경쟁력을 갖는다. 입지 우위(立地 優位; location advantages)란 이처럼 어떤 지역이 줄 수 있는 가치 창출 상의 이점을 뜻하는데 당연히 전략적으로 활용될 수 있다. 예를 들어 패션업체가 원자재 구매와 디자인은 이탈리아에서, 생산은 중국에서, 그리고 마케팅은 미국 회사를 활용하여 전 세계 시장을 상대하는 것과 같다.

셋째, 글로벌 차원의 학습(學習; learning)과 기술이전이 쉬워진다. 과거에는 선진국에 위치한 본사가 해외 자회사나 협력회사에 비해 기술이나 상품 개발에서 앞서는 경우가 대부분이었다. 그러나 지금은 사정이 달라져 해외 자회사의 성공 경험이 본사로 이전되는 사례가 많아지고 있다. McDonald's는 해외 자회사가 개발한 메뉴나 매장 설계, 마케팅 아이디어가 성공할 경우 본국은 물론 다른 나라에도 확산시킨다.

사례읽기 13-1 기술확보를 위한 해외거점 구축

인공지능 기술력 확보에 국내 기업이 발걸음을 재촉하고 있다. 각 기업은 AI 헤드쿼터(이하 HQ)를 새로 신설하거나 기존 AI 연구센터에 힘을 실으며 AI 기술확보에 그룹 미래를 걸고 있다. 뿐만 아니라 이미 국내 AI 리딩 기업들은 해외에 AI 연구 거점을 만들고, 이 분야의 석학들과 공동 연구에 힘을 쏟으면서 기술 트렌드를 따라가기 위해 애쓰고 있다.

연구 시너지 효과와 함께 AI 분야 특성상 인재가 중요하다는 점도 기업들이 해외로 진출을 서두르는 이유다. 빠른 속도로 연구가 진행되기 때문에 트렌드를 끌고 가는 석학들의 맨파워를 확보하기 위해서라도 해외거점이 AI 기술연구에 있어 중요할 수밖에 없다.

지난해부터 AI 분야에서 트렌드로 떠오른 '초거대 AI' 연구에 집중하고 있는 LG는 최근 북미 연구 거점, LG AI 리서치 센터(앤아버)를 신설하며 조금 더 심도 있는 AI 연구 출발을 알렸다. 이 센터를 통해 초거대 AI 모델 '엑사원'을 중심으로 디자이너 '틸다' 등 여러 기술을 구현하고 있다. LG관계자는 "북미 유명 대학들과 공동 연구 및 우수 인재 유치를 위해 해외 AI 연구거점을 만들었다. 미시간대를 시작으로 북미 명문대학들과 AI 분야 협업도 확대할 계획이다."라고 설명했다.

최근 하이퍼클로바 미래를 엔비디아 GTC에서 공유한 네이버도 북미지역으로도 연구개발 조직을 확대하고 있다. 올해는 검색AI센터인 '네이버 서치 US'를 출범시키고, 현지 연구인력 영입에 속도를 높이고 있다. 지난 2017년 유럽 최대 AI 연구소 제록스리서치센터 유럽을 인수한 네이버는 '네이버랩스유럽'을 시작으로 국내와 일본, 프랑스, 동남아를 잇는 글로벌AI 연구벨트 구축을 본격화하고 있다.

지난해에는 독일 AI연구대학인 튀빙겐대학교 AI센터 내에 공동연구소 설립을 위한 협약을 맺고 '신뢰할 수 있는 AI' 연구개발을 위한 협력에 돌입했다. 네이버 관계자는 "글로벌 AI 연구 벨트를 통해 전세계 우수한 연구진과 혁신적 AI 기술을 연구하여 미·중 중심 AI 기술 패권 경쟁에서 제3의 글로벌 AI 리더십을 확보해 새로운 글로벌 기술 트렌드를 이끌어나갈 계획"이라고 말했다.

대기업처럼 장시간 개발에 몰두하기 힘든 중소AI 업계에서는 국가가 기업 AI 기술 역량 개발과 기술 해외 수출을 위한 지원책이 확대해야 한다고 목소리를 높인다. 대기업은 탄탄한 자본력을 바탕으로 AI 기술 개발에 속도를 높이는 상황이지만, 중소AI업체들은 현실적으로 해외 진출이 어렵기 때문이다. 이에 정부 바우처 사업 등 실용적인 정책이 뒷받침돼야 한다는 의견이 나오고 있다.

(자료: "AI기술 잡아라…네이버·LG가 해외에 AI거점 마련하는 까닭", 디지털데일리, 박세아 기자, 2022.03.31. https://www.ddaily.co.kr/news/article/?no=234548 수정 부분발췌)

위험

국제경영에는 국내에서만 활동할 때 걱정하지 않아도 될 위험이 동반된다. 특히 정치적 위험과 환율변동에 따른 재무적 손실에 적절히 대응하여야 한다.

정치적 위험

정치적 위험은 한 나라의 정치적 사건이나 과정이 불러오는 경영상의 위험을 뜻하는데, 네 가지 유형으로 나타날 수 있다. 첫째, 정부 규제정책이다. 외국 정부는 국제기업에 불리한 조세제도나 기업 정책을 펴거나 혹은 과도한 행정절차를 차별적으로 요구하며 자국 기업을 우선시할 수 있다.

둘째, 경영의 현지화 요구이다. 외국 정부는 자기 나라 사람들이 경영진에 참여하는 비율을 높이도록 요구하거나 국제기업이 본국에서 파견하는 직원 수를 제한할 수 있다. 그리고 자국에 진출한 외국기업의 지분을 제한하여 현지화를 유도하기도 한다.

셋째, 자본의 현지화 요구이다. 국제기업의 소유 지분을 현지인들에게 양도하도록 압박할 수 있다. 이러한 압력은 설득하는 형식을 취할 수도 있지만 외국인 투자규정을 만드는 것처럼 법 제정을 통해 실행하기도 한다.

넷째, 자산 손실이다. 이익금을 본국으로 송금하는 것을 규제한다든지 충분한 보상을 하지 않은 채 국유화 조치를 취할 수도 있다. 과격한 정부라면 일방적으로 국유화를 선언하거나 아예 몰수나 해체를 단행할 수도 있다.

정권을 잡은 집단의 정치이념이 바뀔 때, 사회적 불안으로 질서가 잡히지 않을 때, 현지국 기업집단의 기득권이 강할 때, 전쟁이나 내란이 발생할 때 정치적 위험은 커지게 된다. 이러한 위험을 관리하기 위해서 보험에 가입할 수 있다. 한국수출보험공사는 국제기업이 전쟁, 혁명, 내란, 몰수, 수용 등으로 외국에서 손실을 입을 경우 90% 정도를 사후에 보상받을 수 있게 하고 있다.

환율 변동에 따른 위험

국제거래는 달러나 유로화처럼 외국 통화를 매개로 가격결정과 대금지불을 하기 때문에 환율(換率; exchange rate)이 변하면 국내 통화로 환산되는 손익 규모가 달라지게 된다. 이처럼 환율 변동과 관련되는 손실 또는 이익 가능성을 환노출(換露出; foreign exchange exposure)이라 하는데 , 국제기업의 입장에서는 손실 발생 가능성에 더 많은 주의를 기울이게 된다.

환노출은 〈그림 13-1〉에서처럼 세 가지 범주로 나눈다. 첫째, 거래 환노출(transaction exposure)은 환율이 변해서 개별 거래의 수익이 영향을 받는 정도를 말한다. 예를 들어, 2021년도에 1달러=1,100원으로 계산하여 투자한 1억 달러가 원화 가치가 상승하여 돈을 받기로 한 2022년도에 1달러=1,000원이 되면 100억 원만큼의 손실을 입게 된다. 물론 반대의 경우도 발생할 수 있다. 2022년에 환율이 1달러=1,200원이 되었다면 100억 원의 환차익을 보게 된다. 거래 환노출은 거래 시점과 대금결제 시점이 다른 경우에 나타난다.

그림 13-1 환노출 종류

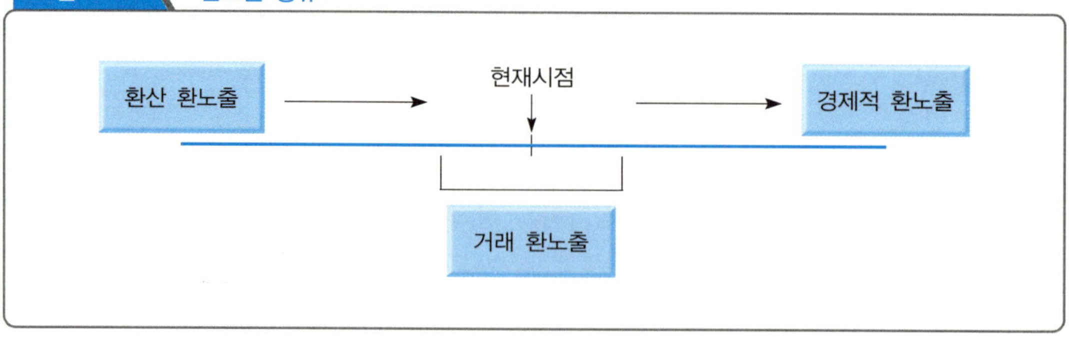

둘째, 환산 환노출(translation exposure)은 환률 변동 때문에 기업 재무제표상에서 일어나는 변화를 말하는데 회계 환노출이라고도 한다. 이것은 과거에 발생한 사건에 대해 현재 시점에서 그 가치를 측정하기 때문에 발생하는 장부상의 차이이지만 국제기업의 입장에서는 중요한 의미를 갖는다. 예를 들어, 유럽연합에 자회사를 두고 있는 기업은 유로화 가치가 감소하면 현지에서 벌어들인 수익이 원화가치로 환산할 때 줄어들기 때문에 본사의 연결대차대조표에 불리한 영향을 미치게 될 것이다.

셋째, 경제적 환노출(economic exposure)은 국제기업이 미래에 벌어들일 수 있는 능력이 환율 변동에 따라 달라질 수 있는 정도를 말한다. 단기적 관점에서 보는 거래 노출과는 달리 환율 변동이 제품의 가격, 매출액, 비용 등에 미치는 장기적인 영향을 중심으로 고찰하는 것이다. 예를 들어, 중국은 계속적인 무역흑자와 외화 유입이 늘어나면서 위엔화를 평가 절상하라는 압력을 외국으로부터 받고 있다. 중국과 거래를 하는 기업이라면 이와 같은 불확실성이 초래하는 영향을 투자 결정에 반영하여야 할 것이다.

국제기업들은 환노출에 대비해서 다양한 노력을 기울인다. 예를 들어, 외화가치가 하락할 것으로 예상될 때는 채권 회수를 앞당기는 선도전략(lead strategy)을, 반대로 채무 변제는 기일을 늦추는 지체전략(lag strategy)을 쓰는 것과 같다. 이 외에도 보험과 헤징(hedging)을 위해 선물거래(forward exchange)에 참여하기도 하고 통화스왑(currency swap)을 하기도 한다. 선물거래는 미래의 특정 날짜에 거래가 발생하는 것으로 약정하고 그때의 환율을 적용하는 것이다. 또 통화스왑은 다른 통화를 동시 다발적으로 구매하고 판매하는 것이다. 국제재무관리를 수강하면 보다 자세히 공부하게 될 것이다.

국제경영활동

기업의 국제경영활동은 〈그림 13-2〉와 같이 해외시장접근, 계약, 직접투자를 통해 이루어진다. 글로벌소싱(global sourcing)과 수출이나 수입을 통해 해외시장에 접근할 수 있다. 계약을 통한 방식에는 라이선싱(licensing), 프랜차이징(franchising),

그림 13-2 국제경영활동의 유형

해외시장접근		계약		직접투자	
글로벌소싱	수출입	라이선싱	프랜차이징	합작투자	현지자회사

턴키프로젝트가 포함되며, 조인트벤처(joint venture)나 해외자회사(foreign subsidiaries)를 설립하는 것이 직접투자 방식에 해당한다.

해외시장접근

글로벌소싱

많은 기업들이 값싸고 질 좋은 원자재나 부품을 조달하기 위해 해외시장을 적극 활용한다. 생산에 필요한 요소들의 구매 활동을 나라 밖까지 넓혀 비용을 줄이려 한다. 원자재나 부품 생산에서 경쟁력을 갖춘 나라의 시장을 통해 가치 창출의 이점을 확보할 수 있다. 이와 같은 나라 간 분업 효과는 서비스 분야에서도 활용되는데, 콜센터와 같은 서비스 거점도 인건비가 싼 다른 나라에 둠으로써 비용 절감 효과를 거둘 수 있다.

수출과 수입

수출은 국내에서 생산한 상품을 무역 중개인을 통해서 혹은 직접 해외거래처에 판매하는 것이다. 생산시설이나 유통경로 구축을 위한 투자를 나라마다 할 필요가 없다는 이점이 있는 반면에 관세장벽이 있을 경우에 그만큼 가격경쟁력에서 밀리게 된다. 또 현지국 고객들이 요구하는 서비스를 충족시키기가 어려운 단점도 있다.

수입은 제품이나 서비스를 다른 나라에서 사서 국내에 판매하여 수익을 얻는 활동이다. 무역자유화에 따라 소비자들이 다른 나라에서 만들어진 상품이나 서비스를 자주 구매할수록 기업은 수익창출의 더 많은 기회를 수입에서 찾을 수 있다.

계약 방식

라이선싱(licensing)

계약을 체결해서 다른 나라의 기업에게 특정 기간 동안 특허, 발명품, 제조방법, 디자인, 저작권, 상표 등을 사용하게 해주는 대가로 로열티를 받는 방식이다. 첨단산업의 특허 기술을 팔기 위한 경우도 있지만 잘 알려진 상표나 로고를 부착할 수 있게 하는 경우도 라이선싱에 해당된다. 이 경우 철저한 관리가 뒤따르지 않으면 자칫 상표 이미지에 손상을 입을 수 있다.

프랜차이징(franchising)

계약을 통해 사업 권리를 팔고 경영과 관련해서 엄격한 통제를 받게 하는 방식으로, 보통 판매액 중 일정 비율을 정해 로열티를 받는다. 프랜차이징은 주로 서비스 산업에서 볼 수 있는데 McDonald's나 Starbucks가 대표적 예다. 본사는 운영 방식을 비롯해 메뉴, 조리방법, 인사정책, 디자인, 점포 위치 등 다방면에 걸쳐 철저하게 통제한다.

턴키 프로젝트(turnkey project)

화학, 정유, 제철 산업처럼 복잡하고 비싼 생산기술을 해외에 파는 경우 공장 설계, 건설, 기계 설치, 운영 인력의 훈련 등 사업과 관련된 모든 세부사항까지 책임지는 방식을 말한다. 그야말로 고객은 열쇠를 건네받아 시동만 걸면 되는 것이다. 선진국일수록 기술을 바탕으로 턴키 프로젝트 수출을 많이 한다.

직접투자 방식

합작투자(joint venture)

둘 이상의 독립된 회사들이 공동으로 회사를 설립하는 것이다. 50대 50의 지분을 갖는 것이 일반적인데 강력한 경영권을 행사하기 위해서는 더 많은 지분을 투자해야 한다. 합작투자 파트너를 통해 현지 사정에 대한 정보를 얻을 수 있고 그들의 사회적 네트워크도 활용할 수 있다. 나라에 따라서는 반드시 현지국 사람들과 합작투자를 해야만 사업을 허가받을 수 있다.

현지자회사(wholly owned subsidiary)

국내 기업이 100% 출자해서 현지에 회사를 설립한 경우이다. 기술이나 경영 노하우를 잘 보전할 수 있고, 현지 경영활동 전반에 걸쳐 강력한 통제를 할 수 있다. 그렇지만 투자에 따르는 위험 부담을 감수해야 하기 때문에 꼼꼼한 사전 준비가 필요하다.

해외시장 환경분석

지구촌이라 하지만 나라별 경영 환경은 차이가 많다. 이런 차이는 국제기업에게 기회가 될 수 있지만 본국에서와는 다른 문제를 야기해 위협요인이 되기도 한다. 따라서 국제경영활동이 이루어지는 국가의 정치적, 경제적, 사회문화적 요인들에 관해 잘 알아야 한다. 앞에서 살펴본 것처럼 단순한 원자재 조달에서 자회사 설립에 이르는 국제경영활동은 그 유형에 따라 기업의 투자와 관여 정도가 다르다. 그 정도가 높은 활동일수록 해외시장에 대한 철저한 분석을 통해 위험을 줄이려는 노력이 중요해진다.

정치적, 법률적 환경

정치란 집단 간에 '누가, 무엇을, 언제, 어떻게 갖느냐'를 결정짓는 활동과 관련된다. 나라에 따라 정치 환경은 차이가 많은데 평화적 정권 이양의 전통이 확립된 나라가 있는가 하면 집단 간 투쟁이 격렬하여 앞날이 어떻게 될지 불투명한 나라도 많다. 어떤 정책을 펴는 집단이 집권하느냐에 따라 국제경영활동의 성과가 크게 영향을 받을 수 있어 앞에서 설명한 진출국의 정치적 위험과 함께 경영 관련 법률에 대한 충분한 검토와 준비가 있어야 한다.

법 규정

진출국의 법률시스템은 국제경영활동에 많은 영향을 준다. 우선 기업의 투자 자산 보장에 관한 법규정을 들 수 있다. 나라에 따라 외국기업이 자국에 투자했을 때 투자한 자산의 안정성을 보장받지 못하거나 공정한 대우를 받지 못하는 경우도 발생할 수 있다. 자산의 소유권이 어떻게 보호받을 수 있는지를 잘 따져보아야 한다.

지적재산권에 관한 법률도 중요하다. 특허, 상표, 저작권 등을 포함하는 지적재산권을 어떻게 정의하고 얼마나 보호하는지는 국제경영에서 점점 중요해지고 있다. 상표나 로고를 쉽게 복제해 사용하는 나라로 진출하는 것은 그다지 매력적이지 않다.

다음으로 세금과 관련된 법규를 들 수 있다. 일반적으로 국제기업은 실제 수익이 창출된 나라에서 세금을 내고 본국에서는 진출국에 납부한 세금에 대해 감면받는다. 그러나 이런 원칙이 지켜지지 않아 과중한 세금을 떠안게 되지는 않는지 살펴보아야 한다.

마지막으로 외국기업의 지분율 제한에 따라 경영권을 제대로 행사할 수 없는 경우가 발생할 수 있다. 이렇게 법규를 통해 자국에서 활동하는 외국기업의 지분을 제한하는 경우 국제기업들은 합작투자나 전략적 제휴 형태로 진출하기도 한다.

경제적 환경

상대 국가의 경제적 환경도 국제경영에 많은 영향을 준다. 그 나라의 경제체제, 소득수준과 구매력, 인구의 규모와 구성, 시장발전단계, 물가수준 및 상승률, 사회간접시설, 국제수지, 국제거래에 대한 정부 통제 수준과 같은 여러 요인들이 포함된다. 상대적으로 중요한 경제체제와 시장잠재력에 대해 살펴보기로 한다.

경제체제

경제체제는 자원배분방식과 소유형태에 따라 자본주의, 사회주의, 혼합경제체제로 구분할 수 있다. 자본주의 경제체제는 시장경제체제라고도 하는데, 시장에 의해 생산물이나 분배가 결정되고 생산물에 대한 사적소유가 인정된다는 점이 가장 큰 특징이다. 우리나라를 비롯한 미국, 일본 그리고 서유럽 국가들이 택하고 있는 경제체제이다.

사회주의 경제체제에서는 생산물과 분배가 정부의 계획에 의해 결정되며 생산물의 사적소유나 개인의 이윤동기가 인정되지 않는다. 지구상에서 순수한 사회주의 경제체제를 고집하고 있는 나라는 북한이 유일하다.

시장경제와 정부의 계획경제가 섞여 있는 혼합경제체제에서는 정부와 시장이 자원배분과 생산에 관한 의사결정을 일정 부분 나누어 맡고 있다. 중국은 혼합경제체제를 유지하고 있는 대표적 국가인데 기업과 개인들에게 상당한 자유를 주어 시장 메커니즘이 작동하고 있으나, 전체 경제에서 정부 소유 기업들의 비중이 높고 자원의 많은 부분을 이들에게 할당하고 있다.

시장잠재력

해외시장 진출과 같은 국제경영활동을 성공적으로 해내기 위해서는 진출국의 시장잠재력을 제대로 파악하여야 한다. 인구와 소득수준은 한 나라의 시장잠재력을 결정하는 핵심적 요인이다. 인구와 관련해서는 절대 수뿐만 아니라 성장률과 분포까지도 살펴보아야 한다. 인구가 많고 증가율이 높으며 주된 경제활동 연령대인 20~50대 비중이 높으면 시장의 잠재적 규모는 크다.

인구와 함께 소득수준에 따라서도 시장잠재력이 달라진다. 한 나라에서 1년 동안 생산한 총생산물의 가치를 인구수로 나눈 1인당 국내총생산(GDP)은 해당 국가의 소득수준을 보여주는 가장 대표적인 지표이다. 그런데 나라마다 물가지수가 달라 단순히 달러로 표시된 1인당 국민소득은 실질 구매력을 반영하지 못할 수 있다. 따라서 각국 통화의 구매력을 동일하게 비교하는 구매력 평가(purchasing power parity) 환율에 따라 명목 국민소득을 조정함으로써 해당 국가의 시장잠재력을 보다 정확하게 평가할 필요가 있다.

사회문화적 환경

문화의 핵심은 한 집단이 공유하는 가치와 규범이다. 한국, 중국, 일본의 세 나라 사람들은 겉으로는 구분하기 힘들지만 관혼상제 의식, 남녀 간의 역할 분담이나 노소 간의 예절, 선호하거나 기피하는 음식 등 일상생활의 곳곳에서 차이를 보인다. 이러한 차이를 의식하지 못하면 현지국 사람들과 상거래를 시작하거나 일하는 과정에서 의도치 않은 손해를 볼 수 있다.

이슬람 국가인 사우디아라비아를 생각해 보자. 술은 금지 상품이라 선물로 줄 수 없다. 여성들의 역할이나 옷차림은 크게 제약을 받으며 사회적 지위는 낮다. 그러므로 사우디 지사에 고위직 여성을 파견하는 것은 현명하지 못한 결정이 될 수 있다. 또 이슬람 신자들은 비즈니스 회의를 중단하더라도 하루 다섯 차례의 기도를 드려야 한다. 그리고 매주 금요일이 휴일이며 음식이나 요리법과 관련해 지켜야 할 규범들이 있기 때문에 식사에 초대할 때는 음식 문화부터 배워야 한다.

같은 기독교 문화권이라 해도 미국과 독일은 비즈니스 예절에서 차이가 있다. 예를 들어, 미국인들은 쉽게 상대방의 퍼스트 네임을 불러 친밀감을 높일 수 있지만 독일에서는 경칭을 붙이지 않을 경우 무례한 인상을 준다. 오래 사귀어 상대방의 동의를 얻을 수 있을 때 퍼스트 네임을 사용한다. 상하 간의 위계질서를 존중하는 한국, 중국, 일본에서는 물론 경칭을 사용해야 한다.

상담을 나눌 때 마주하는 두 사람 간의 거리도 나라마다 차이가 있다. 일반적으로 미국인들은 라틴 아메리카 사람들에 비해 좀 더 거리를 두기를 바라는데 너무 가까이 접근할 경우 불편하게 느낄 것이다.

언어적인 차이 때문에 발생하는 커뮤니케이션 문제도 중요하다. 국제경영자들이 현지 언어에 능통하지 못할 경우 의사소통은 그만큼 불완전할 수밖에 없다. 본사와 현지 지사 간의 공적인 언어를 영어로 한다 해도 마찬가지이다. 어휘 선택이 잘못되거나 같은 단어라 해도 해석을 달리 할 수 있다. 예를 들어, 한국인은 상대방이 이야기를 하고 있을 때 이해하고 있다는 뜻으로 'yes'라 하는데 서양인들은 동의한다는 의미로 받아들이기 쉽다. 그러므로 중요한 대화가 있을 때는 서로 오해가 없음을 확인하는 것이 중요하다.

사회문화적인 차이는 마케팅 활동에도 큰 영향을 미친다. 예를 들어, 유럽 시장은 도로가 좁고 기름 값이 비싸 소형 승용차가 인기가 높다. 미국인들은 개인 자동차로 출퇴근하는 사례가 많아 문자 이용이나 웹 서핑을 하는 빈도가 대중교통을 주로 이용하는 유럽이나 아시아 직장인들에 비해 적다. 그래서 스마트폰의 화면 크기가 상대적으로 덜 중요할 수 있다.

이와 같이 경영활동의 여러 영역에 영향을 미치는 국가의 문화적 특성을 밝히려는 노력이 이어져 왔다. 그 중 대표적인 Geert Hofstede의 주장을 살펴보자.

Hofstede의 문화 5차원 모델

네덜란드의 경영학자인 Hofstede는 세계 각국에 자회사를 운영하고 있는 IBM을 대상으로 한 연구에서 국가별 문화 차이를 나타내는 다섯 가지 차원을 제시하였다. 첫째는 개인주의-집단주의(individualism–collectivism)로 가족이나 집단에 대한 책임보다 개인적 자유를 중요하게 생각하는 정도를 나타낸다. 둘째는 권력격차(power distance) 지수로 사회계층 간 권력의 격차, 불평등 관계, 위계적 계층 관계 등을 인정하고 수용하는 정도를 의미한다. 권력격차가 큰 문화에서는 지위, 직책, 나이에 따라 차이 나는 대우를 별 거부감 없이 받아들인다. 셋째는 불확실성 회피(uncertainty avoidance)로 변화, 위험, 불확실한 상황을 감수하지 못하고 피하려는 경향을 나타낸다. 불확실성 회피 성향이 낮은 나라에서는 변화나 혁신의 수용 정도가 높지만, 그런 성향이 높은 나라의 사람들은 안정성을 좋아하고 강조해 수구적 경향을 보인다.

넷째는 남성성-여성성(masculinity–femininity)이다. 남성성은 남녀 간의 역할을 명확하게 구분하고 확신, 권력, 명예, 물질적 부, 성공과 같은 남성적 가치를 강조하는 정도를 나타낸다. 반대로 여성성은 협동, 사랑, 배려, 애정, 부드러움과 같은 가치를 중요하게 여기는 것이다. 마지막으로 장기지향성-단기지향성(long-term orientation–short-term orientation)은 단기적 관점을 지향하는지 장기적 관점

그림 13-3 국가별 홉스테드 문화5차원 지수의 예

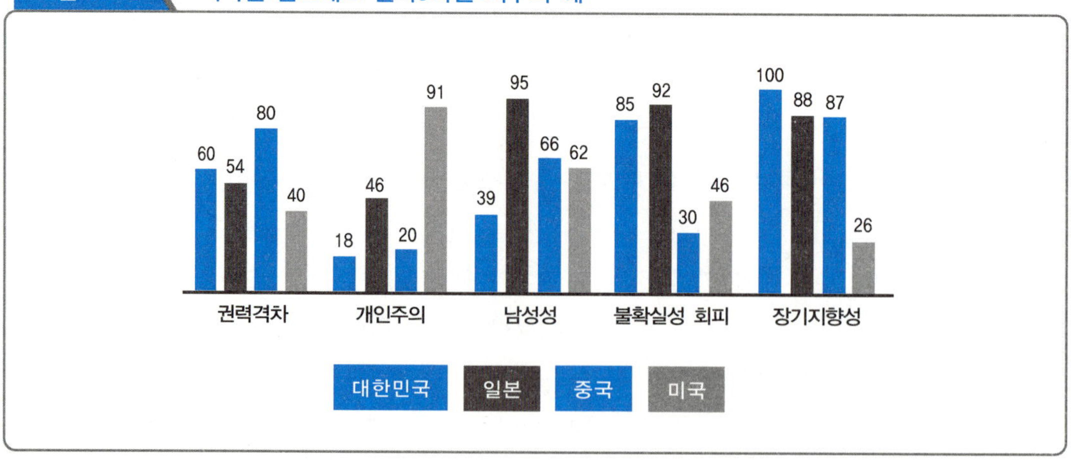

자료 : https://www.hofstede-insights.com

을 앞세우는지를 나타낸다. 단기적 목표나 즉각적인 보상을 강조하는지 아니면 장기적인 목표를 이루기 위한 지속성과 인내심을 바람직한 것으로 여기는지에 따라 나누어질 수 있다.

Hofstede는 이들 5가지 차원을 중심으로 나라들 간 문화적 환경의 유사성과 차이점을 분석함으로써 국제경영전략을 선택하는 데 많은 도움을 주고 있다. 〈그림 13-3〉은 한국, 일본, 중국, 미국의 문화 5차원 지수를 비교한 것이다. 출처로 표기된 웹사이트에서는 국가별 문화 5차원 지수를 비교분석 할 수 있는 정보를 제공하고 있다.

글로벌 경영전략

국제기업 경영자는 진출하는 각 나라 고객의 취향, 시장구조, 유통경로, 사업 관행 등에 맞추어야 한다는 압력과 생산, 마케팅 등 경영전반에서 원가 절감을 통해 가격 경쟁력을 가져야 한다는 압력을 동시에 받는다. 그런데 이 두 가지 압력에 대한 대책들은 서로 상충되는 결과를 낳을 수 있다. 예를 들어 원가를 낮추려면 세계 어디서나 동일한 제품과 동일한 광고 캠페인으로 활동하면 되겠지만 나라마다 다른 고객들의 취향은 제대로 만족시키지 못할 것이다. 반대로 나라마다 현지화를 해서 제품 사양도 다르고 광고제작도 달리 할 경우 원가를 높여 가격 경쟁력을 떨어뜨릴 수 있는 위험이 따른다. 〈그림 13-4〉는 비용절감과 현지화에 대한 압력이라는 두 가지 측면에서 국제 기업이 택하는 전략 대안을 크게 현지화전략, 표준화전략, 초국가전략으로 구분하고 있다.

현지화전략

소비자 취향이 다르고 비용 절감 압력이 상대적으로 낮은 경우, 혹은 현지 시장 규모가 커서 원가 압력을 무시할 수 있다고 판단될 때 선택할 수 있는 것이 현지화전략(現地化戰略; localization strategy)이다. 국제기업의 본사의 입장에서는 비효율적인 부분이 있을 수 있지만 현지화 압박이 강하게 작용할 때 택하는 전략이다.

그림 13-4 국제 비즈니스 전략

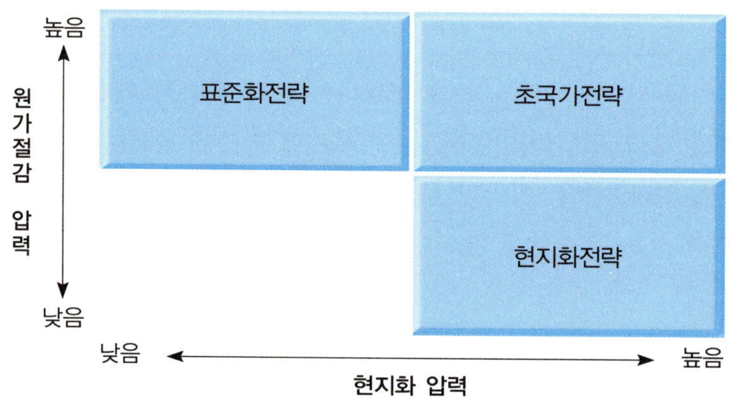

표준화전략

현지화 압박은 상대적으로 낮지만 비용절감 압박은 큰 경우에 적합한 것이 표준화전략(標準化戰略; standardization strategy)이다. 예를 들어, 반도체 산업에서처럼 수요가 동질적이며 가격으로 승부해야 할 경우 사소한 현지화의 요구보다는 표준화를 통해 원가절감을 시도하는 것이 더 유리할 것이다. 마이크로소프트(MS)나 인텔(Intel)은 제품뿐 아니라 마케팅 전략 전반에 걸쳐 표준화전략을 택하고 있다.

초국가전략

현지화와 비용압박을 모두 강하게 받는 국제기업이 입지우위, 규모의 경제, 학습효과 등 기대할 수 있는 모든 이점들을 활용하기 위해 택하는 것이 초국가전략(超國家戰略; transnational strategy)이다. 예를 들어, 세계 제일의 건설장비 제조회사인 Caterpillar는 제품 디자인을 바꾸어 공동으로 사용할 수 있는 부품을 최대한 늘리고 집중적으로 관리함으로써 현지화 압력에도 적응하면서도 규모의 경제를 실현하여 생산원가를 줄이는 것도 성공할 수 있었다. 그러나 초국가전략은 매력적인 대안이지만 실제 적용하는 데는 많은 어려움이 따른다.

사례읽기 13-2 카카오의 글로벌 경영전략

지난달 새로운 임직원들을 구성한 카카오가 공동체얼라인먼트센터(CAC)를 통해 사회적 역할과 카카오 공동체간 시너지를 내는 역할을 동시에 추진한다는 계획이다. 이와 함께 주요 계열사들과 함께 글로벌 시장 공략에 본격적으로 나선다. /카카오

지난달 새로운 임직원들을 구성한 카카오가 공동체얼라인먼트센터(CAC)를 통해 주요 계열사들과 함께 글로벌 시장 공략에 본격적으로 나선다. 카카오는 연초부터 목표로 내세운 '비욘드 코리아' 구현을 위해 콘텐츠, 게임 등의 사업을 중심으로 글로벌 시장을 집중 공략한다는 계획이다. 카카오에 따르면 현재 계열사 56개사 중 해외에 법인을 둔 회사는 게임, 콘텐츠 등을 중심으로 지난해 23개사에서 33개사까지 늘었다.

이와 함께 해외 매출 비중을 오는 2025년까지 현재 10%대에서 30%대까지 확대하겠다는 목표도 제시했다. 김성수 CAC 공동센터장은 "글로벌 시장을 적극 공략해 해외 매출을 40% 이상 성장시키겠다."고 말했다.

또한 해외 매출 비중 30% 달성을 위해 플랫폼 콘텐츠 IP 기반으로 거점 지역을 확보하고 시너지를 통해 공동체의 점유율을 확대하는 전략을 전개한다는 방침이다. 먼저 올해 1월 사상 최고 월간 거래액을 기록한 카카오픽코마의 경우 일본 성과를 바탕으로 새로운 사업기회를 모색하고 웹툰 플랫폼을 유럽시장으로 확장한다는 계획이다. 한국을 비롯해 일본, 중국 등에서 동시 서비스를 전개하고 유럽 시장 전역으로 사업을 적극 확대한다는 목표를 세웠다.

카카오엔터테인먼트는 미국, 아세안, 중국, 인도 등에서 웹툰, 웹소설 중심으로 확장 전략을 전개한다는 방침이다. 또한 타파스, 래디쉬, 우사이월드 등을 글로벌 거점으로 삼아 오는 2024년까지 글로벌 거래액을 현재 대비 3배인 5,000억 원을 달성하겠다는 목표를 밝혔다.

지난해 미디어, 뮤직 사업 해외 매출 비중이 각각 20% 안팎으로 글로벌 성장을 위한 토대를 구축한 만큼 올해는 글로벌 시장에서 성장세를 견인하는데 힘을 싣는다는 방침이다. 뮤직 사업은 글로벌 아티스트 IP를 발굴 및 육성하고 미디어 사업은 글로벌 시장을 겨냥한 프리미엄 콘텐츠 IP를 선보인다는 계획이다.

김 CAC 공동센터장은 "CAC는 비욘드 코리아를 지원한다. 글로벌 시너지 TF를 조직해 플랫폼, 콘텐츠, 인프라, 네트워크 등 협력 아젠다를 발굴하고 진출 노하우를 공유하도록 지원하고자 한다."며 "지속가능 성장 관점에서 성과를 파트너들과 나누도록 CAC가 지원을 아끼지 않겠다."고 말했다.

(자료: "새로운 리더십 꾸린 카카오, 어떤 미래 그리나", 시사위크, 송가영 기자, 2022.04.06. http://www.sisaweek.com/news/articleView.html?idxno=152387 수정부분발췌)

요 약

1. 국제경영이란 자금, 물자, 기술, 인력과 같은 생산요소의 조달, 제품이나 서비스의 생산과 판매, 기업의 합병이나 투자활동과 같은 기업의 업무를 두 곳 이상의 나라에서 수행할 때 필요한 경영활동을 뜻한다. 최근에는 글로벌 경영(global business)이라고도 한다. 국제경영을 통해 기업들이 갖게 되는 이점으로는 시장확장과 매출증가, 입지우위의 활용, 글로벌 차원의 학습과 기술이전을 들 수 있다.

2. 기업의 국제경영활동은 해외시장접근, 계약방식, 직접투자방식으로 이루어진다. 글로벌소싱과 수출입을 통해 해외시장에 접근할 수 있다. 계약방식에는 라이선싱, 프랜차이징, 턴키프로젝트가 포함되며, 조인트벤처, 해외자회사설립이 직접투자방식에 속한다.

3. 국제경영활동을 성공적으로 수행하기 위해서는 철저한 해외시장 환경분석이 필수적이다. 정치적, 경제적, 사회문화적 요인을 잘 파악하여야 한다.

4. 홉스테드는 각 국가별 문화적 차이를 나타내는 다섯 가지 차원으로 개인주의-집단주의, 권력격차, 불확실성 회피, 남성성-여성성, 장기지향성-단기지향성을 제시하였다. 이들 차원에서의 국가별 차이는 글로벌 시장에서 비즈니스 전략을 선택하는데 유용하게 쓰이고 있다.

5. 국제기업들이 택하는 비즈니스 전략은 현지화전략, 표준화전략, 초국가전략으로 구분된다. 현지화전략은 나라마다 소비자 취향이 다르고 비용 절감 압력이 상대적으로 낮은 경우, 또 현지 시장 규모가 커서 경쟁력이 있다고 판단될 때 선택한다. 표준화전략은 비용절감 압력이 크고 현지화 압력은 상대적으로 낮은 경우에 적합하다. 초국가전략은 현지화와 비용압력을 모두 강하게 받는 국제기업이 입지우위, 규모의 경제, 학습효과 등 기대할 수 있는 모든 이점들을 활용하기 위해 선택한다.

토의과제

1. 세계를 무대로 국제경영을 펼쳐서 우수한 경영성과를 내고 있는 기업들의 성공사례와 실패사례를 찾아 그 이유를 분석해 보자.

2. 통신환경의 변화로 인해 각 나라의 소비자들이 점차 동질화하는 추세를 보이고 있다. 이러한 변화의 내용을 관찰하고 글로벌 경영활동에 미치는 영향에 대해 토론해 보자.

3. 환율변동으로 발생하는 위험에 대비하기 위해 기업들이 활용하고 있는 전략들을 찾아 구체적 방법을 소개해 보자.

4. FTA(Free Trade Agreement)는 자유무역협정으로 특정 국가 간에 배타적인 무역특혜를 서로 부여하는 것이다. 우리나라의 기업들이 FTA를 통해 경험하는 긍정적 또는 부정적 측면을 찾아보자.

참고문헌

한글문헌

강금식·정우석(2010), 『생산운영관리』, 박영사.

김영래(2011), 『글로벌경영』, 법문사.

김현대·하종란·차형석(2012), 『협동조합, 참 좋다』, 푸른지식.

나영·이양현·이재경(2008), 『회계학원론』, 박영사.

박경규(2010), 『신인사관리』, 홍문사.

박정식·박종원·조재호(2006), 『현대재무관리』, 다산출판사.

신유근(2008), 『경영학원론 제2판』, 다산출판사.

안춘식·유필화·서정해·백광기·최용일(2002), 『경영학 뉴패러다임: 한국 경영사』, 박영사.

윤봉한(2001), 『재무관리의 이해』, 문영사.

이민화(2016), 『4차 산업혁명으로 가는 길』, 창조경제연구원.

임창희(2006), 『경영학원론』, 학현사.

임창희(2010), 『조직론』, 학현사.

장세진(2010), 『글로벌경영』, 박영사.

전용욱·김주헌·최창범(2012), 『글로벌경영』, 문영사.

정승화(2005), 『사업개발론』, 박영사.

정연승·김한구·이호택·이희태·조성도(2019), 『마케팅관리 제3판』, 시그마프레스.

정재엽(2016), 『재무관리』, 탑북스.

조동성(2002), 『21세기를 위한 경영학』, 서울경제경영.

지호준(2000), 『알기 쉽게 배우는 21세기 경영학』, 법문사.

최용식(2018), 『경영학의 이해』, 창민사.

홍관수·김남영·이돈희(2018), 『생산운영관리』, 경문사.

번역문헌

Barney, Jay B. and William S. Hesterly(2010), *Strategic Management and Competitive Advantage : Concepts and Cases* ; 신형덕(2010) 옮김, 『전략경영과 경쟁우위』, 시그마프레스.

Berk, Jonathan and Peter DeMarzo(2017), *Corporate Finance: The Core* ; 변진호·선정훈·고광수(2018) 옮김, 『핵심 기업재무관리』, 시그마프레스.

Crainer, Stuart, and Des Dearlove(2003), *The Ultimate Business Library* ; 심재관(2007) 옮김, 『경영의 역사를 읽는다』, 한스미디어.

Gallergher, Leigh(2017), *THE AIRBNB STORY* ; 유정식(2017) 옮김, 『에어비앤비 스토리』, 다산북스.

Gitman, Lawrence J. and Carl McDaniel(2009), *The Future of Business : The Essentials to*

Building Your Career, 4th Edition ; 노승종·오세경·이승창·정헌수(2009) 옮김, 『경영학의 이해』, 한경사.

Harmel, Gary and Bill Breen(2008), *The Future of Management* ; 권영설·신희철·김종식(2009) 옮김, 『경영의 미래』, Harvard Business 경영경제 총서 37.

Hill, Charles W. L.(2009), *Global Business Today*, 6th Edition ; 박철순(2009) 옮김, 『글로벌 시대의 국제경영』, 한경사.

Jacobs, F. Robert, Richard B. Chase, and Nicholas J. Aquilano(2010), *Operations & Supply Management*, 12th Edition ; 김연성·박경철·유석천·최강화(2010) 옮김, 『생산관리』, 한경사.

Nickels, William G., James M. McHugh, and Susan M. McHugh(2009), *Understanding Business*, 8th Edition ; 권구혁·박광태·박주영·장정주·최진남·홍광헌(2010) 옮김, 『비즈니스의 이해』, 생능출판사.

Robbins, Stephen. P. and Mary Coulter(2005), *Management*, 8th Edition ; 이중우 외(2007) 옮김, 『경영학원론』, 사이텍미디어.

Schwab, Klaus(2016), *The Fourth Industrial Revolution,* MegaStudy Co., Ltd. ; 송경진(2017), 『클라우스 슈밥의 제4차 산업혁명』, 새로운 현재.

Sisodia, Rajendra S., David B. Wolf, and Jagdish N. Sheth(2007), *Firms of Endearment : How World-Class Companies Profit from Passion and Purpose*, Pearson Education, Inc. ; 권영설·최리아(2010) 옮김, 『위대한 기업을 넘어 사랑받는 기업으로』, 럭스미디어.

사이또 다께노리 편저, 한국산업훈련연구소(1993) 옮김, 『즐겁게 배우는 경영학』, 한국산업훈련연구소.

미야자키 데츠야 지음, 이우희(2009) 옮김, 『경영학 무작정 따라하기』, 도서출판 길벗.

❙ 영문문헌

Allen, Kathleen and Peter Economy(2008), *Complete MBA for Dummies*, Wiely Publishing Inc.

Brown, L. D., & Brown, L. D.(1983), *Managing conflict at organizational interfaces,* Addison Wesley Publishing Company.

Burns, Tom and G. M. Stalker(1961), *The Management of Innovation,* Tavistock.

Caproni, Paula J.(2005), *Management Skills for Everyday Life*, Pearson Prentice Hall.

Chandler, Alfred D. (1962). *Strategy and structure: Chapters in the history of the industrial empire*. MIT Press.

Copeland, Thomas. E. and J. Fred Weston(1992), *Financial Theory and Corporate Policy*, Addison Wesley.

Covey, Stephen R.(1989), *The 7 Habits of Highly Effective People*, Fireside, New York, NY.

Daft, Richard L. and Dorothy Marcic(2007), *Management : The New Workplace,* Thompson South-Western, Mason, OH.

Dent, Harry(2015), *The Demographic Cliff : How to Survive and Prosper During the Great Deflation Ahead*, PORTFOLIO/PENGUIN, New York, NY.

Dessler Gary(2011), *Human Resource Management*, 12th Edition, Global Edition, Pearson, Seoul.

Drucker, Peter(1954), *The Principle of Management*, Harper & Row, New York, NY.

Dumler, Michael P. and Steven J. Skinner(2008), *A Primer for Management*, Thompson South-Western, Mason, OH.

Fiedler, F. E.(1967). *A Theory of Leadership Effectiveness*. McGraw-Hill.

Gomez-Mejia, Luis R., David B. Balkin, and Rober L. Cardy(2008), *Management : People, Performance, Change*, McGraw-Hill/Irwin, New York, NY.

Hersey, P. and K. H. Blanchard(1969). "Life cycle theory of leadership." *Training & Development Journal,* 23(5), 26 - 34.

Hill, Charles W. L. and Steven L. McShane(2011), *Principles of Management*, International Edition, McGraw-Hill, New York, NY.

Jones, G. R., J. M. George & C. W. Hill(2000). *Contemporary Management*. Irwin/McGraw-Hill.

Kahneman, Daniel, and Amos Tversky(1974). "Judgment under Uncertainty: Heuristics and Biases," *Science,* 185, 1124-1131.

Katz, R. L.(1974), "Skills of an Effective Administrator," *Harvard Business Review*, 52, 90–102.

Kotler, Philip and Gary Armstrong(2010), *Principles of Marketing*, 13th Edition, Global Edition, Pearson Education Inc., Upper Saddle, NJ.

Kuratko, Donald F.(2014), *Introduction to Entrepreneurship*, Ninth International Edition, South-Western, Cengage Learning.

Levy, Michael and Barton A. Weitz(2011), *Retailing Management*, Global Edition, McGraw-Hill Higher Education.

Lewin, Kert(1951). *Field Theory in Social Science*. Harper & Row.

Magretta, Joan(2002), *What Management Is*, Free Press, New York, NY.

Maslow, A. H.(1981). *Motivation and personality*. Prabhat Prakashan.

Minzberg, Henry(1971), "Managerial Work : Analysis from Observation," *Management Science*, 18, B97-B110.

Moorhead, Gregory and Ricky W. Griffin(2010), *Organizational Behavior : Managing People and Organizations*, South-Western Cengage Learning, Singapore.

Ovans, Andrea(2015), "What is a business model?" *Harvard Business Review*, January.

Pfeffer, J.(1992), *Managing with Power*, Harvard Business School Press, Boston, Mass.

Porter, M. E.(1980), *Competitive Strategy*, Free Press, New York, NY.

Porter, M. E.(1990), *The Competitive Advantage of Nations*, New York, NY.

Rahim, M. A.(1985). "A strategy for managing conflict in complex organizations."

Robbins, Stephen P.(1990), *Organization Theory*, Prentice-Hall, Englewood Cliffs, New Jersey.

Robbins, Stephen P., and Mary Coulter(2014), *Management*, 12th edition, Pearson.

Schermerhorn, John R. Jr.(2008), *Management*, 9th Edition, John Wiley & Sons, Singapore.

Schermerhorn, John R. Jr., and D. G. Bacharach(2015), *Introduction to management*, 13th Edition, International Student Version, John Wiley & Sons, Inc.

Schermerhorn, John R. Jr., James G. Hunt, Richard N. Osborn, and Mary Uhl-Bien(2011), *Organizational Behavior*, 11th Edition, John Wiley & Sons, Singapore.

Schroeder, Roger G.(2000), *Operation Management*, McGraw-Hill.

Simon, H., *Administrative Behavior*, McGraw-Hill, New York, NY.

Thurow, Lester C.(1996), *The Future of Capitalism : How Today's Economic Forces Shape Tomorrow's World*, William Morrow and Company, New York, NY.

Wren, Daniel A.(1994), *The Evolution of Management Thought*, John Wiley & Sons. Singapore.

일어문헌

深山明, 海道ノブチカ 編著(2001),『経営学の歴史』, 中央經濟社, 東京.

찾아보기(국문)

찾아보기(영문)

▣ 저자소개

서성무

❙ 학력/경력

1972. 서울대학교 경제학과 졸업
1979. 미국 뉴욕주립대학교 경영대학원 MBA
1988. 미국 앨라배마대학교 경영학박사
마케팅연구 편집위원장, 한국마케팅학회 부회장, 한국유통학회 회장 역임
중앙대학교 산업·창업경영대학원장 역임
현재, 중앙대학교 경영경제대학 명예교수

❙ 저서

서성무 · 이지우 공저, 『경영학원론』(형설출판사, 1992)
서성무 · 홍병숙 · 진병호, 『패션비즈니스』(형설출판사, 2003)

이지우

❙ 학력/경력

1981. 성균관대학교 경상대학 산업심리학과 졸업
1983. 연세대학교 대학원 경영학석사
1989. 미국 앨라배마대학교 경영학박사
한국인사·조직학회 부회장 역임, 인사·조직연구 편집부위원장
경영대학 학장, 경영대학 원장 역임
현재, 계명대학교 경영대학 경영학과 교수

❙ 저서

서성무 · 이지우 공저, 『경영학원론』(형설출판사, 1992)

이호택

❙ 학력/경력

2002. 홍익대학교 영어영문학과 졸업
2006. 서강대학교 대학원 경영학석사
2012. 서강대학교 경영전문대학원 경영학박사
계명대학교 연구부처장, 교원인사부처장 역임
현재, 계명대학교 경영대학 경영학부 경영학전공 부교수
　　한국경영학회, 한국전략마케팅학회, 한국마케팅관리학회, 한국유통학회 상임이사
　　유통연구, 인터넷전자상거래연구, 중소기업정책연구 편집위원

❙ 저서

지성구 · 편해수 · 이호택 · 이영일 공저, 『마케팅 실무자를 위한 유통전략』, (한경사, 2014)
정연승 · 김한구 · 이호택 · 이희태 · 조성도 공저, 『마케팅관리』, (시그마프레스, 2019)

제8판

경영학의 이해

초판 발행	2003년 8월 10일
개정1판 발행	2005년 1월 25일
개정2판 발행	2007년 2월 20일
제4판 발행	2010년 11월 15일
제5판 발행	2013년 1월 31일
제6판 발행	2015년 8월 25일
제7판 발행	2018년 2월 14일
제8판 발행	2022년 8월 10일
제8판 2쇄 발행	2023년 2월 10일

저 자 | 서성무 · 이지우 · 이호택
펴낸이 | 한헌주
펴낸곳 | 도서출판 **경문사**
주 소 | 서울특별시 서대문구 독립문로 21-9
전 화 | 738-7035
팩 스 | 722-4678
E-mail | kmsp@korea.com
홈페이지 | http://www.kmsp.co.kr
등 록 | 1995년 11월 9일 제300-1995-138호

정가 28,000원
ISBN 978-89-420-0023-4 93320